Esoterik

Herausgegeben von Gerhard Riemann

Ellen Grasse, 1939 im Rheinland geboren, wuchs in einer Familie mit jahrhundertealter Musik-, Pharmakologie- und Medizin-Tradition auf. Nach Ausbildungen und Tätigkeiten im sozialpädagogischen Bereich, als Dolmetscherin und Yoga-Lehrerin wurde sie 1967 als Heilpraktikerin tätig. Ihre angeborene, bewußt einsetzbare Hellsichtigkeit erweiterte sie durch jahrelange praktische Heiltätigkeit. Diese setzt sie zum Wohle des Kranken, zur Erforschung von Krankheitsursachen, zur Überprüfung energiewirksamer Heilsubstanzen und zu metaphysischen Forschungen ein.

Von Ellen Grasse ist außerdem als Knaur-Taschenbuch erhältlich: »Chakren- und Auradiagnose – Krankheiten erkennen und heilen durch Energiearbeit« (Band 76007)

Dieses Buch wurde auf chlor- und säurefreiem Papier gedruckt.

Originalausgabe Februar 1994

Umschlagillustration: Peter F. Strauss
Satz: Ventura Publisher im Verlag
Druck und Bindung: Ebner Ulm
Printed in Germany
ISBN 3-426-86043-0

5 4 3 2 1

Ellen Grasse

Traum, Tod und Transzendenz

Hellsichtige Beobachtungen einer Sensitiven

Mit Traumsymbollexikon

Knaur

Inhalt

IX. Anleitung zur Deutung von Tagesphantasien und Träumen 176

X. Weiterführende Übungen 220

Für die Durchführung der in diesem Buch beschriebenen Übungen wie Meditation, Selbsthypnose u.a.m. muß folgendes beachtet werden: Bei Erkrankungen des Nervensystems (z. B. Depressionen, Psychosen, Neurosen), ernsten Schilddrüsen-, Herz-, Kreislauf-, Gefäßleiden, bei Drogen- und Suchtabhängigkeiten sowie bei Menschen, die sich in Schein- und Illusionswelten flüchten, ist Vorsicht angezeigt. In allen diesen Fällen muß ein erfahrener Therapeut zu Rate gezogen werden. Verlag und Autorin sind für keinerlei Folgen verantwortlich, die durch unrichtige, unzulängliche und übertriebene Anwendung der hier beschriebenen Methoden entstehen könnten.

Aus der Unwirklichkeit führe uns zur
Wirklichkeit.
Aus der Dunkelheit führe uns ins Licht.
Vom Tode führe uns zur Unsterblichkeit.

Upanishaden, um 800 v. Chr.

Einleitung

Geheimnisvolles Wissen aus mythologischen und metaphysischen Welten, von Engeln, Tod und vielem mehr wird Ihnen hier klar und bildhaft dargestellt. In Kontakt mit spirituellen Bereichen kommen wir besonders durch unsere Träume und Tagesphantasien. Verschiedene Möglichkeiten werden hier aufgezeigt, um deren individuelle Analysen und Auslegungen zu erleichtern. Sie lassen sich ergänzen durch neue, zuverlässige Selbsthilfemethoden – das leicht nachvollziehbare »transpersonale Traumtraining« (die TTT-Übungen).

Viele Therapeuten machen zudem die Erfahrung, daß Träume und »Tagesphantasien« nicht nur die wahre Krankheitsursache, sondern auch seelische und spirituelle Konflikte und oft auch deren Lösungen exakt widerspiegeln. Voraussetzung ist die richtige Deutung. Beispielsweise in folgendem Fall:

Ein 42jähriger Computerfachmann fiel durch eine scharfe Beobachtungsgabe und kritische, aggressive Denk- und Redeweise auf. Für mich als Hellseherin sichtbar und für den Betroffenen in dessen Träumen erkenn- und erfahrbar zog der Computerfachmann ein graugrünes, meterlanges Krokodil hinter sich her. Auch wenn er Auto fuhr, hing dieses an einem dünnen unzerreißbaren Faden an ihm. Weiterhin folgten ihm in kurzen Abständen giftgrüne Schlangen, die häufig zischend in Angriffsstellung verharrten.

Auf die Fragen: »Fühlen Sie sich meist energielos, depressiv, und haben Sie plötzlichen Heißhunger, indem Sie alles verschlingen könnten, was Ihnen vor die Augen kommt? Kennen Sie außerdem jemanden, der Ihnen gegenüber starke Rachegefühle hegt?« meinte er: »Ich weiß, daß ich seit langem depressiv bin und häufig sogar an Selbstmord denke. Ich spüre oft so eine Zerstörungswut in mir. Auch habe ich Heißhungeranfälle. Heute allerdings komme ich wegen meiner Exfreundin. Wir waren viele Jahre unzertrennlich, aber ich habe sie schließlich wegen einer Jüngeren verlassen. Ich spüre förmlich ihre Rachegefühle, und das belastet mich stark.«
Nach zwei Monaten erschien der Computerfachmann wieder. Diesmal hing das dünne brüchige Skelett eines toten krokodil- oder drachenähnlichen Wesens an ihm. Er meinte: »Meine Depressionen sind vergangen, jedoch komme ich heute wegen meiner seltsamen Träume von lebenden Schlangen und toten Krokodilen und deren Skeletten. Über diese muß ich in meinen Träumen gehen. Sie wissen doch, daß ich so ein rationaler und verstandesbetonter Mensch bin.« Der Kundige vermag daraus wichtige Schlüsse zu ziehen.
Auch folgender Traum ist vielsagend und läßt uns fragen, wieso nicht nur drachenähnliche Wesen, wie Krokodile (= Depression, Zerstörungswut, Egozentrik) oder Schlangen (= Rachegedanken, in diesem Fall von der Freundin), sondern auch viele andere (wie Zerberus, der Höllenhund, der Wächter des Totenreiches – aus der Mythologie der griechischen Antike) immer noch in heutigen Träumen auftauchen.
Es ist der quälende Traum einer 37jährigen Frau, sieben Tage vor dem Tod ihres Sohnes und drei Monate vor ihrer Scheidung: »Ein großer, starker Hund sprang ins Wohnzimmer und riß mir meinen einzigen, damals zehnjährigen Buben aus den Armen. Ich rannte ihm auf die Terrasse nach und kämpfte erfolglos. Der Hund schleppte ihn davon. Dann erkannte ich meinen Mann

schattenhaft drohend und fühlte mich plötzlich machtlos.« Das Kind verschied nach einer Woche unvermutet an Knochenkrebs, obwohl die Ärzte von einem Anfangsstadium gesprochen hatten. Durch Traumauslegung fand die Unglückliche den Schlüssel zum damaligen, tiefen Geschehen, was sie schließlich sehr erleichterte.

Träume können auch schicksalsbestimmend oder lebensrettend eingreifen, wie der nächste zeigen wird:

Ein betagter Mathematik- und Physikprofessor – nach dem höheren Sinn des Daseins befragt – erzählte gerne »seine« Geschichte:

»Schon etwa zwei Jahre vor Kriegsausbruch hatte ich immer wieder einen ähnlichen Traum, in dem mich eine gewisse helle Gestalt, einem Engel gleich, auf einem äußerst komplizierten Weg durch Gebüsch und Wasser zu dem verborgenen zugemauerten Gang in einem zerfallenen Gebäude führte. Wir durchschritten die Mauer an einer ganz bestimmten Stelle, und ich erblickte dahinter, am Ende eines Ganges, eine sonnige Landschaft. Als ich später in Kriegsgefangenschaft geriet, befand ich mich in der genau vorhergeträumten Umgebung. Durch diese Kenntnisse gelang mir mit mehreren Kameraden die aussichtslos erscheinende Flucht. Seitdem glaube und vertraue ich auf eine Führungsinstanz in Traum und Realität.«

In ähnlich interessante und nützliche Träume wird Sie dieses Buch einführen, zu dessen Verständnis Unvoreingenommenheit notwendig ist. Besonders möchte ich hier auch junge Menschen ansprechen. Über folgende unsichtbaren und geheimnisvollen Bereiche wird Neues vermittelt:

- unsere feinstofflichen Körper und deren Funktionen in Traum und Tod,
- das nicht erkennbare, jedoch dramatische Geschehen der uns ständig umgebenden unsichtbaren Welten, d. h. der so-

genannten Astral-Mentalbereiche, dargestellt auch in Mythologie und Märchen,

- Wissenswertes über Tod und Jenseits aus unmittelbarer hellsichtiger Erfahrung,
- Unbekanntes über Engel, unsere geistige Führung und Metaphysik,
- realisierbare Methoden der Bewußtseinserweiterung, wie z. B. das »transpersonale Traumtraining« (die TTT-Übungen),
- und schließlich eine leicht nachvollziehbare Anleitung zur Deutung von Träumen und »Tagesphantasien« mit Beispielen und handlichem Traumsymbollexikon, die ebenso für die Auslegung von alltäglichen, »nichtssagenden« Ereignissen wie für die Deutung von Kunstwerken und den »Weg nach innen« zu empfehlen ist.

Das folgende Kapitel vermittelt zunächst einiges aus der wissenschaftlichen Schlafforschung.

Daran erkenn' ich den gelehrten Herrn;
Was ihr nicht tastet, steht euch meilenfern.
Was ihr nicht faßt, das fehlt euch ganz und gar.
Was ihr nicht rechnet, glaubt ihr, sei nicht wahr.
Was ihr nicht wägt, hat für euch kein Gewicht.
Was ihr nicht münzt, das – meint ihr – gelte
nicht.

Goethe, »Faust«

I. Einige Ergebnisse aus Schlaflaboratorien

Da wir etwa ein Drittel unseres Lebens im Schlaf verbringen, verschlafen wir bei einem Alter von 75 Jahren ca. 25 Jahre. Wir träumen hierbei 6 bis 7 Jahre lang. Neben der Regeneration unserer Vitalität scheint ein wichtiger Zweck unseres Schlafes das Traumerleben zu sein. Dieses spielt sich in für den Hellseher sichtbaren, normalerweise aber verschleierten Welten ab.

Die moderne in- und ausländische Schlafforschung, z. B. von Dr. W. Dement, Prof. N. Kleitmann, dem Psychiatrieprofessor Robert McCarley und dem Neurophysiologen Prof. Allan Hobson, untersuchte gründlich, was in unseren Körpern während des Schlafes abläuft. Sie kam u. a. zu folgenden Ergebnissen:

- Der Mensch träumt schon vor der Geburt. Junge Menschen träumen mehr als alte.
- Bei angeborener Blindheit wird nicht in Bildern geträumt. Die Eindrücke werden über Gehör-, Geruchs-, Tast- und Bewegungssinn vermittelt.
- Hunde und Katzen zeigen denselben Schlafrhythmus, das gleiche Verhalten und ganz ähnliche körperliche Merkmale während des Schlafes wie Menschen.

- Der gute Schläfer, der viel träumt, schläft innerhalb von etwa sieben Minuten ein; der schlechte, der wenig träumt, braucht hingegen etwa 60 Minuten dazu.
- Der gesunde Schlaf setzt die organischen Funktionen deutlich herab, die Herzfrequenz sinkt auf 56,6 Schläge und die Körpertemperatur auf ca. 36,1 Grad. Beim gestörten, schlechten Schlaf hingegen bleibt die Herzfrequenz auf etwa 60,5 Schlägen und die Körpertemperatur auf ca. 36,6 Grad.
- *Jeder* gesunde Mensch träumt pro Nacht mehrmals, auch wenn nach dem Erwachen jegliche Rückerinnerung ausgelöscht ist.
- Während des Schlafes wechseln Tiefschlafphasen von ca. 90 Minuten und Traumphasen von ca. 15 Minuten Dauer. Die erste Traumeinheit wird etwa 90 Minuten nach dem Einschlafen durchlaufen, die folgenden werden immer länger, bis zur letzten, die mehr als 30 Minuten dauern kann und mit dem Aufwachen beendet ist. Während eines achtstündigen erholsamen Schlafes wird insgesamt etwa zwei Stunden lang geträumt, wobei sich die Reise durch das Traumland in 4 bis 7 sogenannte REM (= Rapid Eye Movement)-Phasen aufteilt, denen der Theta-Rhythmus der Gehirnströme von 4 bis 8 Hz zugrunde liegt.
- Während der Traumphasen steigt die Gehirntemperatur an, eine ausgesprochen starke Aktivität herrscht. Herzschlag und Blutdruck werden ungleichmäßig oder schneller bzw. höher, genauso wie bei Aufregungen, Streß oder Angst. Auch Angina pectoris und Asthmaanfälle treten im Schlaf nachweisbar nur in Traumphasen auf.
- Hirnstrommessungen bewiesen, daß derjenige Großhirnrindenteil, der für die visuelle Wahrnehmung während des Tages verantwortlich ist, im Traum ebenso aktiv ist. (Spätere Kapitel werden zeigen, daß wir mit den Augen unserer un-

sichtbaren Körper die »Realität« der Astralwelt wahrnehmen.)

- Ein fünfjähriges Forschungsprojekt über Kinderträume kam – entgegen der bisher üblichen Meinung – zu dem Ergebnis, daß Kinder nur sehr selten unter traumatischen, schrecklichen oder furchterregenden Träumen (z. B. von Verfolgungen und Bedrohungen) leiden.
  Da die kindliche Traumerinnerung noch stark eingeschränkt ist, behält das Kind am ehesten die auffälligen, ungewöhnlichen und furchterregenden Träume. Diese selten auftretenden, angsteinflößenden Träume entstehen eindeutig aus Schwierigkeiten in der Tagesrealität. Vom 4. bis 10. Lebensjahr steigt die Traumerinnerung von 27 auf 60 Prozent. Bis zum 4. Lebensjahr herrschen einfache, zusammenhangslose Träume, meistens Familien- und Haustierträume, vor. Siebenjährige zeigen zusammenhängende Trauminhalte, Zwölfjährige realistische und sinnvolle Traumabläufe.
- Menschen, die nachts viel träumen und sich tagsüber ungestört ihren Tagträumen hingeben, können an realistischer Lebenseinstellung verlieren. Bei ihnen ist oder wird die rechte Gehirnhälfte, d. h. Unbewußtes, Instinkte, Kreativität, Fantasie und künstlerische Fähigkeiten, stärker aktiviert. Wenn hingegen durch Arbeitsbelastung und Zeitmangel weniger Zeit für Schlaf und Träumen verfügbar ist, befindet man sich mehr im realistischen Bereich der Tatkraft, der Logik, des analytischen Denkens und der Sprache. Hier überwiegt die linke Gehirnhälfte.
- Wenn bei schlechtem Schlaf und z. B. durch Experimente bei Versuchspersonen mehrere Nächte nacheinander das Träumen verhindert wird, macht dies angriffslustig, ängstlich und nervös; auch können körperliche Irritationen, Psychosen, Halluzinationen, Gedächtnisausfälle, Konzentrations- und Lernschwierigkeiten auftreten. In den darauffolgenden

Nächten werden gestörte Traumphasen nachgeholt, es wird viel länger im REM-Stadium geschlafen und geträumt.
- Viele Schlafforscher kamen zu der Ansicht, daß uns unsere Träume seelisch und körperlich gesund zu erhalten scheinen.
- Der amerikanische Arzt und Psychologe Dr. D. Hall erbrachte 1953 nach über 10 000 systematischen Traumanalysen den Nachweis, daß Träume keine Folge willkürlicher, sinnloser Bildszenen sind, sondern sich wiederholende, zusammenhängende Themen beinhalten. Sie zeigten ihm ein umfassendes, verständliches Bild der Konfliktsituation eines Menschen.

In einer großangelegten Traumstudie fanden US-Forscher, daß 8,8 % aller Träume nicht erklärbare – paranormale Voraussagen enthielten, z. B. Voraussagen des Todes von Familienangehörigen. (Mark Twain träumte den Tod seines geliebten Bruders voraus.)
Das nächste Kapitel befaßt sich mit der menschlichen Natur, dem menschlichen Geist und seinen Fähigkeiten (aus vertiefter, esoterischer Sicht), daraus werden später Traumdeutungen sowie jenseitige Bereiche und Erklärungen für diese Phänomene abgeleitet.

Wisset ihr nicht, daß ihr ein Tempel Gottes seid
und der Geist Gottes in euch wohnt?

1. Korinther 3.16 f.

II. Der Mensch – ein ewiges Licht vom ewigen Lichte

Jeder Mensch ist ein Funke der göttlichen Urflamme, der Urenergie bzw. des »einen Lebens«, welcher zu unterschiedlichen Zeiten aus der kosmischen, göttlichen Urkraft hervorging. Da wir uns der eigenen Göttlichkeit nicht bewußt sind, sondern wir uns oft durch den Durst nach Erlebnis und Erfahrung ab. Auch der Drang nach Aktivität, Selbständigkeit und Entfaltung kann uns vom spirituellen Ursprung trennen. Auf unserer Pilgerschaft über viele Millionen Jahre in verschiedenen Reinkarnationen (= Verkörperungen) gewinnen wir die Vielfalt der Erkenntnisse und des Bewußtseins durch unser Dasein im Mineral-, Pflanzen-, Tier- und schließlich Menschenreich.
Beeinflußt wird unsere irdische Persönlichkeit von sichtbaren und unsichtbaren überirdischen Boten, die den Weg vorangegangen sind, die schneller aus dem relativen, eng-persönlichen Bewußtseinskreis herausfanden und vom übergeordneten, kosmischen Bewußtsein, vom universellen Gesetz und dem Ideal von Wohl und Fortschritt aller Wesen durchdrungen waren. Auch unser eigener göttlicher Anteil versorgt unser höheres Selbst (siehe S. 25/29) auf dem Weg durch die dichte Materie mit vier verschiedenen, weltlichen Körpern, die im Ringen mit dieser latente Kräfte entfalten. Der lange Weg unserer Entwicklung läßt uns den geistigen Ursprung und das spirituelle Ziel vergessen. Alle unsere niederen Körper fordern zunächst

ihr Recht, sowohl die Lebenskraft (Vitalitätskörper, siehe Kapitel III), die den physischen Körper zu Erlebnissen aufpeitscht, als auch unsere persönliche Wunschnatur (Emotions- oder Astralkörper, siehe Kapitel IV) und der Denkmechanismus (Denk- oder Mentalkörper, siehe Kapitel VI), der auf Ich-Durchsetzung ausgerichtet ist und uns dadurch vom Ursprung trennt.

Weder Vielwisserei und philosophische Spekulationen noch Wunschvorstellungen, sondern nur gute Taten, ausdauernde willentliche Anstrengungen und viel Selbstkritik bringen uns dem Ziel näher. Durch Selbstarbeit gestalten wir unser Schicksal und unseren Aufstieg.

Erst wenn durch individuelle Erkenntnisse und Erfahrungen, Selbstkontrolle und Überwindung die Ursachen der Kämpfe und Leiden gefunden wurden, verstehen wir das über uns herrschende Gesetz und die geistige Heimat. Diese Erlebnisse und Anstrengungen verhelfen uns zu Bewußtsein und selbständig erfahrener Göttlichkeit. Hierbei wird die eigene Individualität im Einklang mit der Schöpfung und dem Schöpfer erlebt und in Bewußtsein und Wille der kosmischen Einheit integriert.

Daraus erwächst unser Dienst für das allumfassende Ganze und seinen Entwicklungsplan. Wir wissen nun, daß alles aus einer einheitlichen Schöpfung, aus Wille, Liebe und unvergänglichem, ewigem Bewußtsein besteht.

Den Weg auf das Ziel hin überwacht unser innerer Führer (siehe Kapitel VI). Dieses transzendente Selbst leitet uns durch alle Wiederverkörperungen (= Reinkarnationen). Der Durchbruch vom sterblichen zum unsterblichen Ich ist mit der höchsten Glückseligkeit, mit Freiheit und Friede verbunden.

Über viele diesseitige und jenseitige Existenzen und einen langen Zeitraum sammelte sich bei jedem von uns Karma an, welches das Gesetz der Gerechtigkeit und des Ausgleiches ist.

Es besteht aus guter und böser Schicksalsschuld, aus der Gesamtheit der Erfahrungen und einem für das Individuum charakteristischen Bewußtseinszustand. Jeder Mensch ist gleichzeitig Zentrum und Gefangener seiner ganz individuellen Bewußtseinsverfassung, deren Träger das sterbliche Ich (= physischer Leib, Vitalitäts-, Emotions- und Denkkörper) ist, siehe auch Übersicht mit der Abbildung: »Geheimnisvolle Auren (unsichtbare Körper) und Wesen«, S. 25. Der jetzige Zustand des eigenen Leibes und das daran gebundene Bewußtsein wurden also durch selbstverursachtes Karma erworben, von dem es nach Matth. 5.26 heißt: »Wir ernten, was wir gesät haben, und werden von dannen nicht herauskommen, bis auch der letzte Heller bezahlt ist.«

Das Karma wird durch Eigenverantwortlichkeit für unsere Zukunft umgeformt. Nach jedem Leben im Diesseits und der darauf folgenden Ruhe- und Verarbeitungsphase im Jenseits haben sich das sterbliche Ich und damit seine verschiedenen unsichtbaren Körper aufgelöst. Der positive und negative Extrakt aus dieser langen Erfahrungsperiode wird jedem Menschen bei Antritt eines neues Erdendaseins durch sein eigenes göttliches höheres Selbst und von bestimmten Engeln mitgegeben. Sie bilden aus dem verflossenen Karma alle neuen Körper, wobei vergangenes, negatives Denken und Tun sich in Krankheiten auswirken kann.

Die leicht nachvollziehbaren Methoden dieses Buches zielen auf Bewußtseinserweiterung ab, was sich in diesem Leben und auf das Schicksal der nächsten Leben in jeder Hinsicht positiv auswirken wird (siehe auch Kapitel X: »Weiterführende Übungen«).

Sicherlich überzeugen sich die meisten Zeitgenossen nur durch das Auftauchen eigener Erlebnisse aus verflossenen Existenzen von der Reinkarnation. Meine eigene Erfahrung zeigt mir, daß die Rückerinnerung während einer bestimmten geistigen Ent-

wicklungsstufe problemlos von selbst auftaucht und daß sie im Grunde nicht unbedingt notwendig ist, um die Glückseligkeit des eigenen höheren Selbst zu erreichen.
Bei künstlich eingeleiteter Rückerinnerung durch einen Reinkarnationstherapeuten sind bisher bei einer Reihe von Fällen folgende Probleme aufgetaucht:

- Die Rückführung bleibt fast immer an einem fürchterlichen Erlebnis (z. B. gewaltsamer Tod) stehen und dringt nicht zur eigentlichen Ursache vor. Die eigene Schuld, die dieses schreckliche Ereignis auslöste, wird meist nicht aufgedeckt.
- Das durch die Reinkarnationstherapie erfahrene Schockerlebnis wird oft nicht verkraftet und führt dann zur seelischen Dauerbelastung des Betroffenen und seiner Umgebung mit vielen unvorsehbaren Folgen.
- Auch kann eine Rückführung unerwünschte Verhaltensweisen hervorrufen: das Ausleben von Phantasie und Abenteuerlust oder Angeberei (denn man war ja etwas ganz Besonderes), Erfolgszwang und Leistungsdruck (vor allem bei der Therapie in einer Gruppe).

In den aufeinanderfolgenden Leben wiederholen sich stereotyp immer dieselben ungelösten Probleme, bis sie erfolgreich gemeistert werden.
Dem interessierten Leser wird, durch das systematisch aufgebaute »transpersonale Traumtraining« in Kapitel X (TTT-Übungen, die u. a. eine Reinkarnationsmeditation enthalten) Gelegenheit zur eigenen Rückerinnerung in verflossene Leben gegeben.
Eine anregende Lektüre im Zusammenhang mit der Wiederverkörperung ist z. B. das Buch von Cerminara: »Erregende Zeug-

nisse von Karma und Wiedergeburt« (siehe Literaturverzeichnis am Buchende).
Der folgende Text beleuchtet zunächst kurz die unsichtbaren Körper des Menschen.

Der Aufbau des unsichtbaren Menschen bzw. Traummenschen

Unsere geistige Konstitution zerfällt in verschiedene Energiefelder, »Körper« oder »Wesen«, die aus unterschiedlich dichter, feinstofflicher Materie bestehen. Die vier gröberen Körper oder »Auren« werden in spirituellen Lehren als »Persönlichkeit« oder »Maske« bezeichnet. Sie sind (siehe Abbildungen S. 25 und 29):

1. der physische Körper,
2. der Vitalitäts- oder Ätherkörper,
3. der Emotions- oder Astralkörper,
4. der Denk- oder niedere Mentalkörper.

Den Körpern 2 bis 4 ist gemeinsam, daß sie über bestimmte Energiezentren (= Chakren) verfügen.
Im spirituellen Bereich (5.) ist der Sitz des höheren Selbst. Dieses eigentliche geistige Selbst, das sich durch den Kreislauf der Geburten und Tode ständig weiterentwickelt, steht mit dem »Vater«, dem »Atman« oder dem individuell Göttlichen im Menschen in Verbindung (auf der Abb. S. 29 als Dreieck dargestellt), über die drei geistigen Ebenen des Wissens, der Liebe und Macht.
Die drei höheren, wesentlich feinstofflicheren Körper sind:

5. der höhere Denk-, Mental- oder Kausalkörper, der der ständige Aufenthaltsort des Selbst ist (siehe S. 29),
6. der Buddhikörper – seine Ebene ist der Bereich der geistigen Intuition und Liebe,
7. das göttliche Feuer, die Ebene des »Atman«, der Macht.

Normalerweise hat unsere menschliche Persönlichkeit (1. bis 4.), die hauptsächlich aus den vitalen Energien des Wurzel-Chakras und den emotionellen des Solar- und des Milz-Chakras gespeist wird, keinen bewußten Kontakt zum höheren Selbst – der göttlichen Persönlichkeit des Menschen – sowie zu den Bereichen der Buddhi-Ebene oder des spirituellen Feuers.
Näheres über Chakren oder menschliche Energiezentren erfahren Sie in den Kapiteln III und IV sowie in meinem Buch: »Chakren – und Auradiagnose« (siehe Literaturverzeichnis am Buchende).
Durch die in dem vorliegenden Buch angegebene Traumdeutung (siehe Kapitel IX), aber auch durch bewußte geistige Praktiken (siehe Kapitel X) kann die Verbindung zum höheren Selbst aufgenommen werden.
Träume lassen uns die psychische bzw. sogenannte astralmentale Realität durchleben. Sie zeigen oft illusionslos bildhaft unsere wahren Konflikte und gewähren Zugang zum kosmischen Gedächtnis, zum Bilderbuch der unsichtbaren, feinstofflichen Welten, die Gegenwart, Vergangenheit und Zukunft enthalten.
Auf Seite 25 finden Sie eine Zeichnung über den Aufbau des unsichtbaren Menschen. Die Buchstaben A und B und die Ziffern 1 bis 5 der Abbildung haben die folgende Bedeutung:

A: Die menschliche Persönlichkeit oder Maske:
1. Physischer Körper.
2. Vitalitäts- oder Ätherkörper. Er versorgt uns mit vitalen Kräf-

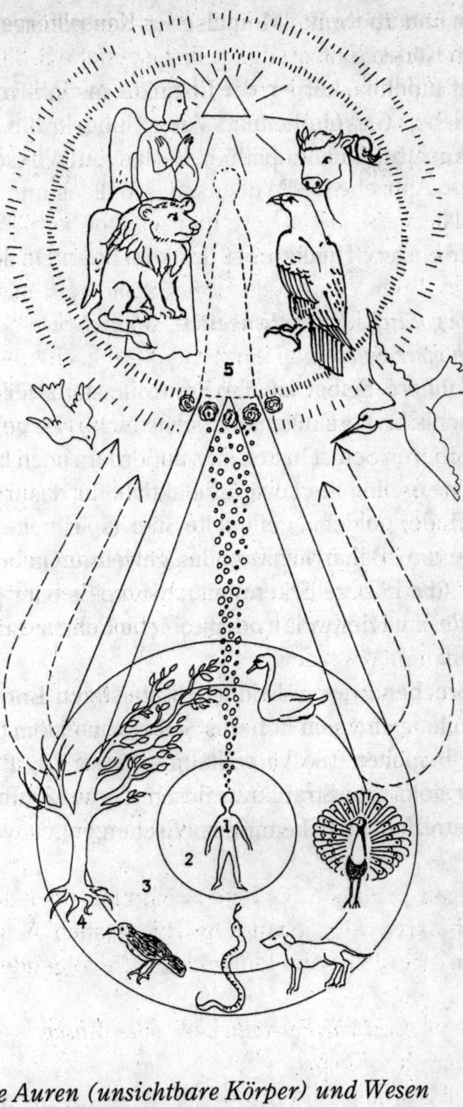

Geheimnisvolle Auren (unsichtbare Körper) und Wesen

ten und übermittelt Impulse aus den höheren, feinstofflicheren Körpern.

3. Der Emotionskörper, der Instinkte, instinktive Vorahnungen, Triebe, Gewohnheiten, Vorstellungskräfte, Gefühle (wie Sympathie und Antipathie), Verlangen, Wünsche, gefühlsmäßige Antriebe des Wollens, des Willens und des Mutes enthält.
4. Der niedere Denkkörper des konkreten Denkens.

B: Die göttliche Persönlichkeit des Menschen (das höhere Selbst):

Das höhere Selbst ist die Kontrollinstanz für die spirituelle menschliche Persönlichkeit (siehe Nr. 5). Im geistigen Bereich des höheren Selbst halten sich außerdem noch hohe Engel, der goldene, geflügelte Löwe (die aktive, für das Gute kämpfende Liebe), der goldene, geflügelte Stier (spirituelle Fruchtbarkeit, Stärke und Beharrlichkeit, das geweihte Opfer), der goldene Adler (die höhere Erkenntnis), die weiße oder goldene Taube (Friede) und der weiße oder goldene Pelikan (aufopfernde Liebe) auf.

Entsprechend der individuellen, geistigen Entwicklung eines Menschen wird sein höheres Selbst von einem der geflügelten Tiere begleitet. (So vervollkommnet sich z. B. der Adler in seiner goldenen Strahlkraft durch die wachsende Spiritualität des betreffenden Erkenntnismenschen.)

Die Auren der menschlichen Persönlichkeit

Die folgende Übersicht nennt noch einmal ausführlich Funktion und Aufgaben unserer feinstofflichen Körper:

A. Die menschliche Persönlichkeit (das sterbliche Ich)

1. Physischer Körper
2. Vitalitäts- oder Ätherkörper (siehe Kapitel III)
   - körperliche Vitalitätsversorgung
   - Übermittlung von Impulsen aus allen höheren Körpern
3. Emotions- oder Astralkörper (siehe Kapitel IV)
   - alle Gefühle (z. B. Sympathie, Antipathie, Schuldgefühle)
   - Instinkte, Verlangen, Wünsche, Triebe
   - instinktive Vorahnungen, Empfindungen
   - Grund- und Erwartungseinstellung dem Leben gegenüber, Vorstellungskräfte
   - spontanes Tun, gefühlsmäßige Antriebe des Wollens und oft gefühlsmäßiger Mut
   - gefühlsmäßige Glaubensüberzeugung und Gottesbilder
   - Summe anerzogener oder erworbener seelischer Muster
4. Niederer Denk- oder Mentalkörper (siehe Kapitel IV)
   - gegenständliches Denken
   - Bewertungen, Urteilsvermögen und -bildung
   - »Nichtwissen« im höheren Sinn
   - mentale Konditionierung
   - gesteuerte Willenskräfte (wie Disziplin, Aufmerksamkeit, Konzentration, Kontemplation)
   - bewußt eingesetzte Vernunft
   - Bewußtsein der eigenen Individualität

(Vitalitäts-, Emotions- und Denkkörper vermögen je sieben Personifizierungen – unsichtbare Doppelgänger – zu erschaffen. Lesen Sie hierzu im Kapitel IV: »Doppelgänger und andere

Phänomene der Astral- oder Traumwelt« und unter dem Stichwort »Doppelgänger« im Traumsymbollexikon nach.)

B. Die göttliche Persönlichkeit des Menschen (siehe Kapitel VI)
Das unsterbliche, höhere Selbst oder Überselbst im höheren Denk- oder Mentalkörper (= Kausalkörper), auch bezeichnet als:

- abstraktes Denken
- höhere Vernunft, Intuition
- neuer Lichtmensch, Seelengrund
- lebendiges Licht, innere Sonne
- göttliches Feuer, Funke, Lichtleib
- verborgener Licht- und Lebensquell
- erleuchtete höhere Einsicht
- unvergänglicher, ewiger Mensch
- Gotteskindschaft
- unverlierbarer, innerer Schatz
- innere Glückseligkeit, ewiges Glück
- Gewißheit der Unsterblichkeit
- die Stimme der Stille
- persönlicher Geist
- transzendentales Selbst
- überweltliche Persönlichkeit
- innere Gewißheit
- erwachtes Gewissen, Wissen
- Identität mit dem Göttlichen
- Stimme Gottes in unserem Herzen
- Ich-bin-Gegenwart
- der in uns zu entwickelnde Christus (oder »Christus in uns«)
- Buddha-Natur

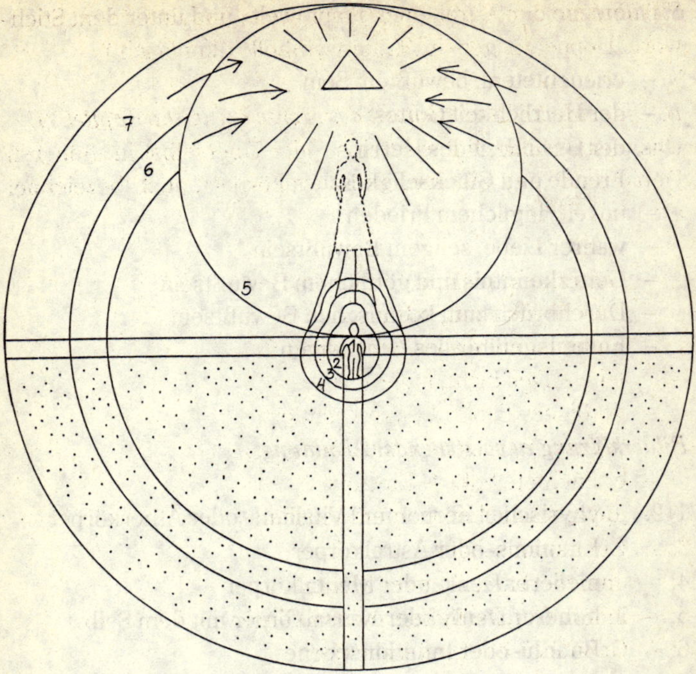

Die feinstofflichen Körper und geistigen Ebenen

Sie führt zu:

- erleuchtetem, bewußtem Sein
- der Herrlichkeit Gottes
- der Gewißheit des Herrn
- Freude und Glückseligkeit
- unvergänglichem Frieden
- wahrer Liebe, seligem Bewußtsein
- Gotterkenntnis und göttlichem Bewußtsein
- Durchbruch zum kosmischen Bewußtsein
- Einheitsgefühl alles Lebendigen

Bilderklärung zu vorstehender Abbildung:

1+2: physischer Körper und Vitalitäts- oder Ätherkörper
3: Emotions- oder Astralkörper
4: niederer Denk- oder Mentalkörper
5: höherer Denk- oder Kausalkörper mit dem Selbst
6: Buddhi- oder Intuitionsebene
7: Atman, Geistebene

Der Emotions- oder Astralkörper (3) zeigt sich im sympathischen Nervensystem. Der niedere Mentalkörper (4) drückt sich durch Gehirn und Rückenmark aus. Das Selbst (5) reflektiert sich in den Augen, im Herzen, im Blut und in Teilen des Gehirns. Die Buddhi- oder Intuitionsebene (6) und die Atman- oder Geistesebene (7) spiegeln sich beim erleuchteten Gottmenschen.

Der Mensch hängt am Kreuz der Materie, wobei der Querbalken die Materie, der Längsbalken das spirituelle Bewußtsein darstellt. Sein individuelles Selbst befindet sich auf der höheren Mentalebene. Das Bewußtsein des Menschen kann u. a. durch

sein »Herzdenken« bis in die höchsten Ebenen des Geistes, zum kosmischen Bewußtsein, Zugang finden.
Die über dem Querbalken dargestellten Welten sind die lichtdurchdrungenen, geistigen Bewußtseinsebenen; diejenigen unterhalb deuten die dunklen, lichtlosen Bereiche oder das sogenannte »böse Prinzip« an. In unseren Träumen gelangen wir in alle diese unsichtbaren, gleichzeitig bestehenden und immer gegenwärtigen, feinstofflichen Bereiche.

Im folgenden Text wird erklärt, wie sich unsere einzelnen, geheimnisvollen Körper zum Traumgeschehen verhalten, wie wir ihre Funktion erkennen und beeinflussen können. Weiterhin werden verschiedene Hilfen und praktische Anleitungen gegeben, die zur Veränderung des Inhaltes von Tages- oder Nachtträumen führen und unsere Entwicklung und unser Bewußtsein verbessern.
Auf Seite 32/33 finden Sie eine Tabelle, in welcher der »Aufbau des Menschen und des Universums« zusammengefaßt wird.

Die Bibel weist in Johannes 3.5 durch das folgende Zitat auf den irdischen und geistigen Teil des Menschen hin: »Wenn jemand nicht aus Wasser und Geist geboren wird, kann er nicht in das Reich Gottes kommen. Was aus dem Fleisch geboren ist, das ist Fleisch; was aber aus dem Geist geboren ist, das ist Geist.«
Angelus Silesius setzt in seinem »Cherubinischen Wandersmann« die göttliche Persönlichkeit des Menschen mit dem Himmel gleich:
»Halt an, wo läufst du hin! – Der Himmel ist in dir. Suchst du Gott anderswo, du fehlst Ihn für und für.«
Die gegenseitige Beeinflussung der feinstofflichen Körper ist auf der Abbildung Seite 34 sichtbar.

Tafel: Der geistige Aufbau des Menschen und des Universums

Die geistigen Ebenen und Körper des Menschen in der Theosophie		Geistkörper und Ebenen in der Anthroposophie
7. Ebene des höchsten Geistes, der Monade oder des göttlichen Funkens, die Atman-Ebene, das Nirwana	reiner Geist	Geistmensch
6. Buddhi-Ebene oder Intuitionsebene	Intuition	Lebensgeist, Geistselbst
5. Kausalebene = höhere Mentalebene, Sitz des höheren Selbst (der göttlichen Persönlichkeit des Menschen)	höhere Mentalebene der formlosen Gedanken, höheres Denken	Das Ich, bestehend aus a) und b) a) Bewußtseinsseele
4. niedere Mentalebene	Denken in Gedankenformen, ans Gefühl gebunden, niederer Mentalkörper	b) Verstandesseele
3. Astralebene	Astral-, Gefühls- oder emotioneller Körper	Seelenleib und Empfindungsseele
2. vital-ätherisches oder elektromagnetisches Feld	Vitalitäts- oder Ätherkörper	Äther- bzw. Lebensleib
1. physische Ebene	physischer Körper	physischer Körper

	Gurdjieffs Weltbild,
kosmischer Wille, Endziel, das heilige Bewußtsein, das Unergründbare	Transzendenz, das Unfaßbare
universaler bzw. göttlicher Wille	Einheit, die erlösende Welt
individueller Wille, Mitgefühl	kreative Welt, die Welt des Tuns
Selbstheit, Individualität	bewußte oder »Kesdjan«-Welt
eigenzentrisches Funktionieren, die Essenz, unwirkliche Existenz, die Täuschung (hier ist die Persönlichkeit zu Hause)	sensitive oder natürliche Welt (auf den Ebenen 1 bis 3 besteht die vitale, automatische, schlafende Welt)

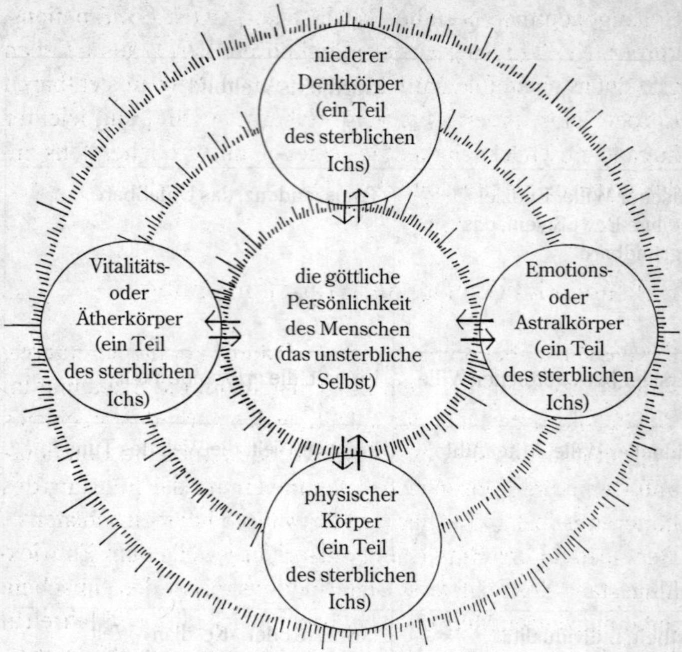

Die gegenseitige Beeinflussung der feinstofflichen Körper

Genaugenommen bestehen Vitalitätskörper (Nr. 2), Emotionskörper (Nr. 3) und der niedere Denkkörper (Nr. 4) aus je sieben einzelnen feinstofflichen Hüllen. Wie man diese unsichtbaren Körper selbst umerziehen und verbessern kann und leichter Zugang zur Glückseligkeit des eigenen unsterblichen Ichs findet, erfahren Sie in Kapitel X.

Hellsehen im Dienste der Traumforschung

Für das Zustandekommen unserer Träume konnte ich Interessantes feststellen: Vor dem Einschlafen läßt die Spannung im Vitalitätskörpers nach, der jedoch auch während des Schlafes eng mit dem physischen Körper verbunden bleibt. Emotions- und Denkkörper lösen sich zusammen unter der Führung des höheren Selbst und entfernen sich während des Einschlafens. Der Abstand der Entfernung entspricht jeweils dem Entwicklungsstand des Schläfers. Den Emotionskörper des einfachen, unkomplizierten Menschen beobachtete ich mit ca. 12 Jahren in Jugendherbergen als hellgraues, wolkenartiges Gebilde, vage den Umrissen des physischen Körpers entsprechend, ca. in 1,50 m Höhe über dem letzteren schwebend.

Beim durchschnittlich entwickelten Menschen entfernen sich Astral- und Mentalkörper nachts höher, auf eine der sieben Astralebenen. Sein Selbst bestimmt den genauen Aufenthaltsort, entsprechend der Vibrationsdichte der Körper. Eine dünne Schnur oder ein Faden aus ätherartiger Astralsubstanz verbindet das körperliche Sonnengeflecht mit den ballonähnlichen Gebilden unserer Astral- und Mentalkörper, die von unserem Planeten in die Atmosphäre aufsteigen. Letztere unterteilt sich grob in sieben Astralebenen, die unseren Erdball schalenförmig umgeben und bis zum Mond reichen. Sie sind nicht nur der Aufenthaltsort unserer nächtlichen Emotions- und Denkkörper, sondern dienen auch den Verstorbenen, bevor diese in die Himmelswelt aufsteigen, als Bleibe. Daher können wir unsere Verstorbenen während des Traumes dort antreffen.

Immer entspricht der nächtliche Aufenthaltsort den individuellen Schwingungen der astralen und mentalen Materie, die wir während des Tagesbewußtseins bewußt oder unbewußt in uns aufgenommen oder gebildet haben.

Höherentwickelten Menschen mit feineren Gefühls- und Denkkörpern gelingt es mit Hilfe ihres Selbst, sich auf die höchsten geistigen Astralebenen zu begeben. Dort erhalten sie von Verstorbenen, Geistführern und Engeln Unterricht, an welchen sie sich meist unbewußt oder auch voll im Wachzustand erinnern können. Je tiefer der Schlaf, desto weiter kann sich das höhere Selbst mit Emotions- und Denkkörper entfernen (siehe hierzu auch Kapitel IX).

Die Traumerinnerung und -übertragung in unser physisches Gehirn ist abhängig vom:

1. Zustand des Gehirns unseres physischen Körpers. Dieses Gehirn, ohne den Denkkörper und die Kontrolle des Selbst, verfügt über ein automatisches Bewußtsein. Berührungen und Geräusche in der Nähe des Schlafenden verursachen daher ebenfalls Träume, da das Gehirn jeden Reiz als Bild wahrnimmt. So träumte beispielsweise ein Bekannter, er befände sich in einer kalten Schneelandschaft und sein linkes Bein wäre erfroren. Beim Erwachen sah er, daß dieses Bein unbedeckt und einem kalten Luftzug ausgesetzt war. Ein anderer träumte eine wilde Cowboyszene mit Gewehrschüssen. Nach dem Erwachen nahm er die harmlosen Geräusche seines nicht ganz intakten Kühlschrankes wahr, die an Gewehrschüsse erinnerten.

   Schwankungen in der Zirkulation der zerebrospinalen (Gehirn- und Rückenmarks-) Flüssigkeiten sind größtenteils von der Statik (= Körperlage) des Menschen abhängig und beeinflussen das Aufnahmevermögen der Träume. Weiterhin hängt die Gehirnernährung u. a. von Blutdruck und Durchblutung ab. Wenn mit niedrigem Kopfkissen geschlafen wird (bei gewissen Herzkrankheiten sollte man dies besser nicht tun), ist die Durchblutung des Kopfes und Körpers besser und damit die Traumerinnerung. Auch Verdauung und körperliche Vorgänge beeinflussen das physische Gehirn;

2. Zustand des Vitalitätskörpers und seiner Chakren (siehe Kapitel III). Wenn dieser schwach oder krank ist, kann er nur gewisse Teile der astralen Materie, die das Selbst ihm übermittelt, erkennen. Daher entstehen verwirrte Träume, unklare Übertragungen;
3. Zustand der Emotions- und Denkkörper und ihrer Chakren (siehe Kapitel IV und VI). Die meisten Träume spielen sich mit Tagesresten und emotionellen Inhalten ab;
4. Zustand und Entwicklungsstadium des höheren Selbst, dieses führt uns durch die Traumwelt (siehe Kapitel VI).

Zusammenfassend läßt sich feststellen:

1. *Träume, die den physischen Körper betreffen*, entstehen durch Berührungen, Geräusche und Lageveränderungen des Kopfes.
2. *Träume, die mit dem (schwachen) Vitalitätskörper zusammenhängen*, zeigen sich durch Traumfetzen, -verwirrungen, -unklarheiten und durch Schlafstörungen jeglicher Art.
3. *Träume des Emotions- und des Denkkörpers* sind Wunschträume, z. B. solche von Tagesresten, Alp-, Verfolgungs-, Verlegenheits-, Familienträume und solche von Tieren, Dämonen, Elementarwesen, Naturgeistern u. a.
4. *Träume, die ausgesprochen vom höheren Selbst bestimmt sind*, zeichnen sich durch klare, zusammenhängende Abläufe, lichtvolle, symbolhafte, kreative, simultane, Reinkarnations-,

prophetische und weitere Inhalte mit Engeln, dem geistigen Führer und Themen der Initiation aus.

Diese Zusammenfassung läßt nicht nur erkennen, welcher feinstoffliche Körper stark bestimmend auf uns wirkt, sondern auch, in welchem Zustand er sich befindet. Wenn beispielsweise überwiegend unklare Träume auftreten, ist der Vitalitätskörper geschwächt und heilungsbedürftig.

In den folgenden Kapiteln werden wir die einzelnen feinstofflichen Körper genauer betrachten, d. h. ihren Aufbau und ihre Funktionen kennenlernen.

Die größte Offenbarung ist die Stille.
Laotse, 6. Jh. v. Chr.

III. Vitalitätskörper, Schlaf und Traum

Der Vitalitätskörper mit seinen ätherischen Chakren

Der Vitalitätskörper wird auch als Ätherkörper, elektromagnetisches Feld u. a. bezeichnet. Mit seiner siebenschichtigen, dichten, wolkenförmigen Struktur ist er kleiner als der im nächsten Kapitel beschriebene Emotionskörper. Letzterer wird wiederum von dem größeren Denkkörper überragt. Unser körperliches Wohlbefinden hängt vom Ätherkörper ab, den eine ungeheuer große Anzahl von feinstofflichen, fadenartigen Kanälchen (= Nadis) versorgen. In diesem bunt sprühenden Vitalfeld bewegen sich die sieben regenbogenfarbenen Energiepartikel (= Chi oder Äther) rhythmisch. Ihre Farbreinheit ist weitgehend vom Milz-Chakra abhängig, das sich im linken Oberbauch befindet und teilweise die bekannten Bahnen der Akupunkturmeridiane zum Weitertransport der Energie (des Chi oder Prana) benutzt. Jedes der sieben Chakren auf der Abbildung Seite 43 besteht aus drei einzelnen Chakren, die ineinander hängen. In folgender Tabelle ist die Wichtigkeit der ätherischen Chakren angedeutet.

Kopf-Chakren	Hals-Chakra (Kehlkopf)	Herz-Chakra
Scheitel-Chakra: Zirbeldrüsenfunktion Stirn-Chakra: Hypophysenfunktion Die beiden oberen Chakren sind wesentlich von den fünf unteren abhängig.	Erkrankungen von Nase, Hals, Kehlkopf, Lunge, Dickdarm, Haut, Schleimhäuten, Schilddrüse, Schweißausbrüche, Depressionen usw.	Herz-, Arterien-, Venenleiden; Blutzirkulation; das Gedächtnis; Unruhe, Nervosität; Mittagsmüdigkeit; nächtliches Wasserlassen; Unverträglichkeit von Hitze usw.

Schlaf- und Traumstörungen durch Krankheiten oder Blockaden des Vitalitätskörpers

Der Vitalitätskörper hält die Verbindung zwischen unserem klaren Bewußtsein und den anderen unsichtbaren Körpern und Welten, wie der Astral- oder Traumwelt, aufrecht. Hierzu gehört die Weiterleitung der Trauminhalte an unser physisches Gehirn und Nervensystem. Daher ist ohne einen gesunden Vitalitätskörper weder eine klare Traumerinnerung noch Hellsichtigkeit möglich.
Abhängig ist sein reibungsloses Funktionieren von:

1. unseren Denkvorgängen,
2. der Aufrechterhaltung der unsichtbaren Energiezirkulation (von Chi oder Prana oder feinstofflichem Äther).

Zu 1.: Der Vitalitätskörper verhält sich im Schlaf noch sensibler als im Tagesbewußtsein und nimmt feinstoffliche Gebilde, die

Milz-Chakra	Nabel-Chakra (Solarplexus)	Wurzel-Chakra
Resorption und Verteilung von Vitalstoffen aus der Nahrung; Vitalität; Gedächtnis; Muskelfunktion; Allergien; Senkungen, Brüche; Ansammlung von Fett und Wasser usw.	Sehnen- und Bandapparat; alle Leber-, Gallenblasen-, Nebennieren-, Augenerkrankungen; nervöse Zuckungen, Krämpfe; Durchschlafstörungen; Schwindel usw.	Kondition und angeborene Konstitution oder Vitalität; alle Nieren-, Blasen-, Knochen-, Zahn-, Gelenks-, Gehirn-, Ohren- und Haarleiden; Frieren, Körperwärme usw.

seiner eigenen Frequenz entsprechen, aus dem ständig ihn umflutenden Meer der Äthermassen auf. Die Vielzahl der Traumgebilde, d. h. Gefühls- und Gedankenformen, siehe Kapitel IV, sind Wolken und Zusammenballungen aus bunter, feinstofflicher Materie. Mit dieser ist unser Planet kilometerweit umhüllt. Hier drohen Irritationen unseres Vitalitätskörpers nicht nur durch Umweltgifte und Elektrosmog, sondern durch alle möglichen Bilder. Während des Tages, wenn das Gehirn unseres Vitalitätskörpers mit unserer Denkaura und dem Selbst verbunden ist und wir in aktive Denkvorgänge verwickelt sind, werden fremde Gefühls- und Gedankenfetzen abgestoßen.
Im Schlaf entsteht hingegen ein Vakuum an eigener Denkkraft, welches fremde Gedankenfetzen einströmen läßt. Entsprechend der Eigenfrequenzen des Gehirns unseres Vitalitätskörpers werden diese angezogen oder abgestoßen. Daher entstehen die verwirrenden und unzusammenhängenden Bilderfolgen in den Träumen. Nur durch Gedankenkontrolle und

Konzentration auf bestimmte Inhalte während des Tages ist das folgerichtige Durchlaufen und Beobachten eines speziellen Themas oder einer Handlung im Traum möglich. Wichtig ist, im Wachzustand zu versuchen, geduldig und zusammenhängend zu denken. Hierbei helfen dem geistigen Fortschritt eine stabile Konzentration und ein starker Wille.
Zu 2.: Allein das reibungslose Funktionieren des Energie-Fließgleichgewichtes, das Ordnungsprinzip der unsichtbaren Chi-Zirkulation, scheint für einen gesunden Wach- und Schlafrhythmus wichtig zu sein. Die Versorgung des Ätherkörpers ist überwiegend vom Milz-Chakra abhängig, welches Chi (Äther oder Prana) aus der Nahrungsenergie und den Vitalitätsatomen erzeugt, die von der Sonne kommen und für unsere Spannkraft sorgen. Es sendet über weitere Chakren dem ätherischen Gehirn regenbogenfarbenes Chi zu. Bei einem eingeschlafenen und gefühllosen Bein wird z. B. vom Milz-Energiewirbel nicht genügend rötlicher Äther gebildet oder dorthin geleitet.

Die chinesische Organuhr

Hilfreich zur Überprüfung des Energieflusses hat sich mir seit Jahren die »chinesische Organuhr« bewährt, die im nachfolgenden Text hinsichtlich der Nachtstunden beschrieben wird. Mit dieser »Uhr« lassen sich schmerzlose, verborgene Organschwächen herausfinden. Werden gewisse Organe und Funktionskreise (= unsichtbare Energieleitbahnen, Meridiane in der Akupunktur) nicht mit genügend Energie vom Milz-Chakra versorgt, kommt es mit Sicherheit zu Unregelmäßigkeiten und stärkeren oder schwächeren Störungen im Schlaf. Die meisten Entgiftungsschwierigkeiten des Vitalitätskörpers hängen mit den Chakren, der Zirkulation im Rückenmarkskanal und Metall-

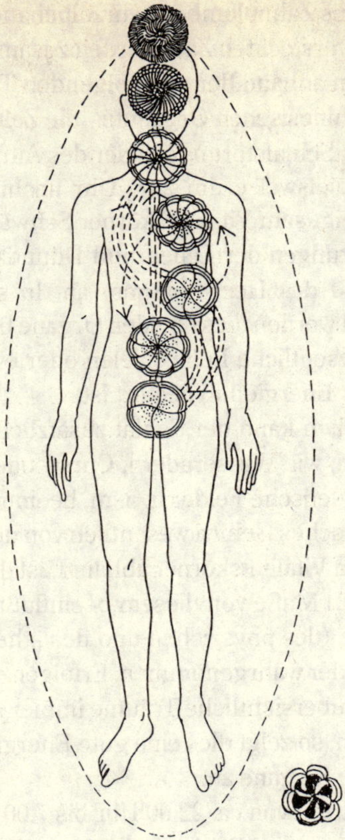

Der Vitalitätskörper mit seinen ätherischen Chakren.
Jeder der sieben Energiewirbel besteht aus drei ineinanderverwobenen, einzelnen Chakren. Am Fußteil, rechts neben der menschlichen Abbildung, sehen Sie ein Beispiel des Milz-Chakras.
Innen – hier schwarz eingezeichnet – ist das Chakra des Vitalitätskörpers, in der Mitte das des Emotions- und außen das des Denkkörpers.

vergiftungen aus Zahnplomben, wurzelbehandelten Zähnen sowie sonstigen versteckten Zahnherden zusammen.

Der Leser kann anhand der nachfolgenden Tabelle mit Auszügen aus der »chinesischen Organuhr« die Zeiten seiner nächtlichen Unruhen, Schlafstörungen oder des Aufwachens ablesen. Wenn er beispielsweise um 2.00 Uhr nachts regelmäßig erwacht, dann zeigt sein Vitalitätskörper Schwächen oder krankhafte Veränderungen der Leber- und Dünndarmenergie (bzw. des Nabel- und des Herz-Chakras) an. In seinem künftigen Krankheitsbild werden diese beiden Organe bei allen sonstigen Leiden eine wesentliche Rolle spielen oder eventuell die Ursache sein, da ihr Energiefluß gestört ist.

Selbstverständlich kann der Schlaf zusätzlich durch geopathische Störzonen, wie Wasseradern, Curry- oder Hartmann-Netze, elektromagnetische Felder u. a. m. beeinträchtigt werden.

Da unser physisches Gehirn wesentlich von der Energieversorgung durch den Vitalitätskörper abhängt, ist die Traumübertragung in starkem Maße von diesem beeinflußt. Bei Gesundheit beider Gehirne (des physischen und des ätherischen) werden klare Traumbilder wahrgenommen. Erfolgen daher zusammenhängende und übersichtliche Träume immer zu ganz bestimmten Nachtzeiten, so zeigt dies eine gute Energieversorgung der entsprechenden Organe an.

Bei einer Schlafzeit von ca. 22.00 Uhr bis 7.00 Uhr durchlaufen wir fast alle Organe und Funktionskreise in 4 bis 7 REM-Traumphasen (siehe auch Kapitel I).

Angegebene Zeiten bis 11.00 Uhr vormittags korrespondieren mit folgenden Organen/Funktionskreisen bzw. Chakren:

Uhrzeit	Organe/ Funktionskreise	Chakren
19.00-21.00	Kreislauf-Hormonsystem und Magen	Herz- und Milz-Chakra
21.00-23.00	Dreifacher Erwärmer (Atmung, Verdauung, Ausscheidung), Bauchspeicheldrüse, Milz	
23.00- 1.00	Gallenblase und Herz	Nabel- und Herz-Chakra
1.00- 3.00	Leber und Dünndarm	
3.00- 5.00	Lunge und Blase	Hals- und Wurzel-Chakra
5.00- 7.00	Dickdarm und Niere	
7.00- 9.00	Magen und Kreislauf-Hormonsystem	Milz- und Herz-Chakra
9.00-11.00	Bauchspeicheldrüse, Milz und Dreifacher Erwärmer (s.o.)	

Nächtliche Entgiftungsvorgänge

Sie sind äußerst wichtig zur Aufrechterhaltung unserer guten Energiezirkulation, also Gesundheit. Nachdem wir tagsüber aus Sonnen- und kosmischer Energie und der Nahrung gesunden Äther bezogen haben, dient das morgendliche Erwachen dem Vitalitätskörper zu unsichtbaren Ausscheidungsvorgängen. Ich konnte viele Jahre lang beobachten, daß ein gesunder Mensch ca. 0,5 bis 1,5 m^3 einer verbrauchten, dunkelfarbenen Chi-Masse regelmäßig kurz vor oder beim Erwachen über Beine und Füße ausscheidet. Dieser feinstoffliche Entgiftungsvorgang kurbelt die nächtlichen und morgendlichen Ausscheidungsvorgänge wie Stuhl- und Urinabgang, Durchfälle, Schleimabhusten, schlechten Mundgeschmack, Schwitzen, erhöhtes Wärmegefühl u. a. m. an. Das individuelle Wohlbefinden bei Tagesbeginn zeigt die gelungene Entschlackung im Ätherbereich an, die vom Kopf (der Hypophyse) abwärts über die Beine aus dem Körper verläuft. Der nicht erholsame Schlaf wird fast immer durch die Giftüberlastung mit krankmachendem, nicht ausgestoßenem Chi verursacht.

Durch den Entgiftungsvorgang sind auch Bettwäsche und Nachtkleidung stark von verbrauchtem Äther durchdrungen. Daher sollte das Bett mehrere Stunden lang zur Lüftung komplett aufgedeckt und die Schlafwäsche auch gründlich ausgelüftet werden.

Ein erholsamer Schlaf hängt noch von weiteren Faktoren ab und ist durch verschiedene Maßnahmen beeinflußbar, wie sie im anschließenden Text beschrieben werden.

Himmelsrichtung, Erdmagnetfeld, Geopathie, Wechselfelder

Manche Menschen können nur in einer ganz bestimmten Ausrichtung schlafen. Viele spüren die falsche Lage durch unruhigen Schlaf. Mit einem Kompaß kann ausprobiert werden, welche die beste Richtung ist. So sagte mir eine Bekannte, daß sie nur mit dem Kopf im Westen morgens erholt aufwachen würde, ein anderer schwor auf die Nord-Süd-Achse. Hierbei stellte ich immer wieder fest, daß Kreislauflabile die Ost-West-Achse vorziehen (mit dem Kopf im Westen), während Intellektuelle, Nieren- und Wirbelsäulengeschädigte gerne die Nord-Süd-Richtung wählen (mit dem Kopf im Norden).
Das natürliche Erdmagnetfeld kann sich auf unseren Vitalitätskörper nicht im Sinne der Regeneration auswirken, wenn Metallteile am Bett stören, wie eiserne Bettrahmen oder -federn. Hinzu kommt das Problem der geopathischen Zonen, wie unterirdische Wasserläufe, Verwerfungen, Curry- und Hartmann-Netze und die Wechselfelder. Bei Elektrosmog hilft häufig das Abschalten von Sicherungen für Schlaf- und umliegende Räume oder die Installation eines Netzfreischalters durch den Elektriker. Wechselfelder werden oft durch eingeschaltete elektrische Geräte, den Fernseher und Hochspannungsleitungen ausgelöst. Deshalb sollten nicht nur alle Geräte wie Radio, Plattenspieler und Fernseher, die sich bis ca. drei Meter in Bettnähe befinden, vom Strom getrennt, sondern auch Radio- und Quarz-Wecker aus der direkten Umgebung der nächtlichen Ruhestätte entfernt werden. Gegen Erdstörfelder (wie Wasseradern usw.) sowie Elektrosmog ist eines der wirkungsvollsten Geräte das Ton-Farbgerät Sphärophon (siehe Bezugsquellen).

Schlafstörungen durch seelische Ursachen

Das Sprichwort »Ein gutes Gewissen ist ein sanftes Ruhekissen« hat seine Berechtigung. Einige Menschen machen sich zu viele Sorgen und schlafen deshalb nicht ein. Außerdem entspannen Krimi oder Fernsehen nicht jeden, sondern bewirken oft das Gegenteil.
Die Zwerchfellatmung stellt eine Hilfe bei nervösen Einschlafstörungen dar: Eine Hand, mit welcher die Atembewegung gefühlt werden kann, liegt direkt über dem Nabel. Es wird langsam eingeatmet (wie wenn man an einer Rose oder einem Parfüm riecht) und langsam wieder ausgeatmet. Dies sollte ca. 12 bis 20 mal durchgeführt werden.
Auch der Rückblick auf den Tag (die Ereignisse vom Abend rückwärts bis zum Morgen) bringt uns in Frieden mit uns selbst und näher zur geistigen Führung. Die Haltung der Zuversicht, des Jasagens zur Entwicklung und zu Verbesserungen nehmen wir mit in den Schlaf hinüber. Wir gewinnen hierdurch mehr Abstand, Objektivität und größere Handlungsfreiheit. Dankbare Empfindungen beim Einschlafen lassen Träume klarer werden und unser höheres Selbst bewußter eingreifen. Nach Gen. 28.12 oder Jo. 1.51 steigen die Engel im Astralen, d. h. im Traumbereich, auf der Jakobsleiter auf und ab. Ich konnte mich davon überzeugen, daß sie es auch heute noch tun. Hilfreich ist, sich spirituellen Schutzes immer bewußt zu sein.

Gesunde Betten und Schlafkleidung

Ein Holzbett mit möglichst wenig Eisenteilen und das warme, bequeme Liegen, vor allem warme Füße, tragen wesentlich zu besserem Schlaf bei. Nacken und Kopf können durch dünne Schals und eine Nachtmütze warm gehalten werden. Ein zusam-

mengelegtes, feuchtes, gut warmes Handtuch und darauf eine nicht zu heiße Wärmflasche, die man für ca. 30 bis 60 Minuten vor dem Einschlafen auf den unteren rechten Rippenbogen legt, hilft Lebergeschädigten zum schnelleren Einschlafen. Häufig sind 2 bis 3 dünne Kopfkissen optimal, die die Halswirbelsäule auf die gleiche Höhe wie die übrige Wirbelsäule bringen. Schlafkleidung und Bettwäsche aus 100%iger Baumwolle und Seide sind am gesündesten (siehe z. B. Hess-Naturtextilien unter Bezugsquellen am Buchende).
Störende Geräusche können durch Isolationsmaßnahmen reduziert werden. Gerüche, wie von Holzschutzmitteln, Formaldehyd oder Lindan in Möbeln oder Fensterrahmen und Holzdecken, verursachen oft chronische Schlafstörungen.

Wasseranwendungen

Hier sollte individuell ausprobiert werden, was am besten wirkt. Bei kalten Füßen ist das zehnminütige körperwarme Fußbad, das mit einigen Sekunden kalter Wasseranwendung abschließt, recht nützlich. Nicht zu heiße Vollbäder mit einem Badezusatz haben sich bewährt. Heiße Duschen und Haarewaschen vor dem Schlafengehen regen oft an und machen schlaflos. Hilfreich für guten Schlaf ist die sinnvolle Freizeitgestaltung, pro Tag für 10 bis 40 Minuten rasches Gehen und ein frühes Abendessen, das ausschließlich aus einer Vollkornsuppe mit Wurzelgemüse bestehen sollte, gewürzt mit einer guten Sojasauce (z. B. Shoyu).
Die Schlafforschung wies bei Erinnerungsunfähigkeit an eigene Träume u. a. einen Vitamin-B6-Mangel nach. Dieses Vitamin ist in Hülsenfrüchten und Eigelb enthalten und am wertvollsten in frisch gemahlenem und bis maximal 4 Stunden eingeweichtem Hafer, Dinkel und Vollkornreis. Durch regelmäßiges und häufi-

ges Essen obiger Nahrungsmittel (mit Ausnahme des Eigelbs) kann auf lange Sicht die Traumerinnerung bedeutend gestärkt werden.

Homöopathische Hilfe bei Schlafstörungen

Wenn Sie beim Durchlesen des folgenden Textes zu der Ansicht gelangen, daß bei drei Fragen bei Ihnen etwas nicht in Ordnung ist, oder wenn Sie zu einem sonstwie negativen Ergebnis bei drei Fragen kommen, dann sollten Sie einen Homöopathen aufsuchen. Dieser hat die Möglichkeit, unter Hunderten von Heilmitteln das für Sie passende, individuell angezeigte zu wählen.

- Welches Schlafverhalten zeigten Sie als Kind und in der Jugend?
- Welche Gewohnheiten haben Sie vor dem Einschlafen?
- Glauben Sie, daß der Konsum von Zigaretten, Alkohol, koffeinhaltigen Getränken auch zu früher Tageszeit, gesalzenen Nüssen, Medikamenten, Bewegungsmangel und Fernsehen bei Ihnen Schlafstörungen bewirken?
- Seit welchem Ereignis schlafen Sie schlecht oder anders als früher?
- Stören Sie Geräusche oder Licht, oder benötigen Sie Musik und Beleuchtung beim Einschlafen?
- Wie lange sind Sie wach und zu welcher Zeit?
- Schlafen Sie allein besser als zu zweit in einem Raum?
- Wurden jemals Schlafmittel oder Alkohol als Hilfe genommen?
- Erfolgt das Aufstehen langsam oder schnell?
- Wie ist das morgendliche Befinden? Bestehen körperliche Symptome, wie Durchfall oder Auswurf?

- Sind Sie morgens völlig ausgeruht, verfügen Sie über Energie und ein gutes Gedächtnis?
- Wann und wie lange schlafen Sie tagsüber?
- Welche Traumthemen kehren häufig wieder? Sind Ihnen diese angenehm oder unangenehm?
- Wie vertragen Sie Schlafentzug? Was bewirkt dieser?
- Träumen Sie tagsüber?
- Was würden Sie am liebsten tun, wenn Sie ganz gesund wären? Das kann sich beispielsweise in Tages- und nächtlichen Wunschträumen spiegeln.
- Würden Sie noch einmal denselben Partner oder Beruf wählen?
- Mit wem leben Sie in Frieden bzw. im Streit?
- Von der Norm abweichender Schlaf wurde bei bestimmten Medikamenten, Gehirnstörungen und sonstigen Erkrankungen beobachtet. Haben Sie damit zu tun?

Schlafrhythmus und -menge sind vom Stoffwechsel abhängig. Schlaflosigkeit, unterbrochener Schlaf und vorzeitiges Erwachen können Begleiterscheinungen von verschiedenen Krankheiten wie Herzschwäche, Asthma bronchiale, Niereninsuffizienz, Prostatavergrößerung, Beschwerden des Verdauungstraktes, anormalen Hirnprozessen, Überarbeitung, Psychopathie, vegetativer Dystonie, Schilddrüsenüberfunktion, nächtlichen Durchblutungsstörungen der Arterien, Metallvergiftungen (z. B. aus Amalgamplomben in den Zähnen oder Legierungen aus Palladium), Schwitzen u. a. m. sein.
Homöopathische Mittel, die gegen die üblichen, allgemeinen Krankheiten eingenommen werden, regulieren mitunter den Schlaf, ohne daß der Behandler von Störungen wußte. Bei schweren und problembeladenen Träumen können sie auch rasch helfen. Hier einige Anwendungsmöglichkeiten (Mittel und Gaben muß aber der Homöopath bestimmen):

Alptraum: Paeonia, Sulfur, Conium, Chamomilla, Zincum usw.
Falltraum: Belladonna, Thuja, Pulsatilla, Guajacum, Cactus usw.
Flugtraum: Apis, Atropinum sulf., Lycopodium, Natrium sulf. usw.
Hundetraum: Arnica, Silicea, Pulsatilla.
Hunde, die beißen: Sulfur usw.
Schlangentraum: Lac caninum, Argentum nitr., Iris, Sepia usw.
Todestraum: Calcium carb., Lachesis, Sulfur, Kalium carb. usw.
Ungeziefertraum: Nux vom., Chelidonium, Colchicum, Sepia usw.
Verfolgungen im Traum: Silicea, Sulfur, Zincum, Belladonna usw.
Vergewaltigungen, Drohungen: Sepia, Cenchris contort. usw.
Traumwiederholungen: Arnica, Natr. mur., Ignatia. Diese Mittel helfen gegen den Schock, der die Wiederholungen verursachte.

Die Homöopathie verfügt über eine breite Skala für viele weitere mögliche Schwierigkeiten, die in den Träumen auftreten können.

Träume warnen vor Krankheiten

Russische Forscher (Dr. V. Kasatkin und andere) fanden nach ca. 60 000 Traumanalysen heraus, daß sich bei ihren Patienten häufig leichte oder auch schwerste Erkrankungen (z. B. Herzinfarkt, Krebs) von ca. 2 Wochen bis zu einem Jahr zuvor im Traum ankündigten. Sie ermittelten, daß sich einem Träumenden die bevorstehende Krankheit oder der Unfall an anderen Personen darstellt, wie einem Freund oder Familienmitglied, jedoch der Träumende meistens selbst gemeint ist. Nach diesen Forschungen sagen sich die im nachfolgenden Text aufgeführten Krankheiten durch charakteristische Traumereignisse an:

Akute Krankheiten: Träume von Räubern, die angreifen.
Arthritis: Angeschwollene Hände oder Laufen über heiße Gegenstände.
Arteriosklerose: Stolpern, Stürzen über Abgründe oder auf den Boden.
Atemwegserkrankungen: Atemnot, Erstickungsanfälle, Ertrinken.
Erblindung: Träume von Augenschäden.
Bluthochdruck: Furchtträume, Gewichte, wie Gebäude, stürzen auf den Träumenden oder sein Herz.
Depressionen: Traumverfolgungen, verschlossene Türen.
Gehirnschaden: Der Träumende hat mehrere Köpfe mit schwarzen Haaren.
Herzinfarkt, Schlaganfall, Kreislaufleiden: Brustverwundungen, auch schwere Gegenstände (wie Steinbrocken) fallen auf die Brust.
Krampfadern: Man geht durch Schnee oder kaltes Wasser.
Krebs und Tumore: Eine Wunde in dem befallenen Organ.
Lungenleiden: Kriechen durch und Steckenbleiben in einem Tunnel.

Neurose: Man fällt durch eine Prüfung oder ertrinkt.

Schizophrenie, Paranoia: Eine bekannte Person trägt eine Kopfbandage.

Wirbelsäulenschäden: Spitze Traumgegenstände dringen in den Körper ein.

Auch wurde gefunden, daß Diebe und Mörder häufig ihre Taten vorher träumen.

Alle oben aufgeführten Krankheitsdeutungen finden Sie im Traumsymbollexikon am Buchende wieder.

Allerwärts klagt der Mensch Natur und Schicksal an,
und sein Schicksal ist doch in der Regel
nur Nachklang seines Charakters,
seiner Leidenschaften, Fehler und Schwächen.

Demokrit, ca. 460–380 v. Chr.

IV. Emotionskörper, Denkkörper und Traumwelt

Der Emotionskörper mit seinen astralen Chakren

Auf der Abbildung auf Seite 59 sehen Sie den Emotions- oder Astralkörper, der unser eigentlicher Traumkörper ist und im weiteren Text genauer erklärt wird. Einige Tiere, die in ihm enthalten sein können, sind mit abgebildet. Seitdem sich der »Funke der göttlichen Urenergie« (siehe Kapitel II) vom Tier- zum Menschenreich verkörperte, bemüht sich der Mensch, die in ihm fest verankerten »tierischen« Eigenschaften in die Höherentwicklung mit einzubeziehen. Häufig sitzen diese heute noch in seinem Emotionskörper und zeigen sich ihm vor allem im Traum. Oft halten sie sich auch in seiner Nähe auf und versuchen, zu ihm zurückzukehren. Die Auslegungen für die auf der Abbildung erscheinenden Tiere finden Sie im Traumsymbollexikon am Buchende.
Auf der Abbildung sehen Sie unten rechts ein Beispiel des Wurzel-Chakras, wobei drei Chakra-Anteile ineinander verankert sind. Das eigentliche Chakra des Emotionskörpers ist dunkel eingezeichnet und befindet sich zwischen dem des Vitalitätskörpers in der Mitte und dem des Denkkörpers ganz außen. Genaugenommen besteht der Emotionskörper – entsprechend den sieben Astralebenen – aus sieben einzelnen unsichtbaren

Einige Eigenschaften der Emotionskörper-Chakren

Scheitel- und Stirn-Chakra	Hals-Chakra (Kehlkopf)	Herz-Chakra
Instinktives Verlangen nach geistiger Erfahrung, gefühlsmäßige Glaubensüberzeugung, Gottesbilder usw.	Freiheitsbestreben, Verständigung, Vergessen, Realitätsbezug, Zukunftsglauben, Künstlertum usw.	Sympathie, Antipathie, Empfinden für Harmonie, Gerechtigkeit, Geduld, Wachsamkeit, Demut, Dankbarkeit usw.

Körpern (den sogenannten astralen Doppelgängern), die sich während des Lebens für kurze Zeit selbständig machen können (siehe hierzu den weiteren Text).

Der Emotionskörper als Traumkörper

Im Gefühlskörper, auch als Astralkörper oder emotionelles Feld u. a. m. bezeichnet, leben die Wünsche, Gefühle, Leidenschaften oder sonstigen Charaktereigenschaften (siehe auch die Übersicht anfangs des Kapitels II).

Das ständig bewegte, farbig wogende Feld zeigt wolkenartige Gebilde, die sich aus den Chakren lösen, sowie Farbblitze oder bunte sprühregenähnliche Strukturen. Jedes Gefühl erzeugt eine typische Farbe. Es lassen sich mindestens sieben verschiedene, stufenweise immer feiner werdende Chi-Arten erkennen. Beim primitiven, unentwickelten Menschen ist der Gefühlskörper mit dunklem, konzentriertem, dichtem Äther, vor allem im unteren Teil, gefüllt. Oft hat seine Aura (sein Umfeld oder seine

Milz-Chakra	Nabel-Chakra (Solarplexus)	Wurzel-Chakra
Nervenkraft, Gedächtnis, Flexibilität, Grundeinstellung dem Leben gegenüber; Phantasie, Kreativität, Vorstellungskräfte (wie beim Nabel-Chakra) usw.	Instinktsicherheit, praktische Intelligenz, gefühlsmäßige Antriebe des Mutes, spontanes Tun, Beständigkeit, Naturverbundenheit usw.	Triebnatur (Eß-, Sexual-, Herdentrieb), Wunsch- und gefühlsmäßige Willensnatur, Streßbelastbarkeit, Beharrungsvermögen usw.

Ausstrahlung) in Bodennähe keine ovale Form, sondern fließt wolkenförmig aus. In diesem Fall ragt sie nur wenig über den physischen Körper hinaus.

Der höherentwickelte Mensch zeigt feinere, transparentere, hellere und freundlichere Farben und ruhigere Strukturen seiner astralen Materie. Das Umfeld seines Gefühlskörpers kann meterweit nach allen Seiten über den physischen Körper hinausstrahlen.

Jeder Mensch besitzt ein für ihn typisches, farbig bewegtes Grundmuster, auf dem plötzliche Gefühlsregungen unterschiedliche Tönungen, Strukturen und Formen entstehen lassen.

Die einzelnen der sieben dichten Chi-Arten (des unsichtbaren Äthers, Pranas oder Ods) des Emotionskörpers beim »Durchschnittsmenschen« bewegen sich durch Streß, Aufregung und Sorgen in unterschiedlicher Geschwindigkeit. Sie sind mit Wasserstrudeln in reißenden Flüssen vergleichbar. Die stark variierenden Frequenzen des Äthers wirken über die Chakren auf den Vitalitätskörper und hiermit auf den physischen Körper. Das

Ergebnis bei negativen Gefühlen ist Vitalitätsverlust und eine Vielfalt von Krankheiten. Auch Mitmenschen registrieren unbewußt wildbewegte, disharmonische Schwingungen des Emotionskörpers ihres Gegenübers und antworten evtl. mit Ermüdung oder Abwehrreaktionen wie Unbehagen und dem Wunsch, sich zurückzuziehen.

Die sieben astralen Chakren des Gefühlskörpers sind verbunden mit den sieben Chakren des Vitalitäts- und denen des Denkkörpers und übertragen daher Informationen vom physischen Körper auf die höheren, geistigen Körper des Menschen und umgekehrt. Eine dünne Äther- oder Pranaschicht befindet sich als Schutzwall zwischen den Chakren des Vitalitätskörpers, denen des Gefühlsfeldes und denen der niederen Denkaura. Hierdurch werden der Gesundheits- und der physische Körper vor den schädlichen oder auch übermäßigen Emotionen, wie z. B. Wut, Angst und Schock, ein wenig geschützt. Weiterhin vermindert diese Ätherabpufferung auch das Eindringen krankmachender Substanzen in den physischen Körper, z. B. von Nikotin, Alkohol, Drogen, großen Mengen Koffein oder Thein. Ist die dünne Schutzschicht zwischen den Chakren des Vitalitäts– und denen des Gefühlskörpers einmal durchbrochen, so können ungesunde Nahrungsmittel, Umweltgifte, unerwünschte, fremde Gefühle und sogar astrale Wesenheiten schneller einwirken und eventuell von ihrem neuen Wirt Besitz ergreifen. Sie vermögen den Menschen zu ungewollten Taten, Verwirrungszuständen, Wahnsinn, Schizophrenie und auch Selbstmord zu treiben. Schon allein das häufige, chronische Überessen zieht unerwünschte, artspezifische, tierähnliche Wesenheiten an, die bis zur selben Körpergröße wie der Süchtige und darüber anwachsen können. Diese Wesen entnehmen meistens aus dem Solarplexus des Vitalitätskörpers Vitalenergie und machen den Betroffenen müde, lustlos und depressiv. Bei übermäßigem Alkohol-, Nikotin- und Drogengenuß zeigt sich jeweils

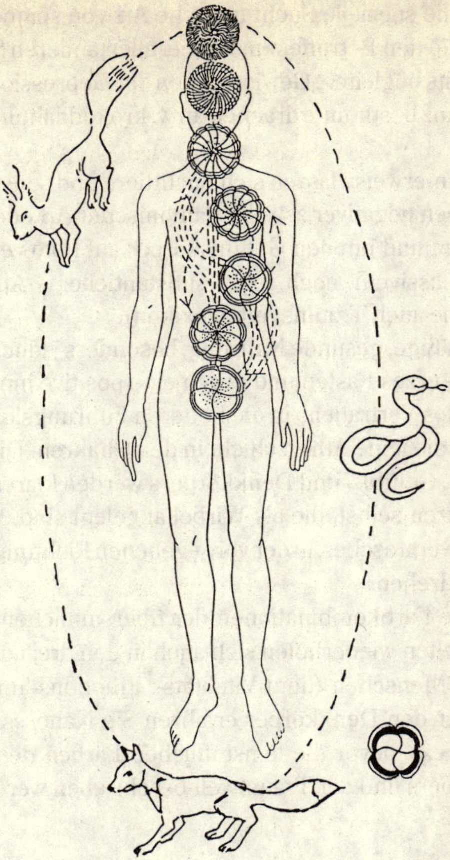

Der EMOTIONSKÖRPER mit seinen astralen Chakren.
Unten rechts ist ein Wurzel-Chakra gezeichnet, bei dem der Anteil des astralen Chakras schwarz markiert wurde.

eine für die spezielle Sucht typische Art von spinnenähnlichen Wesen, die den Betroffenen, wie bei allen anderen Süchten, mit ins Jenseits begleiten. Gewisse Arten der Depression erschaffen immer ganz bestimmte drachen- bzw. krokodilähnliche Erscheinungen.

Interessanterweise lassen sich Suchttiere und sonstige unsichtbare Wesen negativer astraler dämonischer Art oder auch positiver Art in und um den Gefühlskörper auf Fotos erkennen, da sie aus massivem, noch sehr »substantiellem« Äther geformt sind (siehe auch Traumsymbollexikon).

Durch mäßige, gesunde Nahrung, besonders jedoch durch zeitweiliges kurzes Fasten und durch eine positive innere Geisteshaltung des Vertrauens in die höheren Führungskräfte regeneriert sich die feine Ätherschicht in den Chakren. Die Auren des Vitalitäts-, Gefühls- und Denkkörpers werden klarer und heller. Die Chakren selbst, die als Wirbel angelegt sind, können sich unbeschwert rascher, in der vorgegebenen Richtung und gleichmäßiger drehen.

Unzählige Farbkombinationen der übersinnlichen Astral- und Mentalwelten wiederholen sich auch in den drei aurischen Feldern des Menschen (dem Vitalitäts-, Emotions- und Denkkörper). Über den Denkkörper erfahren Sie Näheres im nachfolgenden Text, bevor die feinstofflichen Farben des Emotions-, Denkkörpers und der Traumwelt beschrieben werden.

Der Denkkörper mit seinen mentalen Chakren

Nebenstehende Abbildung zeigt den Denkkörper, der sich zusammen mit dem zu Beginn dieses Kapitels beschriebenen Emotionskörper während des Schlafes vom physischen Körper trennt. Der Mentalkörper verfügt oft über einen wesentlich größeren Umfang als der Vitalitäts- und Emotionskörper. Je

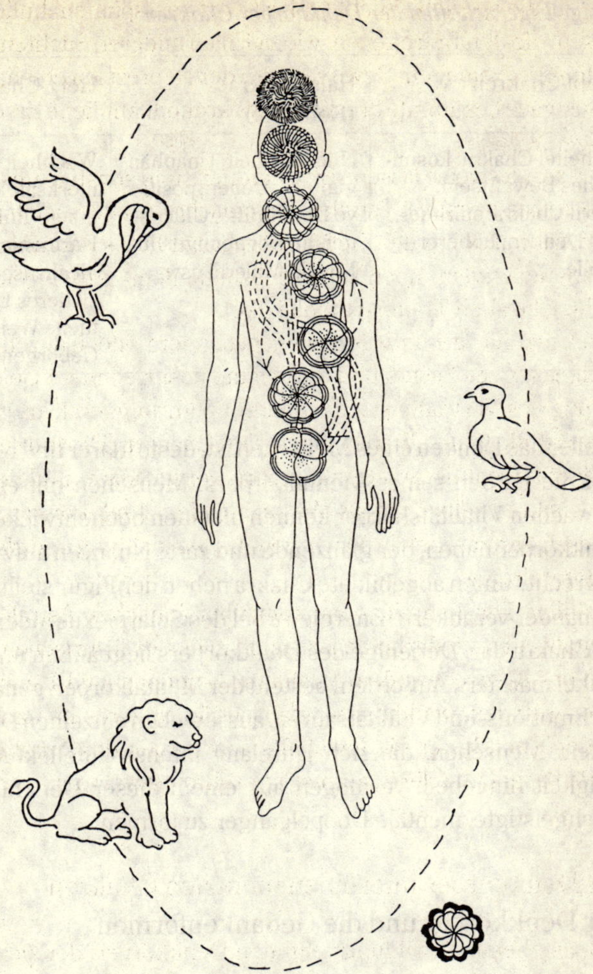

Der Denkkörper mit seinen mentalen Chakren

Einige Eigenschaften der Denkkörper-Chakren

Kopf-Chakren	Hals-Chakra (Kehlkopf)	Herz-Chakra
Scheitel-Chakra: kosmisches Bewußtsein; Stirn-Chakra: spirituelles Denken, höherer Wille	Nüchternheit, Unabhängigkeitsstreben, positive Denkkräfte, Glücksgefühl, Begabungen in Musik, Malerei usw.	Wachheit und Aufmerksamkeit, Freud innere Ruhe und Harmonie, Frieden, idealistisches Denke sicheres Urteil, spirituelle Weisheit und Geborgenheit usw.

ideeller das Denken eines Menschen ist, desto klarer und reiner sind die Farben seines Mentalkörpers. Menschen mit einem schwachen Vitalitätskörper können oft einen hochentwickelten Denkkörper haben, der glänzende und zarte Nuancen aufweist. Das rechts unten abgebildete Chakra neben der Figur stellt drei ineinander verankerte Energiewirbel des Solarplexus- oder Nabel-Chakra dar. Derjenige des Denkkörpers liegt außen und ist dunkel markiert. Außerdem besteht der Mentalkörper, genauso wie Emotions- und Vitalitätsauren, aus je sieben einzelnen Denkhüllen. Menschen, die sich jahrelang intensiv intellektueller Tätigkeit hingeben, vermögen aus einem dieser Denkhüllen durchgeistigte, mentale Doppelgänger zu formen.

Der Denkkörper und die Gedankenformen

Der Mental- oder Denkkörper teilt sich auf in den niederen Mentalkörper (= konkretes Denken) und in den höheren Mentalkörper (= abstraktes weisheitsvolles Denken).
Der niedere Mentalkörper kann durch sauberes, folgerichtiges

Milz-Chakra	Nabel-Chakra (Solarplexus)	Wurzel-Chakra
Toleranz, Großzügigkeit, Humor, Hoffnung, Glaube; klares, analytisches Denken, Ideenreichtum, gute Beobachtungsgabe, Flexibilität usw.	Organisationstalent, Durchhaltevermögen, Geduld, Planung, Zielstrebigkeit, Wille, Disziplin; Intelligenz, Wohlwollen usw.	das Überordnen eines geistig-kosmischen Zieles über eigene egoistische Bestrebungen; gesteuerte Willenskräfte usw.

Denken – wie es Wissenschaft und Philosophie lehren – weiterentwickelt werden. Dies ist auch eine der Hauptaufgaben der Pädagogik. Der höhere Mental- bzw. Kausalkörper ist der Sitz unseres höheren Selbst.
Es werden hauptsächlich drei Arten von Gedankenformen erzeugt:

1. Gezielte Formen, die der Mensch wie eine Art Wurfgeschosse aus seinem Mentalkörper stößt. Diese verschieden gefärbten Gedankenformen haben feste, kantige Umrisse.
2. Ungezielte, alltägliche, lässige Formen, die ein jeder auf seinem Weg durchs Leben hinter sich zurückläßt. Diese sind nicht mehr an den Urheber gebunden und sehen wolkenförmig aus.
3. Gedankenformen, die der Mensch häufig wiederholt und intensiv denkt, bleiben an ihm hängen. Er zieht sie nach, wohin er geht. Hieran erkennen wir die ungeheure Macht und Möglichkeit, Gedanken positiv zum Wohle aller einzusetzen, da sie nicht nur die eigene Zukunft, sondern auch das Schicksal der ganzen Menschheit beeinflussen können.

Gedanken, die ein Volk vorwiegend pflegt, ballen sich zu riesigen, wolkenartigen Gebilden zusammen. Wenn sie von negativer, zerstörerischer Art sind, können sie Unglück, Unfälle und Naturkatastrophen sowie Revolutionen und Kriminalität stark fördern.

Häufiges, bildhaftes Denken erzeugt oft ein verkleinertes Bild dieses Gegenstandes im Mentalkörper, wie z. B. kleine Autos oder eine Traumvilla.

Die Farben des Emotions- und Denkkörpers und der Traumwelt

Im Vergleich zu Vitalitäts- und Denkkörper verfügt der Emotionskörper über größere Farbvielfalt. Die reinen, regenbogenfarbenen Energien des *Vitalitätskörpers* verwandeln sich bei Krankheit in trübe Farben. Hellblaue, rötliche und violette Töne des gesunden Äthers erhalten graue und schwarze Beimischungen, Gelb wird zu schmutzigem Beige oder Braun und Grün zu Giftgrün.

Das mentale Farbspiel des *Denkkörpers* wiederum erstrahlt in zartesten, von Licht durchdrungenen Regenbogenfarben, in Rosa, Weiß und Gold.

Die Farben des *Emotionskörpers*, die bei jedem Menschen auf seinem typischen, individuellen Grundmuster erscheinen, sind in ständiger Bewegung. Sie drücken durch Klarheit oder ganz typische Beimischungen den positiven oder negativen Aspekt einer Eigenschaft oder eines Charakters aus. Auch in der Astral- oder Traumwelt haben sie dieselbe Bedeutung.

Die *Hauptfarben des Astralen*, d. h. des menschlichen Emotions- und Denkkörpers und der Astral- oder Traumwelt, symbolisieren generell folgendes:

Gelb	Intellekt, Analyse
Orange	Interesse, Ehrgeiz
Rot	Mut, Liebe, Dynamik
Blau	Glaube, Harmoniesuche
Grün	Ausdauer, Kreativität
Violett	Vielseitigkeit

Genauere Farberklärung der häufigsten astral-mentalen Farben:

Kükengelb: klares, analytisches Denken, gutes Urteilsvermögen
Buttergelb: Wissens- und Forschungsdrang, Suche nach Mystik
Hellorange: Streben nach neuen Möglichkeiten, geistiger Freiheit
Rotorange: Unternehmungsgeist, Lebenshunger, Ehrgeiz, Stolz
Braunorange: Enttäuschungen, Angeberei, verworrenes Denken
Fraise (Dunkelrosa): Harmoniestreben, Nächstenliebe, Toleranz
Rot (Knallrot): Dynamik, Wille; roter Sprühregen: Nervosität
Graurubin (Dunkelrot): Zerstörungswut, Neigung zu Despotismus
Hellblau: Zuversicht, Idealismus, Harmoniestreben, Ruhesuche
Ägyptischblau (Dunkelblau): Zielstrebigkeit, Zuverlässigkeit
Helltürkis: Sicherheitssuche, Selbstbehauptung, Berechnung
Grün (Grasgrün): Instinktsicherheit, Kreativität, Humor, Ausdauer
Hellgrün: Empfindlichkeit, Großzügigkeit, Mitgefühl
Blaugrün (Giftgrün): Angriffslust, Despotismus, Eifersucht
Oliv (Braungrün): Hilfsbereitschaft, Bescheidenheit, Ruhesuche
Graugrün: Instinktunsicherheit, Verstellung, Betrug

Rotbraun: Verläßlichkeit, Geschicktheit, Genußsüchtigkeit
Beige: Hilfsbereitschaft, Organisationsvermögen, Systematik
Dunkelbraun: Zuverlässigkeit, Suchtgefahr, Geiz, Sinnlichkeit
Hellviolett: Einfühlsamkeit, Sensibilität, Kunstinteresse
Rotlila: Stimmungslabilität, Dogmatismus, Einbildungen
Blauviolett: Vielseitigkeit, geistige und religiöse Interessen
Grau: Enttäuschung, Trauer, Langeweile, Isolationsstreben, Engstirnigkeit, beschränktes oder konventionelles Fühlen und Denken, Angst; Silbergrau zeigt unruhiges, unberechenbares Verhalten an.
Schwarz: Ungeklärtes, Verhülltes, Trauer, Pessimismus, das Böse
Violettbraun: Angriffslust, Eifersucht, Zerstörungswut
Grauviolettrot: Depressionsneigung. Die stark variablen Eigenschaften entsprechen der vorherrschenden Farbe, wie auch bei anderen Farbmischungen.
Weiß: Streben nach Weisheit, Bewußtsein, geistiger Freiheit
Gold: Opferbereitschaft, Selbstlosigkeit, Suche nach Vollkommenheit

Das Traumsymbollexikon enthält unter »Farben« weitere symbolhafte Erklärungen. Zu allen diesen feinstofflichen Farben sowie zu den Chi-Farben unseres Vitalitätskörpers finden Sie in meinem Buch: »Chakren- und Auradiagnose« (siehe Literaturverzeichnis) eine bunte Farbtafel sowie einen psychologischen »33-Farb-Test.«
Der folgende Text schildert den Astral- und Mentalraum, der auch unser Traumbereich ist.

Der Traum – Zugang zum kosmischen Gedächtnis

Die Traum- oder Astral-Mentalwelt ist der unendliche Raum unseres Daseins, in dem alle Gefühle, Gedanken, Ereignisse und Wesen (Naturgeister, Engel, Dämonen) und sonstige spirituelle Kräfte vorhanden sind. Der astrale Ozean ist von den Urbildern der Schöpfung erfüllt. Wir alle wirken an diesem unsichtbaren Traumuniversum mit. Unsere Gefühls- und Gedankenkörper produzieren, zusätzlich zu den vorhandenen, laufend neue feinstoffliche Formen, die aus unterschiedlicher Ätherdichte, Gestalt, Farbe, Bewegung und Vibration bestehen (siehe Abbildung auf Seite 69). Jeder einzelne Ton erschafft Formen und Farben. Diese in der Vergangenheit der Menschheitsgeschichte und in der Gegenwart erzeugten variablen Gebilde füllen die feinstoffliche Atmosphäre um unseren Planeten herum.

Die besondere Art eines Gefühls oder eines Gedankens kreiert einen bestimmten Zustand verdichteter Materie, dessen Intensität und Langlebigkeit von Wiederholungen abhängen.

Generell lassen sich drei Gruppen von Menschen beobachten. Die erste »erschafft« hellblaue Wolken des Wohlwollens und weiße der Selbstlosigkeit, die zweite produziert aus Trauer und Depression heraus schwere, grauschwarze Gebilde, die tagelang an ihrem Entstehungsort bleiben und sich nur langsam zersetzen. Bei der dritten Gruppe sind feinstoffliche Körper und besonders Kopfaura mit zähem, giftfarbenem, schwarzem Äther durchsetzt, und zusätzlich haben mehrere Elementale (unsichtbare Wesen) ihren bleibenden Wohnsitz in diesem Menschen geschaffen (Erklärungen hierzu folgen im weiteren Text).

Klare, intellektuelle Gedanken ergeben überwiegend scharf umrissene, oft geometrische Kompositionen. Alle feinstofflichen Gebilde können sehr schnell mit anderen schon existierenden

Formen eine Verbindung eingehen oder auch mit dem Urheber verbunden bleiben. Auf der höheren Mentalebene und den darüberliegenden Sphären beobachtete ich formlose Energieströme. Diese können bei geistigen Heilungen und durch geistige Praktiken und intensive Konzentration wie regenbogenfarbene, riesige Wasserfälle von den höchsten Ebenen auf die Erde herabrauschen. Sie ertönen in wunderbaren, harmonischen Klängen. Durch selbstloses Denken und Tun kann ein jeder an allen Orten der Erde aktiv positive Strömungen erschaffen, aber auch die vorhandene, unbegrenzte Fülle geistiger Energien auf unseren Planeten herabbringen. Hierbei lassen sich zartfarbene Gedankenformen oder auch blumenähnliche Gebilde in der astralen Traumwelt beobachten. Diese durchdringen die leblose, graue Ätherschicht, mit der wir unseren Planeten überwiegend umgeben.

Alten Menschen, die sich nutzlos vorkommen, kann geraten werden, durch Meditation oder Gebet die deprimierende, astrale Atmosphäre rund um unsere irdischen Wohnstätten aufzulockern und mit Licht zu erfüllen. Denken, meditieren und beten kann man immer noch, auch wenn der physische Körper langsam verfällt.

Generell gehören tiefe, lichtlose Abgründe, trostlose Wüstengegenden, Schnee- und Eislandschaften und dunkles Wasser in die unteren Astralebenen, Dunst und Nebel in die mittleren und Helligkeit und schöne, klare Farben auf die obersten Stufen, wovon man sich im Traum und nach dem Ablegen des physischen Körpers überzeugen kann (siehe auch Kapitel VIII). Einige Menschen umgeben sich ständig durch ihre ängstliche oder negative Lebenseinstellung mit einer dichten, grauen, für positives Denken undurchdringlichen Mauer. Sie macht das Passieren von Heilenergien unmöglich. Diese perlen dann an der grauen Aura des Emotionskörpers ab, wie Wassertropfen an einem Regenmantel.

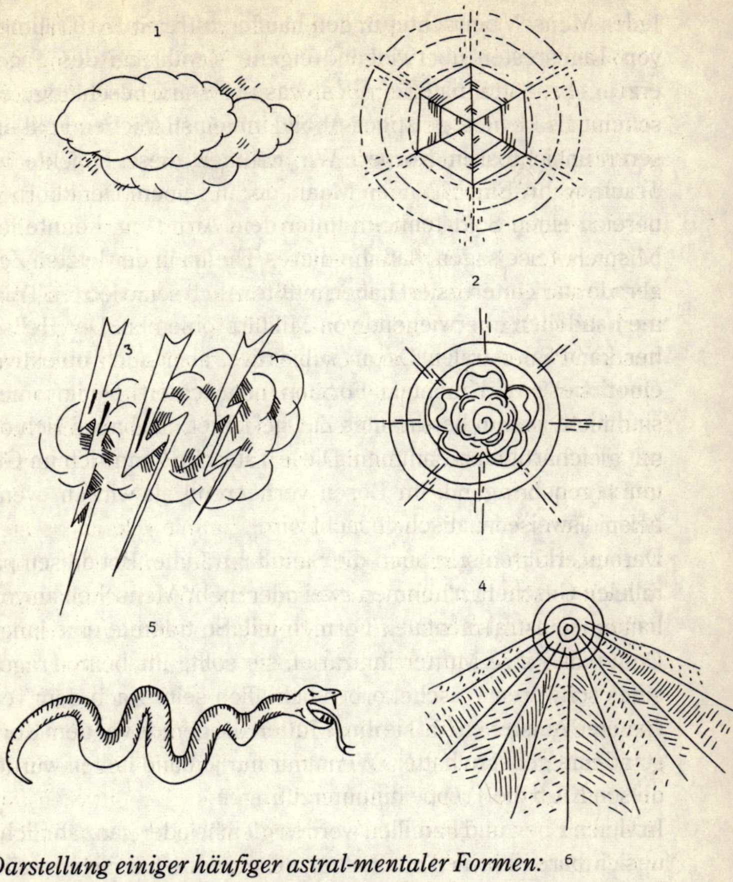

Darstellung einiger häufiger astral-mentaler Formen:

1. Unklare, verschwommene Gefühle und Gedanken
2. Wissenschaftliche, präzise Denkform
3. Maschinengeräusche, Diskothekenlärm, Hundegebell
4. Empfindungen der Andacht, Verehrung
5. Bei grauer, giftgrüner oder brauner Färbung der Schlange: Haß, Angriffslust
6. Zielgerichtete, religiöse Gedanken

Jeder Mensch betrachtet in den häufig auftretenden Träumen von Tagesresten überwiegend eigene – während des Tages erzeugte – Astralmaterie. Alles, was uns stark beschäftigt, erscheint als kleines, geistiges Abbild im feinstofflichen Feld unserer unsichtbaren Körper. Wir nehmen diese Objekte im Traum wahr. Einem jungen Mann, der in seinem Denkkörperbereich einen Soldatenhelm unter dem Arm trug, konnte ich beispielsweise sagen, daß ihn dieses Thema in der letzten Zeit gerade stark interessiert haben müßte. Auch seine letzten Träume handelten überwiegend von Militärproblemen. Der Hellseher kann im astralen Ozean subjektive, aber auch objektive, emotionelle und mentale Formen beobachten. Denkformen sind nicht auf ein bestimmtes Ziel gerichtet. Sie ballen sich oft mit gleichartigen zusammen. Diese Tatsache kann sich im Guten segensbringend, im Bösen verheerend auswirken, wenn beispielsweise fanatisch gedacht wird.
Daraus erklären sich auch die Simultanträume. Bei diesen parallelen Geschehen nehmen zwei oder mehr Menschen an vorhandenen astral-mentalen Formen teil. So träumte eine junge Dame, daß ihre Mutter ihr zurief, sie sollte ihr beim Tragen eines schweren Wäschekorbes behilflich sein. Nach dem verspäteten Aufstehen traf sie ihre Mutter, die gerade vor dem Korb stand und gedacht hatte: »Wenn mir nur jemand helfen würde, diesen Korb die Treppe hinunterzutragen.«
In vielen Ehen und Familien werden gleiche oder ganz ähnliche unsichtbaren Formen erschaffen, die einzelne Familienmitglieder ständig begleiten. Diese gemeinsame astral-mentale Atmosphäre macht das Träumen von Unfällen oder vom Sterben Nahestehender, ihr direktes Beobachten und Teilhaben daran möglich. Eine mir bekannte Dame konnte daher durch ihren Traum genaue Angaben zum tödlichen nächtlichen Motorradunfall ihres Sohnes machen, noch bevor Einzelheiten durch die Polizei bekannt wurden.

Verschiedene Tierformen, sogenannte Elementale, werden durch astrale Schwingungen gleicher Art – wie z. B. Pantherformen durch aggressive und brutale Absichten – entweder vom Urheber erschaffen oder angezogen. Sie können, bei intensivem Fühlen, ein gewisses Eigenleben führen. Ein und dieselbe Tierart zeigt starke Varianten der Größe, Form, Farbe und Beweglichkeit. Einige, wie die Suchtelemente, die teils riesigen Spinnen ähneln, halten sich in Gastwirtschaften und auch sonst recht häufig in unmittelbarer Nähe des Menschen auf und warten darauf, sich in seine Aura einnisten zu können. Wenn sie erfolgreich waren, ziehen sie aus dem menschlichen Ätherkörper Energie. Sie laugen ihr Opfer aus und werden dabei größer und kräftiger, ihr Äther verdichtet sich zusehends. Nach unserem Ableben sammeln sich die Gruppen der jeweiligen Tiere mit ihren Trägern in bestimmten astralen Zonen an. Das menschliche Opfer durchleidet »Höllenqualen«, da die Parasiten seine Triebe anfachen, die er in der »stoffarmen«, jenseitigen Welt nicht mehr befriedigen kann.

Fremde, störende Wesenheiten in unseren Träumen können uns nur angreifen, wenn unser Aurafeld gleiche und ähnliche Schwingungen aufweist. Der passive, geistige Zustand des Schlafes läßt ungebetene Gäste leichter eindringen. Dagegen hilft vor allem Freisein von Süchten, Gedankenkontrolle während des Tages und geistige Übung (siehe Übungen des Kapitels X).

Wenn ein Mensch oder mehrere sehr oft bestimmte dynamische Gedanken wiederholen, können sie feinstoffliche Lebewesen schaffen. So war ich erstaunt, in der Astralwelt von Prag wirklich den Golem der Prager Juden wahrzunehmen.

In manchen alten Klöstern sehe ich weiße Mönchsgestalten umherwandeln oder im Chorgestühl sitzen. Diese wurden über Jahrhunderte aus vergeistigtem, religiösem Gedankenstoff und spirituellen Prinzipien geformt. Die intensive Konzentration auf idealistische, philosophische und religiöse Inhalte zieht unsichtbare Weise und Erleuchtete herbei, die diese selben Gedankengänge zuvor hatten.

Jahrtausendelang haben Menschen immer wieder gleiche Vorstellungsbilder geschaffen. Da bei Tod und Sterben an Skelette gedacht wurde, erscheinen diese vor jeder tödlichen Gefahr in unserer Nähe. Auch der von den Ägyptern in jahrtausendelanger astral-mentaler Arbeit erschaffene Totengott Anubis tritt im Zusammenhang mit der Todesgefahr auf. Dieses Symbolgeschöpf hat sich als Hund im Astralen und in unseren Träumen gehalten und spiegelt die natürlichen Instinkte zu leben, unsere Vitalität und die Gefahren, die ihr drohen, wider. In diesem Buch finden Sie Traumbeispiele, in denen der Hund als Todesbote vor dem tatsächlichen Ableben auftaucht (siehe den Traum in der Einleitung, den eine Mutter wenige Tage vor dem Sterben ihres krebskranken Kindes hatte).

In dem Traum eines Patienten, der eine einzige homöopathische Gabe eines Entgiftungsmittels eingenommen hatte, wurde die angeborene Lebensenergie eindrucksvoll dargestellt. Er ging mit seinem Traumhund in den Wald, wo dieser riesige Berge von grauenhaften, verwesten Nahrungsmitteln und alten Fleisch- und Knochenstücken erbrach, bis schließlich ein gewaltiger Abfallhaufen entstand. Der Patient stand im Traum daneben und fühlte sich zusehends erleichtert. Als er aufwachte, spürte er seine alte Vitalität zurückkehren, die ihm auch viele Jahre unvermindert blieb.

Für einen Soldaten des zweiten Weltkrieges symbolisierte der Hund den angeborenen Instinkt, der ihm half, sich in schwierigen Lagen zurechtzufinden. Jedesmal vor einer gefahrvollen Tagessituation, in der Orientierung und Entscheidung schwierig waren, lief nachts sein Traumhund ziellos und nervös hin und her.

Überall, wo viele Menschen ähnliches gefühlt und gedacht

haben, hinterlassen sie feinstoffliche Spuren. So konnte ich die Zufahrtswege nach Verdun und Metz voller Soldatengestalten mit Tränen in den Augen beobachten.

Flüsse, die durch Kriegsgebiete der Vergangenheit führen, sind mit schwarzen Gedankenmassen der Angst und roten des vergossenen Blutes bis 100 Meter in die Atmosphäre hinaus durchsetzt. Sie stinken astral und tönen in dissonanter Musik. Menschen aus diesen Gebieten haben unvergleichlich schwerere Träume, wie ich immer wieder feststellen konnte.

Starke, dynamische, sich oft wiederholende astral-mentale Formen überbrücken häufig weite Strecken zwischen Urheber und Ziel. Herrn M. L. hatte es zwanzig Jahre lang nicht in seine Heimat gezogen. Er dachte selten an seinen Vater, mit dem er eigentlich ein gutes Verhältnis gehabt hatte, und wußte nichts von dessen Schlaganfall, bis er mehrmals ganz klare Träume hatte, in denen sein Vater eine wichtige Rolle spielte. Er fühlte sich hierdurch veranlaßt, ihm unvorhergesehen einen Besuch abzustatten. Er traf ihn zwei Tage vor seinem Ableben an. Der Vater selbst hatte in den letzten Wochen seiner schwindenden Lebenskraft nur den einen Wunsch, seinen einzigen Sohn noch einmal wiederzusehen. Seine Vorstellungsbilder waren dem Sohn durch Träume bewußt geworden.

Vergangene Epochen hinterließen ihre Spuren im Unsichtbaren. So erkannte ich beispielsweise, daß aus dem durch Schwarze Magie untergegangenen Atlantis immer noch dämonische, feinstoffliche Wesen existieren, die mitverantwortlich sein können für Umweltkatastrophen wie Überschwemmungen und Erdbeben.

Jeder Mensch und jedes Volk wird unbewußt durch die speziellen astralen und mentalen Formen beeinflußt, die von wichtigen historischen Ereignissen stammen und an die immer wieder gedacht wird. Diese oft riesengroßen Gebilde im kosmischen Gedächtnis vermögen stets, in jedem Zeitalter, bei

jeglichem Geschehen auf der Erde im guten oder bösen Sinn einzuwirken.
Nichtmenschliche, astrale Wesenheiten oder solche, die sich von ihrem Urheber abgelöst haben, wie beispielsweise bei der Schwarzen Magie, können sich selbständig bewegen und astral außer Kontrolle geraten. Wenn der Träumende ähnliche emotionelle Schwingungen in sich birgt, können sie ihm in seinen Träumen erscheinen und ihn auch angreifen.
Beim Einschlafen steigen wir in den astralen Strom, den alle Menschen aller Zeiten gemeinsam erzeugten, in ein Meer bewegter ätherischer Materie; vor negativen Wesenheiten schützen uns nur unsere Gedanken, die wir während des Tages pflegen, die selbstlos auf objektive Inhalte und ein hohes Ziel gerichtet sein sollten.
Bezüglich hellsichtiger Voraussagen für die politische Zukunft ist zu bemerken, daß diese formbar und beeinflußbar ist. Sie steht nicht fest, sondern wird durch die Ziele einzelner und die der Ideengemeinschaft ständig neu erschaffen und verändert. Die wechselnden, unsichtbaren Astralszenen machen *exakte* zeitliche Voraussagen (z. B. für das Manifestwerden einer Katastrophe) weitgehend unmöglich. Man stelle sich den unsichtbaren Ozean vor, in den viele Flüsse, die aus unseren Emotionen, Gedanken und Absichten geformt werden, hineinfließen.

Die unsichtbaren, astralen Triebkräfte des Zivilisationsmenschen

Den meisten Menschen hat es schon immer Schwierigkeiten bereitet, eigene, emotionelle Motive klar zu erkennen, zu akzeptieren, positiv zu verändern und sinnvoll zum Wohle aller einzusetzen oder Charakterveredelung als Lebensaufgabe anzunehmen.

Schon im Altertum erkannte Ovid (43 v. Chr. bis ca. 18 n. Chr.): »Ich sehe das Bessere, und es findet meine Zustimmung; und doch tue ich das Schlechtere.« Und Wilhelm Busch (1832-1908) sagte in der Neuzeit hierzu:

So ist's in aller Zeit gewesen,
so ist es, fürcht' ich, auch noch heut.
Wer nicht besonders auserlesen,
dem macht die Tugend Schwierigkeit.
Aufsteigend mußt du dich bemühen,
doch ohne Mühe sinkest du.
Der liebe Gott muß immer ziehen,
dem Teufel fällt's von selber zu.

Gefühlshafte, oft zwingende Lebensantriebe lassen sich, gemäß meiner hellsichtigen Beobachtung, auch heute in der modernen Zivilisation, in sieben charakteristische Gruppen einteilen. Angeregt zu dieser Einteilung wurde ich durch Abbildungen des altbuddhistischen sechsspeichigen Lebensrades. (Nebenbei bemerkt, erwähnt der Buddhismus auch ein achtspeichiges Lebensrad.) In diesem erkenne ich auffallend starke Parallelen zu meinen »modernen« Beobachtungen.

Ich versuche hier, die hauptsächlichen Emotionen, die unser menschliches Dasein bestimmen und die ich als Tiere und Wesenheiten in der Astral- oder Traumwelt beobachte, bildhaft zu zeigen und zu beschreiben. Die sechs Charaktere, die den Abschnitten des Lebensrades entsprechen, sind selten rein zu beobachten. Meist handelt es sich um Mischtypen, wie beispielsweise von Typ eins, dem Lebensfeindlichen, mit Typ sechs, dem Machthungrigen oder Despoten. Nach den Ausführungen über die sechs Wesenheiten des Lebensrades zeige ich mit dem siebten Typ den höherentwickelten Menschen, der versucht, durch Konzentration auf sein innerstes, göttliches Sein und den Dienst am Mitmenschen seine Anlagen, Antriebe und Absichten zu veredeln und bewußt einzusetzen.

Wenn ein entscheidendes Treffen oder eine wichtige Unterredung stattfindet, ziehen schon Stunden oder oft Tage vorher die beteiligten astralen Wesenheiten beobachtend auf den Plan. Sie zeigen durch ihren Gesichtsausdruck oder ihr Verhalten Zustimmung, Ablehnung, Furcht, Ärger usw. an. Bei vielen Menschen ist nur eines dieser astralen Tiere zeitweiliger Lebensbegleiter, bei manchen unter Umständen lebenslänglicher. Bei Männern sind generell mehr und verschiedenartigere Wesen sichtbar. Nach langjähriger Ehe haben die meisten Frauen den Einfluß einer großen Anzahl ständiger feinstofflicher Begleiter ihrer Partner erfahren.

Alle diese Wesenheiten treten in unterschiedlichen Größen, wechselnder feinstofflicher Verdichtung, abweichenden Farben und sehr verschiedener Beweglichkeit und Aktivität auf, wie wir es in unseren Träumen beobachten können. Ihr Aussehen zeigt immer genau den inneren, gefühlsmäßigen Antrieb, die Absicht und auch den »Willen« des Menschen an. Manchmal werden Menschen zum Träger mehrerer astraler Elemente. Bei ihrer Vertreibung oder der Heilung des betreffenden Menschen entsteht oft ein Kampf zwischen den unsichtbaren Begleitern und dem Behandler. Schon einen Tag vor dem Eintreffen des Patienten laufen diese Wesenheiten nervös vor dem Haus des Behandlers auf und ab. Sie kämpfen um ihre Existenz, um ihren Wirt.

Bei Menschen, die sich auf dem Entwicklungspfad befinden, verwandeln sich die dunklen, drohenden Tiere in helle und hilfreiche. So werden aus grauen Schlangen weiße und aus aggressiven, zähnefletschenden schwarzen Hunden freundliche, hilfreiche und hellfarbene Tiere.

Auf den nächsten Seiten folgen die Menschentypen des sechsspeichigen Lebensrades und der siebte, höher entwickelte Repräsentant, bebildert mit ihrer unsichtbaren Begleitung.

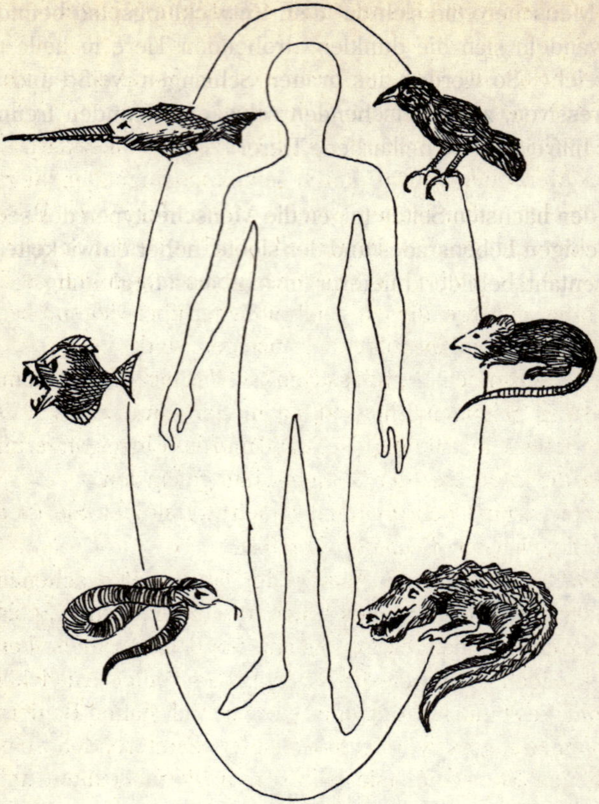

1. Der lebensverneinende und -feindliche Mensch

1. Der lebensverneinende und -feindliche Mensch:

Nähere Erklärungen zu den Tierwesen der Astral- oder Traumwelt finden Sie im Traumsymbollexikon.
Die einzelnen Tiere werden hier im Uhrzeigersinn erklärt.
Dieser Menschentyp wird durch seine fundamentalen, negativen und lebensfeindlichen Eigenschaften, durch die Abwendung vom geistigen Bereich und chaotisches Verhalten charakterisiert. Auch gewisse Depressionsformen zeigen sich an. Die unsichtbaren Tiere, die ich bei ihm bisher überwiegend beobachten konnte und die folgendes anzeigen, sind:
Rabe: Zersetzendes, negatives Denken, das eigene und fremde Kräfte der geistigen Entwicklung hindert und zerstört. Der listenreiche, selbstsüchtige Verstand und das Einzelgängertum, welche die Interessen der Gemeinschaft gefährden.
Ratte: Sie drückt den unaufhaltsamen Zerfall aus. Sie ist die Begierde, die Gier, die andere zerstört.
Krokodil: Es taucht in der Astral- oder Traumwelt drachenähnlich oder in den Formen eines Alligators, einer Eidechse, Schlange oder eines sonstigen Reptils auf. Sie besitzen meist keine Flügel, jedoch können sie das Gesicht eines Teufels entwickeln. Sie sind die ständigen Begleiter einer instinkthaften Begierdenatur, eines aggressiven, sich und andere zerstörenden, selbstbezogenen Menschen (siehe im Traumsymbollexikon unter Drache).
Schlange: Sie wechselt nach der Bedeutung Farbe und Größe. Die schwarze gehört in das Reich der bösen Mächte. Manche Teufel können sich schnell in eine solche verwandeln.
Raubfisch: An manchen Menschen hängen mehrere dieser Fische, die zerstörerische Gier, Streitsucht mit Gefühlskälte und Berechnung bedeuten.
Schwertfisch: Er ist der astrale Wille zum gezielten, absichtsvollen Zerstören, der meist tief im Unbewußten verankert ist.

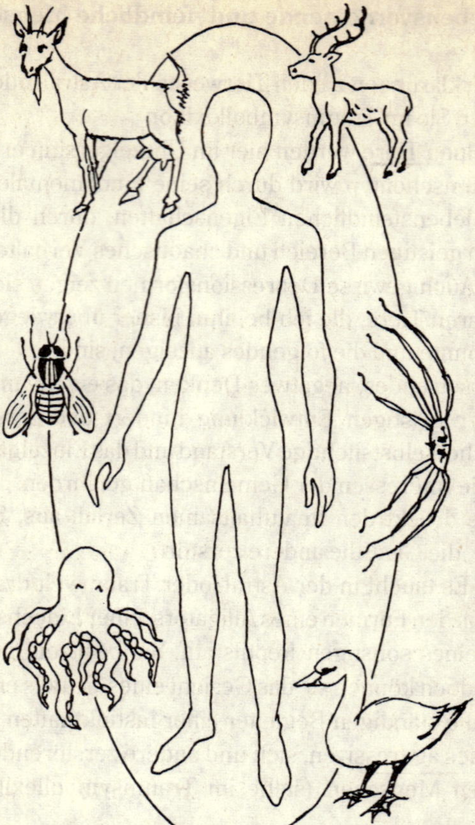

2. Der Süchtige

2. Der Süchtige:

Hier werden die unsichtbaren Begleiter des Süchtigen geschildert, der ein schönes Leben problemlos zu genießen versucht und oft auch verantwortungsvollem Tun ausweichen möchte:

Hirsch: Der dunkle oder »Platzhirsch« zeigt Sexualität an, der es fast nur um Erobern und Verführen geht. Siehe auch Bilder von Hieronymus Bosch. Weiße Hirsche besitzen religiösen Symbolcharakter.

Spinne: Sie ist eines der häufigsten, aktivsten und langlebigsten astralen Elementale (Suchtwesen), wobei jede Sucht ihre typische Art hat. Diese bis Lebensgröße anwachsenden Exemplare lassen sich noch auf Fotos – auch berühmter – Verstorbener erkennen. Durch Fehlernährung, Streß und Kummer immer tiefer in die Sucht getrieben, sammeln sich automatisch viele Elementale von beträchtlicher Stärke und Energie um den Anfälligen. Sie folgen ihm nach dem Tod ins Jenseits. Manche Katzen fauchen die sich bergartig vor oder in Häusern auftürmenden Wesen an. In Häusern bevorzugen sie Topfpflanzen als Domizil.

Gans: Die von ihr begleiteten Menschen fallen durch ihre Schwatzsucht und nichtssagenden Reden auf, welche geistig behindernd sind.

Krake oder Polyp: Kann in der Astralwelt bis 70 cm groß werden und hält sich nahe an der Aura von Vielessern auf, die ja auch wie mit Fangarmen alles in sich hineinstopfen.

Fliege: Sie wird im Unsichtbaren bis zu einem Meter groß. Beobachten konnte ich, daß bei Menschen, die zuviel tierisches Eiweiß essen, Stoffe im Körper verwesen, die gerne die astrale Fliege anziehen. Sie erscheint auch beim Überessen und anschließenden Verwesen der Schlacken.

Ziege: Sie repräsentiert eine verfeinerte Spielart der Sexualität.

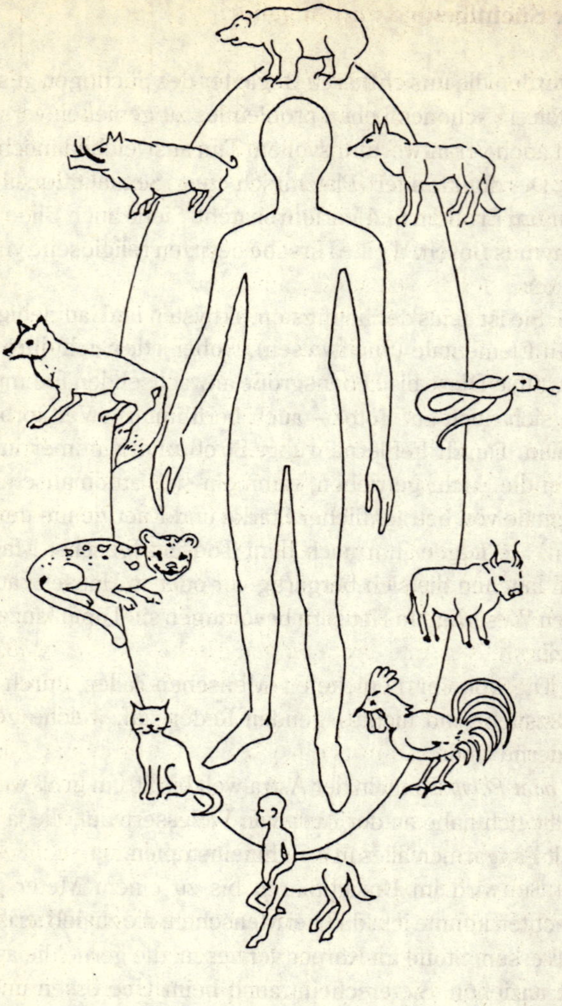

3. Der Kampflustige und Angeber

3. Der Kampflustige und Angeber:

Hier wird der Überhebliche und Kampflustige, der oft glaubt, sich verteidigen zu müssen, da er sich stets angegriffen fühlt, gezeigt. Er will um jeden Preis siegen und über andere triumphieren, daher zwingt ihn sein Ehrgeiz zu außerordentlichen Leistungen. Häufige Begleittiere sind:

Bär: Er versinnbildlicht den starken, kämpferischen, oft bösartigen Feind, der bis Hausgröße anwachsen kann.

Wolf: Seine Angriffslust, Wachsamkeit, Habgier und Zähigkeit lassen ihn z. B. zum unsichtbaren Begleiter des erfolgreichen Wirtschaftsexperten werden.

Schlange: Angriffslust und Rache (siehe Traumsymbollexikon).

Stier: Die bis zu drei Meter hohen, auch meist in Gruppen auftretenden dunklen und starken Stiere symbolisieren männliche Aggression, Energie, Machtgehabe und Zeugungskraft.

Hahn: Wachsamkeit, Überwachung, Kontrolle, Pünktlichkeit, Angriffslust und typisch männliches Imponiergehabe.

Kentaur: Der dunkle Pferdemensch weist auf die kämpferischen, primitiven und brutalen Naturkräfte des betreffenden Menschen hin, die meist mit Uneinsichtigkeit, Dummheit und Einbildung gepaart sind. Der hellfarbene Kentaur tritt auf den Plan, wenn es bereits etwas Einsicht und Überwindung gibt.

Katze: Eine schwarze Katze, sogar ein Panther, tauchen astral immer dort auf, wo streitsüchtige und aggressive Zeitgenossen sind. Solange es nicht zum offenen Streit kommt, schlafen sie oder stellen sich unbeteiligt.

Leopard: Mächtiger, schneller und scharf beobachtender Feind.

Fuchs: Er kämpft mit Listen und Raffinesse.

Eber: Dieser tritt astral mit riesigen Stoßzähnen und immer in kleinen Rudeln auf und begleitet angriffslustige, ungezähmte, wilde, überwiegend männliche Naturen, die außerdem durch Unwissenheit und Freßsucht auffallen.

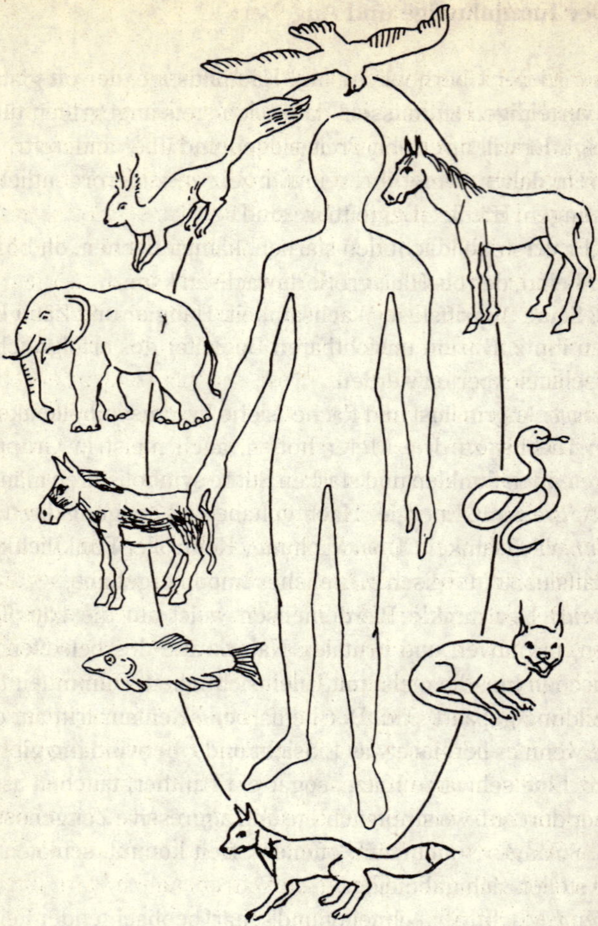

4. Der Intellektuelle

4. Der Intellektuelle:

Dieser Menschentyp wird durch das Anhäufen von Wissen und intellektuellem Denken, das er durch Beweise zu untermauern sucht, charakterisiert. Seine unsichtbaren Begleiter sind u. a.:
Adler: Er ist ein überzeitliches Symbol der geistigen Kraft, Kreativität und Erneuerung, des Sieges über das Nichtwissen und Träger der Macht durch Wissen. Ihn zeichnet der Überblick aus. Wenn er als dunkler, trübfarbener Adler, bis zur Körpergröße des betreffenden Menschen angewachsen, mit astralen Fesseln versehen, in der menschlichen Aura hängt, dann kann sich der Geist dieses Menschen nicht frei über das Irdische erheben. Häufig belastet ein schwacher Stoffwechsel bzw. ein ungesunder Vitalitätskörper den Träger des Adlers, der hohe geistige Ziele hat und sie dann nicht durchführen kann.
Pferd: Vitalität, männliche Sexualität, praktischer Verstand.
Schlange: Das berechnende, listenreiche Denken wird von Schlangen mit unbeweglichen, kalten, wachen Augen begleitet.
Luchs: Der aufmerksame Intellekt, der jede Schwäche des Gegners genau taxiert, erscheint astral als Luchs. In Verbindung mit Gerichtsprozessen tritt er auffallend häufig auf den Plan.
Fuchs: Er zeigt ausgeklügelte intellektuelle Schachzüge an.
Fisch: Er charakterisiert neue Gedanken, Ideenreichtum, geistiges Bewußtsein und unbewußte, instinktive Naturtriebe.
Esel: Manch ein »Bücherwurm« zieht an einem langen, feinstofflichen Seil einen mit Büchern beladenen Esel hinter sich her, der Geduld, Zähigkeit, Genügsamkeit, aber auch Starrsinn und trägen Gedankenfluß versinnbildlicht.
Elefant: Wissen, unabhängiges Denken, Gelehrsamkeit und Weisheit, die zum inneren Führer werden, gepaart mit Kraft und Geduld, treten durch dieses astral-mentale Tier in Erscheinung.
Eichhörnchen: Schneller Gedankenfluß, Wissenssammeltrieb.

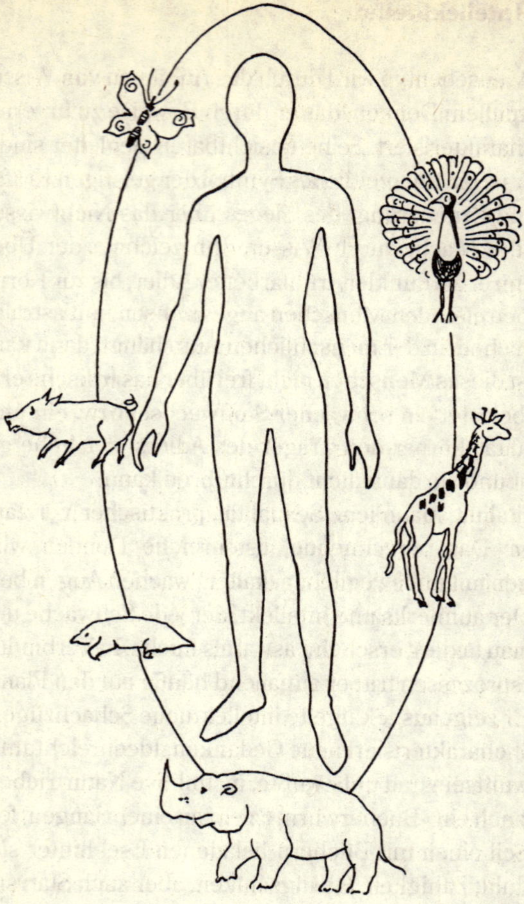

5. Der Nichtwissende

5. Der Nichtwissende:

Man könnte ihn auch oft als den Nichtwissenwollenden bezeichnen, denn der Menschentyp der geistigen Stumpfheit, des Nichterkennens, des In-den-Tag-Hineinlebens, der auch häufig die stereotype Wiederholung liebt, wird hier charakterisiert. Oft kommt noch eine rücksichtslose, primitive Durchsetzungskraft hinzu. In der Astral- oder Traumwelt ist er meist begleitet von folgenden Tieren:
Pfau: Ein glanzloser, dunkler Pfau symbolisiert in der feinstofflichen Welt die Überheblichkeit durch Nichtwissen. Der strahlend bunte Fächer eines Pfaus kann Überwindung des Stolzes, Reichtum der Erfahrungen, Wiederverkörperungen und auch Glanz und Pracht spiritueller Weisheit bedeuten.
Giraffe: Sie ist der Hochmut, der durch Nichterkennen entsteht.
Nashorn: Dummheit, gepaart mit rücksichtslosem Vorgehen.
Maulwurf: Er hängt sich nicht nur bei beginnender körperlicher Blindheit in den Vitalitätskörper des Betroffenen, sondern kann auch geistige Erblindung versinnbildlichen.
Hausschwein: Hier ist Dummheit meist mit Arroganz, Genuß- und Freßsucht verbunden. In der Bibel wurde in Matth. 8.28ff., Mark. 5.1ff. und Luk. 8.26ff. der Besessene von Gadara bzw. Gerasa geheilt, indem die unsauberen Geister in die 2000köpfige Schweinsherde getrieben wurden, die man dann in den Tod schickte. Aus ökonomischen Gründen wird man nicht so viele Schweine vernichtet haben. Die Darstellung scheint eine symbolhafte Vertreibung und Vernichtung der oben angeführten Eigenschaften zu sein.
Schmetterling: Graue, unansehnliche Schmetterlinge begleiten in der unsichtbaren Traumwelt die Flatterhaftigkeit, die geistige Unwandelbarkeit, das Nichtbeachten der spirituellen Möglichkeiten. Helle und bunte Falter haben die Bedeutung der positiven Verwandlung, des geistigen Erfolges und Überlebens.

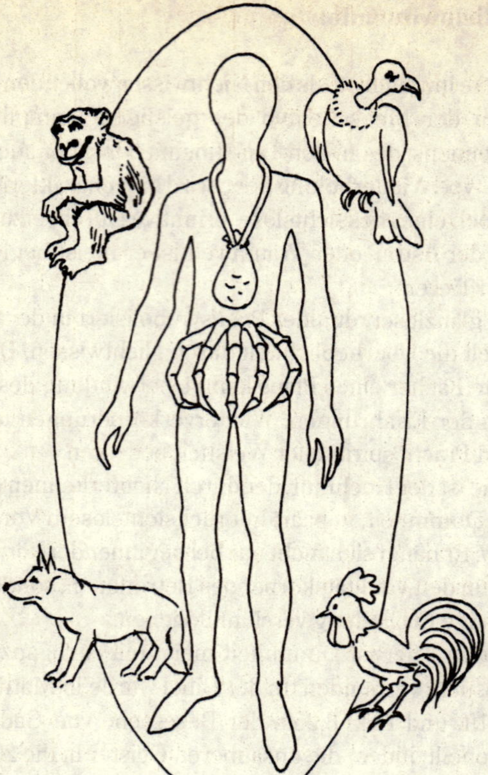

6. Der Lebens- und Machthungrige

6. Der Lebens- und Machthungrige:

Ein Abschnitt des buddhistischen Lebensrades stellt die hungrigen Geister dar, die ihren dicken Bauch füllen wollen. Hier wird die Lebensgier, das Verlangen nach materiellen Gütern und/oder Macht symbolisiert. Die zugeordneten Objekte in der Traumwelt sind u. a. folgende:

Geldsack: Dieser aus grauer, astraler Materie gefertigte Sack hängt an Lebenden und Toten, entweder um den Hals oder an der Hand. Er ist fester Bestandteil der Geldgierigen geworden.

Knöcherne Vogelkralle: Dieses Symbol ist entweder im Emotionskörper in verschiedenen Größen und Färbungen vorhanden oder bewegt sich bei intensiven Gedanken der Gier frei im astralen Raum. So sind beispielsweise bei den Ausverkäufen die Kaufhäuser davon erfüllt. Menschen, deren Sinnen und Trachten fast nur auf materielle Güter oder Macht ausgerichtet ist, tragen die große Krallenhand im Solarplexus (= Bauchmitte), oder ihre beiden astralen Hände bestehen aus riesigen, schaufelartigen Klauen. Auch Vertreter »spiritueller« Kreise können Krallenhandträger sein.

Geier: Gedanken, die sich mit Spionage befassen, oder diese selbst lassen Geier aller Größen im Unsichtbaren entstehen, die – auf Wolken sitzend – abwarten. Hier wird die Heuchelei dargestellt sowie das Prinzip der Zerstörung.

Hahn: Je nach Aussehen zeigt er Wachheit, Kontrolle, Sinnlichkeit, Stolz, Begierde und Aggression an.

Wolf: Er versinnbildlicht hier die Gier, die Habgier, die triebhafte Zerstörungswut und wurde schon bei Typ 3, dem Kampflustigen, erwähnt. Wenn der Wolf, meist in Rudeln, erscheint, tauchen gleichzeitig astrale Bilder einer trüben, kalten Winterlandschaft auf, die Gefühlskälte und Einsamkeit andeuten.

Affe: Er zeigt Gier, Rafflust, Neugier, Imitationstrieb, geistige Unruhe, Umtrieb der Gedanken usw. an.

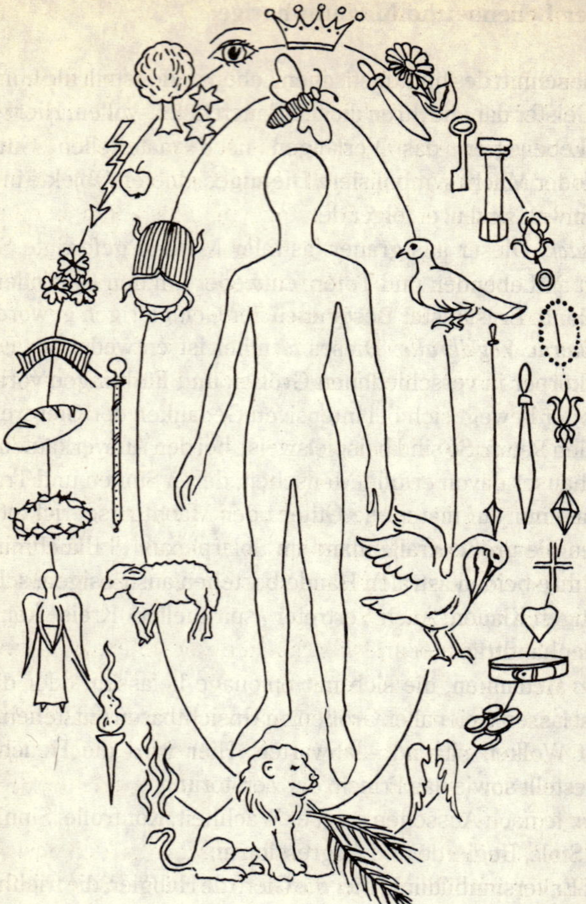

7. Der höherentwickelte Mensch

Der höherentwickelte Mensch:

In seinem feinstofflichen Körper überwiegen weiße, rosa und hellblaue Ätherfarben. Ihn begleiten z. B. der weiße Schwan (Entsagung), der weiße Fisch (neue geistige Nahrung u.a.m.), das Reh (die spirituelle Treue) und die nachfolgenden Symbole. Diese werden im Traumsymbollexikon näher ausgeführt.

Biene: Nicht nachlassende Bemühungen bringen geistig voran.

Taube: Spirituelle Harmonie und Frieden.

Pelikan: Geistige Übersicht und Opfermut. Hohe Geistwesen können vor ihrer Geburt von sieben großen Pelikanen umgeben sein.

Lamm: Mystische Wiedergeburt, Opfer (siehe 1. Kor. 5.7; Joh. 1.29,36).

Skarabäus: Der Träger beschäftigt sich gerade ernsthaft mit Fragen der Wiederverkörperung. Sonst zeigen alle Käfer/Insekten in Astralwelt und Träumen ungünstige Eigenschaften wie Nervenschwäche an.

Krone: Bewußter Sieg des Spirituellen eines Menschen in Wort und Tat über materielle Belange.

Zepter: Es verweist auf erworbene Macht in höheren Bereichen.

Sonnenblume: So wie diese auf die Sonne ausgerichtet ist, so sollten Gedanken und Konzentration auf das geistige Ziel gelenkt sein.

Schlüssel: Freiheit, Verantwortung und Macht in den unsichtbaren Welten wird durch den goldenen Schlüssel angezeigt.

Säule: Die Verbindung zum Himmel, Betonung der Wichtigkeit einer Angelegenheit. Siehe auch Baum des Lebens im Traumsymbollexikon.

Rose: Geistiges Öffnen, Dank, Freude, Freundschaft, Liebe, Opfer.

Ring: Verbundenheit, Verantwortung, Machtübertragung.

Perlenkette: Wenn sie aus zwölf weißen Perlen besteht, können die zwölf Tugenden gemeint sein. Weiterhin: Chancen und Entwicklungsstufen.
Lilie: Das reine Denken und Fühlen.
Kristall: Spirituelle Klarheit und Vollkommenheit, Gebet, Meditation.
Lanze: Bewußter, gezielter Einsatz der Kräfte, Konzentration.
Speer: Ähnlich wie bei Lanze und Pfeil wird durch den Speer u. a. die geistige Konzentration charakterisiert.
Kreuz: Der Querbalken bedeutet Materie, der Längsbalken Geist.
Herz: Tapferkeit, Nächstenliebe, Bewußtsein – wenn es golden ist.
Gürtel: Verzicht, Energie, Treue, Zuversicht, je nach Färbung.
Goldmünzen: Der Wert der Überwindung und des Opfers.
Flügel: Ideale Gesinnung und selbstloses Denken.
Palmzweig: Harmonie und Frieden, geistiger Dank.
Löwe: Als goldener Löwe signalisiert er den Kampf für das Gute.
Feuer: Veränderung und Erneuerung des Bewußtseins, der Entwicklung.
Fackel: Neues wegweisendes Wissen inmitten geistiger Dunkelheit.
Engel: Siehe Kapitel VII über Engel und Traumsymbollexikon.
Dornenkrone: Selbstvorwürfe, Selbstpeinigungen »auf dem Weg«.
Stumpfes Schwert: Wenn einseitig geschliffen, zeigt es spirituelle Urteilskraft, Macht, Gerechtigkeit, Mut usw. Ein zweischneidiges Schwert bedeutet Gegensätzlichkeit.
Brotlaib: Die geistige Nahrung.
Brücke: Sie stellt den Zugang zum geistigen Raum, die Verbindung zwischen Gegensätzen und die Bewußtseinswandlung dar.
Blumen: Aufnehmen und Dankbarkeit aus höheren Bereichen.

Die Farbe sagt über den Charakter des Inhaltes aus. Siehe Farben.
Blitz: Blitze und Lichtzeichen beleuchten das Erkennen neuer Wahrheiten, den Fortschritt und Erfolg der Bemühungen.
Apfel: Er zeigt die irdischen Probleme, ihre Konflikte und Sünden an, da seine runde Form der Erde gleicht.
Baum: Er weist auf den Zustand der Energie für Körper, Seele und Geist hin, und seine Bedeutung in den Jahreszeiten kann mit dem Ablauf des menschlichen Lebens verglichen werden. Als Lebensbaum wird er im Maibaum und im Weihnachtsbaum angedeutet.
Sterne: Geistiges Licht und Verbindung mit dem Überirdischen.
Auge: Spirituelle Wachsamkeit, Weisheit und Allwissenheit, wenn es klar und hell ist.

Doppelgänger und andere Phänomene der Astral- oder Traumwelt

Bitte informieren Sie sich vor dem Lesen dieses Abschnittes über den »Doppelgänger« im Traumsymbollexikon. Lesen Sie außerdem S. 137 unten und S. 138 oben hierzu.
Das Vorkommen des Doppelgängers wird in der Literatur immer wieder beschrieben. Eine historische Darstellung dieser Fluidkörper ist besonders eindrucksvoll:
Als Zarin Elisabeth sich im Jahre 1741, kurze Zeit nach Antritt ihrer Herrschaft, zu nächtlicher Stunde zur Ruhe begeben hatte, sahen die Wachen erstaunt, wie sie auf ihrem Thron saß und nachdenklich sinnend herunterblickte. Sie erkannten eindeutig ihre Kleidung, den kaiserlichen Ornat. Die Männer hatten nicht den Mut, die Gestalt anzusprechen, und holten einen Grafen herbei. Dieser konnte sich den Vorgang nicht erklären und eilte zum königlichen Gemach, um die gerade aufsichtsfüh-

rende Hofdame zu benachrichtigen. Als sie sich von dem Doppelgänger der Zarin überzeugt hatte, lief sie in das Schlafgemach der Herrscherin und weckte sie. Die Zarin beeilte sich, ihr Scheinbild auf dem Thron sitzend zu sehen. Sie ließ Wachen auf das astrale Phänomen schießen. Die Kugeln flogen durch den feinstofflichen Doppelgänger und bohrten sich in die Wand. Nach Stunden erst zersetzte sich die Gestalt langsam und nebelhaft.

Dieser Doppelgänger des Mentalkörpers war durch das intensive Nachdenken der Zarin über Staatsprobleme, durch ihre vollständige Identifizierung mit dem Regieren und mit seiner Verantwortung gebildet worden und führte für kurze Zeit eine Art Eigenleben. Auch die gefühlsbetonten Gedanken, bildhaften Vorstellungen und die Bewunderung des Hofes und Volkes für die Herrscherin werden zur Bildung und Aufrechterhaltung des Phänomens beigetragen haben.

Auch heutzutage sind Doppelgänger – also normalerweise unsichtbare, in den Träumen auftauchende Duplikate – der Denk- (wie oben beschrieben), Emotions- und Vitalitätskörper üblich. Die unsichtbaren Gestalten der weiblichen oder männlichen Doppelgänger werden jeweils durch intensive, astral verdichtete Gefühls-, Verstandes- oder Ideenkomplexe erschaffen und zu einem Eigenleben in die Astral- bzw. Traumwelt hineingesetzt und befähigt. Diese Doubles tauchen als Bewußtseinspersonifizierungen von charakteristischen weiblichen Eigenschaften (als Mädchen/Frau) oder von typisch männlichen Merkmalen (als Junge/Mann) auf. Das Doppelgänger-Pärchen bildet die Totalität der bestimmten Bewußtseinsinhalte bzw. Ideenkomplexe. Als Beispiel möchte ich den rätselhaften Traum von C. G. Jung auslegen, in dem ein Doppelgänger-Pärchen eine Rolle spielt (siehe A. Jaffé: »Erinnerungen, Träume, Gedanken von C. G. Jung«, S. 175). Ich deute nur einen Teil des Traumes und möchte mit meiner eigenen Deutung Jungs Verdienste um die Traumdeutung in keiner Weise herabsetzen. In Jungs Traum verwandelt sich eine weiße Taube (reine, transzendente Eingebung, spirituelle Botschaft) in ein goldblondes (mit Idealen gefärbte Botschaft) ca. achtjähriges (mit ca. sieben Jahren beginnen Bewußtwerdung und Schulung) Mädchen (Intuition und verwandte Gebiete), welches zu ihm sagt: »Nur in den ersten Stunden der Nacht kann ich mich in einen Menschen verwandeln, während der Tauber mit den zwölf Toten beschäftigt ist.« Der Tauber (reines Denken, das die Transzendenz verstandesmäßig begreifen will) ist in den zwölf Tagesstunden (entspricht den zwölf Toten) für die Intuition unbrauchbar bzw. tot. Wenn der (tote) Verstand schweigt, teilt sich transzendentes Wissen durch nicht verstandesmäßig gesteuerte Intuition (z. B. in Träumen) mit.

Ein weiteres Beispiel für einen Doppelgänger des Vitalitätskörpers ist die während der Schwangerschaft rauchende Mutter. Sie bildet jeweils einen ähnlichen Typ von Double für ihr entstehendes Kind aus: eine hochgeschossene, bleiche, hohlwangige, »tuberkulöse« Gestalt, die einen pechschwarzen Mantel trägt. Diese begleitet das Kind ins Leben und verändert erst ihr Aussehen durch strenge gesundheitliche Maßnahmen. Viele dieser Kinder scheinen die Anwesenheit ihres Vitalitätskörper-Doubles zu spüren, vielleicht sogar zu sehen, denn sie fürchten sich oft, nachts allein zu schlafen. Ihr Doppelgänger erscheint und verfolgt sie im Traum und verursacht auch noch im Erwachsenendasein verdrängte, unerklärliche, tiefsitzende Ängste (siehe auch Flucht, Verfolgung im Traumsymbollexikon). Am häufigsten tauchen jedoch im Traum und auch in der Realität die Doubles des Emotionskörpers auf, was aus dem folgenden Beispiel ersichtlich wird:

Eine 35jährige Patientin, hübsch und unternehmungslustig, als erfolgreiche Geschäftsfrau tätig, erzählt, daß sie öfter Geräusche in ihrer Wohnung hört, die sie allein bewohnt. »Ich bin nie allein in meiner Wohnung. Vor zwei Wochen hat mich jemand, der unsichtbar war, richtig an den Schultern geschüttelt.« Auf meine Frage nach Männerbekanntschaften bringt sie einige Fotos hervor. Auf einem erkenne ich einen astralen Doppelgänger des Emotionskörpers, der die charakteristischen Wesenszüge eines jähzornigen, herrschsüchtigen Kleinkindes im Trotzalter trägt. Ich beschreibe den Charakter dieses Mannes als unverbesserlichen Tyrannen. Nun berichtet sie, daß dies ihr Exmann ist, daß die Scheidung schon fünf Jahre zurückliegt. Durch bestimmte Schutzmaßnahmen konnte der Störenfried vertrieben werden.

Wie die Astralwelt aus sieben verschiedenen Ebenen besteht, so setzen sich der menschliche Emotions- und Denkkörper aus je sieben Hüllen (entsprechen Persönlichkeitsanteilen, Bewußtseinspersonifizierungen oder sogenannten Doppelgängern) zusammen, die wir uns alle in vergangenen Existenzen »erwarben« bzw. »erarbeiteten« und die jeweils einem der Chakren unterstehen. Astral- oder Mentalhüllen vermögen sich durch starke Emotionen oder konzentriertes Denken für eine begrenzte Zeit abzuspalten. Zum Beispiel sind dem Doppelgänger des Wurzel-Chakras des Emotionskörpers die stärksten, meist unbewußten und ungezügelten Triebe eingespeichert. Hellsichtig lassen sich extrem wild aussehende und starke Doppelgänger ausmachen, die der Gestalt eines Rübezahles ähneln, und wiederum existieren ganz zivilisierte. In unseren Träumen kommen wir immer wieder mit ihnen in Kontakt und betrachten sie dann eventuell als unsere Feinde.

Auffallend ist, daß der größte Teil der Männer in musischen und heilenden Berufen meist weibliche, zarte und oft sehr hübsche Doppelgängerinnen besitzt, während in »Kraftberufen« männliche überwiegen. Erstaunlich ist immer wieder, daß »einfache« Durchschnittsmenschen, die nicht in gehobener Position oder angesehenen intellektuellen Berufen arbeiten, einen goldenen

Doppelgänger in der Gestalt eines Samurai präsentieren können. (In diesen Fällen wurde die Farbe durch Selbstlosigkeit und höchsten Idealismus für die Ideen des Kampfes gebildet.) Bei Frauen zeigen sich allgemein weniger extreme Formen von Doppelgängern, die ebenfalls männlich oder weiblich ausfallen können.

Jeder Doppelgänger ist durch eigene und fremde moralische Maßnahmen erziehbar und verliert dann über viele Jahre hinweg sein wüstes Aussehen. Er nimmt langsam eine menschlichere astrale Gestalt an. Wenn jemand bei seinem Partner wilde Charakterzüge oder seltsame »Fremdimpulse« verändern möchte, sind große Anstrengungen nötig.

Auch Frau Rita M., einer der vielen Fälle, hatte immer wieder das Gefühl, daß sie seit einer kurzen Auslandsreise nie mehr allein im Raum war. Sogar ihr Mann, ein unbelehrbarer Materialist, sah ab und zu einen menschlichen Schatten und behauptete, von jemandem berührt worden zu sein. Auch in diesem Fall wurde der Störenfried auf einem Gruppenfoto von der letzten Reise erkannt und mit Geisteskräften vertrieben. Dieser Mann, der seinen astralen Doppelgänger aussandte, hatte seit der Reise gefühlsmäßig nicht mehr von Rita abgelassen.

Immer sind es – außer seelischen Krankheiten – starke Emotionen, (z. B. Liebe, Haß, Herrschsucht), die den Doppelgänger des Wurzel-Chakras antreiben. Er versorgt seinen betreffenden Träger mit zusätzlicher Vitalität. Manche Menschen arbeiten ihr ganzes Leben, um dem Doppelgänger (meistens des Emotionskörpers) ihres Partners menschliche Züge zu verleihen, der sich während einiger Jahre durch Erziehung und Erlebnisse auffallend ändern kann. Ganz wilde Doppelgänger benötigen allerdings Schocks und oft selbstverursachte Unfälle, um allmählich menschenähnlich zu werden.

Grundsätzlich können astrale Gestalten nur angreifen, wenn die Absichten der Person, auf die sie gerichtet sind, genau dieselben gefühlsmäßigen Schwingungen aufweisen. Auch wenn es bereits zu spürbaren Angriffen gekommen ist, lassen sich trotzdem erfolgreich Abwehrmaßnahmen durchführen. Durch Gebete, Meditationen und Gedankenkontrolle bildet der Angegriffene einen Schutzmantel um sich.

In der Astralwelt ist eine ungeheure Anzahl verschiedener Phänomene hellsichtig zu betrachten. So konnte ich sehen, daß lebende Menschen unbewußt einen astralen Doppelgänger aussenden oder bewußt auf Astralreise gehen können. Letzteres hängt von der Stärke ihres Milz-Chakras ab. Nur den unsichtbaren Meistern, unter deren direkter Beobachtung die meisten Menschen stehen, gelingt es, innerhalb von Sekunden im Denk- oder Mentalkörper zu erscheinen. Die lautlose Unterhaltung zwischen Meister und Schüler geht oft sehr schnell vor sich. Das wirklich Wesentliche kann mental in Kürze übermittelt werden. Über viele Jahre konnte ich beobachten, daß die Lehren der Weißen Bruderschaft, einer unsichtbaren geistigen Regierung dieser Erde, in der Tat der Realität entsprechen.

Weiterhin sah ich immer wieder, daß es wirklich spirituell hochentwickelte Verstorbene gibt, die freiwillig den Weg zurück auf die Erde antreten, auf ihren wohlverdienten Aufenthalt im Himmel verzichten und im Astral- oder Mentalkörper ihren Eintritt in das Fleisch erwarten.

Ein anderes Phänomen der Astral- und auch Mentalwelt besteht aus den abgeworfenen Hüllen der Toten, die diese zurücklassen, wenn sie auf eine höhere Ebene aufsteigen oder in die Himmelswelt eingehen. Diese ausgedienten Körper können, bis sie zerfallen, für kurze Zeit von anderen Wesen benutzt werden. Hierdurch werden Medien, die in Trance mit dem Jenseits Kontakt aufnehmen, häufig irregeführt, da niedere Geister sich auch einmal einen Spaß oder einen Täuschungsmanöver erlauben.

Neben dem Reich der Naturgeister, Devas und Engel bilden die

Teufel und Dämonen eine ungeheuerliche, durchorganisierte Macht, was beispielsweise folgende Geschichte zeigt:
Eine junge Schweizer Patientin hatte seit drei Jahren jede Woche 1 bis 2 kleine Unfälle, die sie alle vorausahnte. Sie erfuhr z. B., wo und wann genau sie die Treppe hinuntergestoßen würde. Ich trainierte mich geistig auf die künftigen Ereignisse ein und konnte ihr Angaben über deren Verlauf machen. Schließlich stellten wir uns beide das störungsfreie Passieren der Unfallstelle vor, was erfolgreich verlief.
Nachdem ich sie längere Zeit nicht gesehen hatte, ereignete sich wieder ein Unfall. Sie sah bei einem Skiurlaub auf einer Piste mit geringem Gefälle eine schwarze Wolke auf sich zukommen und wußte sofort, daß dies ein astraler Angriff war. Sie ging in die Hocke und fuhr im Schrittempo, als sie herumgewirbelt wurde. Man fand sie mit einem achtfachen Spiralbruch im linken Unterschenkel. (Die Acht ist eine wichtige karmische Zahl.) Interessanterweise fiel zur selben Stunde des Unfalls im Wohnzimmer ihrer Eltern ein schweres Bild von selbst von der Wand. Als sie in einem bekannten Spital geröntgt wurde, stellten die Ärzte übereinstimmend Knochenkrebs im linken Unterschenkel fest und wollten in vier Wochen das Bein der noch nicht 20jährigen amputieren. Neben Ernährungsmaßnahmen und homöopathischen Mitteln half mit Sicherheit eine Gebetsmeditation, die wir nachts an ihr höheres Selbst richteten. Sie änderte außerdem grundlegend ihren Lebensstil und gab heimliches Trinken auf. Im letzten Leben hatte sie durch die Sucht und negative Praktiken der Schwarzen Magie eine Unzahl von dämonischen Wesen angezogen, die schließlich große Macht über sie gewannen.
Als der Tag der Operation kam und eine erneute Röntgenaufnahme gemacht wurde, versammelten sich mehrere Ärzte kopfschüttelnd. Sie waren sich bald einig, daß ihre Diagnose vor vier Wochen falsch gewesen sein müßte, da alle Krankheitsanzeichen verschwunden waren.

Einen großen astralen Raum nehmen bewußte oder unbewußte Gefühle und Gedanken ein sowie die von Menschen selbst erzeugten Wesen, wie z. B. der »Golem« oder die weißen Mönche. In seinem Buch »The Psychic Dimensions of Mental Health« (»Die seelischen Bereiche der geistigen Gesundheit«) beschreibt der englische Arzt und Psychologe Dr. A. Guirdham seine eigenen hellsichtigen Beobachtungen von guten und bösen astralen Wesen, die nach seiner Forschung ganz bestimmte Krankheiten bei Kindern und Erwachsenen durch astrale Angriffe hervorrufen und auch für Unfälle verantwortlich sind. Meine eigenen Feststellungen sind sehr ähnlich; sogar auf Fotos werden astrale Wesen in oder hinter dem Menschen erkannt. Übereinstimmend kann ich mit Dr. A. Guirdham behaupten,

1. daß astrale Wesen nur angreifen, wenn dies karmisch (= durch die Schicksalsschuld oder die Schuld vergangener Leben) zulässig ist;
2. daß feinstoffliche, bösartige Wesenheiten vor allem häufig versuchen, gute Menschen anzugreifen, d. h., sie in physischem, psychischem und geistigem Sinn zu schädigen. Um schlechte Menschen bemühen sich die Dämonen weniger, denn zu diesen haben sie bereits Zugang;
3. daß »böse« Menschen (= meist uneinsichtige und »nichtwissende«) unter dem Schutz von Dämonen stehen können, die sie vor Unfällen bewahren und außerdem oft mit unverwüstlicher Vitalität versorgen;
4. daß massive Hauptangriffe astraler Wesenheiten sich genau auf den Tag und auf das Jahr in diesem oder einem vorherigen Leben wiederholen können;
5. daß es Häuser und Siedlungen gibt, in denen durch negative Einflüsse vermehrt bösartige Erdgeister auftreten (hier konnte ich mich überzeugen, daß nur ganz bestimmte Abschirmgeräte, wie z. B. das Ton-Farbgerät Sphärophon, des-

sen reine kosmische Strahlung die Erddämonen beunruhigt, diese zusammenlaufen läßt und grollend in die Flucht schlägt, erfolgreich sind);

6. daß man nicht von sich aus versuchen sollte, Jenseitskontakte mit höheren Wesen herzustellen, sondern abwarten soll, bis diese sich melden;
7. daß es möglich ist, astrale Angriffe erfolgreich abzuwehren: durch Herausfinden versteckter eigener Motive (z. B. bei der Traumanalyse), Änderung seiner Einstellung und Lebensführung, Gedankenkontrolle, positive mentale Ausrichtung, Gebete, Meditation und vor allem Wiedergutmachung durch gute Werke.

Das »Böse«, der Unfall, die Krankheit oder die schwierigen Lebensumstände dienen dem Bewußtmachen, dem Aufrütteln. Nur die eigene Anstrengung treibt geistig voran, ähnlich dem Wachstum eines jungen Keimlings, der sich seinen Weg durch dunkles, steiniges Erdreich bahnt und sich zur einmaligen, vollendeten Blume entwickelt.

Die astrale Traumwelt und die Märchen

Plato sah die Welt der »Urideen«, die die Theosophie als Kausal- oder Ursachenwelt beschreibt, als das wirkliche Universum an. Er bezeichnete unsere materielle Welt nur als eine unvollkommene, schattenhafte Kopie dieses transzendenten Kosmos, der sich durch die Urbilder oder Urideen darstellt. Letztere zeigen sich als schnell wechselnde, bewegte Farben, Formen, Töne und Musik.

Immer konnte ich beobachten, daß diese Urideen oder Urbilder eindeutig astral-mentale Gedankenbilder und Wesenheiten auf den jenseitigen geistigen Ebenen darstellen. Diese astralen Erscheinungen treten unsichtbar in der Nähe jedes Menschen Stunden oder Tage vor den Ereignissen auf. Sie zeigen sich früher im unsichtbaren Bereich, jeweils vor der materiellen Manifestation, und begleiten die Geschehnisse auf der Erde. Wir haben Kontakt mit ihnen in unseren Träumen.

In diesen sehen und erleben wir – in der Realität unsichtbare – astrale Bilderszenen. Die Astralwelt ist mit ihren buntbewegten, vielfältigen Symbolen und Wesenheiten mit der Welt der Märchen, Mythen, Sagen und Legenden gleichzusetzen. Hier werden im Grunde die geistig-kosmischen Urkräfte des Menschen dargestellt oder neu erschaffen. (Meine Hellsichtigkeit erlaubt mir, diese astralen Bildsymbole und Wesenheiten als feinstoffliche Begleitung von Menschen und Vorgängen immer direkt und bewußt wahrzunehmen.) Die Wesen in der Astralwelt, wie u. a. Drache, Teufel und Engel, haben als Spiegel unseres Seelenzustandes in die Märchen Eingang gefunden. Mythen, Sagen und Märchen beschreiben diese Urkräfte, die die spirituelle Verbindung der einzelnen, individuellen Menschenseele mit den kosmischen Kräften darstellen. Sie zeigen die befreiende Entwicklung der menschlichen Seele aus dämonischen, chaotischen Bewußtseinstiefen.

Letztere sind astral-mentale Realitäten, die uns umgeben und auch von der »Licht«-Einstrahlung der Jahreszeiten beeinflußt werden können. Auffallend ist z. B., daß in jedem Jahr in der dunklen Winterszeit, meist um Weihnachten herum, wesentlich mehr dämonen- und stierköpfige Astralwesen unsere Wälder bevölkern. Die Abwesenheit von Licht gibt Gelegenheit für überwiegend negative, lichtarme Kräfte. Sie weichen, wenn die Tage länger werden.

Jeder Mensch verändert mit seinen gefühlsbetonten Gedanken nicht nur das astrale Symbol, sondern beeinflußt auch den Zustand der Tierwesen oder der höheren geistigen Boten, die ihn begleiten. Zum Beispiel werden weiße Schutzengel oder die blauen Engel des Glaubens grau und dunkel vor Trauer, wenn der Schützling sich gegen den ihm zur Entwicklung dienenden Schöpfungsplan stellt.

Durch Märchen und unsere ganz individuelle Traumsymbolik finden wir Zugang zu den uns ständig umgebenden Geschehnissen der Astral- und Mentalwelt. Es symbolisieren sich alle Kämpfe zum Licht (d. h. Bewußtsein) in Märchen und Träumen, denn wir sind während des Schlafes in der Astral-Mentalwelt bewußt oder unbewußt tätig. Nach dem Tode tauchen wir meist für lange Zeit zuerst in diese ein. Das Fegefeuer des Christentums ist mit der unteren Astralwelt gleichzusetzen. Die Himmelswelt mit ihren lichten, spirituellen Höhen befindet sich über diesen Ebenen (siehe hierzu auch Kapitel IX).

Märchendeutung aus tiefer Sicht

Sind Erlebnisse und das Gefecht eines Märchenhelden nicht gleichbedeutend mit inneren und äußeren Kämpfen des Menschen in der Astralwelt? Vereinfacht stelle ich die Märchendeutung des Drachenkampfes mit Hilfe meiner Beobachtungen der Astral- und Mentalwelt dar:
Die verschiedenen Charaktereigenschaften des Märchenhelden, Drachentöters, Kämpfers, Suchenden oder Aspiranten werden am Anfang des Märchens durch eine Familie oder eine Gruppe von Menschen beschrieben. Einzelne dieses Personenkreises stehen hier symbolisch für den lebensfremden, feindlichen Intellekt, für den Materialismus, für negative Eigenschaften, wie Schleichwege oder Listen zur Erlangung des Heils, oder für Ruhmessucht.
Nachdem der Märchenheld, bzw. der Schüler der geistigen Welt, sich mühsam von all diesen Eigenschaften befreien konnte, erwächst ihm die Erkenntnis, daß er sein »Glück« selbst in die Hand nehmen muß. Er zeichnet sich aus durch Gleichmut im Ertragen von Rückschlägen, zähe Geduld, sein »gutes Herz«, seine »Harmlosigkeit«, gesunden Instinkt, Ideale, Willen und die Anstrengung für den Weg zum Sieg, der im Grunde ein geistiger Sieg ist. Die innere Gewißheit, daß ihm alles, was er erlebt, irgendwie nützlich ist und ihn weiterbringt, beseelt seine Erfolgschancen.
Der äußere, dargestellte Kampf im Märchen spielt sich eigentlich im Inneren des Helden ab. Hier erlebt er den Sieg über die eigenen chaotischen, tierhaften, primitiven, jedoch äußerst starken und hinterhältigen Drachenkräfte. Positive Umstände, oft der wohlverdiente Lohn früherer guter Taten, das günstige Karma (sein positiver Schicksalslohn) kommen ihm gerade jetzt im richtigen Moment zu Hilfe.
All das sieht äußerlich nach glücklichen Zufällen aus. Seine

persönlichen Wünsche versiegen. Er ist voll auf sein letztes Ziel, auf die Befreiung und Bewußtwerdung seines besseren, höheren Seelenteiles, seines höheren Selbst, konzentriert. Rückschläge spornen ihn an. Genau wie der Schüler der spirituellen Welt entwickelt er wichtige Charaktereigenschaften, oft von dramatischen, äußeren Geschehnissen begleitet.
In der uns umgebenden Traum- oder Astralwelt – genauso wie im Märchen – stellen die Tiere jeweils bestimmte Eigenschaften, Untugenden oder Triebe des Kämpfenden dar. Tiere, die zu Freunden wurden, sind bereits sublimierte und hilfreiche Charaktereigenschaften. Verschiedene Märchenfiguren und -situationen sind immer notwendige, schicksalhafte Begegnungen. Der Drache oder die selbstsüchtigen, ungezügelten, zerstörerischen Tendenzen des Helden lassen sich je nach Anzahl der Drachenköpfe genau umschreiben. Den siebenköpfigen krokodilartigen Drachen mit Eigenschaften wie Neid, Trägheit, Haß u. a. m. konnte ich häufig in der Astralwelt sehen. Die schöne Jungfrau des Märchens ist ein Teil des reinen, geklärten Bewußtseins des Helden. Dieses jungfräuliche, neue Ich-Bewußtsein, das Wissen um sein höheres Selbst, wird schließlich und endlich zum ewigen, unverlierbaren Zustand des sich freikämpfenden Helden.
Der materielle goldene Schatz, den der Drache bewacht, der sich in den tiefsten Tiefen des chaotischen Unbewußten befindet, ist das transzendente Gold des verborgenen Wissens. Auch versinnbildlicht es die Erkenntnis des freudig dargebrachten Opfers, das letztlich die Entwicklung überhaupt erst ermöglicht. Weiterhin konnte ich beobachten, daß sich das höhere Selbst eines wirklich altruistischen Menschen völlig in Gold verwandelt. (Siehe hierzu auch das Traumsymbollexikon im hinteren Teil des Buches.)
Märchen sind sehr realistisch. Menschen vergangener Zeiten und aller Völker konnten offensichtlich, genau wie heutige Hell-

seher, beobachten, daß der extrem selbstsüchtige, sich und andere zerstörende Mensch wirklich beim Sterben von einem Krokodil verschlungen wird, d. h. den Eingang in die untersten lichtlosen Astralebenen durch einen Krokodilsrachen erfährt.

Das Menschenleben ist eine ständige Schule.
Gottfried Keller, 1819–1890

V. Moderne Bilder des Unsichtbaren

In unserer modernen Welt lassen sich gängige Symbolfiguren, die aus der unsichtbaren Astral-Mentalwelt in Märchen und Träumen auftauchen, auch noch heute hellsichtig beobachten. Alle astral-mentalen Formen und Wesen werden ausführlich im Traumsymbollexikon (Kapitel XII) erklärt.
Nachfolgender Text beschreibt die unsichtbaren Geschehnisse moderner Städte, Krankenhäuser, der vier Elemente u. a. m.

Modernes astrales Citybild

Hier wird eine der amerikanischen Küstenstädte astral dargestellt.

Der Adler: Ein schwarzer Adler, der in einem Himmel voller Gewitterwolken kreist und jeden Augenblick herabstoßen kann, bedeutet drohendes Unheil. Ein heller Adler symbolisiert hingegen die geistige Kraft der spirituellen Erneuerung.

Die Geier: Generell signalisieren sie den Gegner, der sich am Zerfall weidet. Hier repräsentieren sie die Spionage. An jedem großen Geier hängen kleine; das Netz ist weit verzweigt.

Die Engel: Jeder der fünf bis zu ca. 200 m großen Engel, die traurig zusammenstehen, symbolisiert die Trauer der höheren Macht über die verunreinigten fünf Sinnesorgane.

Die Drachen: Diese Ungeheuer mit langen Hälsen, ähnlich den Urechsen, zeigen die dunklen, undifferenzierten Gefühle und deren Primitivität an.

Die Wölfe: Die in Rudeln auftretenden Wölfe stellen u. a. gierige, kaltblütige und rücksichtslose Interessen- und Wirtschaftsgruppen dar.

Die Panther: Sie sind oft Hunderte von Metern lang und verharren in und über Fabrikanlagen. Sie versinnbildlichen den unsichtbaren Gegner oder politischen Feind, der in intensiven Gedanken Pläne schmiedet, um sich der Fabrikanlagen zu bemächtigen.

Modernes astrales Citybild

Wir sehen ein Haus, welches mit Krokodilen überhäuft ist, einen depressiven Autofahrer, der in Todesgefahr schwebt, und einen Motorradfahrer mit Teufel.

Krokodile oder Drachen: Diese zeigen eine bestimmte Art von egoistischer Depression an. Ich habe bisher die mit Krokodilen bedeckten Häuser nur im Ausland gesehen, noch nicht in Deutschland. In dem Auto sitzt ein depressiver Mann, der seinen ihn ständig begleitenden Drachen an einem grauen astralen Faden hinter sich herzieht.

Das Skelett: Man kann immer wieder hellsichtig das Auftauchen von weißen oder schwarzen Skeletten beobachten. Die schwarzen stellen die neue geistige Erkenntnis dar, da die alte abgestorben ist. Das weiße Skelett, das auch in verschiedenen Bekleidungen, z. B. mit einer Mönchskutte, erscheint, findet sich immer vor einem tödlichen Unfall oder einer äußerst gefahrvollen Situation des Betroffenen. Skelette stehen in den Bergen an Unfallstellen und strecken ihre Arme nach dem Wanderer aus. Dem hellsichtigen Behandler kann es gelingen, das Skelett am Krankenbett zum Verlassen des Raumes und Gebäudes zu zwingen. Immer wieder sehe ich im Straßenverkehr Skelette hinter den »mutigen« Verkehrsteilnehmern sitzen, die schon ihre Arme nach dem Opfer ausstrecken. Mittelalterliche Bilder mit Skelettdarstellungen entsprechen der astralen Wahrheit.

Der Teufel: Bei 80% aller Motorradfahrer sitzt ein 20 cm großer, dunkelbrauner Teufel auf der Lenkstange. Die Farbe Braun zeigt die chronische Krankheit an. Teufel haben nach Farben und Größen unterschiedliche Bedeutungen (siehe Traumsymbollexikon).

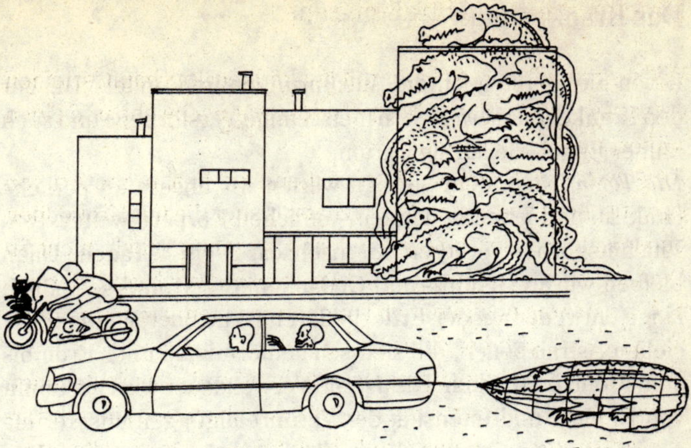

Drachenhaus und Straßenszene

Das Krankenhaus

Lesen Sie hierzu auch die Ausführungen im Kapitel VIII. Vor den Krankenhäusern stehen meist einige Verstorbene und auch immer Engel, die auf sie warten.

Die Toten: Nach dem Sterben werfen wir unsere körperliche Hülle ab und leben in den feinstofflichen Körpern weiter. Den Vitalitätskörper verlieren wir nach ca. 3 bis 4 Tagen. Dann bleiben wir im Gefühls- und Gedankenkörper unterschiedlich lange entweder auf der Erde, in deren Nähe oder auf einer der sieben Astralebenen, die sich schalenförmig von der Erde bis zum Mond erstrecken. Die astrale Verweildauer wird bestimmt von Umfang und Intensität der Verunreinigungen unserer unsichtbaren Körper. Nach deren Klärung steigen wir in die Himmelswelt auf. Gefühle, geistiger Zustand und Gedächtnis werden in genau demselben Zustand wie im irdischen Dasein mit ins Jenseits genommen. Das Gesicht trägt den typischen, individuellen Ausdruck der inneren, seelisch-geistigen Haltung.

Die Geizigen: Diese Verstorbenen mit der knöchernen Vogelkralle und dem Geldsack – internationale astrale Zeichen, die auch in kultivierten, intellektuellen Kreisen vorkommen – zählen oft jahrelang im Jenseits im Verein mit Gleichgesinnten vorstellungsmäßig Geld. Dieses fällt durch den Sack hindurch, was sie erst nach geraumer Zeit wirklich begreifen können. Ich habe folgendes Bibelwort (aus Mark. 10.25) immer wieder bestätigt gefunden: »Es ist leichter, daß ein Kamel durch das Öhr der Nadel gehe, als daß ein Reicher in das Reich Gottes eingehe.«

Die Engel: Erst wenn der Verstorbene seinen Mitmenschen echt vergeben hat, kann der Engel ihn nach oben mitnehmen.

Das Krankenhaus

Die Aufführung der Johannespassion von J. S. Bach

Die Johannespassion wurde hier von einem Laienchor dargeboten, der sich in das religiöse Geschehen einfühlte und seiner besonderen, tiefempfundenen Erlebnisweise Ausdruck verlieh. Nach den ersten Takten der Passion bildete sich ein ca. 5 m hoher astral-mentaler Totenschädel, der die Vergänglichkeit des Irdischen anzeigte und auch dessen Überwindung. Alle Choräle, Arien und Rezitative ließen zartfarbene Säulen in klaren, leuchtendem Farbnuancen, im Hellblau des Glaubens, im Grün der intellektuellen Erneuerung und Schöpfungskraft, im Dunkelblau der tiefen Religiosität, im Rosa der universalen Menschenliebe, im Violett der religiösen Andacht und im Gold des idealistischen, aufopfernden Denkens weit über die Kirche aufsteigen. Dann bildete sich eine deutlich gezeichnete, riesengroße goldene Rose ca. 500 m über der Kirchturmspitze. Goldene Engel, die Symbole des Opfers, umschwebten spiralförmig die goldene Rose und musizierten mit. Die Rose selbst blieb nach dem Konzert noch ca. 3 Wochen im Feinstofflichen unsichtbar stehen.

Bachs vollendete schöpferische, dynamische Originalität wird von seiner emotionellen und mentalen Hingabe an den Höchsten mit tiefempfundener Religiosität durchdrungen. Er konnte die Klänge spiritueller Sphären unseres Weltalls in hörbare, nachvollziehbare Musik umsetzen. Generell sehe ich in seiner Musik viele goldene, silberne und hellblaue Farbnuancen. Seine Klänge verfeinern und verstärken die höheren geistigen Schwingungen unseres Planeten, indem sie zu mystischer Hingabe und selbstlosem Handeln auf dieser Erde aufrufen. Die Rose ist in der europäischen Kultur das Gegenstück zur asiatischen Lotusblüte (Rose und Lotus siehe Traumsymbollexikon).

Die Aufführung der Johannespassion von J. S. Bach

Die Abbildung zeigt den Gralsritter und die goldene Kobra.
Der Gralsritter: Er begleitet Menschen in der feinstofflichen Welt, die ganz bewußt und intensiv für eine gute Sache kämpfen. Solange dieser oftmals innere Kampf andauert, steht er vor der Wohnungstür der Kämpfenden. Seine silbrig glänzende Rüstung zeigt den Grad der Reinheit der Kämpfer an, sein Schwert ist stumpf und symbolisiert daher die Trennung von Wissen und Nichtwissen, von Licht und Dunkelheit.
Die goldene Kobra: Sie weist den Lernenden darauf hin, daß er die erwachende oder erwachte Kundalini (die aufsteigende, unsichtbare, dynamische Schlangenkraft, die den Grad der Entwicklung anzeigt) zu meistern hat. Im alten Ägypten glaubte Tutankhamun, daß ihm die goldene Kobra auf seiner Reise durch die Unterwelt helfen würde. In der Realität der transzendentalen Welten hilft sie wirklich; sie schützt die Menschen.
Weiterhin häufig zu beobachtende Wesenheiten, die auf dem Bild nicht dargestellt wurden, die jedoch durch ihre tiefe Symbolik den jeweiligen Stand des geistigen Fortschrittes anzeigen:
Der goldene geflügelte Löwe: Er ist das Machtsymbol des aktiven »christlichen Kämpfers« für den Plan des Fortschritts auf Erden.
Der Meister mit dem Hirtenstab: Dieser Stab, der von einem der Meister der »Weißen Bruderschaft« (unsichtbare, geistige Weltführung, in nichteuropäischem Gebirge wohnend) auf der feinstofflichen Ebene präsentiert wird, bedeutet Schutz, Macht, Führung, Vertrauen und Reinigung. Im Christentum ist der Stab ein Symbol des guten Hirten.
Der »Hüter der karmischen Erfahrung«: Er zeigt sich in einem weiten Gewand, das aus zahlreichen bunten, viereckigen Stoffstücken besteht, welche die Vielfalt der zu lernenden Erfahrungen charakterisieren, die auf dem Lebensweg in Erscheinung treten.

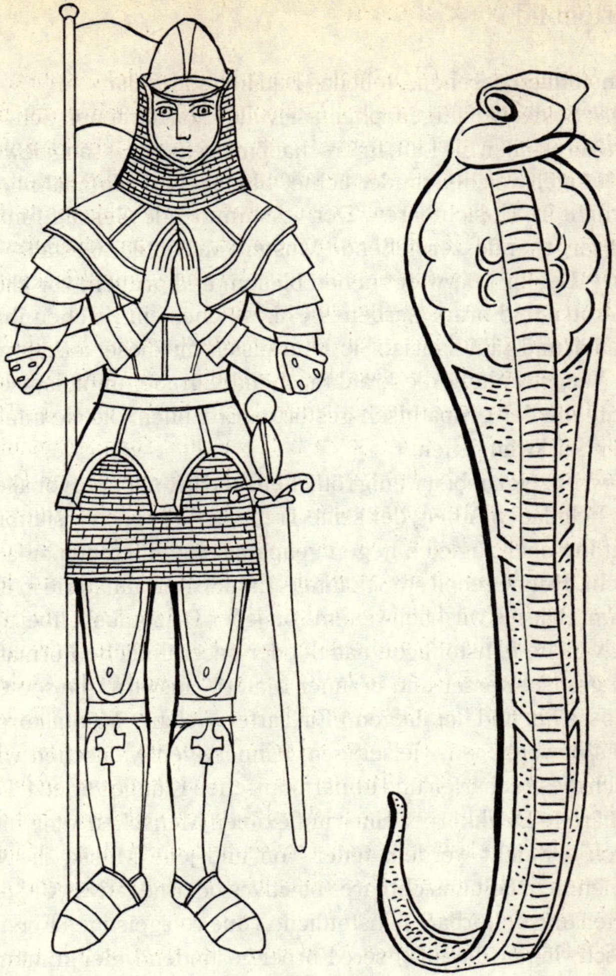

Mystische Wesenheiten

Gartenbild

Feinstofflich gesehen, stellt das Bild folgendes dar:
Vogel: Seine vielfältigen, phantasievollen, zartfarbenen Schwingungen erfüllen die Luft. Er erschafft mit seinem Gesang bewegte, luftige, weiche, runde, lichte, blätter- und blütenähnliche Formen im Unsichtbaren. Der verstummende Gesang hinterläßt zergehende, zerfließende Muster von subtiler Gestalt.
Katze: Bei ihr überwiegt neben blauem und grünem vor allem rosarotes und orangefarbenes Chi, welches ein Zeichen ihrer Vitalität und Zähigkeit ist. Sie neutralisiert mit dieser ausgeprägten Yangstrahlung die krankmachende, graue, unbiologische Strahlung der geopathisch gestörten Erdzonen, die sie infolge ihrer Stärke anziehen.
Hund: Er zeigt neben wenig rötlichem und grünlichem vor allem den hellblauen Äther , der seine Treue und Freude versinnbildlicht ihn aber zugleich gegen geopathische Störzonen anfällig macht. Hundegebell stößt kantige, dunkle Astralmaterie in den Raum. (Dieses wird bei weitem von jeder Discomusik übertroffen, welche feinstoffliche nadel- oder speerähnliche Formationen grauschwarzer und brauner Materie auswirft, die wie Geschosse hin und her fliegen.) Ein zarter, weicher Mentalkörper eines beweglichen, vielseitigen, feinnervigen Menschen wird durch diese scharfen und unharmonischen Klänge verletzt. Der verhärtete Denkkörper eines unflexiblen Menschen kann hierdurch erweicht werden. Jeder Ton und jede Musik, die wir vernehmen, läßt unsichtbares positives oder negatives Chi entstehen und unhörbare feinstoffliche Töne von geistigen Ebenen mitschwingen, die auf unsere Körper gesundend oder krankmachend wirken.
Rose und Ringelblume: Ihnen entströmt eine ca. 70 cm weite, hellblaue, heilsame Chi-Strahlung, die noch mehrere Tage anhalten kann, bevor die Blumen in einer Vase verwelken.

Gartenbild

Heutige Naturgeister

Die Abbildung zeigt links *Feuergeister* oder *Salamander*, oben einen *Luft-* oder *Sturmgeist* oder *Sylphen*, in der Mitte einen weiblichen *Wassergeist*, eine *Nixe*, und rechts zwei *Erdgeister* oder *Gnome*, die gerade im Frühjahr aus der Erde kommen und sich die Augen reiben, um sich an das Sonnenlicht zu gewöhnen. All diese Wesen stellen eine unsichtbare, feinstoffliche Entwicklungsreihe dar, die mit der unseren parallel läuft. Hier gibt es eine ungeheuer große Anzahl von niederen und höheren Naturgeistern, die den vier Elementen angehören und sich überwiegend über verschiedene Stufen (z. B. über *Berggeister* oder *Devas*) zu *Engeln* entwickeln können. Sie sind in die göttliche Ordnung eingegliedert, um Natur, Tierwelt und Menschen zu helfen. Naturgeister fühlen sich in dem ihnen zugeordneten, reinen, unverfälschten Element wohl. Z. B. lösen sich Gnome in Ätherbestandteile auf, wenn ihr Erdelement zu stark verseucht ist.

Jede Art der vier den Elementen untergeordneten Naturgeistern zeigt dem Hellseher viele verschiedene Untergruppen. So gibt es primitive Naturgeister und unvorstellbar verfeinerte Sorten, wie sie unter den Elfen zu finden sind, die an Schönheit den Märchenprinzessinnen gleichkommen. Alle Naturgeister haben durchsichtige, zarte Körper, die aus feiner, konzentrierter Energie (Chi, Äther oder Prana) wie luftige, leuchtende Wolken aufgebaut sind.

Ihr Aussehen, ihre Größe und Kleidung ist von Gruppe zu Gruppe unterschiedlich. Die verschiedenen Verbände eines Elementes verteidigen ihr zuständiges Element gegen andere Gruppen der Naturgeister und arbeiten nur mit bestimmten anderen Naturgeistern zusammen. So haben die Erd- und Wassergeister Freundschaft geschlossen. Die Naturgeister sind an ihr zuständiges Element weitgehend gebunden. Gnome können

Heutige Naturgeister

wohl für Minuten ins Wasser gehen, aber nur kurz ihr Erdelement verlassen. Vor jeder meiner Flugreisen verstecken sich einige Gnome im Reisegepäck, sie lassen sich im Auto oder in der Eisenbahn bis an den Flughafen mitnehmen. Unterwegs versuchen sie sich noch unsichtbarer zu machen, indem sie ganz einfach alle gröbere Äthermaterie aus ihren Körpern ausstoßen. Sie wollen nicht, daß ich sie zurücksende. Am Flugzeug stehen sie trauernd und beklommen, weil sie ihr Erdelement nicht verlassen können. Sie fühlen sich jedoch getröstet, wenn ich ihnen sage, daß sie die Blumen im Garten besonders gut pflegen sollen und ich bald zurückkehre. Sie haben einen angeborenen Instinkt wie Hunde und finden ihren Weg immer über Hunderte von Kilometern allein zu »ihrem« Garten zurück.

Das Bewußtsein der Naturgeister ist noch unentwickelt. Sie lassen sich durch die Vorstellungen und den Willen höherer Geistwesen und unter Umständen auch von einem starken menschlichen Willen bestimmen, was von Schwarzmagiern in der Vergangenheit ausgenutzt wurde und entsprechende Strafen über mehrere Leben nach sich zog.

Naturgeister fühlen keine innere Verbindung mit der göttlichen Welt, wie es beim Menschen der Fall sein sollte. Sie sind keine selbständig denkenden Wesen. Ähnlich den Kindern folgen sie ihren Einfällen des Nachahmens und des Spieltriebes. Sie dienen durch ihren tiefverwurzelten, instinkthaften Naturtrieb ihrem Element, bauen dieses immer wieder auf, verschönern und verteidigen es.

Jede Gruppe der Naturgeister untersteht einem sie fast um Körpergröße überragenden Führer oder einem König, der meistens wunderbar verfeinerte, schöne ätherische Kleidung trägt. Naturgeister entwickeln ähnlich unseren Haustieren durch die Beobachtung von menschlichen Tätigkeiten ein stärkeres Unterscheidungsvermögen, ein langsames Bewußtwerden. Sie

suchen die Nähe harmonischer, wohlwollender und idealgesinnter Menschen und lernen durch praktische Anschauung. Gerne halten sie sich bei Kindern, Haustieren und an Orten auf, an denen Kranke gepflegt werden. Sie ahmen häufig die menschlichen Tätigkeiten nach. Bei Verkehrsunfällen sind sie neben anderen unsichtbaren Wesenheiten sehr schnell zur Stelle, um zu helfen.
Die unzähligen Naturgeister werden von den höheren Meistern erschaffen, haben etwa die Lebensdauer eines Menschen und lösen sich dann nebelartig auf. Der feinstoffliche geistige Extrakt der sich zersetzenden Form, in der die Lebenserfahrungen eingeschlossen sind, wird von den Meistern zur Gestaltung eines höheren Naturgeistes, wie eines *Deva*, benutzt. So entwickeln sich die Naturgeister niederer Stufen zu höheren Wesen, bis hin zu den Engeln. Ihr Weg ist durch Helfen und Dienen und Nachahmen dienender Tätigkeit gezeichnet. Wir Menschen gehen einen anderen, meist schnelleren Weg über viele Verkörperungen und sollten uns vollbewußt zu Meistern entwickeln.
Alle Naturgeister durchdringen mit ihren feinen Körpern die sichtbare, die »feste« Materie ihres zuständigen Elementes. Sie können durchs Feuer, durch die Luft, durch das tiefste Wasser, durch Felsen, Mauern, Baumstämme und die Erde gehen. Ich komme zur Beschreibung eigener Beobachtungen der Feuer-, Luft-, Wasser- und Erdgeister.

Die Feuergeister (Salamander)

Sehen konnte ich, daß diese in Sekundenschnelle aus der Erde oder Luft durch das Anzünden eines Feuers angelockt werden. Die Flammen geben einen unhörbaren Klang, den Ton C von sich. Dieser feinstoffliche Laut wirkt wie ein Lockruf auf diese

Geister, die versuchen, das Brennen anzufachen und zu verbreiten. Sie möchten möglichst die ganze Welt in Flammen setzen, denn diese Salamander laden sich energiemäßig durch deren Hitze auf und bleiben noch Tage und Nächte in der Nähe jedes erloschenen Brandes, um diesen wieder zu entzünden.
Die bis 40 cm großen, gelb-rötlichen, braunen oder schwarzen Salamander lieben rasche, blitzschnelle Bewegung, Kampf und Zerstörung. Sie halten sich vorwiegend in der Nähe von Orten auf, an denen das Ausbrechen eines Feuers oder eine Explosion zu erwarten ist, wie Tankstellen oder Heizungsanlagen von Firmen und Atomreaktoren. Im heißen, trockenen Hochsommer sitzen in den Speichern der Häuser jeweils einige Feuergeister und warten darauf, daß das Haus durch Hitze und Trockenheit in Brand gerät. Sie folgen auch gerne aggressiven und explosiven Kettenrauchern und versuchen, achtlos heruntergefallene Zigarettenstummel zum Brennen zu entfachen. Menschen, die vom Gedanken der Brandstiftung getrieben werden, sind häufig von Feuergeistern umlagert, die versuchen, sie in ihrem Interesse zu beeinflussen.

Die Luftgeister (Sylphen)

Unter diesen gibt es zahlreiche Sorten. Die verschiedenfarbenen, grünen, braunen oder grauen fledermaus- und vogelähnlichen *Sturmgeister* werden bis zu 10 m lang und treten bei starken Winden und Stürmen in Aktion.
Während des orkanartigen Sturmes im Frühjahr 1990, der viele Bäume entwurzelte, trieben vogelähnliche Sturmgeister mit ungeheurer Geschwindigkeit Wolken und Regen vor sich her. Als das Unwetter Stunden angehalten hatte und Menschen und Tiere verängstigt waren, erhoben sich die Erdgeister fäustedrohend auf den Feldern, um ihr Reich zu schützen. Schließlich

kam es zum Stillstand des Orkans durch Eingreifen höherer Devas und engelähnlicher feinstofflicher Wesen.
Die Arbeit der Luftgeister ist nicht immer als positiv zu betrachten. Gewisse große Sturmgeister halten sich in luftigen Höhen auf und versuchen durch die Erzeugung von Unwettern, sich gegen die »Konkurrenz« der Flugzeuge zu verteidigen, wie von mir wiederholt beobachtet wurde.
Die Energie der Sylphen erstirbt, ihre Körper schrumpfen, wenn sie sich der blauen feinstofflichen Erdenergie, einem Wasserspiegel oder einem Feuer nähern.
Eine Abart der Sturmgeister sind die kleinen *Wolkengeister*, die sich schöne weiße Wolken suchen und aus diesem Material unsichtbare fantastische Gebäude, die oft Palästen gleichen, bauen. *Devas* sind auch Luftgeister und auf europäischem Boden als ca. 10-20 m hohe, von einem meist goldgelben, weißen, hellblauen und rosa Strahlenkranz umgebene Gestalten auf Bergesgipfeln zu sehen. In manchen einsamen Gebirgsgegenden steht fast über jeder Bergesspitze ein Deva, der ihn bewacht und kosmische Energien, die gewissen Tönen entsprechen, vom Himmel auf und in die Erde leitet.
Weiterhin existieren viele Luftgeister als *Baumgeister*. Je nach Pflanzen- oder Baumart fällt ihre Gestalt anders aus. Meistens handelt es sich um männliche, in grüne oder braune Kleidung gehüllte, menschengroße feinstoffliche Wesen, welche die meiste Zeit während des Sommers im Baum sitzend verbringen.
Elfen fühlen sich am wohlsten in der Luft. Sie sind manchmal auf dem Erdboden und im Wasser anzutreffen. Sie halten sich nachts in der Nähe von Seen und Flüssen auf und tagsüber in einsamen Waldlichtungen oder ruhigen Gärten. Bei ihren nächtlichen Zusammenkünften erzeugen sie wunderbare Melodien, zu denen sie Spiele aufführen und tanzen. Eine Sorte von besonders schönen Elfen verbringt die warme Jahreszeit in Parkanlagen und Gärten. So beobachte ich jedes Frühjahr eine wunder-

bare, zarte, mit hellblauem Erdprana bekleidete ca. 150 cm große Elfe in dem Fliederbusch meines Gartens. Sie gleicht einem zwölf jährigen Mädchen mit ihrem langen blonden Haar, das durch ein farbiges, mit Edelsteinen besetztes Haarband zusammengehalten wird. Die den Beinwell schützenden Naturgeister, dunkelgrün gekleidete ca. 50 cm hohe Gnome, stehen fast den ganzen Sommer unter ihrer Beinwellpflanze, neben dem Fliederbusch. Sie lassen die vollendete Schönheit der Elfe nicht aus den Augen. Es ist wohl überflüssig zu erwähnen, daß es sich hier ausschließlich um männliche Gnome handelt. Auf einer Reise in Australien wurde genau dieselbe Art der Elfe oder Sylphe in Zitronenbäumchen hellsichtig erkannt.
Gesicht und Gestalt der Elfen sind von vollkommener, zarter Schönheit. Das schleierhafte, fast durchsichtige Gewand ist aus dem hellblauen Chi der Erde, der Erdenergie, gewebt. Andere Elfen kleiden sich mit den Regenbogenfarben der Vitalitätsatome, die von Sonne und Planeten kommen. Sie zerlegen die Atome in Farben, die sie am meisten lieben, und reihen sie zu Gegenständen aneinander. Sie verdichten Äther durch Wunschideen. Es gibt golden gekleidete Elfen und solche mit blondem oder dunklem Haar. Nachts erhellen Elfen und Gnome ihre Umgebung durch das verdichtete Licht, aus dem sie bestehen. Die sie umgebende lichtvolle, meist grünliche Aura kann bis zum Zehnfachen um sie herum anwachsen.

Die Wassergeister (Nixen, Undinen oder Nöcks)

Gerne halten sich kleine, ca. 30 cm große Wassergeister an Wasserfällen auf. Sie bekränzen ihr Haar mit Blumengirlanden, die sie sich aus feinstofflicher Lichtenergie anfertigen. Auch kleine goldene Kronen habe ich auf ihren Köpfen gesehen. Sie klettern die Felsen hoch und lassen sich von dem herabstürzenden Wasser jubelnd nach unten tragen. Dieses Spiel treiben sie unermüdlich lange. Den Wanderer betrachten sie interessiert, ähnlich wie wir große zoologische Tiere ansehen, und folgen ihm ein Stück weit, um stets im Umkreis von höchstens 200 m zu ihrem Element zurückzukehren.

Nixen oder Undinen, in der Gestalt junger, sportlich durchtrainierter, gutmütiger Mädchen mit einem Unterkörper wie ein Fischschwanz lassen sich in allen Gewässern der Erde beobachten. Die meisten männlichen Wassergeister, die *Nöcks*, konnte ich in Australien in einsamen Meeresarmen betrachten. Sie finden sich in Gruppen in ruhigen Gewässern zusammen. Ihre Haut ist grün, das Gesicht zeigt regelmäßige Züge, wobei die Augen wie bei Fischen seitlich angelegt sind. Manche dieser »Froschmänner« halten in den Händen den Dreizack, das Symbol des Meeresgottes Neptun. Die männlichen Wassergeister sind häufig untätig. Hingegen scheinen die Gruppen der blonden, langhaarigen Nixen im offenen Meer in ständiger Bewegung zu sein. Ihre schönen, kraftvollen, menschengroßen Gestalten strahlen einen weiten Glanz in blauen und grünen Schattierungen aus. Während eines Sommeraufenthaltes am Meer beobachtete ich täglich eine Gruppe von zehn Nixen, die aus dem offenen Meer kamen und einen hohen Felsen, der ca. 2 km vom Ufer entfernt war, umschwammen. Auf diesem stand ein Berg-Deva, der in den Farben Hellblau, Rosa, Gelb und Weiß reine, feine Schwingungen in den Äther sandte. Die Nixen schauten zu ihm auf und bewunderten ihn. Sie zogen täglich einen engen Bogen um den Felsen, um wieder in der Weite des Meeres zu verschwinden. Sie müssen erkannt haben, daß ich sie sah, denn sie winkten mir zu.

Die Schnelligkeit und Eleganz der Nixen, ihre kindlich-naive Freude an Meer und Sonne sind geradezu anstreckend. Sie sind Meisterinnen in der Handhabung des Feinstofflichen, der uns alle umgebenden Energie. Sie bilden sich formvollendeten Blumen- und Blätterschmuck aus Chi. Dieses konzentrieren sie mit Hilfe ihrer Vorstellungskraft nach dem Vorbild der Meerespflanzen, die sie am meisten lieben. Nixen sind in der Lage, ihre Gestalt wie die Gnome ätherisch zu verdichten oder durchsichtiger werden zu lassen, indem sie den Äther nach außen abstoßen. Sie senden Energieströme durch Wasserpflanzen und Fische, für die sie unsichtbar sind. Sie schützen schwache Meerestiere vor den Angriffen stärkerer.

Nixen, die sich vorwiegend in flachen Gewässern aufhalten, zeigen stets blondes Haar, solche der tiefen Gewässer wurden als dunkelhaarig beobachtet. Warmes Wasser regt sichtbar ihre Energie an, während kaltes Wasser, das sich dem Gefrierpunkt nähert, ihre Bewegungen verlangsamt und sie ermüdet. Den Winter verbringen Nixen auf dem Grund der Seen, Flüsse und Meere. Wenn die Frühlingssonne das Eis schmilzt, tauchen Gruppen von fröhlichen Nixen auf und wiegen sich verspielt auf den Wellen. In einsamen Gegenden oder einer sicheren Entfernung vom Badestrand zeigen sie sich tagsüber bei hellem Sonnenschein, an besiedelten Gewässern nur nachts.

Die Erdgeister (Gnome)

Zahlenmäßig konnte ich sie von allen Naturgeistern am häufigsten beobachten. Schon als Kind sah ich drei Gnome auf dem Nachbarhund umherreiten, im Zoo sprachen sie mit den gefangenen Tieren, und im Garten tauchten sie täglich zur Abenddämmerung auf. In jedem Frühjahr standen die Gnome an den Waldrändern. Hatten wir als Kinder im Frühjahr im Garten geholfen, dann kamen vor Nachteinbruch immer ca. 30 bis 40 Gnome aus der Erde. Mit ihren Schäufelchen aus verdichtetem Äther lockerten sie die Erde um den Samen oder behandelten die Stengel und Blüten der Pflanzen mit den Händen. Es sah aus,

als ob sie den Pflanzen feinstoffliche Energie durch eine Art Heilmagnetismus zuführten. Unsere Pflanzen gediehen immer besser als die der Nachbarn. Während meiner Ausbildungsjahre und Prüfungen folgten sie mir heimlich in den Prüfungsraum und turnten an den hohen Heizkörpern auf und ab, indem sie Grimassen schnitten und versuchten, mich zum Lachen zu bringen. Hatte ich Besuch, der ihnen nicht paßte, so rollten sie meine Äpfel, die ich auf dem heißen Heizkörper zu Bratäpfeln werden ließ, vor den entsetzten Augen des Besuchers auf und ab. Nie fiel hierbei ein Apfel herab. Der Besuch verließ bald meine Wohnung, da es ihm ungemütlich wurde. Nach vielen Jahren der intensiven Beobachtung der Gnome rundete sich das Bild zu Folgendem ab:
Die drei Sorten der Gnome zeigen verschiedene Kleidung und Körpergrößen und können in unzählige Untergruppen eingeteilt werden. 10 bis 40 cm große Zwerge sind hauptsächlich mit der Pflanzen-, Tier- und Menschenpflege und der Musik beschäftigt.
Gnome, die eine Körpergröße von 30 bis 70 cm aufweisen, helfen wesentlich bei der Bildung von Edelsteinen und Kristallen mit. Die bis 120 cm hohen Zwerge bewachen Orte mit Edelmetallvorkommen und helfen, diese zu bilden.
Allen ist gemeinsam, daß sie wahre, geniale Meister der Materie sind. Sie beherrschen die Formung und Umwandlung feinstofflicher, unsichtbarer Energien, des Äthers oder des Pranas. Gnome folgen dem feinen, unhörbaren Klang der Natur. Wenn ein Samenkorn, in welchem sich bereits konzentrierter, regenbogenfarbener Äther befindet, in feuchte Erde gelegt wird, zieht sich hellblaue Erdenergie spiralförmig über ihm zusammen und läßt den feinen Ton G erklingen. Durch diesen Laut werden eine bestimmte Sorte von Gnomen und weitere kleine, unsichtbare Helfer angelockt, um die farbige Lebensenergie, vor allem zu Beginn des Wachstums, vermehrt in die Pflanze zu leiten. Die

Zwerge konzentrieren das hellblaue Erdprana und dirigieren es spiralförmig von der Wurzel aufwärts. Sie formen ein feinstoffliches Gefäß für die von der Sonne einströmenden Energien. Während Stengel und Blätter sich ausbilden, ertönen – dem jeweiligen farbigen Chi und den Wachstumsprozessen entsprechend – Klänge, die Energien und Formen erzeugen. Bei der Ausbildung der vollen Knospe und Blüte wirken die sieben regenbogenfarbigen Vitalitätsatome der Sonne mit, und der neue Same zieht sich durch den himmlischen Äther (aus den Energiepartikeln der Sonne) und die verschiedenen Töne zusammen. Bei dem Wachstumsprozeß entstehen Dreiklänge, verschiedene Akkorde und bei der ausgewachsenen Pflanze ganze Melodien, die sich in wunderbaren Duft umsetzen. Blaue Blüten sind mehr von der Erdenergie abhängig; rote, gelbe und weiße mehr von dem Chi der Vitalitätskörperchen.

Zwerge sind hochbefriedigt von ihren schönen Blumenwerken und stehen immer wieder entzückt davor. Sie trauern, wenn Blumen abgepflückt werden und in Vasen dahinwelken. Jede Pflanzenart wird von einer bestimmten Sorte Zwerge überwacht. So werden Königskerzen von einer Art von braungekleideten Gnomen gepflegt, Trollblumen von buntgekleideten, lustigen Trollen. Ich kenne eine ältere Dame, die diese unter Naturschutz stehenden Blumen in großen Sträußen nach Hause schleppte und jedesmal auf dem Weg von Trollen, die ihr erbost folgten, abgelenkt wurde und hinfiel. Drei Zwerge materialisierten einen Stock aus feinstofflicher Materie, der dieser Dame vor den Füßen sichtbar wurde, bevor sie stolperte und hinfiel. Sie sprach dann später von einer »Sinnestäuschung«.

Gnome helfen auch, Edelsteine und Kristalle zu formen und mit Heilenergien zu imprägnieren. Ich konnte beobachten, wie sie durch ihre starken Vorstellungskräfte die feinstoffliche Erdenergie und die Vitalitätsatome der Sonne in einzelne, siebenfarbige Energien zerlegten und den gebündelten Energiestrahl durch die Hände auf einen Kristall lenkten. Die Farbe, in der der Edelstein dem Auge erscheint, entspricht oft nicht der eigentlichen unsichtbaren Heilfarbe. So kann ein grüner Edelstein rotorangefarbene feinstoffliche Energien verbreiten und ein roter Stein blaue Strahlung. Gnome fangen für uns die Heilenergien in Pflanzen und edlen Steinen ein.

Erstaunt war ich, zu sehen, daß die heutige Technik Geräte herstellen kann, die genau wie die Gnome heilsame Energien in allen Regenbogenfarben erzeugen. Sie verbreiten strahlendes, farbiges und daher stark vitalisierendes Licht in Wohnungen und Häusern, die durch Elektrosmog, Wasseradern oder auf andere Weise geopathisch gestört sind. Ich sehe die harmonische Strahlung solcher Geräte ähnlich einer großen Sommerwiese und nehme hellriechend einen wunderbaren Blumenduft wahr (siehe Ton-Farbgerät Sphärophon/Septimophon unter Bezugsquellen am Buchende).

Aus den farbigen Energien können Gnome Bilder erzeugen und diese wie bei Filmen in Bild und Ton vor den Augen der kranken oder verwundeten Haustiere ablaufen lassen, um diese aufzumuntern und zu heilen. Vor zwei Jahren sah ich bei einem jungen, vom Auto angefahrenen Kätzchen, das blutend und apathisch auf der Seite lag, wie sich zwei Gnome langsam näherten und es streichelten und beruhigten. Sie ließen vor ihm einen Film ihres Gartens, den Duft des Grases, der Blumen, ja sogar Vogelgezwitscher ablaufen. Entgegen der Erwartung des Tierarztes, der die Siamkatze einschläfern wollte, erholte sich diese rasch.

Weiterhin können alle Gnome die feinstofflichen Energien stark verfeinern oder auch verdichten, das Energiefeld ausdehnen oder verkürzen und alle energetischen Schwingungen zu Gegenständen umformen. Hierbei spielen ihre Neugierde, ihr Spiel- und Nachahmungstrieb und ihr Vorstellungsvermögen eine große Rolle. Auf diese Weise schaffen sie sich alle möglichen Werkzeuge oder Kleidung, die ihnen gefällt und oft der jeweiligen Mode des Landes, in dem sie sich aufhalten, entspricht. Ich konnte sie bisher überwiegend in Europa in der traditionellen mittelalterlichen, samtartigen Kaufleute- und Handwerkerkleidung in den Farben Hellblau, Rosa, Grün und Dunkelbraun erblicken. Die rote Zipfelmütze kommt überwiegend bei den Waldgnomen vor. Viele Gruppen der Gartengnome zeigen bei den Gnomenmännern dunkelbraune Hosen, ein aus hellblauem Erdäther verdichtetes, weites, faltiges Jäckchen und eine hellblaue Zipfelmütze. Schuhe und Gürtel sind kunstvoll und stark verziert. Die dazugehörige, etwas kleinere Gnomenfrau trägt einen hellblauen, langen Faltenrock und ein dunkelbraunes Jäckchen. Die Haare sind braun und schulterlang.

Jedes Gnomenpaar hat zwei Kinder, meistens einen Jungen und ein Mädchen. Die Gnomenfrau und die Kinder lassen sich seltener an der Erdoberfläche sehen. Gnome vermehren sich ungeschlechtlich, höhere Devas und Meister erschaffen ihnen die Kinder, denn Gnome wollen wie Menschen Kinder haben. Durch Vorstellungs- und Gedankenkraft verleihen Gnomeneltern ihnen ähnliche Gesichtszüge. Schon die Gnomenkinder können sich stark vergrößern und verkleinern. Sie verwandeln sich gerne in kleine Tiere und ahmen diese nach. So beobachtete ich ihr Entzücken, sich in tolpatschige Hundebabys umzugestalten, kurze Zeit durch das Zimmer zu torkeln und wie diese mit den Augen zu blinzeln. Sie ahmen auch gerne Menschenkinder nach und lieben es, deren Unarten anzuwenden. Da der Hellseher überwiegend Gnomenmänner bei ihrer aktiven Arbeit im Garten und Feld wahrnimmt, war ich eines Tages erstaunt, zu erkennen, daß ein jeder Gnomenmann eine Familie hat, die in einer unterirdischen, mit nachgeahmten Einrichtungsgegenständen gefüllten Wohnung lebt.

Vor Jahren entstand ein Neubau neben meinem einsam stehenden Haus auf dem Land im Allgäu. Unter dem üblichen Lärm der quietschenden Baumaschinen wurden die Gnome unruhig. Sie liefen bei diesen ungewohnten Geräuschen erregt auf und ab. Wenn ein Zwerg in Eile ist, dann läuft er immer nur wenige Schritte, die von ca. 100-150 cm weiten Sprüngen unterbrochen sind. Die meisten Menschen können diese Erdgeister nicht wahrnehmen, weil sie sich meistens sehr schnell bewegen. Lange bevor das Gebäude fertig war, sah ich die ca. 120 Mitglieder der Gnomengemeinschaft, die sich ihre Siedlung unter meinem Garten angelegt hatten, reisefertig. Die Gnomenkinder fühlten sich besonders durch den Lärm gestört. Sie hatten sich alle in Babys zurückverwandelt, um auf der Reise nicht laufen zu müssen. Sie schrien und schlugen um sich, damit die Gnomenfrau sich um sie kümmerte, sie liebkoste und ihnen gut zuredete. So trugen jeder Gnomenmann und jede Gnomenfrau ein Baby. Am anderen Arm hatten sie einen braunen, lederähnlichen Reisebeutel zum Zusammenschnüren, der mir leer erschien. Sie wollten wie Menschen reisen und machten sich dazu Reisegepäck. Die Gnome winkten mir zu und zogen davon.

Gnome halten sich vorwiegend bei Menschen auf, die in ruhiger, friedlicher Umgebung ein naturverbundenes Leben führen. Sie ziehen im allgemeinen ein beschauliches, lärmarmes Leben auf dem Lande, auf einem Bauernhof, dem Stadtaufenthalt vor. Wenn biologisch gezogenes Obst und Gemüse auf den Märkten angeboten wird, sind sie häufig zugegen. Sie begleiten naturverbundene und gutmütige Bäuerinnen; ich sehe sie auf deren Schultern und Armen sitzen und diese als Rutschbahn benutzen, oder sie verstecken sich in den Gemüsekörben.

Aber auch inmitten des Verkehrs und Lärms halten sie es manchmal aus. Im Frankfurter Hauptbahnhof, zwischen den Bahngleisen standen, im letzten Sommer wunderschön gewachsene Königskerzen. Unter jeder von ihnen sah ich einen

Erdgnom, von Lärm und Smog etwas ermattet, sitzen und seine Pflanze aufmerksam behüten.
Menschen, die ihre Erholung in der Natur sehen, diese zutiefst bewundern und sich in harmonischem Einklang mit der Schöpfung wissen, werden von den Erdgeistern gerne aufgesucht, die oft ein ganzes Leben lang bei ihnen weilen. Sie gehen durch verschlossene Türen und Fenster ein und aus, spielen mit den Haustieren und Kindern und richten sich in und unter den Gärten häuslich ein. Sie teilen jede Stimmung der Menschen, sei es Freude oder Trauer, und versuchen oft, in Träumen vor Gefahren zu warnen. Ihr Teilhaben an Stimmungen bedeutet, daß sie die Verfassung des Menschen genau empfinden und nachahmen. So kopieren und übertreiben sie den fröhlichen Menschen mit Ausdrücken der Freude und den trauernden mit Tränenvergießen. Wenn sie Kranke sehen, imitieren sie deren Krankheiten, halten sich den Kopf bei Kopfweh oder den Bauch bei Bauchschmerzen. Sie humpeln am selbst hergestellten Stock beim Anblick Gehbehinderter. Familien, in denen viel gestritten wird, und Menschen mit Süchten sowie Metzgereien meiden sie.
Über die Naturgeister wurde so ausführlich berichtet, weil sie mit zur ätherisch-astral-mentalen Welt gehören, in der auch wir uns während des Traumes aufhalten, und weil Bilder aus dem Reich der Naturgeister in unseren Träumen auftauchen können. Zwerge haben in Träumen bestimmte Bedeutungen, die im letzten Kapitel, dem Traumsymbollexikon, nachgelesen werden können.
Im nächsten Kapitel wenden wir uns nun der unvergänglichen, göttlichen Persönlichkeit des Menschen, seinem höheren Selbst, zu.

Sorge dich nicht um das, was kommen mag,
weine nicht um das, was vergeht,
aber sorge, dich nicht selbst zu verlieren,
und weine, wenn du dahintreibst im Strome der Zeit,
ohne den Himmel in dir zu tragen.

Friedrich Schleiermacher, 1768–1834

VI. Das höhere Selbst

Wie spüren wir unser höheres Selbst?
Der feste Kontakt mit ihm vermittelt u. a. tiefe, gelassene Ruhe und stille, höchste Wachheit, das Gefühl des unendlichen Friedens, der Freiheit, des allumfassenden Mitgefühls (Erbarmen, Liebe), Wunsch- und Bedürfnislosigkeit (kein Verlangen nach äußeren Objekten; Süchte und Ängste usw. fallen weg), die Gewißheit der Unsterblichkeit, die selige Verbundenheit mit Diesseits und Transzendenz, Geborgenheit im Geistigen und untrügliche Urteils- und Gewissenskraft. Dieser Zustand tritt anfangs nur kurz, später sich verlängernd und häufiger ein, bis er zum unverlierbaren, inneren Zustand wird. Ich spürte ihn zum ersten Mal, als ich mit ca. zwölf Jahren an den Kriegsruinen am Düsseldorfer Hauptbahnhof vorbeiging und mich intensiv fragte: »Wo sind jetzt die Toten?«
Das höhere Selbst wird je nach Religion und geistiger Lehre unterschiedlich benannt (siehe auch Übersicht in Kapitel II). Es ist unsere göttliche Persönlichkeit, die über die menschliche herrscht. Seine verschiedenen Bezeichnungen sind u. a. »göttliches Licht«, »göttlicher Funke« oder »Geistmensch«, welche sich alle dreifach als Liebe/Weisheit, Macht und abstraktes Denken offenbaren. Das höhere Selbst zeigt sich beispielsweise als instinktives Unterscheidungsvermögen zwischen richtig

und falsch (= unser Gewissen). Es stellt den göttlichen Willen dar, der nicht von den Wünschen der weltlichen Persönlichkeit getrübt ist. Das Verlangen nach spirituellem Bewußtsein ist uns angeboren und drückt sich in der Sehnsucht des niederen nach dem höheren Selbst aus. Das Selbst eines jeden Menschen ist in der Entwicklung zu einem dauernd hell leuchtenden, feurigen Zustand begriffen. Sein Körper, der unterschiedliche Größen und menschenähnliche Gestalt hat, besteht aus der feinstofflichen Materie der Himmelswelt.
Göttliche Funken sind in sehr verschiedenen Entwicklungsstufen zu sehen. Sie sind alle in Vollendung begriffen, zwar nicht gänzlich vollkommen, jedoch gut und gottähnlich. Sie haben keine bösen Eigenschaften, diese sind immer an die vier niederen Körper gebunden. Durch die einzelnen Erdenleben entwickeln sich in der Regel immer mehr gute Wesenszüge, die dann auch in der irdischen Persönlichkeit ihren Niederschlag finden.
Bei fortgeschrittenen Menschen hat das höhere Selbst einen viel größeren Körper, der herrlich und strahlend aussieht. Wenn das ganze Trachten des Menschen auf Liebe und Fortschritt für alle Wesen gerichtet ist, dann wird seinem göttlichen Selbst der goldene geflügelte Löwe beigesellt. Bei intensivem Erkenntnisstreben der irdischen Persönlichkeit erscheint der goldene Adler und als Ausdruck spiritueller Fruchtbarkeit, Stärke und Beharrlichkeit der goldene Stier an seiner Seite.
Interessant ist es, zu beobachten, daß das höhere Selbst fast bewegungslos in Himmelshöhen steht, über der zugehörigen weltlichen Persönlichkeit. Jegliche, auch kleine körperliche Veränderungen, z. B. Krankheiten und Unfälle, durchlaufen es sehr rasch, wie filmartig mit einer unübertrefflichen Präzision. Sogar ein verletzter, blutender Finger wird registriert. Die Gedanken der göttlichen Persönlichkeit fallen wie strahlendes Licht nach unten, welches geniale Ideen und Gedanken in den

niederen Körpern ermöglicht. Diesem spirituellen Prinzip haben wir unsere körperliche, seelische und geistige Energie zu verdanken. Sie ist durchdrungen von göttlichem Wissen, Weisheit, überirdischer Macht, Ewigkeit und Unsterblichkeit. Das höhere Selbst vermittelt der irdischen Persönlichkeit Einsicht, Willenskräfte, Erkenntnisse aus feinstofflichen Bewußtseinsebenen und Heilenergien.

In jedem neuen Erdenleben umhüllt uns das höhere Selbst zusammen mit hohen Engeln mit den vier »Körpern« der menschlichen Persönlichkeit, die wir wie Kleider anlegen. Die Erfahrungen aller Erdenleben, der Aufenthalte in der Astralwelt während des Traumes sowie im »Totenzustand« und auch die Zeit, die wir in der Himmelswelt verbringen, werden im höheren Selbst gespeichert. All dies trägt zu seiner Entwicklung, Vervollkommnung und damit zu seiner Leuchtkraft bei. Es wird durch positive Entwicklung von Leben zu Leben größer und strahlender. Durch negatives, böses, zerstörerisches, gegen die göttliche Schöpfung gerichtetes Denken und Tun stagniert das spirituelle Selbst auf seiner Stufe oder verdunkelt sich.

Menschen können *selbstverschuldet* ohne höheres Selbst (also seelenlos, ohne Gewissen) existieren. Ihr göttliches Ich ging entweder in einem vergangenen oder im gegenwärtigen Erdenleben verloren. Es trennte sich vom irdischen Ich durch lasterhafte Lebensführung, böses Tun oder starke Süchte. Je nach den verübten Taten läßt sich hellsichtig ein schwankendes, dauernd wechselndes Verhalten des höheren Selbst beobachten. Ein beschädigtes, unsterbliches Ich kann kraftlos in den selbsterzeugten, unsichtbaren Staub und Schmutz seiner Astralmaterie zusammensinken, sich vom irdischen Ich vorübergehend oder auch endgültig abtrennen, oder es gesellen sich ihm selbstverursachte oder fremde, dämonische Wesen hinzu oder verdrängen es.

Durch lasterhafte Lebensführung kann das sterbliche Ich den

unsichtbaren, sogenannten »Hüter der Schwelle« erschaffen. Er zeigt sich als furchteinflößende, persönliche, astrale Wesenheit, die sich durch ein besonders starkes individuelles Karma bildete (d. h. durch die *Summe* der Schicksalsschulden *aller* vergangenen Wiederverkörperungen). Dieser Hüter konnte sich – wegen eines zu kurzen Aufenthaltes auf den Astralebenen (im Totenreich) – noch nicht auflösen, denn die Wiederverkörperung des Menschen erfolgte schon nach ca. 200 Jahren.

Durch eigene – sich oft über viele Erdenleben erstreckende – Wiedergutmachung, die echte Einsicht und Reue voraussetzt, kann sich das göttliche Ich des Menschen wieder mit seinem weltlichen Ich in einem gegenwärtigen oder zukünftigen Erdenleben verbinden. Der Hüter der Schwelle, der *separat* von den Doppelgängern des betroffenen Menschen existiert (Doppelgänger: siehe im Kapitel IV: »Doppelgänger und andere Phänomene der Astral- oder Traumwelt«), zerfällt entweder durch Abtragen des Schuldenberges oder durch viele Jahrhunderte lange Aufenthalte in den entsprechenden (niedrigen) Astralebenen (d. h. im Totenreich).

Normalerweise arbeitet das höhere Selbst über das menschliche Herz-Chakra (= Herz, Blut, Gehirn, Nervensystem, Augen) und die Kopfzentren (Stirn- und Scheitel-Chakra).

Ab dem zwölften Lebensjahr kann die Führung des höheren Selbst dem betreffenden Menschen bewußt werden. Ab diesem Alter ist der Zugang zu spirituellen Ebenen möglich. Auch die moderne Traumforschung deckte den Beginn der zusammenhängenden, sinnvollen Traumtätigkeit ab dem zwölften Lebensjahr auf.

Der Fortschritt des höheren Selbst beim einzelnen Menschen, der ganzen Menschheit, ja aller Lebewesen ist das wichtigste Ziel, bedeutsamer als das Leben der irdischen Persönlichkeit. Dazu ist unserem höheren Selbst der Traum willkommen, den es völlig kontrolliert. Bewußtsein wird u.a. durch die Haltung

der inneren Aufmerksamkeit erreicht. Hierbei sollten Emotionen und Denken ruhiggestellt werden, damit der Einfluß des höheren Bewußtseins empfangen werden kann. Auch durch abstraktes Denken wird die feine Schwingung des Selbst in den Denkkörper der Persönlichkeit gezogen. Dabei sollten Wollen und Absicht auf den Frieden und das Glück des gesamten Schöpfungsplanes gerichtet sein.
Unter den »weiterführenden Übungen« des Kapitels X finden Sie Meditation, Gebet, psychodynamische Selbsterziehung und das *transpersonale Traumtraining* (TTT-Übungen) zur positiven Wandlung des höheren Selbst.

Das höhere Selbst als Führer in Traum und Transzendenz

Der Traum zeigt uns, daß wir in diesseitigen und jenseitigen Reichen leben und mit unserer kosmischen Heimat verbunden sind. Hierbei spielt unser höheres Selbst eine wichtige Rolle. Es sendet Energien zum menschlichen Gehirn. Diese werden – wie in Schlaflaboratorien gemessen – in Form von Stromsignalen zum Großhirn geschickt und an die Augen weitergegeben. Auf diese Weise entstehen unsere Träume. Im Traumzustand während des Schlafes sammelt unser Selbst oft mehr Erfahrungen und lernt dabei ausgiebiger als im Wachbewußtsein. Wenn das Individuum seine eigenen Träume deuten kann, erkennt es den Willen seines göttlichen Funkens. Da Tagesphantasien Nachtträume ersetzen, läßt sich die Traumdeutung, wie sie in diesem Buch angegeben ist, auch auf die Phantasien »im Wachzustand« anwenden.
Unser höheres Selbst ist vor unserer Geburt von den körperlosen, spirituellen Bewußtseinsstufen in die niederen körperbildenden Welten herabgestiegen und hat sich mit Engelhilfe mit

der jeweiligen Materie umgeben. Auf der Mentalebene formte es den Denkkörper, auf der Astralebene den Emotionskörper und auf der physischen den Vitalitätskörper und den physischen Leib. Immer ist es mit allen diesen Körpern verbunden und belebt diese. Im Schlaf führt es die einzelnen Körper. Das Sammeln von Erfahrungen, die Entwicklung des Denkens und der Spiritualität beschleunigt sein Wachstum. Unser Selbst ändert langsam oder schnell, entsprechend der Anzahl der gelebten Leben und dem Ansturm der Ereignisse, seine Gestalt, Größe, Farbe, Helligkeit und sein Bewußtsein, bis es diese zu einem ständig leuchtenden Feuer, dem ununterbrochenen göttlichen Bewußtseinszustand ausbildet. Beim weiterentwickelten Menschen, der gelernt hat, seine Gedanken zu beherrschen, prägt es wichtige zukünftige Vorkommnisse im Traum und Wachbewußtsein ein, da es immer die unmittelbare Zukunft voraussieht.

Das geistige Reifen des einzelnen wird durch Übertreibung und Aufbauschung im Traum vorangebracht. Das Selbst erzwingt hierdurch für den Menschen verstärktes Nachdenken, Aufmerksamkeit und Bewußtsein. Der Wille des höheren Selbst verwertet alles, was es dem Bewußtsein der irdischen Persönlichkeit einprägen kann. Sein supraphysisches Zeitempfinden läßt in rascher Folge viele Eindrücke und Traumbilder entstehen, wie bei einer Zeitraffung.

Die wichtigsten Entwicklungshilfen vermittelt es über Beispiele, Belehrungen, klare Hinweise und Schocks im Traum- und Tagesbewußtsein. Unser Selbst erhält von den höchsten Bewußtseinsebenen und deren Wesenheiten, von Engeln und spirituellen Führern schöne, herrliche und unvergeßliche Eindrücke. Bei der Erziehung durch das Beispiel inszeniert es im Traum Personen oder Handlungen, die das Verhalten des Menschen vorprogrammieren sollen. Wenn z. B. ein Student sich nicht überwinden kann, endlich sein schon häufig geplantes Examen zu machen, läßt ihn sein höheres Selbst träumen, daß er mit seinen beiden Freunden die glücklich bestandene Prüfung feiert. Für einen anderen jungen Mann, der gerne den Abend in der Wirtschaft verbringt, sind im Traum alle Gasthaustüren verschlossen, und er klopft vergeblich an.

Mein eigenes höheres Selbst hat die praktische Angewohnheit, mir fehlerhafte Manuskripttexte (mit Seitenangaben) im Traum klar vor Augen zu führen, so daß sie am nächsten Morgen leicht korrigierbar sind.

Bei der Traumbelehrung zeigt unsere göttliche Organisation durch einen alten Weisen, einen guten väterlichen Freund, Chirurgen, Arzt oder Hirten, was wir tun sollten. So sagte mir einmal eine Freundin: »Jedesmal, wenn eine bestimmte Erscheinung, wie ein Chirurg, in meinen Träumen auftritt, weiß ich, daß nicht mein Körper zerlegt werden muß, sondern daß ich dies mit meiner Seele tun sollte: Ich muß mich selbst genau erforschen.«

Der Schock im Traum und in der Realität, z. B. ein Unfall, der wie ein Zufall aussieht, das völlig Unerwartete, die Vernichtung der Ordnung um uns herum, unsere zerstörten Konventionen und alles Infragegestellte wird vom Selbst als Sprungbrett für unsere Bewußtseinsentfaltung benützt. Das göttliche Selbst will auf unsere großen geistigen Möglichkeiten aufmerksam machen. Es arbeitet gegen die Tatsache, daß die meisten Menschen nicht daran interessiert sind, ihr eigentliches Selbst zu finden, sondern darauf ausgerichtet scheinen, möglichst Unannehmlichkeiten zu meiden und frag- und problemlos im ewigen Vergnügen zu leben.

Wie ein Computerprogramm steht das Selbst ordnend hinter unserem Traumleben. Auch bei verwirrenden Träumen will es uns belehren und wiederholt die Erkenntnisse, die es einprägen will, oft banal und aufgebauscht. Daher wundere sich der Leser nicht über die vielfältigen und auch häufig »übertriebenen«

Auslegungen der einzelnen Sinnbilder im Traumsymbollexikon (Kapitel XII). Das Selbst paßt sich stets dem individuellen Niveau des Träumenden an und versucht dieses stufenweise in den ihm verständlichen Rahmen zu heben. Hierbei deckt es die tiefsten Schichten unseres Wesens im Traum- und Tagesbewußtsein nach und nach auf. Wäre es nicht so, würden wir uns zu sehr an die Rollen, die wir tagtäglich spielen, ketten. Wir erkennen allmählich unsere gegensätzlichen Bestrebungen und können sie bewußt unter der Führung unserer spirituellen Organisation ordnen, bejahen und verneinen oder bekämpfen.
Traumdeutung heißt, Unbewußtes ins Bewußtsein zu heben und durch das Vorstoßen zum Selbst die Vereinigung mit dem universellen Bewußtsein anzusteuern und zu verwirklichen. Dieses Streben des vollbewußten Individuums zum kosmischen Bewußtsein, der Weg des Dienstes für alles Seiende und seine Sehnsucht nach dem Spirituellen, ist eine geistige Berg- und Talfahrt. Erst wenn die Kundalini (die »goldene Schlangenkraft« oder das ruhende, kosmische Energiekonzentrat im unteren Teil der Wirbelsäule, welches u. a. durch selbstloses Tun und körperliche/geistige Übungen entwickelt werden kann) sich aufgerichtet hat, ist das Einswerden mit dem kosmischen Bewußtsein erreicht.
Das individuelle, einzelne Leben und Sterben in der Reihe der Reinkarnationen ist zum Sammeln von Erfahrungen bestimmt. Es gilt als Durchgangsstadium auf dem Weg zum höheren Bewußtseinsziel, das über Jahrtausende verfolgt wird und immer wiederkehrende Chancen zur Verbesserung bietet.
Jeder hat die Möglichkeit, über seine weltliche Persönlichkeit hinauszugelangen. Er überschreitet hierbei seinen Körper, seine Emotionen und sein Denken und erfährt dadurch das grenzenlose, universale Einheits- und Glücksgefühl und unverlierbares Wissen um seine kosmischen Zusammengehörigkeit und Verbundenheit mit allen Wesen. Diese Erfahrung übersteht den

Zerfall seines individuellen, materiellen Körpers. Sie läßt den Suchenden inmitten einer weiten goldenen und grünen, unbeschreiblichen Licht- und Energiespirale in ungeahnte Seinszustände vorstoßen.
Welche Art von Träumen benützt das höhere Selbst, um das irdische Individuum zu fördern?

1. Durch den klaren, wachen, zusammenhängenden Traum werden Erfahrungen des Selbst, die dieses auf der Astralebene macht, bebildert.
2. Träume, in denen Licht oder leuchtende Wesen oder ruhige, harmonische Musik (oft Orgelmusik) erfahren werden, sind Träume des Selbst.
3. Unser höheres Selbst denkt in astral-mentalen Symbolen, von denen der Kosmos ausgefüllt ist, und modelliert sie in ganz persönliche, individuelle Symbole um. Auch Farbsymbolik, Verkleinerungen, Vergrößerungen, Verdichtungen, Wortspiele und »Zufälle« gehören hierzu. Unser höheres Selbst hat Möglichkeiten, die astrale und mentale, sehr unterschiedlich verdichtete Materie zu Formen, Gegenständen und Gestalten umzuändern, was in Sekundenschnelle geschieht.
4. Schöpferische, kreative Träume des höheren Selbst haben in der Vergangenheit und Gegenwart Erfindern, Suchenden und Künstlern geholfen, ihre Werke auf der Erde zu verbessern und zu vollenden.
5. Bei den parapsychologischen, parallelen oder simultanen Traumgeschehen ist das Selbst Meister. So führt z. B. das höhere Selbst der Kinder diese oft in die Vorstellungen der Mutter ein, besonders wenn diese sehr intensiv sind. Ich erinnere mich u. a. eines Falles, bei dem eine Frau von Pearl S. Bucks Buch »Die gute Erde« begeistert war und sich einzelne Szenen des chinesischen Alltags bildhaft vorstellte. Zwei ihrer Kinder nahmen dann im Traum genaue Ereignisse

aus diesem Buch wahr. Auch eine Bekannte berichtet, daß sie die Vorkommnisse in Bagdad, die ihre 26jährige Nichte als Geisel an der deutschen Botschaft während der Golfkrise im September 1990 erlitt, genauso im Traum sah, wie sie in Wirklichkeit geschahen.

6. Reinkarnationsträume, also solche aus der Vergangenheit, und präkognitive (prophetische) Wahrträume von kommenden, einschneidenden Veränderungen, Unfällen und Krankheiten schenkt uns das höhere Selbst. Wenn eine lebensbedrohende Situation geträumt wird, kann ein geistig hochentwickelter Mensch sie u. U. erkennen, abschwächen oder positiv verändern.
7. Durch Einweihungsträume (Initiationsträume) mit oder ohne Erscheinen des spirituellen Führers, der in verschiedenen Gestalten auftreten kann (siehe hierzu im Traumsymbollexikon unter »Selbst, höheres«), zeigt uns das Selbst neue Möglichkeiten.

Für die Höherentwicklung des Individuums spielt auch die Umwelt eine gewisse Rolle. Jeder verantwortlich denkende Zeitgenosse stellt deshalb die Frage nach dem Schutz der Umwelt und dem Überleben der Menschheit. Einige unausweichbare Probleme sind heutzutage z. B.:

- die weiterhin explosionsartig ansteigende Überbevölkerung (in den letzten 25 Jahren nahm die Menschenanzahl um zwei Milliarden zu, um 1930 bevölkerten insgesamt nur ca. zwei Milliarden unseren Erdball),
- der voraussichtliche Zusammenbruch der Wasserversorgung, der Energiewirtschaft und der (vergifteten) Nahrungsmittelvorräte,
- durch Atomanlagen oder -abfälle verseuchte Erdgebiete, die unbewohnbar geworden sind,

- Veränderung des Klimas und Meeresspiegels durch den Treibhauseffekt der Kohlendioxide.

Der Planet Erde ist am Ende, der Mensch noch lange nicht. Auch wenn physischer Körper und Vitalität schwinden, vermag er spirituell zu überleben. Der Weg steht jedem offen durch die Befreiung seines unsterblichen Selbst. (Übungen zur Befreiung werden in Kapitel X aufgeführt.)
Im nachfolgenden Kapitel erfahren Sie etwas über die Tätigkeiten der Engel.

Siehe, ich sende einen Engel vor dir her, um dich auf dem Weg zu behüten und dich an den Ort zu bringen, den ich für dich bestimmt habe.

2. Mose 23.20

VII. Engel als Helfer in Leben, Traum und Transzendenz

In den Bibeltexten Kol. 1.16, Röm. 8.38f., Eph. 1.12, 3.10 werden neun Engelchöre erwähnt, also dreimal die heilige Zahl Drei. Diese himmlischen Hierarchien werden als Throne, Herrschaften, Fürstentümer, Gewalten, Engel, Erzengel, Tugenden, Cherubine und Seraphine bezeichnet.
Nach meiner Beobachtung gehören sieben Engelhierarchien überwiegend zu unserem Sonnensystem, und zwei dienen hauptsächlich im Kosmos. Diese unsichtbaren Mächte wirken zusammen mit unserem höheren Selbst und übergeordneten kosmischen Wesenheiten tiefgreifend auf den Trauminhalt ein. Durch bildhafte Belehrungen oder Übertragung von Gefühlsinhalten auf unsere Chakren weisen sie uns den Weg unserer Entwicklung. Engel stehen entweder direkt am Bett des Schlafenden oder auf einer der sieben schalenförmigen Astralebenen, die sich von der Erde zum Mond ausdehnen. Auch können sie sich auf der Ebene unseres höheren Selbst und in allen transzendenten Bereichen aufhalten.
Das höhere Selbst ist ständig in Kontakt mit unseren während des Schlafes ausgesandten Emotions- und Denkkörpern. Dies ermöglicht uns, im Schlaf mit astral-mentalen Augen die göttlichen Boten und andere feinstofflichen Wesen und Begebenheiten zu erblicken, die wir im Wachbewußtsein normalerweise

nicht wahrnehmen. Die Arbeit der dienenden Geister ist wesentlich auf unseren geistigen Pfad, auf Erweiterung des spirituellen Bewußtseins ausgerichtet, auf das Weitergeben von Heilenergien, Gefühlsharmonisierung und Vermitteln von Erkenntnissen. Sie übertragen ihr beglückendes Verbundenheitsgefühl mit Geschöpf, Schöpfung und Schöpfer auf den Menschen. Sie verändern während des Schlafes unsere Chakren, um ihre Aufnahmefähigkeit für feinere geistige Eigenschaften zu ermöglichen. Sie trösten über das Herz-Chakra oder arbeiten an den Herz-Chakren zweier Menschen, um sie zu gegenseitiger Achtung und Liebe zu führen.
Ihr Aufgaben- und Tätigkeitsbereich ist an der Farbstrahlung ihrer Gewänder und Flügel äußerlich erkennbar, was auf den nächsten Seiten erklärt wird. Die Gestaltung von Träumen, in denen der Schlafende über Vorbilder belehrt wird, ist eines ihrer Werke. Einem Bekannten beispielsweise, dessen Denken und Fühlen im Tagesbewußtsein sich bei einem Problem im Kreise bewegten, zeigten sie den Ausweg durch die Darstellung von Personen, die ihm halfen. Bei einem Ehepaar, das sich in einer schweren Krise befand, deuteten sie durch Vorstellung bestimmter Ideale den richtigen Weg und die positive Lösung des Konfliktes an. Sie trösten oft Verzweifelte, wie z. B. Mütter, die sich um ihre Kinder sorgen, und führen ihnen die guten Qualitäten ihrer Zöglinge vor.
Engel sind in der Lage, auch feindlich gesinnte Parteien im Traum einander näherzubringen. Sie lassen das jeweils verabscheute Gegenüber freundlich und ideal erscheinen; sie zeigen seine guten Eigenschaften, die bisher wenig beachtet wurden. So nahm eines Tages die geplagte Frau eines Alkoholikers den letzten Anlauf, um sich von ihrem Mann endgültig zu trennen. Durch Engelhilfe im Traum hatte sie am folgenden Morgen die unumstößliche Gewißheit, daß sich alles schließlich zum Guten wenden würde – was auch bald eintrat. Bei einem skrupellosen

Geschäftsmann meldete sich im Traum die Stimme des Gewissens. Er erlitt die Auswirkungen seiner Taktiken an der eigenen Person und gab daher am nächsten Morgen seine geplanten Absichten auf. Ich kenne Träume, in denen mindestens drei Parteien, die nicht miteinander bekannt waren, in einer Nacht aufeinander aufmerksam gemacht wurden. Sie trafen sich alle am kommenden Tag »zufällig« an einer Bushaltestelle und wurden unzertrennliche Freunde. Die spirituellen Boten hatten jedem genau das Aussehen der anderen eingeprägt und das Gefühl der inneren Sicherheit und den Wunsch vermittelt, mit den anderen vertraut zu werden und ihnen weiterzuhelfen.

Bei lebenswichtigen Entscheidungen helfen Engel durch Hinweise. Eine junge Krankenschwester wollte ihre erste Stelle im Ausland antreten. Sie hatte alles für die Abreise bereitgestellt, als ihr nachts eine strahlend weiße Gestalt im Traum erschien und auf einer Landkarte einen Ort bezeichnete, der nur wenige Kilometer entfernt war. Die Träumerin, die sich bisher zuversichtlich ins Ausland begeben wollte, erwachte mit einem beklommenen Gefühl und trat von der beabsichtigten Reise zurück. Erst Jahre später schilderte ihr eine Kollegin das sehr problematische Arbeitsklima an der vorgesehenen Klinik.

Ein weiterer Engeltraum, der sich erst kürzlich ereignete, betraf eine vierköpfige Familie, die auf den Kanarischen Inseln einen Bootsausflug buchen wollte, es aber auf Wunsch der Tochter unterließ. Die Zwölfjährige weigerte sich hartnäckig, das Boot zu betreten, denn ihr war der Zutritt zu einem kleinen Schiff im Traum durch eine geflügelte weiße Gestalt versperrt worden mit den Worten: »Geh nicht hinüber!« Das Traummeer war wild bewegt gewesen, und schwarze Wolken jagten über den Himmel. Wie erstaunt war die betroffene Familie, als am Abend dieses schönen, sonnigen Tages die Meldung eines Schiffsunglückes eintraf. Der Wellengang hatte sich nachmittags verstärkt und das Ausflugsboot an einem Riff zum Kentern gebracht. Kräftige Feriengäste hatten sich schwimmend an das 3 km entfernte Ufer retten können, zwei schwache Personen ertranken.

Engel zeigen sich nicht nur im Traum. Sie können durch feinstofflichen Äther ihre Gestalt verfestigen und für kurze Zeit sichtbar machen, was sich hilfreich bei Unfällen und Katastrophen auswirkt. In den letzten Jahren sind mir mehrere Fälle bekannt geworden, wo der Betroffene für wenige Minuten oder Sekunden eine lichtvolle weiße Gestalt erblickte, die sein Autosteuer herumriß, sein Fahrzeug auf ungeklärte Weise aus der Gefahrenzone versetzte oder seine Hand vor dem Zerquetschen durch eine Maschine beschützte.

Die Kleidung der Engel ist vielfältig, sie kann mit Ornamenten verziert sein. Nicht nur die Farben der Gewänder, sondern auch die Art ihres Gürtels und des oft edelsteingeschmückten Stirnreifes versinnbildlichen bestimmte Eigenschaften und Ziele für die Entwicklung der Welt, für alle Lebewesen und Menschen. Ihre Haare sind fast schulterlang und lockig und meist von blonder oder hellbrauner Farbe. Sie erscheinen in sehr verschiedenen Größen, von 1,50 m bis zu einigen hundert Metern. Äußerlich ähneln sie Kindern oder weiblichen und männlichen jungen Erwachsenen. Unverwandt ist ihre volle Konzentration auf die Mission, ihre Aufgabe gerichtet. Sie sind respekteinflößend und moralisch unbestechlich. Sie fallen nie aus der göttlichen Einheit. Ihre zu der unsrigen parallel verlaufende Entwicklung führt sie von Naturgeistern über kleine zu hohen Engelwesen. Wir Menschen hingegen verwandeln uns, ähnlich wie die Engel, durch Anstrengungen und Kreativität über die verschiedenen Chancen mehrerer Erdenleben zu höchsten geistigen Stufen und schließlich auch zu gottähnlichen Wesen.

Engelflügel sind Ausdruck ihres altruistischen Dienens. Auch den Menschen können unsichtbare Flügel wachsen und vergehen, je nach ihren selbstlosen, idealistischen Absichten und

Motiven. Bei Engeln zeigt die Flügelfarbe die Art ihres Ideals an, z. B. können die hellblauen Engel der religiösen Zuversicht und des Glaubens durch ihre violetten Flügel zu Andacht, Gebet und Meditation aufrufen. Um die Vielfalt von Engelgestalten zu durchschauen, braucht man Jahre der Beobachtung. Ich beschreibe sie hier nach der Farbe des Gewandes, damit der Leser, der sie vielleicht selbst sieht, ihre Bedeutung schneller verstehen kann. Wenn sie ihr Gesicht hinter einer weißen Scheibe verbergen, dann deuten sie den Prototyp der Engelgruppe an und gelten als genereller Hinweis auf die Vorsehung, auf göttlichen Schutz und kommende, schicksalhafte Ereignisse. Die Gewandfarben der auf Erden tätigen Engel sind:

1.	2.	3.	4.	5.	6.	7.
weiß	rot/rosa	orange-farbig/gold	gelb	grün	hellblau	violett

1. *Weiße Engel*: Sie sind die unsichtbaren Boten des Gewissens, der Gerechtigkeit, Wachsamkeit und Disziplin, die als persönliche Schutzengel den Menschen von der Wiege bis zum Grabe und durch das Totenreich bzw. die Astralwelt, das Himmelreich und seine wiederholten Erdenleben begleiten. Bei den meisten Menschen sehe ich einen oder häufiger zwei Schutzengel, in den Größen von ca. 2,40 und 1,70 m. Der größere Engel kümmert sich um die Eintragungen in das sogenannte »Buch des Lebens«, das er immer mit sich herumträgt, und der kleinere arbeitet an den menschlichen Chakren. Er versorgt uns außerdem mit Energie. Bei vielen Menschen sind deren Schutzengel ganz in der Nähe. Sie können sich auch Hunderte von Metern entfernen oder an und mit dem höheren Selbst arbeiten. Ihr Aufenthaltsort ist in diesem Fall die Mentalebene (siehe S.32f.).

Ohne Ausnahme konnte ich bei jedem Sterbevorgang Engel sehen. Sie stehen entweder in einer Entfernung von ca. einem Kilometer abwartend über dem Haus des Sterbenden oder in seiner unmittelbaren Nähe auf dem Erdboden. Sie dürfen den Abschiednehmenden nur dann nach oben führen, wenn dieser mit sich selbst und seinen Mitmenschen Frieden geschlossen hat. Weiterhin überwachen weiße Engel die sieben Astralebenen, die die ersten Stationen der allermeisten Verstorbenen sind und die sich von der Erde bis zur Mondsphäre ausdehnen. Sie helfen den Jenseitigen zum Aufstieg von einer niederen Astralstufe auf eine höhere, wobei diese ihre überwundenen, negativen Eigenschaften wie dunkle Kokons oder Ätherhüllen auf der jeweils niederen Stufe abstreifen und zurücklassen.
Nicht nur das persönliche Schicksal eines Menschen, sondern auch das der Völker wird von sehr hohen weißen Engeln überwacht, deren Auren sich viele Kilometer weit ausdehnen können. Sie stehen an den Grenzen der Länder und zeigen durch die Farbveränderungen und die Strahlenintensität ihrer Aura die positive oder negative Entwicklung des jeweiligen Volkes an.
Das Fühlen und Denken eines Engels ist ausschließlich auf den Dienst für Schöpfer und Geschöpfe ausgerichtet. Er zeigt durch weiße, glänzende Farbstrahlung seiner sich erweiternden Aura Freude und Zustimmung zu der diesem Menschen bestimmten Entwicklung an. Bei Trauer und Ablehnung verdunkelt er sich. Engel können schwarz vor Trauer werden, und ihre Tränen fallen, z. B. vor Kriegen, wie Regentropfen auf die Erde.
Persönliche Schutzengel dürfen nur helfend eingreifen, wenn dies karmisch erlaubt ist. Von Menschen, die andere absichtlich schädigen, entfernen sie sich trauernd. Verzehrt sich die menschliche Persönlichkeit in religiösen Zweifeln und ne-

giert alles Positive, dann wird sie von einem grauen Schutzengel begleitet.

Bei jeder kirchlichen Aufführung erhabener Musik stehen Engel einige hundert Meter über der Kirchturmspitze und singen die Choräle mit. In allen Kirchen – abhängig von der religiösen Konzentration, dem Glauben, Willen und Wissen des Priesters und der Gemeinde – beobachte ich entweder wenige oder viele hohe weiße Engel, hinter dem Altar stehend. Sie werden strahlend weiß vor Freude, wenn die Gemeinde echte Religiosität empfindet und Predigt und liturgische Handlungen von tiefem Glauben getragen sind.

Hohe weiße Engel oder auch Devas überwachen und belehren eine ungeheuer große Anzahl von kleineren Engeln und Naturgeistern der vier Elemente, der Erde (Gnome), des Wassers (Nixen, Nöcks), der Luft (Sylphen) und des Feuers (Salamander). Weiße Engel veranlassen, ebenso wie rosafarbene, goldene oder hellblaue, auch geistige Heilungen, wenn diese schicksalsmäßig verdient sind.

Eine der Aufgaben der weißen sowie in einer der klaren Regenbogenfarben gekleideten Engel ist die Mithilfe bei Erschaffung und Aufbau unserer Welt und der Lebewesen. Heerscharen der Engelhierarchien wirken hierbei entsprechend ihren speziellen Aufgaben mit. Durch die unzähligen Scharen der Engel vibrieren die Farben und Töne des Kosmos, die durch das göttliche Wort, die göttliche Musik von Planet zu Planet bis in das tiefste Erdreich dringen. Ihre – für den gewöhnlichen Menschen unhörbare – Musik bildet die Grundstruktur, die Trägersubstanz für alle Wesen der Erde. Sie erschaffen, zusammen mit einer großen, goldenen, unsichtbaren Sonne, die Schönheit und jede Art von Rhythmus (z. B. den der Planetenumläufe, der Gezeiten, unseres Herzschlages) und die sich in einem bestimmten Rhythmus, einem typischen Takt bewegende Äther-(oder Chi-)Zirkulation im Universum und in den Lebewesen.

2. *Rote Engel*: Sie symbolisieren die Sympathie, selbstlose Liebe, die Macht, den Mut und den Kampfgeist für das Gute, den Entwicklungsplan. *Rosa Engel* sind während der Mutterschaft zu sehen. Sie behüten Mutter und Kind. Sie versuchen Streit, Gefahren, Unfälle und Krankheiten von Kleinkindern fernzuhalten. Die rosafarbene Strahlung dieser Engel versorgt den Embryo mit Lebenskraft und -wärme, den Heranwachsenden mit Vitalität, Nervenenergie und Lebensfreude. Diese himmlischen Boten müssen zulassen, daß seelische Hemmungen und physische Leiden während der Zeit des Heranwachsens schon im Mutterleib eingebaut werden, wenn diese schicksalsmäßig (=karmisch) bedingt sind. Die rosafarbene Schwingung sorgt für Menschenfreundlichkeit, Toleranz und Verständnis für andere.

3. *Orangefarbene Engel*: Sie übermitteln uns Sonnenenergie und Lebenskraft. Sie stärken zuversichtliches Denken und den gesunden religiösen Instinkt. *Goldene Engel*: Sie versinnbildlichen Urkraft, Schöpfungsenergie, Ewigkeit, Gnade und Opfer. Jedes Jahr am Karfreitag sehe ich goldene Engel zur Erde herabsteigen. Sie repräsentieren den höheren Willen, Wissen, Selbstlosigkeit und Frieden. Alljährlich um die Osterzeit kommt die unsichtbare, große, goldene Sonne in Erdennähe, die der gesamten Vegetation neue Energien und regenerierende Wachstumskräfte verleiht. Der Kosmos sorgt für unser irdisches Wohl.

Hohe goldene Engel werfen von ihrer geistigen Ebene gebündelte konzentrierte Lichtenergien ganz in die Nähe von Tieren und Menschen, in denen neues Leben entsteht. Wenn Spermien auf das Ei treffen, ertönen Klänge und Farben, die von den göttlichen Boten wahrgenommen werden. Ihr goldenes Strahlenbündel, das ein harmonisches, kompliziertes, geometrisches Gebilde im Raum verursacht, ähnelt glitzernden Seidenfäden. Über diese wird der Embryo anfänglich mit Energie versorgt. Eine bestimmte farbige Energiestrahlung entscheidet über das Geschlecht des Kindes. Die Engel befinden sich währenddessen auf höchsten spirituellen Ebenen. Den goldenen Engeln untersteht somit die Heilstrahlung, die Erneuerung des physischen und spirituellen Lebens und die Verteilung der Kraft der geistigen Sonne.

4. *Gelbe Engel*: Sie erscheinen dort, wo Meisterschaft des höheren, klaren und geistigen Denkens, der Vernunft, des Wissens und der harmonischen Kunst angestrebt und erreicht wird. Sie zeigen dann glücklich strahlend ihre Zustimmung. Sie wirken überwiegend auf unseren Denk- oder Mentalkörper ein.
5. *Grüne Engel*: Dunkel- oder zartgrüne Engel behüten das Wachstum, die Natur und unseren Seelenfrieden. Sie helfen vor allem den Wachstumskräften in der Schöpfung und den Naturgeistern. Ihre Strahlung regt zu Harmonie, Vollendung in der Materie und zu Kreativität an.
6. *Hellblaue Engel*: Sie sind dort zugegen, wo religiöses Vertrauen und feste Zuversicht in sinnvolles, geordnetes Geschehen herrscht. Sie leben ununterbrochen in der Gesinnung des »Herr, dein Wille geschehe«. Immer, wenn ein tiefgläubiger Mensch stirbt, wird er von einem hellblauen Engel abgeholt. Sie sind auch die Überbringer der goldenen Krone. Sie vermitteln Angstfreiheit und Vertrauen in die geistige Führung. Wenn diese mit Opfermut und echtem Altruismus verbunden sind, dann versprüht der Engel eine goldene Strahlung.
7. *Violette Engel*: Diese werden von Menschen angezogen, die sich in reiner Geistigkeit, Andacht, Ritualen, Weisheit und allumfassender Menschenliebe und Brüderlichkeit konzentrieren. Sie versinnbildlichen tiefe religiöse und philosophische Werte.

Entsprechend der inneren Glaubenssituation eines Menschen erscheinen Engel in verschiedenen Farbkombinationen und mit Sinnbildern. Der Stab beispielsweise oder ein stumpfes, nicht verletzendes Schwert, haben nicht nur Gleichniswert, sondern werden zum Trennen und Zerschlagen von Unwissen und Vertreibung von dämonischen Wesen eingesetzt. Aber auch spirituelle Macht und Einweihung verleihen diese Zeichen. Die Rose tragen sie als Symbol für Liebe und geistiges Streben nach Vollendung, die Laterne und Feuerflamme als Zeichen des Wissens und der Erleuchtung. Notenbücher und das Buch des Lebens materialisieren sie sich aus feinstofflicher Substanz. Heilungen bewirken sie durch unhörbare Töne, die farbige Energiestrahlen und Lichterscheinungen erzeugen.
Jedes Land zieht durch seine typischen Bräuche und Gesinnungen eine bestimmte Art von Engeln an. So konnte ich bisher nur in Deutschland um die Weihnachtszeit die weißen Musikengel mit ihren goldenen Gürteln und diademähnlichem Kopfschmuck beobachten.
Bestimmte farbige Engel treten in typischen Lebenssituationen eines jeden Menschen auf den unsichtbaren Plan. Häufig erscheinen je ein großer hellblauer, weißer und roter Engel gemeinsam, die den Spruch aus dem 1. Korintherbrief 13 ausdrücken: »Für jetzt bleiben Glauben (hellblauer Engel), Hoffnung (weißer Engel), Liebe (roter Engel), diese drei; doch am größten unter ihnen ist die Liebe.«
Die Flügel der Engel verkörpern ihr völliges Aufgehen im Göttlichen und den Dienst am Fortschritt der geistigen Evolution. Sie brauchen sie nicht zur Fortbewegung, denn sie können pfeilschnell durch die Luft schreiten. Eine Ausnahme bilden Flügellose, in allen Farben schillernde Engel. Sie stehen in einer aus vielen Reifen bestehenden, vibrierenden Sonnenkugel und bewegen sich mit diesem speziell konstruierten regenbogenfarbenen Sonnengefährt unglaublich rasch vorwärts. Manche die-

ser Heerscharen verfügen über viele Augen, mit denen sie in alle Richtungen blicken können und daher in Sekundenschnelle bei Unfällen und Selbstmorden erscheinen. Sie werden in Ezechiel 1.15-21 und 9.12f. als Throne bezeichnet.
Wir sollten den Engeln, die mit, für und durch uns leiden, Glauben, Verehrung und Ehrlichkeit entgegenbringen und ihnen öfters – nicht nur abends vor dem Einschlafen – aus tiefstem Herzen Dank sagen. Kontakte zu den Engeln können wir unter anderem durch das abendliche Konzentrieren auf hohe selbstlose Ziele herstellen, was zudem auch unsere feinstofflichen Körper während des Schlafes schützt. Dadurch kommen wir in Verbindung mit unserem höheren Selbst, mit Engeln und Meistern. Mit fortschreitender Übung werden sie uns dann zuerst im Traum, später im Wachbewußtsein erscheinen.
Nach den Engeln, diesen besonderen Wesen des feinstofflichen Bereichs, wenden wir uns jetzt einem anderen Thema der astralmentalen Ebene zu, das für uns alle von großer Bedeutung ist.

> Ich bin überzeugt von einem Weiterleben nach dem Tode. Da in der Welt nichts, keine Materie verlorengeht, muß die Seele als Beherrscherin der Materie unsterblich sein.
>
> *Wernher Frhr. v. Braun, 1912–1977*

VIII. Schlaf, Tod und das jenseitige Leben

Beim Schlaf, dem kleinen Bruder des Todes, findet ein ähnlicher feinstofflicher Vorgang statt wie beim tatsächlichen Sterben. Der Schlaf verbindet immer Erdentage, der Tod jeweils Erdenleben. Nach dem Einschlafprozeß entweichen unsere unsichtbaren Körper (Emotions- und Denkkörper) entweder aus dem Sonnengeflecht oder dem Scheitel. Sie schütteln den physischen Leib und den mit diesem fest verbundenen Vitalitätskörper oft krampfhaft unter Zuckungen ab. Das Milz-Chakra im linken Oberbauch, eines unserer wichtigsten Energiezentren, formt aus Chi (Äther, Prana, Vitalität) das glänzende, energiepulsierende Ätherband, durch welches die zwei sich von der Schlafstätte entfernenden Körper mit dem materiellen, irdischen Leib fest verankert sind. Die Energie des Milz-Chakras, sein regenbogenfarbenes Chi, sorgt für die Vitalität und die unlösbare Verbindung der feinstofflichen Körper mit dem physischen.

Entwickelte Astral- und Denkkörper formen ein genaues Abbild des Schlafenden, während sie sich weit weg bewegen. Wenn sie klar ausgebildet sind, erlebt sich der Träumende als reale Person in seiner Traumwelt, meist der Astralebene. Die feinstoffliche Schnur ist stets mit weißglänzendem und farbigem Äther, mit fließendem Licht, gefüllt. Entfernen sich die immateriellen Körper nur wenige Meter vom Schlafenden senkrecht nach oben, so hat die unsichtbare Verbindungsschnur einen Durchmesser bis zu ca. 12 cm. Wenn die Entfernung viele Kilometer beträgt, verdünnt sie sich zu einem immer feiner werdenden, glitzernden, jedoch unzerreißbaren Faden.

Da im Schlaf der Astral- und der Mentalkörper eines geistig entwickelten Menschen über Gebirge, über andere Erdteile und bis in die höheren Ebenen der Astralwelt gelangen, kann dieser Mensch bewußt interessante Länder, verstorbene Freunde, Lehrstätten und Religionsgemeinschaften im Jenseits besuchen. Auch ist es ihm oft möglich, zukünftiges Geschehen, das in astral-mentalen Bildern und Wesenheiten vorhanden ist, zu überblicken. Jedoch muß er, während er sich frei fortbewegt, seine Ätherschnur und den physischen Körper beachten, damit er unversehrt zurückkehren kann. Die bewußte oder unbewußte Erforschung unseres Erlebens während des Traumes selbst ist von unserem Entwicklungs- und Bewußtseinszustand abhängig. Wir tauchen jede Nacht in jenseitige Welten ein. Wir werden im Traum mit derjenigen astralen Ebene konfrontiert, die unserem individuellen, ätherisch-astralen Schwingungszustand entspricht. Dieser bestimmt überwiegend auch im Tod die Sphäre oder Astralebene, auf die wir zunächst gelangen. Im Traum und im Todesbewußtsein finden wir unsere Verstorbenen, unsere Engel, individuelle Dämonen oder Tierwesenheiten wieder. Unser höheres Selbst, das dieses Geschehen überwacht, hält sich in der Nähe des Astral- und Mentalkörpers oder seiner üblichen Wohnstätte, der Mentalebene, auf.

Die persönlichen Zeugnisse von jenseitigen Welten durch zahlreiche wiederbelebte Menschen (siehe Literaturverzeichnis Moody: »Leben nach dem Tod« und Ring: »Den Tod erfahren, das Leben gewinnen«) zeigen, daß diese »klinisch Toten« sich auf dem Weg der für sie zuständigen Astralebene befanden, jedoch dort noch nicht landen konnten. Daher enthalten diese

Berichte wohl Interessantes, jedoch noch nichts Endgültiges über das Jenseits.

Wie verhalten sich unsere feinstofflichen Körper beim Sterben, und was erwartet uns in unsichtbaren Welten? Der jenseitige Aufenthalt ist eine Ruhepause, wie die Nacht nach einem Erdentag. Schon viele Monate vor dem aktuellen Ableben eines Menschen konnte ich jenseitige Freunde, Familienmitglieder, geistige Helfer und Engel beobachten; regelmäßig drei Tage vor dem Sterben kommen die individuellen Dämonen und Suchtwesen hinzu, die in den letzten Jahren seine persönlichen Begleiter waren. Wenn der Sterbende keine menschliche Verbindung zu Jenseitigen hatte, erschien in allen bisher beobachteten Fälle vor dem Ablegen des physischen Körpers ein Engel. Dieses geistige Wesen steht häufig ruhig abwartend ca. 1 bis 2 km über dem Haus des Sterbenden und kommt erst in dem Augenblick herab, wenn dieser seinen sichtbaren Körper abgeschüttelt hat, und nimmt ihn in seinen feinstofflichen Körpern mit nach oben; allerdings nur, wenn es verdient ist.

Viele Menschen durchleben benommen oder schlafend ihren Abschied von der Erde. Der Grad der Wachheit beim Übergang hängt von ihrem jeweils ganz individuellen seelisch-geistigen Zustand ab. Das Licht der eigenen Erkenntnis und Bewußtwerdung erhellt den astralen Raum um sie. Er wird beeinflußt durch die Intensität des Bewußtseins, des Herzdenkens, durch selbstloses, idealistisches, objektives Denken und Fühlen, Wahrhaftigkeit und Demut, Gedankenkontrolle und den Wunsch zu dienen. Neben den Taten des vergangenen Lebens zählen auch die Lebensauffassung und -ziele eines Menschen und der innere Frieden mit sich und seinen Mitmenschen. Zur Todesstunde gilt: »Blick nicht zurück im Zorn« und »Konzentriere dich intensiv auf das göttliche Licht, und versuche in seinem Glanze aufzugehen.« All das bestimmt den Aufenthaltsort auf der Astralebene, in der Himmelswelt und den weiteren Weg des einzelnen weitgehend sowie die feste Überzeugung, daß Anklammern an Personen oder materielle Güter völlig sinnlos ist.

Für eine Reihe von Menschen können die unsichtbaren, teils tier-, teils dämonenhaften Wesen, die ihnen in früheren Träumen erschienen und welche eigene Charakterzüge und hartnäckige, ungelöste Konflikte repräsentieren, zum Problem werden. Sie entsprechen der individuellen, inneren, unsichtbaren Wahrheit des Unbewußten, der Innen- oder Traumwelt. Hier gilt der Goethespruch: »Die ich rief, die Geister (während meines Lebens, Anmerkung der Verf.) werd' ich nun nicht los.« So spielt sich häufig ein tagelanges, hochdramatisches Geschehen am Sterbebett ab. Verschiedene feindliche Mächte stehen sich gegenüber, welche die hilflose Situation, Desorientierung und Unwissenheit des Sterbenden ausnützen möchten und ihn alle für sich zu gewinnen versuchen.

Auffallend ist immer wieder, wie geduldig die Engel abwarten und die volle persönliche Entscheidungs- und Willensfreiheit über Gefühle und Gedanken zugestehen, während jeder der niederen Geister ausgesprochen aggressiv versucht, die feinstofflichen Körper in seinen Machtkreis zu ziehen und zu beherrschen. Letztere wissen alle schwachen Stellen des Charakters raffiniert zu nutzen. Jedoch ist ihr Einfluß nicht zwingend. Nur wenn der Sterbende bestimmte negative Einwirkungen während seines Lebens wiederholt in sich aufgenommen hatte, werden diese Kräfte zu einem festen Bestandteil seiner feinstofflichen Körper und dadurch zu einer Gefahr für ihn.

Weiterhin beobachtete ich wiederholt, daß Menschen, an denen wir uns karmisch schwer verschuldeten, in der Todesstunde erscheinen können. So geschah es einem Krebskranken, der von zwei »unsichtbaren«, kleinwüchsigen, starken Seeräubern in einer portugiesischen Tracht des 16. Jahrhunderts »zwangsabgeholt« wurde. Der Sterbende hatte beide vor Jahrhunderten betrogen und verraten. Seine Feinde führten ihn in die dunkle,

niedere Astralwelt, in der es noch Rache gibt. Aber schon auf den mittleren Ebenen haben sich die Feinde ausgesöhnt.
Da Krankheiten an den physischen Körper gebunden sind, ist der eigentliche Sterbevorgang fast immer schmerzlos. Bei Unfällen sah ich, daß sich die feinstofflichen Körper vom physischen meistens in Sekundenbruchteilen losgelöst hatten, bevor die tödliche Verletzung eintritt, was schmerzfreies Sterben bedeutet. Ein weiterer Beweis für Schmerzfreiheit ist, daß Unfalltote den Hellsichtigen immer wieder erscheinen und noch nicht bemerkt haben, daß sie hinübergegangen sind. So treffe ich beispielsweise auf Spaziergängen Verstorbene an, wenn ich in ihren engen »Lebenskreis« komme, aus dem sie sich nicht hinauswagen oder nicht ausbrechen können. Eines Tages folgten mir im Abstand von einem Kilometer zwei ungefähr 23jährige Studenten, die seit ihrem Unfalltod vor drei Jahren umherirrten und immer wieder versucht hatten, Kontakte zu Mitmenschen anzuknüpfen. Sie befanden sich in einer Gegend, die ihnen nicht bekannt war. Es dauerte nur wenige Minuten, ihnen klarzumachen, daß sie tot waren, kaum Hilfe von Lebenden erwarten könnten und aus eigener Anstrengung von geistigen Helfern und Engeln Aufklärung und Hilfe erbitten müßten. Schon kurze Zeit später war an dem Farbspiel ihrer Emotions- und Denkkörper die Bewußtseinsveränderung wahrzunehmen, und daraufhin trat ein weißglänzender Engel zu ihnen, der von den aufflammenden Auralichtern angezogen worden war, und half ihnen.
Dieses Erlebnis deutet u. a. an, daß im Tod und Leben eigene Anstrengungen den Kontakt zur Transzendenz schaffen, was auch Bô Yin Râ in folgendem Spruch klar ausdrückte: »Vom Menschen aus müssen wir zu Gott gelangen, sonst bleibt uns Gott in Ewigkeit ein Fremder!«
Meine persönlichen Beobachtungen decken sich mit den Forschungen des Schweizer Geologen Prof. A. Heim, der selbst

einige fast tödlich verlaufende alpine Unfälle erlitt. Dadurch angeregt, sammelte er ein halbes Leben lang Berichte von Menschen, die ganz knapp lebensbedrohenden Unfällen entgingen. Aus seinen Aufzeichnungen geht hervor, daß immerhin 95 % aller Menschen, die z. B. einen Absturz in den Bergen überlebten, jedoch Verletzung davontrugen, dieselben subjektiven Erfahrungen hatten. Sie empfanden während des Absturzes Frieden, Ruhe, wunderbare Sphärenmusik und völlige Schmerzfreiheit. Sie betrachteten die schnell ablaufenden Bilder ihrer irdischen Vergangenheit überwiegend mit verklärtem Gleichmut.

Daraus ist ersichtlich, daß viele Menschen ihren Durchgang durch die Todespforte ins Jenseits beglückend empfinden und ihr neues Dasein anfangs nicht einschätzen können. Während sich beim Sterben über Stunden oder Tage die unsichtbaren Körper vom physischen Leib ablösen, rollt das Leben des Sterbenden rückwärts bis zu seiner Geburtsstunde bildhaft vor ihm ab. Er freut sich über seine guten Taten und ersehnt meistens bei Fehlverhalten Gelegenheiten zur Wiedergutmachung.

Im Gegensatz zum Einschlafprozeß verläßt beim Sterben auch der Vitalitätskörper den physischen Leib zusammen mit Emotions- und Denkkörper, über das Sonnengeflecht (häufiger bei Frauen) oder den Kopf (häufiger bei Männern). Die drei unsichtbaren Körper verdichten und bilden sich aus leuchtendem, farbig bewegtem, fließendem Chi. Dieses tritt oft über viele Stunden durch das elastische, weißglänzende, rhythmisch pulsierende, hellhörig knisternde und knackende Ätherband des Milz-Chakras aus. Die farbigen Energiewolken und Strahlen bilden am Ende der feinstofflichen Schnur langsam den neuen Körper. Er schwebt anfangs über dem Sterbenden und erscheint als dessen getreues Abbild, meist jünger aussehend. Beim letzten Atemzug des Abschiednehmenden zerreißt das feinstoffliche Verbindungsband endgültig, und der Jenseitige kommt aus seiner waagerechten Position auf den Boden zu stehen. Dieser Prozeß ist den meisten Sterbenden nicht voll bewußt. Der Charakter des Jenseitigen ist unverändert geblieben. Er ist im Tode wie vorher im Leben. Weder Gefühls- noch Denk- oder Persönlichkeitsveränderungen sind eingetreten. Auch seine geistige Haltung ist die gleiche. Ebenso bleibt der genaue Zustand seines Gedächtnisses bestehen, auch wenn dieses arteriosklerotisch verändert ist.

Oft versucht der Verstorbene nun, mit seinen Angehörigen zu reden – sie reagieren aber nicht. Das macht ihn wütend, wenn er ans Kommandieren gewöhnt war – auch das stört diesmal niemanden außer ihn selbst. Er sieht seinen Körper im Bett liegen und will hinein, das gelingt ihm nicht mehr, denn die übriggebliebene, farbige Vitalität hat sich aus seinem physischen Körper in das Milz-Chakra seines Vitalitätskörpers zurückgezogen. Mit dieser Energie lebt sein Ätherkörper noch 3 bis 4 Tage, bis er schleierartig auseinanderfließt und als Hülle über Sarg oder Grab hängt und sich später völlig auflöst. Innerhalb der ersten drei Tage ist es dem Verstorbenen leichter möglich, seinen Vitalitätskörper durch Wunschdenken zu verdichten und sich seinen Angehörigen nochmals sichtbar zu machen. Nach diesem Zeitpunkt gelingt es ihm meistens nur, diesen im Astral- oder Mentalkörper im Traum zu begegnen oder Hellsehern bei bewußten Sinnen zu erscheinen.

Die verschiedenen astralen Hüllen der Doppelgänger (siehe im Traumsymbollexikon unter »Doppelgänger« und in Kapitel IV unter dem Abschnitt »Doppelgänger und andere Phänomene der Astral- oder Traumwelt«) lösen sich nebelartig bald nach Ankunft im Jenseits oder beim Durchlaufen der verschiedenen astralen Ebenen auf. Beim Ableben einer sehr betagten und geistig aktiven Bekannten zählte ich z. B. neun Doppelgänger, die sich anfangs in der Nähe des Sarges aufhielten. Der selbsterzeugte Hüter der Schwelle (siehe S. 137) kann sich durch

jahrhundertelange Aufenthalte auf den niederen Astralebenen eventuell auflösen. Häufiger benötigt er – bis zu seiner Zersetzung – viele Erdenleben, die der Abtragung und Wiedergutmachung gewidmet sind.
Geistig hochentwickelte Verstorbene lernen schnell, sich wunschgemäß mit bunter Astral-Mentalmaterie zu bekleiden, und versuchen, meist warnend oder helfend, in irdisches Geschehen einzugreifen. So sah ich oft, wie Verstorbene in der Tagesrealität oder im Traum vor bevorstehenden Unfällen zu warnen versuchten.
Mit 18 Jahren hatte ich als begeisterte Musikausübende fest vor, Musik zu studieren. Dies verhinderte mein Ururgroßvater, ein ehemals bekannter Literatur- und Musikkritiker aus Königsberg, der während einer meiner »virtuosen« Darbietungen kopfschüttelnd und mißbilligend durchs Zimmer ging, woraufhin ich mich zwangsläufig, jedoch unverzüglich für die Heilkunst entschloß.
Da Lebenseinstellung und Ansichten vor und nach dem Sterben gleich geblieben sind, kann der Jenseitige nur das wahrnehmen, was er glaubt. Er umgibt sich, entsprechend seiner Auffassung und seinen Gefühlen, mit zartfarbenen, hellen oder trüben Aurafarben. Durch hoffnungsvolle, gläubige Einstellung schafft sich der Tote ein hellblaues oder weißes Gewand. Trübe, pessimistische und angstvolle Gedanken verleihen ihm ein graues Kleid. Damit sieht er weder Engel noch Helfer, noch »das Licht«, das über ihm strahlt. Jeder Verstorbene hat nur individuellen Einblick ins Jenseits gemäß seiner Auffassung und Erkenntnis, was die sehr verschiedenen Berichte Wiederbelebter erklärt.
Das langsame Gewahrwerden der neuen »Realität« läßt den Hinübergegangenen endlich aus seinem engen Kreis heraustreten und Kontakt mit anderen aufnehmen. Automatisch zieht es ihn, entsprechend seiner inneren Einstellung, auf die unteren, mittleren oder die lichten, hohen Ebenen der Astralwelt. Glei-

ches findet sich zu Gleichem, im Guten wie im Bösen. Wie im Diesseits bilden sich Freundschaften, Interessengruppen, Vereine und Studiengemeinschaften. Jenseitige Glaubens- und Religionsverbände versuchen, ihre Mitglieder fest in den Griff zu bekommen und vor »Aufklärungen« oder einer erweiterten Auffassung zu »bewahren«. Auch treffen im Jenseits religiöse Fanatiker zusammen, die überzeugt sind, allein die Wahrheit zu kennen und eine höhere Mission auszuüben. Sie versuchen oft, lebende Medien, die sich in Trance befinden, in ihrem Sinne zu beeinflussen. Andere machen sich ein besonderes Vergnügen daraus, bei spiritistischen Sitzungen den gewünschten, unsichtbaren Geist, der von dem irdischen Kreis gesucht wird, zu imitieren. Schon im Johannesbrief 4.1 wird dieses Problem angesprochen: »Glaubet nicht einem jeden Geist, sondern prüfet die Geister, ob sie von Gott kommen, denn viele falsche Propheten sind in die Welt ausgegangen.«

Je heller die feinstofflichen Körper der Jenseitigen strahlen, was auf eine höhere geistige Stufe deutet, desto kürzer müssen sie auf den Astralebenen verweilen, während bei weniger fortgeschrittenen Seelen die Aufenthalte Jahrhunderte, in seltenen Fällen sogar Jahrtausende betragen können. Die untersten astralen Aufenthalte sind mit schweren, dunklen, emotionellen Energiezusammenballungen gefüllt und beherbergen egoistische, unglückliche Menschen in höhlenähnlichen Wohnungen. Hier sitzen die Geizigen, die mit knöchernen, vogelkrallenähnlichen Händen Geld zählen, das immer wieder durch undichte Säcke fällt. Hier kann die irdische Gier Menschen in Affen verwandeln. Süchtige haben im Leben Spinnen erschaffen und ernährt. Durch das immer noch bestehende Verlangen, das nicht befriedigt werden kann, entstehen Höllenqualen. Die Intensität der Sucht bestimmt die Länge des Aufenthaltes auf der entsprechenden Ebene. Mörder und zu Mord aufgelegte Gewalttätige hausen ohne jegliches Licht zusammen. Lernen ist nur durch *eigene*, bittere Erfahrung möglich, wobei die vielfältigen Möglichkeiten der Wiedergeburt den Geizigen in ein Milieu der Armut, den Süchtigen in einen kranken, elenden Körper und den Mörder, Tierquäler und Vivisektor in eine grausame, gewalttätige Umgebung zwingen.

Meine zahlreichen Beobachtungen rufen mir immer wieder den Bibelspruch in Erinnerung: »Wenn dich deine Hand oder dein Fuß zum Bösen verführen, dann haue sie ab und wirf sie weg. Es ist besser für dich, verstümmelt oder lahm in das Leben zu gelangen, als mit zwei Händen und zwei Füßen in das ewige Feuer geworfen zu werden« (Matth. 18.6). Dazu ist anzumerken: Das »ewige Feuer« brennt nicht für alle Ewigkeiten, sondern versinnbildlicht die individuelle Dauer der jenseitigen Leiden, die von der Intensität und Anzahl der verübten Missetaten oder der Süchte abhängig ist.

Wiederholt bemerkte ich, daß Verstorbene, die während ihres Erdendaseins schwere Schicksalsschuld auf sich luden, jedoch auch Gutes taten, nicht sofort auf den dunklen Astralebenen landen, sondern sich für den Zeitraum von einem Jahr in unmittelbarer Erdennähe aufhalten. Ihnen wird während dieser Zeit ihr weiteres Schicksal angekündigt und noch Gelegenheit zur Reue gewährt. Leider ist dies meistens nutzlos und wird nur belächelt, denn der Verstorbene meint immer noch, er wäre allmächtig und könnte frei schalten und walten, wie er es zu Lebzeiten tat.

Zahlreich wie die Motive im Diesseits sind die Aufenthalte im Jenseits. Oft binden sich typische Vertreter gehobener Berufe an niedrige Astralwelten: Akademiker z. B., die nicht das Wohl ihrer Mitmenschen berücksichtigten, wie Physiker als Erbauer »fortschrittlicher« Waffen und Atombomben, Chemiker als Erfinder »wirksamer« Gifte und Pädagogen, die wider besseres Wissen die gesunde Gehirntätigkeit ihrer Zöglinge mit veralteten Lernmethoden attackierten.

Ungläubige finden sich drüben in einer lichtlosen, verlassenen Welt und müssen Initiative, Einsicht und Vertrauen in die geistige Führung selbst entwickeln. Engel und geistige Helfer von höheren Ebenen sehen, wenn Reue und echte Wünsche nach Besserung entstehen, und verhelfen daraufhin den Leidenden zu den schönen, harmonischen Gemeinschaften und Interessengruppen der oberen Astralebenen. Auch erkennen die Geprüften zwangsläufig, daß sie die Folgen ihrer Taten tragen müssen und ihr Schicksal selbst bestimmen. Daher ist die »ewige Verdammnis« ausgeschlossen. Die Astralsphären sind Felder des Lernens, Lehrens und Dienstes am Nächsten; wir haben dort ohne jeden Leistungs- oder Arbeitszwang sehr viel Zeit zu Einsicht und Entwicklung. Die meisten zivilisierten Menschen finden sich auf den mittleren Astralebenen der dritten und vierten Sphäre wieder, wo sie eine ihnen entsprechende Gemeinschaft und Gelegenheiten zum Lernen und Fortbilden finden. Mir sind immer wieder Kinder von Patienten begegnet, die nach Unfalltod von Jenseitigen meist sofort aufgenommen wurden. Sie erhalten Belehrung und Unterricht und sind durchweg zufrieden. Auf den höheren der sieben Astralebenen sind Künstler und Wissenschaftler, die durch bildhafte oder konkrete Vorstellung aus feinstofflichem Äther Kunstwerke erschaffen können. Sie formen wunderbare, glänzende, lichte Objekte, die nach einiger Zeit wieder wunschgemäß zerfließen.
Die Jenseitigen können sich Tiere durch ihren Willen in ihre Gemeinschaft holen. Auch wilde Tiere leben dann harmonisch mit den Menschen und untereinander zusammen.
Da der Selbstmord sehr vom Motiv abhängig ist, zeigt sich das jenseitige Leben dieser Unglücklichen entsprechend unterschiedlich. Normalerweise bleiben sie bis zu dem Tag, an dem sie schicksalsmäßig verstorben wären, in einem besonderen Zustand. Von ihnen hat sich der Vitalitätskörper nicht vollständig gelöst, daher haben sie noch mehr Verbindung zur

Erde als andere Verstorbene. Ich sah Selbstmörder, die immer wieder ihre Tat wiederholen mußten, solche, die glücklich und selbstvergessen vor sich hinlebten, andere, die wie benommen sind oder sich wie Träumende bewegten. Fast ausnahmslos hat der Selbstmord ungünstige Folgen für weitere Erdenleben.

Im irdischen Dasein sind die Widerstände größer als in der Astralwelt. Sie erfordern mehr Anstrengungen, wodurch eine schnellere Entwicklung stattfindet. Da wir jedoch nur ca. 1/12 bis 1/20 unserer Gesamtentwicklung auf dieser Erde verbringen und den Rest in jenseitigen Welten, ist es nützlich, über die Vorteile der Astralwelt Bescheid zu wissen. Auf der dritten bis fünften Ebene sind es folgende:

- Befreiung vom beschwerlichen, oft altersschwachen Körper.
- Bekleidung wird automatisch durch geistige Einstellung erschaffen.
- Bei vorheriger schwerer Krankheit entsteht Schmerzfreiheit. Bildet sich ein Mensch jedoch fest ein, er würde seine Gebrechen nie loswerden, dann braucht er im Jenseits evtl. Jahre, um endlich festzustellen, daß hier die Krankheit eine Selbsttäuschung ist. Ich sah Jenseitige, die noch fünf Jahre nach dem Ableben wegen eingebildeter Hüftarthrose mit einer Krücke gingen oder im Rollstuhl saßen.
- Bewegungsfreiheit, unbehinderter Durchgang durch geschlossene Türen und Wände.
- Treffen gleichgesinnter Bekannter und Unbekannter.
- Partner finden durch tiefe, innere Beziehungen zueinander, nicht durch bürgerliche Verträge.
- Die Ernährung geschieht meist durch unhörbare Töne, die Düfte und Farben ausströmen. Speisen und Getränke können aber durch Vorstellung und Willen erschaffen werden.
- Geliebte Freunde und Bekannte zeigen sich dem Jenseitigen

durch feinstoffliche, naturgetreue Abbilder. Oft meint er, die noch Lebenden seien bei ihm.

- Selten Zeitverlust durch Schlafen. Dieser kann eintreten, wenn der Jenseitige von einer niederen auf eine höhere Stufe fortschreitet.
- Die Fortbewegungsmöglichkeiten mit Hilfe der Gedankenkräfte und Wunschgedanken sind unbegrenzt, keine Reisespesen und -mühen.
- Bücher und Lehrmaterial in fremden Sprachen werden durch tönende, ätherische Bildersprache erfaßt, so wie die Autoren den Inhalt ursprünglich bildhaft in sich trugen. Dadurch entfallen Verständigungsschwierigkeiten.
- Gefühle, Gedanken und Absichten anderer Jenseitiger oder Irdischer werden durch entsprechende Formen und bestimmte Farben wahrgenommen, die sich aus den Emotions- und Denkkörpern entwickeln.
- Oft Überschaubarkeit oder Vorausschau von Ereignissen, auch von der neuen irdischen Inkarnation des kommenden Lebens.
- Harmonie und Frieden sowie Erkenntnisse und Zugang zu jeglichem Wissen zeigen sich auf den höheren Astralebenen.
- Dort ertönt auch harmonische, überirdische Musik, die wunderbare Duftsymphonien ausströmt.
- Schließlich für einen Teil der Verstorbenen das unvergleichliche, erlösende Ereignis der wunschlosen Geborgenheit und der wahren, inneren Heimat des strahlenden Lichtes.

Wie helfen wir nun unseren Toten? Diese versuchen, im Traum oder im Tagesbewußtsein Kontakt mit ihren Hinterbliebenen aufzunehmen. Gefühlsbetonte Gedanken, die an sie direkt gerichtet sind oder eines ihrer Interessengebiete berühren, können sie herbeiholen. Immer, wenn intensiv an sie gedacht oder über sie geredet wird, stehen sie neben den Lebenden. Ich konnte wiederholt erfahren, daß mein Lesen eines Buches den verstorbenen Autor herbeiholen kann. Wenn ich seine Gedanken innerlich bejahte, hatte ich einen glücklichen Schriftsteller vor mir, lehnte ich sie ab, schimpfte er mit mir.

Verstorbene halten sich, entsprechend ihren Interessen, gerne an Orten auf, die sie im Erdendasein häufig aufgesucht hatten. So ist manches Kirchenkonzert bis auf den letzten Platz mit ihnen ausgefüllt, wobei sie zwischen den Lebenden sitzen. Auch Kunstausstellungen und Vorträge werden von ihnen besucht. In Gasthäusern versuchen sie, durch Lebende ihre Süchte zu befriedigen, und können diese Menschen anreizen, über ihren Durst zu trinken.

Edelgesinnte Verstorbene wollen den Diesseitigen mitteilen, daß unser jenseitiges Wohl ausnahmslos von eigenen Anstrengungen abhängt und wir mit Vernunft und Verstand uns manche Qualen in Zukunft ersparen.

Bei den hilfebedürftigen »armen Seelen« der jenseitigen Welten hat sich bewährt, sie immer zuerst zu fragen, ob sie sich und anderen wirklich vergeben haben. Dann kann, in Anlehnung an ein Gebet, die Fürbitte »Herr, gib ihnen Ruhe und Frieden. Dein ewiges Licht leuchte ihnen« von großem Nutzen sein, denn sie sehnen sich nach dem göttlichen Licht und fürchten sich zugleich davor. Weiterhin sollte man ihnen liebevolle Helfer und schützende Engel wünschen, denn sie sind oft »von allen guten Geistern verlassen«.

Wenn der Astralkörper seine Emotionen völlig ausgelebt hat, wird er alt (bis zu 3000 Jahren) und brüchig und löst sich wie der physische Körper auf. Fast jeder Mensch wurde kurze oder lange Zeit in seinem Erden- oder Astraldasein durch Ideale, Liebe, Verehrung und den Dienst für ein gutes Ziel bewegt. Alles dies läßt ihn nach Abstreifen der je sieben Astral- und Mentalhüllen bzw. Doppelgänger in die Himmelswelt aufsteigen. Hier findet er keine konkreten Formen, sondern Harmonie, Schönheit, Licht, Musik und Seelenfrieden. Er erlebt das Einheitsgefühl mit dem Unendlichen und die Gerechtigkeit des Karma. Der Himmel beherbergt auch die Gruppenseelen unserer Tiere. Von hier aus kann der Mensch zurückkehren zur Hilfe für Mitmenschen im Astralbereich oder auf Erden. Auch Wiederverkörperungen auf anderen Planeten sind möglich. Sein individuelles höheres Selbst steigt hierzu von einer hohen Ebene auf die tieferliegenden herab und gestaltet ihm seine neuen Körper, mit denen er Erfahrungen und Fähigkeiten erwerben soll. Jedoch nur seine Körper sind neu, sein göttlicher, ewiger Wesenskern (höheres Selbst) bleibt. Im Normalfall verfügt er über keine Rückerinnerung an seine vergangenen Existenzen (weil der Mentalkörper, der dem Gedächtnis entspricht, ebenfalls neu gestaltet wurde).

Jedoch bewahrt sein unsterbliches Selbst die Erinnerung an die Ketten vergangener Daseinsformen (goldene = selbstlose und eiserne = zwingende). Das Selbst kann diese den neuen irdischen Persönlichkeiten bewußtmachen. Wenn seine Seele »erwacht« ist, arbeitet sie freiwillig als Werkzeug am Plan der Evolution (Entwicklung). Der fortgeschrittene Mensch verzichtet auf den Himmel und kehrt freiwillig auf die Erde zurück, um dort zu helfen. Beispielsweise hat sich zur Zeit ein Fortgeschrittener (ein Meister) in Mitteleuropa verkörpert, der bereits heute schon im Kindesalter eine wunderbar weitstrahlende Aura besitzt.

Ein Teil der Himmelswelt oder die höhere Mentalebene bildet die Buddhi-Ebene (siehe Übersicht S. 32/33). Hier wird durch Mitempfinden, Mitleid und Liebe der andere erlebt, als ob man mit ihm eins wäre. Das sogenannte »Nirwana« liegt als höchster Bewußtseinsraum über der Buddhi-Ebene, als Ort der Aktivität, nicht Inaktivität. Es ist das »Nichts«, in dem alles gleichzeitig und gleichwertig vorhanden ist und sich so die Gegensätze aufheben und es deshalb (beurteilt von unserer jetzigen Bewußtseinsstufe) als »Nichts« erscheint. Es ist eigentlich der Bereich des All/Alles. »Nichts« wird es nur genannt, weil die uns augenblicklich bekannten höheren und niederen Dinge und Kräfte in ihm aufgehen und nicht mehr in der *gewohnten* Form und Bedeutung existieren.

Erreicht wird es von denjenigen, die das Glück und Heil des Ganzen über ihr eigenes Wohlergehen stellen. Nicht nur die Persönlichkeit haben sie beherrschen gelernt, sondern alle Fähigkeiten, Willen und Kräfte im Bewußtsein der Einheit zum Wohle aller Lebewesen voll eingesetzt. Der entfaltete Mensch hat hier den Ichwahn und die Selbsttäuschung überwunden. Diese Ebene bedeutet Weisheit, Liebe, Demut und Macht über Leben und Tod in der Gemeinschaft der Vollendeten.

Für viele Menschen stellt sich nun die Frage, ob und wie man zu den höheren Ebenen aufsteigen kann, trotz Charakterschwächen, täglichen Sorgen, Schwierigkeiten aller Art u. a. m. Wir schaffen über viele Jahre ein bestimmtes Muster individueller Astral- und Mentalmaterie. Aus diesem gestalten wir unsere Emotions- und Denkkörper, die wie ein Schwamm ähnlichen Äther ansaugen. Durch sich häufig wiederholende, umgestaltende Gefühle und Gedanken (siehe Kapitel X) können diese Körper im Guten wie im Bösen umerzogen werden.

Darüber hinaus verfeinern idealistisches Denken und selbstlose Taten unsere unsichtbaren Hüllen. Beim Sterben zieht uns unser Emotionskörper auf die entsprechende niedrige oder hohe Astralebene, die die gleiche Frequenz hat wie er. Niedrige Emotionen und Gedanken, z. B. Selbstsucht und Wut, erschaffen nicht nur dunkle, schwere Materie, sondern konzentrieren sich bis zum Ende eines jeden Lebens in den sogenannten »permanenten Atomen«, die tiefschwarzen Apfelkernen ähneln und im Steißbein aufbewahrt werden. In einem kommenden Leben wirft das höhere Selbst uns diese zur Entwicklungsförderung in den Weg. Das Karma keimt dann z. B. plötzlich als schweres, schwarzes und krankmachendes Chi auf und überschwemmt explosionsartig die feinstofflichen Körper mit noch nie dagewesener Krankheit. Durch das Ausleben dieses neuen Leidens, Verzicht auf liebgewonnene Gewohnheiten und Verarbeitung der damit zusammenhängenden Probleme können sich die düsteren, unerwünschten Energien wieder auflösen.

Ohne die Gnade und Gerechtigkeit, die uns die Möglichkeit zu sich wiederholenden Erdenleben geben, könnten wir weder unsere Talente ausbilden noch uns verbessern und entwickeln. Eine echte spirituelle Evolution ist nur möglich, wenn wir nach unserem Erdenleben viel Zeit haben, um uns über uns selbst und unsere »Erbsünde« oder Erbschaft aus früheren Epochen klarzuwerden. Nach jedem Verlassen der Erde speichern unser höheres Selbst sowie bestimmte Engel die positiven und negativen Ergebnisse, und wir kehren mit neuer Erfahrung und erweitertem Bewußtsein zu den jenseitigen Welten zurück.

Denken und Handeln in jedem Erdenleben sind von unserer jeweiligen Erkenntnis- und Entwicklungsstufe geprägt. In jedem Dasein spielen wir die Hauptrolle in einem anderen Theaterstück. Unser höheres Selbst und die himmlischen Boten wählen Verkleidung, Maske, Rolle und Ort der Aufführung. Es bedient sich dazu der vier Körper der irdischen Persönlichkeit (physischer Leib, Vitalitäts-, Emotions-, niederer Denkkörper). Mit den neuen Körpern wird unserem spirituellen Selbst immer wieder ein Gefäß, eine andere Form oder eine neue Bekleidung gegeben. Glücklicherweise bekommen wir mit jeder Reinkarnation eine Chance, die in vergangenen Erdenleben erworbenen Erfahrungen durch zusätzliche, wie Erkennen von Ursachen und Wirkungen, Pflichterfüllung, Wunschlosigkeit, inneren Frieden, Weisheit und Einheitsgefühl mit dem All, zu erweitern.

Da das Gehirn unseres physischen Körpers zerfällt, erinnern wir uns selten an ein vergangenes Leben. Weil wir über verschiedene Leben an ein und demselben Problem oder vielleicht mehreren zu arbeiten haben, die sich wiederholen und durch intensives Nachdenken und »Nach-innen-Horchen« oft leicht zu erkennen sind, ist eine Rückerinnerung nicht in allen Fällen erforderlich. Ein Beispiel für eine Lernaufgabe, die sich über mehrere Leben hinziehen kann, ist häufig die Überwindung der Überbewertung der eigenen Person. In diesem Fall muß der Mensch u. a. daran arbeiten, das Verlangen nach ungeteilter Aufmerksamkeit für sich und seine Mitteilungen einzudämmen, wie auch den Wunsch nach übertriebener, ständiger Beachtung und das Bestreben, in jeder Gemeinschaft oder Gesellschaft im Mittelpunkt zu stehen.

Ein weiteres Beispiel für ein Lernziel, das sich über mehrere Leben erstreckt, ist das Erwerben der immerwährenden Aufmerksamkeit, sichtbar z. B. im Schicksal einer Patientin, in deren letzte Reinkarnation ich Einblicke hatte. Sie war im 16. Jahrhundert in Granada als junge Zigeunerin und erfolgreiche Händlerin auf dem Markt achtlos hinter von Fliegen geplagten Pferden umhergegangen. Wie meistens vertraute sie ihrem Glück und »gutem Gefühl«. Öfters schon war sie vor jungen, unruhigen Pferden gewarnt worden. Plötzlich wurde ein Pferd, hinter das sie sich gestellt hatte, nervös und schlug kräftig aus. Es traf sie links neben dem unteren Rückgrat. Sie verstarb infolge der Verletzung sofort. Als die Patientin diese Geschichte von mir hörte, wurde sie bleich und zeigte eine angeborene, faustgroße, schmerzlose Vertiefung links neben der Wirbelsäule, an der gleichen Stelle, an der das Pferd sie in ihrem vorherigen Leben getroffen hatte. Eltern und Ärzte hatten vergeblich versucht, diese Anomalie zu erklären. Die ehemalige Zigeunerin sollte auch im gegenwärtigen Leben auf die realitätsbezogene Aufmerksamkeit hingewiesen werden, die sie schon in ihrem vergangenen Erdenleben hätte lernen sollen. Auch ihr jetziges Verhalten zeigte eindeutig dieselben Charakteristika wie in der Inkarnation des 16. Jahrhunderts. Daraus wird ersichtlich, daß

sich Lernaufgaben und Probleme in aufeinanderfolgenden Erdenleben wiederholen.
Wir erkennen Menschen aus vorherigen Leben oft an einem Zusammengehörigkeitsgefühl, einer Empfindung von Vertrautheit. Unsere Verkörperung als Frau oder Mann wird von unserer Idealisierung der Eigenschaften eines bestimmten Geschlechtes oder der Wertschätzung einer bestimmten Person bestimmt. Wer beispielsweise Kraft, Mut und Kampf idealisiert, wird als männliches Wesen mit diesen Eigenschaften wiedergeboren oder bekommt die Gelegenheiten, die erwähnten Qualitäten auszuleben. Nur derjenige, der Toleranz und Gleichwertigkeit beiden Geschlechtern gegenüber empfindet, wählt sich sein Geschlecht vor dem Erscheinen auf der Erde selbst. Das Erkennen unserer Natur und der Ursachen unseres Verhaltens ebnet den Weg zur Befreiung vom Gesetz der Ursache und Wirkung (= Gesetz des Karma und der Wiedergeburten). In Matth. 5.36 wurde mit dem »Wahrlich, es wird niemand aus dem Kerker herauskommen, bis daß der letzte Heller bezahlt ist« dieses Problem angesprochen. Das Karmagesetz regelt neben dem einzelnen Schicksal auch dasjenige eines Volkes und das Verhältnis der Völker untereinander.
Das nächste Kapitel befaßt sich mit der praktischen Anleitung zur Deutung von Tagesphantasien und Träumen.

Die größten Schwierigkeiten liegen da, wo wir sie nicht suchen.

J. W. v. Goethe, 1749–1832

IX. Anleitung zur Deutung von Tagesphantasien und Träumen

Die Tagesphantasien

Zum Tagtraum, d. h. zu den bewußt oder unbewußt herbeigeführten Phantasien und Wunschvorstellungen, gehören auch die Einschlaf- und Aufwachphantasien. Sie treten vermehrt bei Müdigkeit, die durch Schlafmangel verursacht wurde, auf. Jeder Mensch unterliegt ihnen in schwächerem oder stärkerem Maß. Es ist auch hilfreich, sie zur Klärung der Psyche zu deuten, denn auch sie vermitteln neue Einsichten.

Zur Durchführung des gezielten Ablaufes von Tagesphantasien ist anzuraten, zu einer regelmäßigen Tageszeit, z. B. 10 Minuten vor dem Schlafengehen, entspannt sitzend, 2 bis 3 mal pro Woche in einem ungestörten Raum sich auf die zu lösenden Probleme mit der nachfolgenden Methode einzustellen. Nach ca. 3 Monaten lassen sich die Übungen auf 20 Minuten und nach weiteren 3 Monaten auf etwa 30 Minuten ausdehnen. Das Auftauchen bestimmter innerer Bilder, die sich hartnäckig wiederholen, wird (wie bei Träumen) u. a. durch besondere Gemütsverfassungen, uneingestandene Wünsche, Ideen und Konflikte ausgelöst.

Die allermeisten Menschen werden nach ein wenig Übung in der Lage sein, ihre Tagesphantasien (das innere Bildersehen) absichtlich und gezielt auf ihren aktuellen Problemkreis zu konzentrieren. Diese Innenschau mag in passiver Weise stattfinden, indem man sich auf eine Schwierigkeit oder ein Ereignis einstellt, ein Bild auftauchen und weitere Bilderfolgen filmartig ablaufen läßt und diese betrachtet (= passive Imagination). Bei der aktiven inneren Bildbetrachtung (= aktive Imagination) schaltet sich der Übende als Teilnehmer des inneren Geschehens ein. Er unterhält sich beispielsweise mit den Bilderfiguren und handelt und behandelt sie wie im täglichen Leben. Er fragt z. B. nach ihren Motiven: »Was beabsichtigst du und bezweckst du mit diesem Verhalten?« Auch kann der Bilderschauende den inneren Film und die Handlungen ändern. Mit einer imaginären Taschenlampe oder einem vorgestellten intensiven, gebündelten Lichtstrahl erhellt er unklare oder lichtlose Vorgänge. Bei Gefahr wird um göttlichen Beistand gebeten; der Schutzengel oder das spirituelle Selbst werden zur Hilfe herbeigerufen.

Seltsame, öfters wiederkehrende Tiere, Geister oder sonstige mythologische Wesen können im Traumsymbollexikon dieses Buches nachgeschlagen werden. Um diese Gestalten des eigenen Unbewußten sicherer zu erkennen, stellt sich der Übende entweder eine ganz glatte, klare Wasserfläche oder einen Spiegel vor. Hinter diesen sieht er häufig seine unbewußten Triebe, Antriebe und nichteingestandene Gefühle und Eigenschaften, z. B. zeigt eine immer wieder erscheinende giftgrüne Schlange Eifersucht an. Zusätzlich können Tagesphantasien wie Träume aufgezeichnet und gezielt gedeutet werden (Beispiele siehe nächste Seiten). Schließlich lassen sich Traumprobleme durch gelenktes inneres Bildersehen stärker erhellen und besser lösen.

Um eine besondere Methode des Wachtraumes hat sich der New Yorker Psychiater und Psychoanalytiker G. Epstein verdient gemacht. Er sagt: »Im Wachtraum ist man gleichzeitig Beobachter (mit dem Gebrauch aller seiner fünf Sinne) und Beobachtetes, Zeuge und Bezeugtes und Erlebender und Erleb-

tes« (gekürztes Zitat). »Auch ist der Tagträumer Handelnder und ein Teil der Handlung.«
Der Übende wählt ein »bedeutendes, unwiderstehliches oder auffallendes Element« oder Motiv aus seinem Nachttraum für die Durchführung des Tagtraumes. Er formuliert klar, auf welche Fragen Antwort gesucht wird. Es dürfen nur eine oder drei Fragen gestellt werden (nie zwei, wegen der Gefahr der Dualität!).

Die Traumerinnerung

Vor dem Einschlafen bewährten sich Eigensuggestionen wie: »Jeder für mich hilfreiche Traum bleibt im Gedächtnis« oder »Ich werde mich an Träume, die meinem Besten dienen, erinnern« oder »Ich behalte meinen Traum ganz sicher«. Auffallend für jeden Traumanalysanden ist, daß Menschen, die in der Tageswirklichkeit unkompliziert und offen über ihre Emotionen sprechen können, sich besser an ihre Träume erinnern als solche, die seltener Gefühlsäußerungen von sich geben. Letztere verdrängen gerne ihre Probleme in Realität und Traum.
Menschen, die früh aufstehen müssen und einen genauen Zeitplan haben, können oder wollen sich nicht mit ihren Träumen befassen, da dies für sie Zeitverlust bedeutet. Auch sind eine Reihe von Menschen mit ihrer Rolle, die sie tagtäglich spielen, zufrieden und wollen sich nicht mit Unliebsamem auseinandersetzen. Während vieler Praxisjahre konnte ich wiederholt beobachten, daß solche Menschen vermehrt zu chronischen, langwierigen Krankheiten und komplizierten Unfällen neigen. Hierdurch erzwingt sich ihr höheres Selbst mehr Zeit zum Nachdenken und zur Bewußtseinserweiterung, denen sie sich durch Ausweichen und Verdrängung zu entziehen versuchen. Jedenfalls sollte man nach dem morgendlichen Aufwachen be-

strebt sein, sich an seine Träume zu erinnern, am besten, indem man noch einige Minuten in derselben Körperhaltung verharrt.

Die Traumaufzeichnung

Tagesträumereien werden genauso wie nächtliche Träume aufgezeichnet und gedeutet. Sie ersetzen evtl. die Nachtträume, die oft nicht erinnert werden. Alle Träume sollten in ein dafür vorgesehenes Traumbuch mit Tagesdaten geschrieben werden. Es empfiehlt sich, das Querformat eines DIN-A4-Ringbuchblattes zu wählen. Das Buch läßt sich so aufschlagen, daß auch ein längerer Traum auf zwei DIN-A4-Seiten Platz hat. Dieses Ringbuch liegt immer mit Bleistiften, Buntstiften, Kugelschreibern und Taschenlampe neben Ihrem Bett. Es ermöglicht das Notieren der Träume zu jeder Nachtstunde.

Träume werden nicht in Stichworten, sonder wörtlich mit genauen Zeitangaben auf die linke Seite des Blattes geschrieben, unter die Rubrik »TRAUMAUFZEICHNUNG (MIT ZEITANGABEN)«, wie auf den nächsten Seiten in den Traumbeispielen angegeben. Die Unterteilung in Themen, Szenenwechsel oder das Versehen einzelner Abschnitte mit Überschriften und Leitideen kann mit buntem Stift vorgenommen werden. Wichtige Ereignisse markieren Sie farbig. Auch Zeichnungen können zum Traum angefertigt werden.

Nach der Niederschrift sollte man den Traum noch einmal mündlich jemandem oder sich selbst erzählen und eventuelle Korrekturen vornehmen. Nur Menschen, denen man absolutes Vertrauen entgegenbringt, sollten Träume anvertraut werden. Ein Traumaustausch zwischen Partnern wäre wünschenswert.

Alles, was beim ursprünglichen Aufschreiben vergessen wurde und nachträglich ergänzt wird, kann auf Themen deuten, die wir häufig aus unserem Wachbewußtsein verdrängen möchten. Daher sollten wir das »Vergessene« besonders aufmerksam betrachten. Diese gründliche Traumaufzeichnung mutet umständlich an. Nach wenigen Wochen und etwas Übung läßt sich diese Methoden aber »wie im Schlaf beherrschen«. Tagesphantasien oder Träume lassen sich aufzeichnen, malen oder auf ein Tonband aufsprechen.

Verläuft trotz aller bisherigen Vorschläge die eigene Traumarbeit ergebnislos, dann ist zur Traumaufschlüsselung in *Traumserien* anzuraten. Hierbei werden über einen längeren Zeitraum alle Träume genauestens in ein Traumtagebuch geschrieben und dann nach Wochen/Monaten in einer »Sitzung« auf *wiederkehrende Symbole* und sich *wiederholende Leitmotive* untersucht. Hierbei fallen dem Deuter oft »die Schuppen von den Augen«.

Zur genaueren Traumklärung hat sich nachfolgende Methode nach Epstein bewährt:

Der Praktizierende sitzt entspannt mit geschlossenen Augen auf einem Stuhl mit gerader Lehne oder auf einem Hocker vor einer Wand (siehe Abb. in Kapitel X S. 231). Während er ruhig und gleichmäßig »seine inneren Abfallprodukte« ausatmet (als grauen Rauch durch den Mund) und beim Einatmen von »blauem und goldenem Licht« durch die Nase seine Sinne nach innen auf den Mittelpunkt seines Seins lenkt, erzeugt er in sich Ruhe und Gelassenheit.

Sein ganzer Körper und jeder Muskel sind völlig entspannt und durchdrungen von Ruhe und Energie. Der Vorgang wird ganz ähnlich wie bei der Soforthypnose (siehe Kapitel X) in 30 bis 60 Sekunden oder ein wenig länger eingeleitet. In der Vorstellung des Übenden füllt sich sein Körper mit »saphirblauem Licht«, das jetzt inner- und außerhalb von ihm existiert.

Der Tagträumer imaginiert, daß er aufsteht, aus dem Zimmer geht und in etwa 30 Minuten zurückkehrt zu einer ganz bestimmten Situation seines Traumes. (Beim ersten Versuch benötigt er möglicherweise für diesen Hinweg bis zu zwei Stunden,

später normalerweise etwa 30 Minuten). Beim Rückgang fliegt oder schwebt er rasch in seinen Stuhl zurück. Nach dem Augenöffnen (ohne Aufhebung der Hypnose) versucht er, auf einer leeren Wandfläche vor sich die vorherigen Ereignisse noch einmal zu betrachten und zu erleben. Der Höhepunkt der Erlebnisse wird – ohne zu sprechen – in ca. 30 Sekunden noch einmal gesehen und klar in Worte gefaßt.
Dann erfolgt die Beendigung der Hypnose. Der Übende atmet ruhig und gleichmäßig und kehrt mit völlig geöffneten Augen in die Tagesrealität zurück – entspannt, frisch, verjüngt und angefüllt mit Energie und Harmonie. Er schreibt oder malt alles Erlebte *sofort* auf. Resultate stellen sich in der Regel nach wiederholten Übungsversuchen ein.
In gefährlichen Situationen empfiehlt Epstein, Schutzmaßnahmen zu treffen. Beim Betreten einer Höhle z. B. werden Taschenlampe und Spitzhacke mitgenommen. Droht Gefahr durch Ertrinken, zieht man einen Taucheranzug an.
Über unklare, verwirrende und nicht verstandene Traumbilder braucht man sich nicht den Kopf zu zerbrechen, denn sie können einfache Ätherfetzen oder Teile astraler Szenen darstellen, die einen nicht intakten Vitalitätskörper anzeigen. Wenn unser höheres Selbst uns neue Erfahrungen nahebringen will, dann versucht es dies öfters und mit viel Geduld. Es hat unzählige verschiedene Möglichkeiten, dem Gehirn Bilder unseres Vitalitätskörpers nachhaltig einzuprägen, und sei es durch »zufällige« Geschehnisse in der Tagesrealität.
Wenn die Traumdeutung wirklich schwerfällt und man das Gefühl hat, in der Sackgasse zu stecken, steht immer noch der Weg zum Psychotherapeuten offen, der schnellere und bessere Übersicht durch ein wohlgeordnetes Traumtagebuch gewinnt.
Auf den nächsten Seiten finden Sie Träume, die mit Hilfe eines bestimmten, unten aufgeführten Schemas gedeutet wurden. Die

Aufschlüsselung nach sieben Gesichtspunkten hat vielen meiner Patienten bisher zu einer befriedigenden Traumdeutung verholfen. Nach den Traumbeispielen folgt die genaue Anleitung für jede der sieben Spalten.

Beispiele gedeuteter Träume

In den nachfolgenden Traumbeispielen entstand aus Platzgründen in den einzelnen Spalten manchmal eine geringfügige inhaltliche Verschiebung. Selbstverständlich wäre es auch möglich, die Deutungen der Beispiele noch variabler und erschöpfender zu gestalten.
Das Querformat eines DIN-A4-Blattes wird in acht Spalten unterteilt, die folgende Überschriften erhalten (hierbei werden über den Spalten nur die Ziffern angegeben):

IA. *Traumaufzeichnung (möglichst mit Zeitangaben)*
IB. *Die realistische oder reale Traumdeutung*
II. *Assoziationen oder Gedankenverbindungen*
III. *Individuelle und allgemeine Symbole*
IV. *Probleme, die den Symbolen und Traumaussagen zugrunde liegen*
V. *Verhältnis zur eigenen Person, zu Mitmenschen, Übersinnlichem*
VI. *Geisteshaltung oder tiefer Sinn hinter Symbolen und Problemen*
VII. *Nachprüfung und Resultat*

Die nächsten Seiten der Traumbeispiele zeigen – wie alle Träume –, daß der Trauminhalt auf jede individuelle Lebenssituation genau zugeschnitten ist und eine rein persönliche Sinngebung hat. Nehmen Sie zur Deutung das Traumsymbollexikon (Kapitel XII) zu Hilfe, das die verschiedenen Möglichkeiten jedes Symbols beleuchtet.

Manchen Leser, dem die Auslegungsmöglichkeiten der Symbole übertrieben erscheinen, möchte ich daran erinnern, daß das höhere Selbst – das wie ein Computer ordnend hinter dem Traumgeschehen steht – sich jeweils genau dem Niveau des Träumenden anzupassen hat.

IA	IB	II
»In unserem Wohnzimmer steht *mein Mann* mit einem *Fremden*, der *Schutzkleidung* anhat und ein Pflanzenschutzmittel hält. Ich bin erschrocken und frage, wo sie das Gift verspritzen wollen. Ich schicke sie zur Terrassentür hinaus. Mit dem *Baby* auf dem Arm trete ich in den Flur und laufe beiden Männern in die Quere. Tropfen des giftgrünen Spritzmittels treffen mich an der *Oberlippe*, und ich laufe mit dem Kind, es *abzuwaschen*, und sehe, daß es auch schon *gelbe Blasen* auf der ganzen Haut hat. Beim *Abwaschen* geht die Haut bis auf das Fleisch ab, was fürchterlich schmerzt (*Fleischwunden*). Plötzlich taucht ein schwerbeladenes *Kamel* im Hausgang auf und verblaßt bald wieder. Dann steht eine ca. 2 Meter hohe, -*bröckelnde, rotgraue Ziegelmauer* vor mir. Ich weiß, daß ich diese glücklicherweise *überklettern* könnte.«	Ehemann und Baby sind real vorhanden sowie das Wohnzimmer, in dem sich alltägliche Familienszenen abspielen.	*Mann mit* → *Fremdem, Schutzkleidung*: Beide Männer wirken auf die Träumende angsteinflößend. *Baby*: schutzlos. *Abwaschen*: Behüten, Reinlichkeit. (Der innere Seelenspiegel der Familie.) *Kamel:* Die Ferne winkt. → *Mauer:* Kerker. → *Überklettern:* Überwinden, Rettung. →

III	IV	V	VI	VII
Der Fremde in Schutzkleidung ist der unsichtbare Doppelgänger (siehe S. 306) des Ehemannes, der selbst gegen äußere und innere Gifte immun ist. *Gift*: vergiftete Atmosphäre. *Oberlippe (Mund)*: Gesprochenes. *Gelbe Blasen*: Angriff. *Fleischwunden:* Tiefe seelische Verletzungen Abreise, Umzug hindernde Lebensumstände	Menschliche Konflikte, das alltägliche Verhalten des Ehemannes, tauchen bildhaft auf. Die Frau versucht, die Aggressionen und die Lieblosigkeiten aus der Atmosphäre des Kindes zu entfernen. *Zur Ziegelmauer:* *Rot:* Liebe *Grau:* Angst *Bröckelnd:* nicht stabil	Das Verhalten des Mannes in der Realität bringt besonders dem Kleinkind unbewußte psychische Verletzungen bei. Der ganze Traum und vor allem die rot-graue, bröckelnde Ziegelmauer symbolisieren enttäuschte Liebe.	Dieser Traum entstand durch Mutterliebe, Angst und Besorgnis für das Kleinkind. Der vage Gedanke an einen Wohnungswechsel (das Kamel, das verblaßt) teilt sich der Träumerin mit.	Die aktive Träumerin fühlt, daß sie sich und ihr Kind in eine glücklichere Umgebung bringen sollte. Sie weiß auch unbewußt, daß sie hierzu die Kraft hat.

IA	IB	II
»Ich gehe mit meinem Mann durch Felder und Wiesen und sehe Gewässer, alles im Nebel. Dabei stelle ich fest, daß ich durch meine Worte und Hände den *Nebel verscheuchen* kann. Es ist ein faszinierendes Schauspiel, und voller Freude führe ich es aus. Plötzlich sehe ich rechts neben mir einen *dunklen Schatten*, fühle einen Schlag und fliege seitwärts nach links. Als ich mich wieder fasse, höre ich die Stimme meines Mannes aus einem *dunklen Graben* weiter unten. Er kommt nicht mehr heraus, ich soll ihm helfen. *Herr A. N.* steht dann plötzlich auf einem *Platz* und hält eine Rede, von *Broten* in *Türmen*. Die Szene wechselt. Ich bin plötzlich mehreren *wild aussehenden Menschen* ausgeliefert, die mit *Messern* auf mich *einstechen* wollen. Ich erwache mit einem Druck in der Brustgegend und abgrundtiefem Schrecken.«	Der Ehepartner und Herr A.N. (ein guter, gebildeter Freund) sind in der Tagesrealität vorhanden. Wild aussehende Menschen sind unbekannt.	*Nebel:* → Undurchsichtiges *Verscheuchen:* → Vertreiben *Schatten, dunkler:* → Gefahr *Graben, dunkler:* Falle → *Herr A. N.:* → ein sympathischer Freund *Platz:* → Begrenzung *Brote:* Nahrung → *Türme:* → Überblick *Menschen, wild aussehende:* (siehe → Doppelgänger, S. 306) *Messer, einstechen:* Gefahren →

III	IV	V	VI und VII
Unklare, seelische Situationen Klären, Analysieren Unvorhergesehene Schwierigkeit Krise Ein gläubiger, gebildeter Mensch Lebensraum Seelische Nahrung Übersicht über Probleme Charaktereigenschaften ungezügelter Art Agressivität, Gewalttaten	Hier wird das »Klima« im Leben und in der Partnerschaft beleuchtet. Unvorherzusehende tägliche Situationen oder Krisen machen den Partner hilflos. Der Freund A. N. versucht, zur Überschaubarkeit der Probleme beizutragen. Die Träumende fühlt sich häufig bedroht (Messer).	Partnerschaftliche Schwierigkeiten sind teils vom Schicksal (Karma) gesteuert. Zusätzlich kommen Entwicklungsstörungen in der Kindheit und sonstige Belastungen hinzu.	Die Partnerschaft kann durch aktives, positives Verhalten beeinflußt werden. Es sollten Wege aus der engen Sicht eines oder beider Partner gesucht werden, die über einen Wechsel im Verhalten oder in der religiösen Einstellung zu erreichen sind. Bewußtseinsverändernde oder -erweiternde Praktiken für beide Partner werden empfohlen. Die Träumerin leidet unbewußt unter den Aggressionen des Partners, so daß es bei ihr zu Herzbeschwerden und Atemnot gekommen ist.

IA	IB	II
»Ich komme von der Stadt Lindau und gehe nach Hause, während um mich herum ein reges Treiben herrscht. *Gelbe und schwarze Wolken* ziehen auf. Mir gegenüber steht ein *dünner Asiate* (Chinese, Inder?). Es ist *kalt* und *dunkel* geworden. Er zittert unter seinem Mantel. Er ist fast zerbrechlich dünn und scheint *krank* zu sein. Ich lege schützend einen Arm um ihn, und wir rennen fluchtartig nach Hause. Von der *Brücke* herab werfe ich einen Blick auf den Bodensee. Auf einem *Schiff* sind Leute hektisch beschäftigt, eine Katastrophe zu bekämpfen. Sie versuchen, das *Feuer* auf dem Schiffsdeck zu *löschen*. Auf dem Heimweg sehe ich einen *Baum*, der auf der *linken* Hälfte *grün*, auf der *rechten* fast *laublos* ist. An ihm hängt eine *Uhr*, die genau *12.00 Uhr* anzeigt.« (Anmerkung: Dieser Traum wurde in ähnlicher Form mehrmals von einer 40jährigen Träumerin vor dem Reaktorunfall im April 1986 in Tschernobyl geträumt.)	Real vorhanden ist die Stadt Lindau mit Bodensee, Brücke und Schiff.	*Wolken gelbe/schwarze:* Bedrohung → *Asiate, dünner*: geheimnisvoll → *kalt, dunkel, krank* : Unhei → *Brücke*: Übergang → *Schiff*: Lebenserfahrung → *Feuer, löschen*: Gefahr stoppen → *Baum*: Natur → *links grün:* gesund → *rechts laublos:* ungesund → *Uhr*: wichtiges Ereignis → *12.00 Uhr*: Mahnung zur Eile →

III	IV	V	VI	VII
Pessimismus Geheimnisvoller Teil der Träumenden (siehe Doppelgänger S. 306) zeigt eigene Vitalität an. Isolation, Resignation Übersicht, Veränderung Krise, Konflikt Zerstörung eindämmen, heilen Lebensbaum, in der Vergangenheit vital, in der Zukunft krank. Mahnung	Der dünne, frierende (wenig Lebenskraft), kränkliche Asiate drückt die schwache, verletzbare körperliche Verfassung (die Lebenskraft) der Träumerin aus. Der Baum ist ein Vitalitätssymbol.	Die Träumerin geht nach Hause, um Schutz zu suchen. Innerlich besinnt sie sich auf sich selbst und zieht sich in sich selbst zurück. Die Vorahnung und Angst vor dem drohenden Unheil oder der Krankheit zwingen sie dazu.	Asiaten kennen geheimnisvolle Methoden der Lebensverlängerung. Jedoch bringen diese Methoden bei einem Reaktorunfall nur geringe Hilfe. Auch hat sich die Träumerin gerade mit asiatischer Heilkunst real angefreundet.	Sie weiß, daß sie ihre Vitalität stärken muß und ihrem inneren Kern durch geistige Praktiken näherkommen sollte. Die Träumerin befindet sich in der Lebensmitte.

I A	I B	II
Traum 1: »Ich stehe vor einer Theaterbühne mit schnell wechselnden Szenen, auf der zuerst eine *griechische* Schilflandschaft mit einigen der bekannten Götter auftaucht. Dann zeigt sich ein *mittelalterliches Städtchen* mit schwerarbeitenden und gottesfürchtigen Menschen. Jetzt erscheint ein Paar aus der *französischen Revolution* in typischer Tracht. Dann stehe ich mit einem Partner auf einer (Weg-) Kreuzung, und wir tanzen *Rock'n'Roll* – jeder für sich! Von der *Kreuzung* geht auf dem linken Weg einer meiner *vielreisenden Freunde* (*zerlumpt* und nachlässig). Haushoch aufgestapelte Schnaps- und Bierflaschen säumen den Weg. Auf der rechten Straße wandert ein entfernter *Bekannter* in heller, sauberer Kleidung. Ihn charakterisiert ein hohes Verantwortungsgefühl.« *Traum 2*: »Vor einer Tempelanlage am *thailändischen* Meeresstrand starrt mich ein großer *Hund* wie drohend an. Ein *schwerer Gegenstand* fällt auf mich. Ich erwache mit Atemnot.«	*Die ersten drei Traumszenen* → sind wirkliche Vergangenheit der abendländischen Menschheitsgeschichte. Der *vielreisende*→ (jedoch im Realen nicht zerlumpte) *Freund*→ und der *Bekannte* leben wirklich. die Träumende steht vor einer *Thailandreise.* *Gegenstand, schwerer.* Krankheit, → Unfall, Gefahr (siehe Traumsymbollexikon)	Die drei → Traumbilder lösen innere Beklemmung bei der Träumenden aus. Hier kann sie endlich frei aufatmen! → Für diesen Freund empfindet sie → Symphathien. Den Bekannten hält sie → für altmodisch. Die Träumende ist gesund und nicht anfällig für Atemwegsleiden.

I	IV	V	VI	VII
riechenland: → ligiöses id ethisches erhalten *ittelalter:* → erankerung Gemeinhaft/Kirche *anzösische evolution:* → eiheit, eichheit, rüderlichkeit *ock'n'Roll:* olation, genverantortung *euzung:* Entheidung *eund, zermpter:* eund ohne htes ebensziel *ekannter:* das ewissen *ailand:* Freiit, Abenteu-, Alkohol *und:* → Gefahr	Unselbständigkeit, eigene Entscheidungen von den Göttern abhängig machen Beengung, Unfreiheit Aufdämmern von Handlungsfreiheit Unbekümmertheit und lässiger Lebensstil werden nachgeahmt. Pflichterfüllung ist eine Bürde. Schicksalswende, einschneidende Veränderung	Verantwortung und Zwänge werden von der Träumenden als Unfreiheit abgelehnt. Die Hauptantriebe des Freundes (Reiselust und Alkohol) imponieren der Träumenden und werden nachgeahmt.	Der Traum stellt die Entwicklung, Eigenverantwortung, Vereinsamung und das individuelle Selbständigwerden des abendländischen Menschen dar. All dies spielt sich auf der »inneren« Bühne des Lebens ab. In der modernen Zeit »tanzt« dort das Individuum allein.	Traum 1 und 2 aus dem Tagebuch einer 35jährigen Weltenbummlerin wurden in aufeinanderfolgenden Nächten geträumt. Vier Tage später ertrank sie durch eine hohe Flutwelle in Thailand.

IA	IB	II
»Auf einer Meeres*insel*, in einem schönen *Gefängnis* bin ich mit meiner religiösen Sekte zusammen. Ich frage meinen einzigen guten Freund P., ob er mit mir fliehen würde. Er meint, er könnte mit seinem *Holzbein* nicht weglaufen. Ich gehe an *5* lärmenden, wilden *Affen* vorbei und fliehe dann mit einem *Flugzeug* in eine wunderschöne, *weiße Stadt* mit Kirchen, Tempeln und Moscheen jeder Religion. Dann sagt ein weißgekleideter, ehrwürdiger *Greis* neben mir: ›Prüfe alles selbst und behalte das Beste!‹ Jetzt stehe ich am Rande eines sonnenbeschienenen, *kreisrunden Sees* bis zur Brusthöhe im angenehm *warmen, klaren, smaragdgrünen Wasser*. *7 Bahnen* weißer, halbgeöffneter *Seerosen* laufen auf die Seemitte zu, wo eine goldene, aufgerichtete *Schlange* unbeweglich steht. Zuversichtlich, mit innerer Gewißheit erfüllt, erwache ich.«	In der Tagesrealität existieren der Freund P. und die Sekte. Die Träumerin ist 42 Jahre alt und Anhängerin einer Sekte.	*Insel/Gefängnis:* Trennung *Holzbein:* → behindert *5 Affen:* 5 → Sinne *Flugzeug:* Freiheit *Stadt, weiß:* – Suche, Wahl *Greis:* → Gewissen *Eintauchen:* – *See, rund:* → Erfahrungsbereich *Sonne:* → Licht *Wasser, klar und warm:* → positiv *smaragdgrün:* → Neubeginn *7 Bahnen:* → Chancen *Seerosen/Schlange:* → Umwandlung

III	IV	V	VI	VII
Isolation, eingeengte Ansichten falscher Standpunkt Imitationstrieb, Taub-/Blindheit Initiative, Erlösung religiöse Chancen, höheres Selbst Taufe psychisches Umfeld Lebenszentrum lebendige transparente Geistigkeit mystischer Frühling 7 Entwicklungswege erwachte Spiritualität, Kundalini (siehe Traumsymbollexikon)	Die Träumende besinnt sich auf sich selbst. Die Einstellung ihres Freundes behindert dessen eigene Erlebnisfähigkeit. Mit einem Holzbein (geistige Prothese) ist man unflexibel und kann nicht weit gehen. Die Träumende sucht neue spirituelle Möglichkeiten.	Das Gefühl der Unzufriedenheit mit der Gemeinschaft, der Imitationstrieb der Anhänger und die Selbstzufriedenheit des Freundes P. lassen die Träumende auf eigene geistige Suche gehen.	Während andere Menschen, die die Träumende kennt, festgefahren, konventionell und inaktiv sind, findet die Suchende verborgene Möglichkeiten durch den Traum in sich selbst. Als Symbole des höheren Selbst tauchen auf: der Greis, die goldene, aufgerichtete Schlange und der Kreis (= kreisrunder See).	Die Träumerin erwacht mit tiefer Gewißheit. Als Anhängerin einer Religionsgemeinschaft übernahm sie deren Aussagen über den Lebenssinn. Der Traum zeigt ihr, daß sie ihn selbst suchen muß und darüber tiefe Befriedigung erfahren kann.

IA	IB	II
»Auf meinem Heimatfriedhof erkannte ich meinen Namen und darunter das Wort ›*Michaeli*‹. Dann erinnerte ich mich undeutlich an verstorbene Bekannte und einen mir unsichtbaren Begleiter. Mit diesem stand ich selbst ohne Arme in einem Raum, in dem ein armes, krankes *Kind* frierend auf dem Boden lag. Ein Schrecken durchfuhr mich. Über dem nächsten Raum las ich das Wort ›*Glaube*‹ und sah mich nach dem Eintreten selbst als *Soldat*. Über einem weiteren Raum stand das Wort ›*Hoffnung*‹. Hierin saß eine trauernde, jüngere *Frau* in *dunkelblauem* langen Samt*kleid* mit *goldenen Ornamenten* und *goldenem Haar*. Über einem vierten Raum war das Wort ›*Liebe*‹ geschrieben. Eine *unter schweren Säcken gebückte Gestalt*, mit Zipfelmütze bekleidet, versuchte, dem *Erzengel Michael* einen *goldgefüllten Beutel* zu überreichen, jedoch schnappte diesen ein baumlanger, starker *Polizist* weg. Ich gelangte mit meinem Begleiter auf einen freien Platz, und er sagte: ›Allein Glaube, Hoffnung und Liebe gelten.‹«	Der Traum zeigt den tatsächlich vorhandenen Heimatfriedhof. In der Realität hatte der Träumende ein uneheliches Kind. Im Krieg war er Soldat gewesen.	*Michaeli:* → Er glaubt an Engel. *Ohne Arme:* – Hilflosigkeit *Kind:* Ge→ wissensbisse *Soldat:* → idealistischer Kampf *Die Frau:* → seine romantische Seite *Säcke, schwere:* Lasten *Gebückte Gestalt mit Zipfelmütze:* er selbst *Erzengel Michael:* seine Ideale, seine Mitmenschen

/III	IV	V	VI	VII
ie unbe- → reifliche ranszen- enz andlungs- nfähigkeit→ :hicksal- afte chuld ufopfe- ıng → oppelgän- erin (s. . 306) Per- onifizie- ıng einer Dicht- unst; *blau- ldenes leid/Haar:* oesie mit edankentie- u. Idealis- ıus *oldbeutel:* eld *olizist:* taatsgewalt	Er glaubte, daß Engel ihn im Krieg gerettet hätten. Wiedergutmachung ist augenblicklich nicht möglich. *Glaube:* Er ließ ihn für eine bessere Zukunft kämpfen. *Hoffnung:* Durch Dichterworte wollte er die Welt bewegen. *Liebe:* Jahrzehntelange, selbstlose, freiwillige Überstunden für einen wohltätigen Zweck.	In der Lebensrückschau bedauerte er zutiefst, daß er wegen komplizierter Lebensumstände sein Kind verlassen hatte. Jedoch stellte sich das tröstende Gefühl ein, daß sonstige Bemühungen in seinem Leben einen ideellen Wert gehabt haben mußten.	Als Soldat, Dichter und Kämpfer für eine bessere Zukunft (durch sein soziales Hilfswerk) hatte er gewirkt. Erwirtschaftete Gelder, die im Staat verschwendet wurden, wollte er zur dringenden Sanierung der Umwelt einsetzen.	Auch wenn sein Lebenswerk nicht mit greifbarem Erfolg gekrönt war, so spornte er durch sein Vorbild andere zur Nachahmung an. Lange Zeit blieben ihm die Traumworte »Allein Glaube, Hoffnung und Liebe gelten« tröstlich in Erinnerung.

IA	IB und II	III
»Als ich ein breites, *nebel*iges, *winter*liches *Tal* durchwanderte, umschloß mich plötzlich eine *weiße*, schützende *Ei*hülle, die von einem *weißen Adler* in die Luft gehoben wurde. Unter mir lagen Hunderte von toten *Schweinchen* verstreut herum. Dann erkannte ich deutlich einige meiner Mitarbeiter, in einer Gruppe zusammenstehend, mit *Fuchsohren* oder *-köpfen*. Bald erschauderte ich beim Anblick einer Menschengruppe. Jeder von ihnen trug zwischen den Augen ein *braunschwarzes Einhorn*, *schwere Ohren* mit langen Ohrläppchen und eine *trübe, flackernde Laterne*. Auf einem hohen Schneeberg standen *adler- und falkenköpfige* Menschen. Mein *Flug* ging nun rasend schnell durch ein Schneegebirge auf ein von *Blumen* duftendes *Bergplateau*, wo ich im *Licht* vor einem *feurig glühenden Sonnenrad* stand. Ich erwachte, erfüllt mit großer Freude, Dankbarkeit und dem Gefühl absoluter Geborgenheit.«	IB In der Tagesrealität ist der Träumende Bankangestellter. II: Mit diesem Traum hatte der Träumende das unverlierbare Gefühl, der spirituellen Welt entscheidend nähergekommen zu sein.	*Tal:* Materie → *Nebel:* Verschleierung → *Winter:* Zurückgezogenheit, Einsamkeit → *Ei, weißes:* Neubeginn → *Adler, weißer:* Bewußtseinsstreben → *Schweinchen:* Arroganz → *Füchse:* List → *Einhorn, braun:* → geistige Armut *Einhorn, schwarz:* Materialismus, das Böse, Aggression *Ohren, große:* Langlebigkeit → *Laterne, trübe, flackernde:* → kleines, geistiges Licht *Adler/Falke:* s.o. → *Flug:* Überblick → *Berggipfel:* Ziel *Blumen:* Wachstum → *Licht/Sonnenrad, feuriges, glühendes:* → Bewußtseinserhöhung, Inspiration, Reinigung

	V	VI	VII
r einsame Träumen- erkennt die irdische wissenheit. ferstehung nes Wissen. r Träumer meditiert r Dummheit, weltli- Raffinessen nke Ansichten, Un- senheit und deren ausrottbarkeit und schränktheit. rstoß ins Geistige rituelle Höhe n dem Geistigen öff- ndalini, Einweihung, stige Erneuerung	Das Auftauchen von Schweinen, gehörnten, fuchs-, adler-, falkenköpfigen Menschen ruft in dem Träumenden die Erinnerung an eigene vergangene, abgelegte Bewußtseinsstufen hervor.	Der 45jährige Träumende betrachtet als Bankangestellter u.a. die weltlichen Raffinessen. In der Realität macht er sich Gedanken über die Zinspolitik. Sein Erkenntnisstreben bringt ihn in Kontakt mit höheren Bewußtseinsebenen.	Der Traum zeigt Möglichkeiten und Macht der Selbsterziehung, Schicksalsgestaltung und Reifung auf unvergängliche Ziele hin. Geistige Erfolgserlebnisse zeigen sich anfangs oft gefühlsmäßig (im Emotionskörper), später auch intellektuell (im Denkkörper).

Nun zur näheren Erläuterung der einzelnen Gesichtspunkte bei der Traumdeutung (siehe Spalten IB. – VII. auf den vorhergehenden Seiten).

Die realistische oder reale Traumdeutung
(Spalte IB.)

Hier wird sachlich festgestellt, ob das Traumgeschehen uns die tatsächlichen, täglichen Realitäten enthüllt. Traumort und -zeit, Gegenwart, Vergangenheit und Zukunft sowie die im Traum tätigen Lebewesen, wie Menschen und Tiere, werden auf Parallelen in der Tageswirklichkeit geprüft. Beispiele:

a) Maxi ist seit einem Jahr verlobt. Sie träumt selten, jedoch immer nur von ihrem Verlobten. Dieser sitzt auf einem Bagger und bricht in ihre Wohnung ein, so daß in der Mauer tiefe Löcher und Risse entstehen.
Es gelingt Maxi über gute Bekannte, mehr über ihren Verlobten herauszufinden, der sich ihr gegenüber ausgesprochen charmant und friedlich verhält. Tatsächlich hatte sie seine verborgenen Eigenschaften der Aggressivität und Brutalität gänzlich übersehen.
Selbstverständlich könnte die männliche Person, von der Maxi träumt, auch eine Personifizierung eigener selbstzerstörerischer Tendenzen oder eigener Rücksichtslosigkeit sein, deren sich die Träumende nicht bewußt war.

b) Eine junge Mutter träumte in den frühen Morgenstunden, daß ihr zweijähriges Kind blaß, bläulich und unbeweglich in seinem Bettchen läge. Sie schreckte auf und eilte ins Kinderzimmer, wo sie das Kleinkind vergnügt mit einer Plastiktüte spielend fand, welche es sich gerade über den Kopf stülpen wollte.

c) Eine gute Bekannte träumte von einem Rohrbruch in ihrem Keller. Durch die realistische Deutung konnte sie den größten Schaden des bereits eingetretenen Bruches noch verhindern.

Assoziationen oder Gedankenverbindungen

(Spalte II)

Alle Assoziationen, alle eigenen subjektiven Emotionen und Ideen, die uns zu jedem Traumsymbol oder -element einfallen, werden in diese Spalte geschrieben. Welche Vorstellungen verbinden wir mit den einzelnen Traumelementen? Was bedeutet uns jeder Teil des Traumes? Zum Beispiel kann ein und derselbe Gegenstand für mehrere Menschen wesentlich andere Bedeutungen haben. So sieht der eine im Symbol des Gartens ein Paradies von Blumen, Schönheit und Duft, der zweite denkt nur an das saftige Gemüse und Obst, der dritte empfindet Arbeitsdruck, und dem vierten bedeutet ein Garten Erholung, Grillen und Swimmingpool. Bei den Assoziationen der Traumsymbole berücksichtigen wir unsere individuelle Deutung.
Den einzelnen Traum wird man mit der Zeit als zu einer ganzen Serie gehörend erkennen, da häufig dasselbe Motiv, das sich wiederholende Problem nur in verschiedenen Formen und wechselnden Symbolen in mehreren Träumen ein und derselben Person auftritt. Unser höheres Selbst versucht auf diese Weise, uns immer wieder auf die zu lösende Problematik hinzuweisen und dadurch im Sinne unserer Entwicklung zu wirken.
Wichtig ist auch, den Symbolgehalt der *Farben* zu berücksichtigen, die im Traumsymbollexikon (Kapitel XII) unter »Farben« aufgeführt sind und außerdem im Abschnitt »Die Farben des Emotions- und Denkkörpers und der Traumwelt« (Kapitel IV).

Die Farbdeutung ist ausschlaggebend für den Sinn des Traumelementes. So haben z. B. graue, braune, grüne oder weiße Schlangen ganz unterschiedliche Bedeutungen.
In den Träumen gibt es häufig Tendenzen entweder zum *Übertreiben, Vergrößern, Betonen* oder im Gegenteil abzumildern, zu *verkleinern* und zu *untertreiben*! Auf diese Weise wird versucht, uns die Wichtigkeit oder Bedeutungslosigkeit eines Traumelementes nahezubringen. Bei diesen Vorgängen bewegt das höhere Selbst die verschiedenen astralen Materialien, bläht sie auf oder reduziert sie durch Konzentration. So betont ein riesengroßes Traumpferd die Bedeutung des Pferdesymbols, ein kleines wertet es zur Bedeutungslosigkeit ab.
Der *Konzentrations-* oder *Verdichtungsprozeß*, für den das spirituelle Selbst verantwortlich ist, bedeutet, daß sich in einer einzigen Traumgestalt Charakteristika mehrerer ähnlicher Personen treffen können. So mag beispielsweise der Vater im Traum einen Chef oder geistigen Führer darstellen.
Manchmal konzentrieren sich nicht nur Charaktereigenschaften, sondern auch äußere Merkmale verschiedener Traumpersonen auf eine einzige Figur. Ein Bekannter im Traum kann z. B. die Uniform eines Polizisten tragen und dessen Beschützerfunktion und Gesetzestreue repräsentieren und gleichzeitig die typische Haarfrisur und das Benehmen eines Schauspielers und auch dessen Eigenschaften haben.
Nicht nur verträgliche Charakteristika können sich in einer einzigen Traumfigur verdichten, sondern auch gegensätzliche, um den Träumenden beispielsweise zu beruhigen und dessen Ängste abzubauen. Es mag sich z. B. ein Traumpferd erst wild gebärden und versuchen, die Träumerin an die Stallwand zu drücken. Plötzlich verwandelt es sich in einen Mann, der an Händen und Füßen gefesselt ist und die Träumerin bittet, ihm die Fesseln abzunehmen. Inhaltlich wird hier die »Fessel« der Sexualität angesprochen.

Bestimmte *Zahlen, Wörter* und *Buchstaben* können im Traum wichtige Symbole sein. Unser höheres Selbst verdichtet das Geschehen so, daß durch ein einziges Bild, ein Symbol, durch Zahlen, Buchstaben oder eine Handlung mehrere Bedeutungen gleichzeitig abgedeckt sind. Beispielsweise läuft eine Träumerin durch eine Stadt und sucht die Nummer 55 einer bestimmten Straße. Sie findet das Haus und sieht in diesem eine Geburtstagsfeier. Als sie aufwacht, fällt ihr der bevorstehende Geburtstag einer problematischen und wichtigen Tante am 5.5. ein. Auch einschneidende Ereignisse und Lottozahlen, die beim wiederholten Einsatz Gewinn brachten, wurden nachgewiesenermaßen geträumt, wie die moderne Traumforschung zeigt.
Herrn G. F. verfolgte die Zahl 4 im Traum. Mindestens viermal sah er vier frühlingsgrüne Traumbirken und Blechteile seines Autos vor diesen im Traum liegen. Seitdem fuhr er vorsichtiger. Dann passierte es doch. Am 4. Februar wurde er durch Gegenlicht auf einer eisigen Straße geblendet, geriet ins Schleudern und prallte mit seinem Wagen nacheinander gegen vier Birken. Er war fast vier Tage lang bewußtlos und trug einen vierfachen Beinbruch davon.
Wenn man der Überzeugung ist, einen wichtigen Traum erlebt zu haben, und findet keine plausiblen, einleuchtenden Assoziationen, dann können Tagträume weiterhelfen (siehe anfangs dieses Kapitels).

Individuelle und allgemeine Symbole
(Spalte III)

Benutzen Sie für die Spalte III Ihrer Traumauslegung das Traumsymbollexikon!
Das höhere Selbst eines jedes Menschen hat eine individuell gefärbte Symbolik. Es benutzt aus rationellen Gründen persön-

lich angepaßte Sinnbilder, damit der Träumende schneller versteht. So werden die typischen Eigenschaften, der wahre innere Gehalt aller erdenklichen Objekte (Tiere, bekannte oder unbekannte Menschen, Repräsentanten verschiedener Nationalitäten, Berufsgruppen, Naturgeister, Engel und geistige Führer) bildhaft dargestellt.

a) Jeder *Gegenstand*, die *Elemente* und *Pflanzen* können tiefe Bedeutungen haben.
b) Das *Traumtier* drückt eigene oder fremde Eigenschaften aus, die nach Farbe, Größe und Tätigkeit besonderes Gewicht erhalten. Die Sympathie oder Antipathie, die wir ihm entgegenbringen, sind wesentlich. Beispielsweise sagt ein freundlich gesonnener Hund über unsere sichere Instinktnatur, unseren angeborenen Spürsinn aus, während ein unsympathischer verdrängte, oftmals sexuelle Triebe anzeigen kann.
c) Durch eine oder mehrere bekannte oder unbekannte *Personen* werden uns nicht voll bewußte Charakterzüge oder Absichten klar dargestellt. So kann ein gründlicher, gewissenhafter, ordnungsliebender Bekannter, der uns im Traum erscheint, unsere eigene oder fremde Gründlichkeit, Gewissenhaftigkeit und Ordnungsliebe verkörpern. Eine gut bekannte, unzuverlässige und arbeitsscheue, reale Person steht im Traum für diese Eigenschaften bei uns selbst oder anderen. Auch vermag das Traumgeschehen einen unserer astralen Doppelgänger, also Gegentypen, zu zeigen, die aus negativen, von uns aus betrachtet, verabscheuungswürdigen Eigenschaften bestehen (siehe S. 93). Unser höheres Selbst führt uns diese Figuren vor, um uns auf eigene verborgene Charakterzüge aufmerksam zu machen. Wenn beispielsweise eine Hausfrau glaubt, durch besondere Lebensumstände zu Nichtstun und Langeweile verurteilt zu sein, und im Traum von einem selbstbewußten und tatkräftigen Mann verfolgt

wird, so ruft sie ihr männlicher Persönlichkeitsanteil zur Änderung der Umstände, zur Aktivität auf.

In Männerträumen kann die zu entwickelnde Gegenseite mit fehlenden oder ergänzenden Charaktereigenschaften als ein oder mehrere weibliche (auch männliche) Traumwesen erscheinen (siehe hierzu im Traumsymbollexikon unter Doppelgänger, Jungfrau und Frau).

d) Durch *Repräsentanten verschiedener Hautfarben und Nationalitäten*, aber auch bekannte und unbekannte Mitmenschen, werden bestimmte hervorstechende Charaktermerkmale aufgezeigt. So kann ein Afrikaner Kraft, Energie, Urwüchsigkeit oder dunkle, primitive und egoistische Züge der eigenen Person oder fremder Personen bedeuten. Ein Zigeuner versinnbildlicht Freiheitsdrang, Flexibilität, Abenteuerlust oder verborgenes, ungesetzliches Verhalten und Tun, auch Aufdringlichkeit u. a. Gelbe, schlitzäugige Traumfiguren, wie Japaner und Chinesen, weisen auf geheimnisvolles (auch unheimliches) Wissen, auf psychische Fähigkeiten, okkulte Kräfte, die nicht mit dem klaren Verstand erfaßt werden, hin und auf die Lebenskraft Chi. Dunkelhaarige und -äugige Europäer deuten auf überwiegend emotionelles Verhalten, Intuition, Fantasie, Künstlertum und eher konventionelle, religiöse Einstellung. Blonde Europäer und Amerikaner veranschaulichen die unkomplizierte, mutige, praktische, organisierte, flexible, realistische, eher materialistische Lebensführung und die Aufgeschlossenheit allem Neuem und unbekannten Situationen gegenüber.

e) *Berufsgruppen* drücken oft Haltungen aus, die für den Träumenden allgemeine oder ganz individuelle Bedeutung haben können. So mag ein Polizist das Gesetz, den Schutz, das Gewissen und ähnliches repräsentieren. Der Bauer versinnbildlicht die harte Arbeit, das naturverbundene, freie Leben; der Chirurg das Analysieren und Freilegen einzelner Körperorgane oder psychischer Kräfte. Auch das schmerzhafte Abtrennen störender und kranker Charakterzüge kann durch ihn angezeigt werden.

f) *Naturgeister* haben bestimmte Bedeutungen. Eine Märchenfee weist auf Verzauberung, Kunst und Schönheit hin. Der Traum vom Zwerg kann auf verkümmerte, verkrüppelte Fähigkeiten und gebremstes inneres Wachstum aufmerksam machen. Hier werden Erziehungsfähigkeiten und -möglichkeiten angesprochen.
g) *Engel* (siehe auch Kapitel VII) haben die Gleichnisbedeutung: ideale, selbstlose Hingabe und Hilfe durch göttliche Kräfte.
h) Ein *geistiger Führer* tritt als geheimnisvolle, ehrwürdige, respektvolle und allwissende Persönlichkeit, wie als weiser älterer Freund, Arzt, Häuptling, Hirte, Pilot, Vater, Greis usw. auf.

Traumfiguren, die unsere ganz typischen Eigenschaften anzeigen, sind individuell auf uns abgestimmt und haben doch universalen Symbolcharakter.
Allgemeine Symbole deuten auf unseren Wandel, auf die alles umfassende, zeitlose Realität, die ewigen Geheimnisse und unvergängliche Wahrheit hin. Richtig erkannte Sinnbilder sind ein Schlüssel zu Erkenntnis und Wachstum.
Erich Fromm hat einmal gesagt: »Ich halte die Symbolsprache für die einzige Fremdsprache, die jeder von uns lernen sollte. Wenn wir sie verstehen, kommen wir mit dem Mythos in Berührung, der eine der bedeutendsten Quellen der Weisheit ist.«

Probleme, die den Symbolen und Traumaussagen zugrunde liegen
(Spalte IV)

In dieser Rubrik werden die grundlegenden Stimmungen, Gefühle, Wünsche, Absichten, Gedanken und Konflikte aufgeführt, die hinter den einzelnen Traumelementen liegen, und damit in unser Bewußtsein gebracht. So lassen sich gesundheitliche, seelische oder geistige Probleme leichter überblicken. Aus der Vergangenheit aufgestaute Sorgen, unbewältigte Schwierigkeiten, die wir über die Jahre hin mitschleppen, verschaffen sich im Traum Gehör und drängen einer Lösung entgegen. Schon lange bevor eine seelische Krankheit, wie Neurose, ein Nervenzusammenbruch oder körperliches Leiden, das mühsam aufrechterhaltene Gleichgewicht »stören«, zeigen unsere Träume wiederholt unsere Probleme an.
Bewährt hat es sich, sich während der Deutung folgende Fragen zu stellen:

1. Ist mein gegenwärtiges, wichtiges Haupt- oder Lebensproblem familiärer, partnerschaftlicher, arbeitsbedingter, rechtlicher, politischer oder weltanschaulicher Art? Oder welcher sonstige innere Konflikt ist es?
2. Was ist mir am sympathischsten oder unsympathischsten im Hinblick auf Mitmenschen, Arbeit und Freizeit?
3. Welchen Schock, Streß, Kummer oder welche Enttäuschung kann ich nicht überwinden?
4. Was bedaure oder betrauere ich am meisten in meinem Leben?
5. Wenn ich drei Märchenwünsche frei hätte, was würde ich mir *jetzt und heute* wünschen?
6. Wie kann ich mir bei den eben angeführten Problemen oder Fragen 1 bis 5 selbst helfen?

7. Wäre eine langsame oder eine schnelle Lösung angebracht?
8. Welche Konflikte erscheinen unlösbar? Welche Schicksalsschläge müssen als unveränderlich hingenommen und geduldig ertragen werden (wie z. B. Verkrüppelung durch Unfall)?
9. Was ist Antrieb und Inhalt meiner Tagträume?
10. Welches sind meine eigentlichen Lebensziele?

Nur aus der gegenwärtigen, seelisch-geistigen Lage, aus der individuellen Lebenssituation heraus, die durch obige, ähnliche und weitere Fragen des Träumenden an sich selbst zu klären sind, wird eine eigene zufriedenstellende Trauminterpretation möglich. Denn niemand kennt sein Innenleben besser als der Träumende selbst. Die Auslegung eines bestimmten Symbols kann nicht nur für denselben Träumer zu verschiedenen Zeiten seines Lebens unterschiedliche Bedeutungen haben, sie wird auch für mehrere Menschen, die von ein- und demselben Symbol träumen, ganz differenzierte Auslegungen erfordern. Die Deutung, die genau auf den Träumenden zugeschnitten ist, kann dem individuell angepaßten homöopathischen Heilmittel entsprechen und hilft oft erstaunlich gut in der Realität.
Wir sehen, daß die Bewußtseinserweiterung sehr wohl mit der Eigenanalyse unserer Träume beginnen kann, die auch den Mut mit einschließt, sich selbst die Maske abzunehmen. Realitätsbezüge, Intelligenz und eine stärkere Beobachtungsgabe können dabei entwickelt werden.

Verhältnis zur eigenen Person, zu Mitmenschen, Übersinnlichem
(Spalte V)

Jedes Traumelement steht für einen Teil des eigenen Emotions- oder Gedankenkörpers.
Wir stellen uns folgende Fragen:

1. Finde ich mich selbst in einzelnen, mehreren oder sogar allen Traumelementen wieder?
2. Welche Abwehr- oder Zustimmungsreaktionen lösen gewisse Traumelemente in mir aus?
3. Warum gehört dieser Traumteil gerade zu mir? Drücken Stimmung, Charakteristika oder Farben des Gegenstandes meine Stimmung aus? Bebildert z. B. sonniges Wetter im Traum meine Hochstimmung, ein düsterer, grauer Tag meine negativen, depressiven Empfindungen?
4. Wo besteht eindeutig eine Gefahr oder eine Problematik mit einer anderen Traumfigur? Wie verhalte ich mich, wenn ein Tier angreift oder mich verfolgt? (Siehe auch »Verfolgung« im Traumsymbollexikon.) Bei Gefahrensituationen z. B. wird sich der Träumende seines unverletzbaren Astral- und Denkkörpers bewußt. (Siehe hierzu auch die TTT-Übungen in Kapitel X und die Schutzmaßnahmen von Epstein am Anfang dieses Kapitels.) Stürzt der Träumende beispielsweise von einem Felsen ab, dann entfaltet er Flugeigenschaften und schwebt über dem Abgrund davon. Er versucht, alle negativen Situationen durch die Fähigkeiten, die ihm gegeben sind, in positive umzuwandeln.
5. Wie kann ich auf Traumfiguren einwirken? Zu empfehlen ist z. B., niemals vor Feinden wegzulaufen. Man bittet sie, durch ein Bild oder durch Worte klar mitzuteilen, was sie eigentlich möchten oder wer sie geschickt hat. Wenn der Traumfeind

die Verfolgung nicht aufgibt, verwandelt man ihn in ein harmloses Tier (einen Tiger in eine Katze), läßt ihn zusammenschrumpfen oder sich in Ätherfetzen auflösen.

Taucht der Verfolger wiederholt auf, dann gewinnt der Träumende oft zusätzlich mehr Klarheit, wenn er kurz vor dem Einschlafen über den letzten Verfolgungstraum meditiert und um Klärung der Traumsituation bittet. Oft erfolgt dann eine Traumfortsetzung.

6. Welchen Einfluß üben die Personen im Traum auf mich aus?
7. Kann ich mit Hilfe meiner Vorstellungsgabe und Phantasie die verschiedenen Traumfiguren wie in einem Theaterstück spielen lassen? Wie wirkt es sich aus, sie z. B. als Schauspieler gegeneinander auftreten oder sich an einem gemeinsamen Unternehmen beteiligen zu lassen? In dem darauffolgenden Enthüllungsdialog mit den verschiedenen Figuren will der Träumende etwas aufdecken, während die andere Person versucht, etwas zu verbergen. Man fragt sie also nach ihren Absichten. Verständlicherweise werden diese Dialoge subjektiv gefärbt ausfallen, da der Trauminterpret dem Gegenüber eigene Ansichten und Argumente unterschiebt. Deshalb sollte er sich bemühen, nicht nur seine eigenen Motive, sondern auch die der anderen zu erkennen. Was ist die tiefere Absicht des anderen? Welches Ziel verfolgt dieser?

Erkennt der Traumdeuter betroffen eigene versteckte Antriebe (unbewußte oder unvermutete), dann betrachtet er – wie bei einer Meditation – das Geschehene ruhig. Unbequeme Gefühle und Gedanken, die jetzt aufgedeckt werden, sollten als Teile seines Emotions- und Denkkörpers akzeptiert werden. Durch die »Weiterführenden Übungen« in Kapitel X, in denen auch die TTT-Übungen enthalten sind, lassen sich zukünftige Motive und die Lebenseinstellung günstig beeinflussen.

Geisteshaltung oder tiefer Sinn hinter Symbolen und Problemen
(Spalte VI)

Bei Träumen mit eindeutigen, klaren Traumaussagen lassen sich die Spalten VI und VII in eine Spalte zusammenlegen, was im zweiten Traumbeispiel (siehe Seite 187) geschah.
Nachdem der Traumdeuter die Probleme, die den Symbolen zugrunde liegen, weitgehend erkannt hat, sucht er die Geisteshaltung, die Motive hinter diesen. Er fragt sich:

1. Kann diese Haltung oder meine Einstellung aus meiner frühkindlichen Erziehung oder von Problemen meiner Jugendzeit stammen? Wodurch wurden meine Meinungen eigentlich in den letzten Jahrzehnten besonders nachhaltig geprägt?
2. Wäre ich zu meinen gegenwärtigen Ansichten gekommen, wenn ich in einem anderen Milieu, Land und zu einer anderen Zeit gelebt hätte? Kann ich herausfinden, warum ich Meinungen und sogenannte feste, unumstößliche Begriffe völlig als meine eigenen empfinde? Wäre es gut für mich, in Abständen meine Ansichten selbst gründlich zu überprüfen?
3. Wie hat sich im Laufe der Jahre mein Selbstbild, das meiner Welt, die Darstellung anderen gegenüber gewandelt?
4. Was deckt jedes Traumsymbol an versteckten Inhalten auf? Etwa versteckte Triebe oder Schuldgefühle?
5. Enthüllt das Symbol meine uneingestandene Suche nach dem Übersinnlichen, dem Bleibenden, dem eigentlichen Sinngehalt des Lebens?
6. Ist das Problem hinter dem Symbol von allgemeinem menschlichen Interesse? Reicht es über den persönlichen Bezug

hinaus? Hierzu ist im Traumsymbollexikon eine Hilfestellung gegeben.

Richtig erkannte Symbole können uns übersinnliche Bereiche aufschließen.

Nachprüfung und Resultat
(Spalte VII)

Ein schwer zu deutender Traum kann häufig durch einen nachfolgenden durchsichtig werden. Vor dem Einschlafen stelle man sich auf den unklaren Traum ein und bitte um bessere Verständlichkeit oder um Fortsetzung.
Weiterhin läßt sich vor dem Einschlafen Einfluß auf den Verlauf des Trauminhaltes nehmen, indem der Ausgang positiv vorgestellt wird. Bei angsteinflößenden Begebenheiten, z. B. einer Verfolgung, versucht man mit dem Bedroher zu sprechen. Eine dunkle Gestalt frage man nach ihrer Absicht (siehe auch bei Spalte V, 4., Seite 207).
Über Traumergebnisse kann intensiv nachgedacht werden, was oft die verborgene Bedeutung klarwerden läßt. Wenn man keinen Sinn aus einem relativ klaren Traum herausfindet, sollte man sich diesen im Kalender vermerken und nochmals nach einer und eventuell nach mehreren Wochen einen weiteren Deutungsversuch unternehmen.
Aufgaben der *Deutung von Träumen und Tagesphantasien* sind:

1. Zu erkennen, daß jeder durch seine Emotionen und Gedanken, Absichten und Taten sein eigenes Schicksal weitgehend selbst in der Hand hat und für Glück, Mißgeschick, Unfälle, Zufälle, »Lohn« oder »Strafen« gegenwärtig und auch in Zu-

kunft, in einem kommenden Leben z. B., voll verantwortlich ist.

Da wir pausenlos durch Gefühle, Denken, Reden und Tun unseren Lebensweg gestalten, können wir durch eigene Anstrengungen für positive Änderungen unseres körperlichen, seelischen und spirituellen Daseins sorgen.

2. Durch Gesunderhaltung unseres Vitalitäts- und physischen Körpers, die uns am leichtesten zugänglichen Vehikel zur Bewußtseinserweiterung, normalisieren wir unseren Schlafrhythmus und sorgen für klarere Träume.
3. Eine wichtige Aufgabe ist die Beherrschung des Gefühlskörpers durch Wachbewußtseins und Traumbeobachtung, das Erkennen tiefverwurzelter Schwächen, Neigungen und Absichten. Hierzu ist es hilfreich, sich einige der frühesten Kindheitserinnerungen zu notieren und zu durchdenken. Dadurch erhält man Aufschluß über sein Verhalten, das meist aus der Kindheit stammt. Beispielsweise wird der kindliche passive Zuschauer später gerne zum stillen Beobachter. Ein aktives Kind entwickelt sich zu einem tatkräftigen Erwachsenen. Lob oder Abwertung der kindlichen Leistung sorgen oft für die spätere Arbeitsmotivation. Die einsame Kindheit deutet auf gewisse Kontaktarmut. Erinnerungen an viele Strafen lassen im Erwachsenenalter Umwelt und Gemeinschaft feindlich erscheinen. Zeigt die Rückbesinnung auf die frühe Kindheit jemanden, der uns hilft, so wünscht man sich später häufig auch die Hilfe anderer. Erinnerungen an Geschwister können die Ursachen sein für ausgeprägtes Verantwortungsbewußtsein, Sympathie, Antipathie, Ängste, Aggressionen, Kritiksucht, Konkurrenzdenken und Minderwertigkeitsgefühle.

Im Hinblick auf den Evolutionsweg, auf dem man sich befindet, lernt man sich selbst, einschließlich seiner äußeren Erscheinung, und auch andere bessere verstehen. Kritisieren verwandelt sich so in Akzeptieren. Auch sollte man sich als Repräsentant seiner Zeit, Kultur und Zivilisation annehmen, der Chancen, Begabungen, Verantwortungen, Berufsaussichten, Arbeitsfähigkeit, gewissen, Erkenntnismöglichkeiten und -bereiche und sicherlich auch bestimmte Grenzen aufweist.

Die ehrliche, realistische Kritik an der eigenen Persönlichkeit ist gelassen hinzunehmen. Man ist sich bewußt, daß jeder Mensch Fehler hat und mit diesen meist unfreiwillig kämpft. Wenn man sich als ein Individuum erkennt, das auf dem Wege der Entwicklung begriffen ist, kann man Irrtümer ohne Schuldgefühle und Demütigungen zugeben. Der Kluge kalkuliert Fehler und Versagen vorher ein und ist dankbar, wenn Pläne und Unternehmungen trotzdem fast reibungslos laufen.

Wenn Einsicht in eigene Fehler vorliegt, gesteht man auch anderen Schwächen zu und läßt keinen Groll aufkommen. Es sollte weitgehend vermieden werden, andere zu verletzen. Die nötige Flexibilität, sich neuen Umständen und Lebenssituationen anzupassen, ist ein weiterer wichtiger Schritt.

4. Unsere innere Freiheit ist stark an die Wunschnatur gekoppelt, daher erscheint ein häufiges Überdenken der Wünsche und Resultate wertvoll. Meistens treiben uns diese im Streben nach Belohnung oder Ruhm zur Aktivität an. Wenn die Wünsche aufhören und alle angenehmen und unangenehmen Pflichten gewissenhaft, als Dienst am Mitmenschen und an spirituellen Mächten, ohne nach der persönlichen Befriedigung, dem Lohn oder dem Ergebnis zu fragen, erfüllt werden, hören auch die inneren Bindungen an Karma und Erdenleben automatisch auf. Wünsche und Begierden erzeugen Bilder und Wesenheiten. Diese wirken wie Magnete, die das Gewünschte anziehen. Sie bestimmen auch den Ort, das Umfeld

und die Menschen, denen wir in den nächsten Wiedergeburten begegnen.

Die Beruhigung des Emotionskörpers, der Wunschnatur, läßt sich überall problemlos praktizieren, indem man sich oft folgende oder ähnliche Fragen stellt:

a) Warum und wozu wünsche ich mir diesen bestimmten Gegenstand?
b) Bringt mir dieses Objekt bleibenden Gewinn?
c) Erlange ich durch das Gewünschte mehr Freiheit und tiefere Erkenntnisse?
d) Führt mich das als erstrebenswert Erscheinende in stärkere Bindungen oder Abhängigkeiten?
e) Ist es mein Emotionskörper, der diesen Wunsch hat?
f) Gestaltet es nicht das mitmenschliche Leben unkomplizierter und friedlicher, wenn ich Sachlichkeit und affektarme oder -freie Haltung meinen Mitmenschen gegenüber anstrebe?

5. Mit Selbstkritik, zäher Geduld, Mut, Gleichmut und innerer Distanz zu allen Geschehen wird der innere Weg verfolgt, damit negatives Karma, angehäuft durch alle bisherigen Erdenleben, annulliert wird. Freuden und Leiden kann man ertragen lernen und auch die Geduld, sich und anderen gegenüber. Wesentlich für die Gestaltung der Zukunft ist das Vergeben eigener und fremder Fehler oder Schuld in Hinblick auf die gemeinsame Unvollkommenheit und Entwicklung zu höherem Sein. Hilfreich ist es auch, sich in einigen Lebenssituationen ein Gebet des heiligen Franziskus zu vergegenwärtigen: »Möge ich die Kraft haben, die Dinge zu verändern, die ich ändern kann, die Geduld, zu akzeptieren, was ich nicht ändern kann, und die Weisheit, den Unterschied zwischen beiden zu erkennen.«
6. Nachdem uns der Traum zur distanzierten Beobachtung un-

seres Gesundheitszustandes, unserer verborgenen Absichten, Gefühle, Triebe und Gedanken, die er sehr bildhaft und einprägsam an uns vorüberziehen ließ, verholfen hat, erhebt sich die Frage: »Welche dieser Traumelemente, Dämonen, Tiere oder Menschen, die alle unsere Persönlichkeit ausdrükken, zeigen eigentlich unser wahres, inneres Sein an?«

Wir werden zu der Folgerung kommen, daß wir normalerweise weder im Traum noch im Wachbewußtsein zu unserem wahren, inneren Kern Zugang haben. Wir sind nicht unsere Triebe, Emotionen oder Gedanken, die alle kommen und gehen und die wir in Traum und Meditation oft filmähnlich bebildert beobachten können.

Was bleibt noch, wenn unsere Persönlichkeit weder aus Gefühlen noch aus Gedanken besteht? Wer beobachtet unser Traumgeschehen und klares Bewußtsein? Unser stilles, unsterbliches, göttliches, höheres Selbst steht wachend und leitend über unserem Emotions- und Denkkörper. Es ist völlig unberührt durch Probleme, Furcht, Schreck oder Sorgen. Aus den Geschehnissen im Wach- und Traumbewußtsein sammelt es Erfahrungen. Es verbessert sich laufend selbst. Wenn man sich immer wieder während des Tages vergegenwärtigt, daß im Grunde über allem Jubel-Trubel-Heiterkeit, Streß und Kummer unsere höhere, göttliche Wesenheit emotionslos steht, kann man sich wiederholt klarmachen: »Ich bin in diesem Körper, aber weder er noch meine Gefühle, noch mein Denkprozeß sind mein wahres Ich, sondern all diese werden durch eine ewig lebende, göttliche Organisation gesteuert.« Auf diese Weise gewinnt man größeren Abstand zu seinen Körpern und kommt dem unvergänglichen, unendlichen, inneren Kern näher. Die meisten unserer täglichen Erfahrungen im Wachzustand und besonders unsere Traumwelt dienen der Entwicklung und Gewahrwerdung unserer spirituellen Organisation. Selbst durch den

Alptraum, durch Schreck und Schock inszeniert das höhere Selbst Szenen und wirft Fragen auf, um mehr Bewußtsein und Bewußtwerden zu vermitteln.

Die geistigen Lehrer, Erleuchteten und Mystiker aller Zeiten und Völker lernten aus eigener Kraft, daß sie nicht die leidende, sterbliche Persönlichkeit sind, sondern identisch mit dem freien, unverlierbaren, vollkommenen, unvergänglichen Reich Gottes sind. Sie erkannten, daß es der tiefere Sinn unseres Daseins ist, unser höheres Selbst nicht als körpergebundenes, vergängliches Ich, sondern ewiges, inneres Lichtzentrum, als göttlichen Funken zu erleben. Sie hatten unerschütterliches Vertrauen in sich selbst und die spirituelle Führung, die unabhängig von einer bestimmten Religion und Kirche besteht. Sie verfügten über die innere Gewißheit, daß alles ihrem Besten dient und für das eigene geistige Fortkommen notwendig ist, und sie spürten große Sehnsucht nach göttlicher und spiritueller Gewißheit und Vereinigung. Im täglichen Dienst setzten sich diese Menschen für das Wohl und den Fortschritt aller Wesen ein. Kein Ereignis im persönlichen Leben und auf unserem Planeten ist für Menschen, welche die tiefen Gesetzmäßigkeiten erkennen, völlig sinnlos.

Das höhere Selbst wird in tiefer innerer Stille gefunden, wenn persönliches Wünschen und Wollen schweigen. So öffnen sich in der inneren Wirklichkeit der täglichen Gegenwart die Ewigkeit, das Licht und die Freiheit. Wenn uns bewußt wird, daß wir in Realität das Selbst sind, wird es mit der Zeit immer stärker unsere weltliche Persönlichkeit im Tagesbewußtsein und Traum überwachen und bestimmen. Wir werden dann zunehmend klarere Träume haben. Eines Tages wird uns die unsichtbare, feinstoffliche Welt offenstehen und die Ewigkeit in der Gegenwart bewußt. Die unverlierbare Überzeugung, daß eine göttliche Wesenheit durch uns Menschen wirkt, der wir täglich näher kommen, wird zur inneren Gewißheit der nächsten Wiederverkörperungen.

Die Tatsache des wahren, beobachtenden Selbst läßt sich in den verschiedenen alltäglichen Situationen, die emotionell schwer in den Griff zu bekommen sind, immer wieder durch folgende Worte in Erinnerung rufen: »Ich bin ein immer stärker werdendes, freies Wesen und lasse mich von meinen Antrieben und Gefühlen nicht bestimmen. Mein höheres Selbst wirkt in meine irdische Persönlichkeit hinein. Mein Selbst ist göttlich, ewig und unendlich.« (Siehe Ende des Kapitels X unter den TTT-Übungen: Übungen Nr. 17, Basisübung, und Nr. 18, fortgeschrittene Übung.) Die Wege, auf denen wir in der geistigen Entwicklung voranschreiten, sind vielfältig. Aus der Tabelle Seite 218 f. ersehen Sie die sieben verschiedenen Pfade, die nach meiner Beobachtung von neun verschiedenen Engelgruppen geleitet werden. Die Farbe des Engels (in Kleidung und Flügeln meist gleich) gibt Auskunft über die Hauptmotivation des Selbst. Beispielsweise drücken weiße Engel den göttlichen Willen und hellblaue Glauben und Hingabe an die geistige Führung aus. Wenn die Interessen oder die Sendung der Engel verwirklicht werden, dann erscheinen sie in strahlendem Licht in der Nähe des betreffenden Menschen oder der Gruppe. Wird gegen ihr spirituelles Ziel gearbeitet, so verdunkeln sie sich vor Trauer (siehe auch Kapitel VII).

Die Motive unseres Fühlens, Denkens und Handelns können grundsätzlich verschieden sein, was aus der Tabelle hervorgeht. Ein Mensch auf dem ersten Entwicklungsweg beispielsweise bildet sich über Willenskräfte und Disziplin aus. Er legt sich verschiedene unbequeme, freiwillige Einschränkungen, wie das Richtige zu essen oder regelmäßige, täglich Körperübungen, frühes Aufstehen und Insbettgehen usw., zur gesunden Lebensweise und geistigen Disziplinierung auf. Er setzt sich ein gewisses Pensum, führt eine Erfolgsliste und versieht seinen Kalen-

der täglich mit Plus- und Minuszeichen. Immer wieder stellt er fest, daß alles, was ein starkes »natürliches« Bedürfnis darstellt, aus seinem Emotionskörper stammt und daß er seinen Willen stählen muß. (Die Übertreibung dieses Verhaltens kann einen starken Druck auf die Person selbst und seine Mitmenschen ausüben und ihn eventuell vom eigentlichen spirituellen Ziel abbringen.)
In der folgenden Tabelle (Seite 218/219) werden die sieben verschiedenen Pfade der Entwicklung der menschlichen Persönlichkeit dargestellt. Diese von Engeln geleiteten Wege führen vom und zum höchsten göttlichen Sein. – Jeder dieser Entwicklungswege kann durch die Übungen des folgenden Kapitels schneller beschritten werden.

Die sieben Entwicklungswege

	Wille	*religiöse Hingabe*	*abstraktes Denken*
Strahl oder Weg	I	II	III
Farbe des Engels	weiß	hellblau und gold	grün
Interessengruppe	Kämpfer, Pionier, Wächter, Führer	Menschenfreund, Idealist, Heiler	Philosoph, Denker von nicht gegenständlichem Denken
Motive und Antriebe	kämpfen, besiegen, handeln, überwachen	retten, vor Unheil bewahren	schöpferisches Denken und Tun
Mittel und Wege	Wille, Konzentration, Autorität, Disziplin, Hoffnung	Vertrauen, Glauben	abstraktes Denken
zwischen den Polen	Stärke und Schwäche	Liebe und Haß	Verstehen und Unverständnis
positive Eigenschaften	Wille, Mut, Selbstvertrauen, Zuverlässigkeit	Nächstenliebe, Einsicht, Weisheit	Ganzheitsschau der Probleme
negative Eigenschaften	Machtdurst, Despotismus, Starre	unangebrachte Selbstopferung	Oberflächlichkeit, Unentschlossenheit
Ziele	Beobachtung, Beherrschung der eigenen Natur, Kampf für geistige Ziele	Bewußtwerden und Einheitsgefühl mit Göttlichem	innere Durchdringung der Wahrheit

hetik, nstsinn	*analytisches Denken*	*spirituelle Liebe*	*Ordnung und Zeremonie*
IV	V	VI	VII
orange	gelb	rosa und rot	violett
Künstler	Wissenschaftler	Mystiker, Heiliger	Priester, Zeremonienmeister
verschönern	entdecken, Wissens-, Forschungsdrang	Liebe, Dienst für das Gute und den Fortschritt aller Wesen, religiöse Verehrung	darstellen, offenbaren
Idealisierung der Formen und Kunstmedien	analytisches Denken, der Beweis	Zielgerichtetsein auf Metaphysik	Ordnung und Zusammenschau
Schönheit, Harmonie und Häßlichkeit	Wahrheit und Täuschung	Gefühl der Einheit oder Trennung	Ordnung und Unordnung, Freiheit und Zwang
Ausgleich, Harmonie, Rhythmus	genaues logisches Denken	Aufopferungsgeist, Vertrauen, Geduld	Würde, Schönheit, Genauigkeit
Einbildung, Angabe, Übertreibung	Pedanterie, eingeschränkte Sicht, Kritiksucht	Meister-Verehrungskult, Gefühlsduselei, Hochmut	automatisches Tun, Machtausübung
vollendete Schönheit und Form	Ziel des Wissens auf höheren Dienst gerichtet	Aufopferung und Dienst aus Freude, Selbstlosigkeit	tiefe Ein- und Übersicht, Toleranz

Wer mit dem Leben spielt,
kommt nie zurecht.
Wer sich nicht selbst befiehlt,
bleibt stets ein Knecht.

J. W. v. Goethe, 1749–1832

X. Weiterführende Übungen

Bei folgenden Leiden sollte ein erfahrener Behandler gefragt werden, ob Autosuggestionen und geistige Übungen durchgeführt werden dürfen, u. a. bei ernsten Erkrankungen des Herzens, der Gefäße, der Schilddrüse und des Nervensystems (wie Depressionen, Psychosen, Neurosen). Auch bei Debilität (Einschränkung der Intelligenz), Drogen- und Suchtabhängigkeit und für Patienten, die sich gerne und häufig in Illusionen und Scheinwelten flüchten, ist Vorsicht angezeigt.
Unendliche Möglichkeiten und Kräfte schlummern im menschlichen Individuum, die nach und nach in den verschiedenen Erdenleben ausgebildet werden. Ein jeder kann frei wählen, ob er den Weg, den er sowieso gehen muß, durch Meditation, Gebet und psychodynamische Selbsterziehung erleichtern und beschleunigen möchte. Es steht jedem frei, den Durchbruch zum eigenen geheimnisvollen inneren Kern und damit zu transzendenten Bereichen schneller und konzentrierter herbeizuführen.
Aus den Möglichkeiten auf den nächsten Seiten, aus Meditation, Gebet, Selbsthypnose und dem »transpersonalen Traumtraining« (TTT-Übungen) wählen Sie aus, welche Methode Ihnen am meisten liegt, oder kombinieren mehrere Vorschläge miteinander.
Auf den folgenden Seiten finden Sie Anregungen und Formeln

für die Veränderung Ihres Erfahrungs- und Erlebnisbereiches und damit für die Erweiterung des Bewußtseins. Sie treten die abenteuerliche Reise nach innen an und wählen die Art des Weges allein. Es werden Möglichkeiten aufgeführt, um Vitalitäts-, Emotions-, Denkkörper und das höhere Selbst gezielt zu beeinflussen. Hier gilt es, Eindrücke und Erfahrungen der Vergangenheit (aus der Kindheit oder früheren Leben) und aus der Gegenwart, die dem Bewußtsein aller dieser feinstofflichen Körper ihre individuelle Prägung verliehen haben, umzuformen.
Werden Sie Ihr eigener Guru (= ein erleuchteter, irdischer oder unsichtbarer Meister)! Der Zugang zum eigenen unvergänglichen Selbst ist nicht von einem in fernen Landen lebenden Guru abhängig. Viele Menschen zu allen Zeiten und in allen Ländern erreichten den Durchbruch zum ewigen Selbst aus eigener Kraft und Anstrengung, wie beispielsweise Pythagoras, Sokrates, Plotin, Augustinus, Mohammed, Franz von Assisi, Meister Eckehart, Dante, Johannes Tauler, Jakob Böhme, Angelus Silesius, Maharishi usw.
Der eigentliche Zugang zum unsterblichen Selbst wird erfahren durch bestimmte Qualitäten und Konstellationen des Bewußtseins, die erlernbar sind. Um den Durchbruch zur persönlichen Glückseligkeit des transzendenten Menschen zu erreichen, müssen sich meistens gleichzeitig (nicht immer zwingend!) folgende inneren Zustände einstellen:

- Klares und ehrliches Erkennen und Durchschauen der eigenen Triebnatur. Dies wird im vorliegenden Buch durch Eigenanalyse von Tagesphantasien und Träumen möglich gemacht.
- Der unstillbare Durst nach Verbindung mit der eigenen ewigen Persönlichkeit. Daher richte man häufig die Frage an sich: »Wer bin ich in Wirklichkeit?«
- Das zeitweilige Aufsuchen der Abgeschiedenheit, das innere

Schweigen oder Stillewerden ist eine wichtige Voraussetzung für das Erreichen des erstrebten Zustandes.
- Selbstlose Hingabe, Freude, Begeisterung und Dankbarkeit dem Schöpfer gegenüber und vor allem ein Handeln, das völliges (zeitweiliges) Aufgeben der eigenen Wunschnatur voraussetzt. Hier vergegenwärtige man sich das »Herr, dein Wille geschehe«. Friede mit den Mitmenschen und eine sinnvolle, nicht schädigende Tätigkeit schaffen die besten Voraussetzungen. Auch die ehrliche Vergebung den Mitmenschen gegenüber ist hier mit eingeschlossen.
- Parallel zum Alltagsbewußtsein entwickelt sich eine fast immerwährende innere Aufmerksamkeit, die auf existentielle bzw. religiöse Inhalte gerichtet ist (etwas wie Wachsamkeit, Kontemplation oder wortloses Beten und innere Bereitschaft). Ihr Inhalt ist es, in der Allgegenwart des göttlichen Bewußtseins zu ruhen, das die Unendlichkeit und Zeitlosigkeit des Kosmos umfaßt.

Gezielte Formulierungen der nächsten Seiten ergänzen den oben beschriebenen Zustand. So können sich bei allen Menschen die »Glückseligkeit« des höheren Selbst, sein Frieden, seine Freiheit, das unbeschreibliche, herrliche Einheitsgefühl mit Diesseits, Jenseits, Schöpfer und Ewigkeit und seine allumfassende Liebe einstellen. Durch eigenes Erleben bleibt die Überzeugung der Unsterblichkeit ständiger, unverlierbarer Besitz.
Der spirituelle Fortschritt hängt weiterhin davon ab, wie tief der Suchende seine menschliche Persönlichkeit als »Täuschung« durchschaut und empfindet und wie weit er ständig vom Einheitsgefühl mit den spirituellen Mächten durchdrungen ist. Aus jedem Herzen kann goldenes Licht, herrlicher Klang und Duft spiralartig aufsteigen und die weite Umgebung in leuchtenden Glanz tauchen.

Die Meditation

Zur Klärung und Kontrolle des Bewußtseins sollte Meditation über Jahre regelmäßig, geduldig, zur selben Tageszeit, störungsfrei in einem sympathischen hellen Raum – anfangs nur ca. 5 Minuten – durchgeführt werden. Ein Gefühl von Zeitmangel darf hierbei nie aufkommen. Nach dem Hinsetzen, der Muskelentspannung (hilfreich dabei ist die Sofortselbsthypnose, siehe nächste Seiten) und dem Vergessen der alltäglichen Sorgen wird äußerst wachsam und gänzlich neutral alles beobachtet, was kommt und geht.

Das Bewußtwerden körperlicher Spannungen, Vorüberziehen von evtl. auch ungewöhnlichen Gefühlen, Vorstellungen, Bildern, Erinnerungen und Gedanken wird – ohne jegliche Bewertung oder vertieftes Nachdenken – stets hellwach und doch passiv betrachtet. Das Vorstellen einer unbewegten klaren Wasserfläche oder eines weiten, wolkenlosen Himmels ist hilfreich. Nach der Meditation fühlt sich der Übende zu neuem Tun bereit.

Wählen Sie unter den möglichen verschiedenen Meditationsstellungen: (siehe Abb. S. 231) z. B. Sitzen auf einem Stuhl mit geradem Rücken, vorzugsweise *ohne* sich anzulehnen, die Fußsohlen auf den Boden, oder den Schneidersitz (wobei Knie und Füße den Boden berühren oder auf diesem liegen) oder die Lotushaltung, jeweils mit den Händen auf den Knien. Sie wird in Hatha-Yoga-Büchern erklärt. Die Wirbelsäule ist immer aufrecht, Körpermuskeln und besonders Kiefer sind entspannt und die Augen halb offen oder geschlossen.

Bei auftretender Nervosität und unerwünschten körperlichen Empfindungen halten Sie sich an die Maßnahmen, die unter Sofortselbsthypnose angegeben sind. Zusätzlich wird hier die Atemmeditation durchgeführt.

Mit entspanntem Körper, geradem Rücken, leicht angezogenem Kinn, den Kopf ein wenig nach vorne geneigt und bei ruhiger, regelmäßiger Atmung konzentriert man sich voll auf die Berührung der Atemluft an den Nasenöffnungen. Zusätzlich kann die Aufmerksamkeit auf die Bauchbewegungen beim Ein- und Ausatmen gerichtet werden. Meditiert wird z. B. über die Vergänglichkeit der irdischen Persönlichkeit, das Bewußtsein, Nächstenliebe und die Selbstlosigkeit.

Das Gebet

Unter den vielen möglichen Gebetsformen möchte ich mit dem sogenannten Herzensgebet aus der Kirche des Ostens beginnen. Während des Ausatmens wird im Eigenrhythmus gedacht oder gesprochen: »Herr Jesu Christ, Sohn Gottes, erbarme dich unser.« Es läßt sich leicht öfters wiederholen.
Weitere Anregungen:
»Behüte alle, schenk allen Wesen deinen Frieden.«
»Mein Herz fühlt deine Wunder in Dankbarkeit.«
»Laß mich ein reiner Kanal deines heiligen Willens sein.«
»Mit all meinem Tun will ich ausschließlich dir dienen.«
Betende Gedanken drückt Dom Helder Camara, der brasilianische Erzbischof, aus:
»Wenn der Mensch sich allzusehr sorgt um seinen Leib, wenn er Zeit und Geld im Übermaß verschwendet, um das Äußere zu verschönern, wenn er den Geist vernachlässigt, dann ist das Höchste, was er erreichen kann, eine ausdruckslose Schönheit ohne inneren Glanz. Wenn sich aber die Seele vervollkommnet, kann sie auch den Körper verwandeln, nicht nur Schönheitsfehler, sondern sogar einen entstellten oder verkrüppelten Leib.«
Ich möchte mit einem Gebet von Thomas Morus (englischer Staatsmann, der vor ca. 450 Jahren lebte) schließen:

»Herr, schenke mir Gesundheit des Leibes
mit dem nötigen Sinn dafür, daß ich ihn möglichst gut erhalte.
Schenke mir eine heilige Seele, die im Auge behält, was gut ist,
die sich nicht einschüchtern läßt vom Bösen,
sondern Mittel findet, die Dinge in Ordnung zu bringen.
Schenke mir eine Seele, der die Langeweile fremd ist,
die kein Murren kennt, kein Seufzen und Klagen,
und lasse nicht zu, daß ich mir zu viele Sorgen mache
um etwas, das sich so breit macht und sich ›Ich‹ nennt.
Schenk mir den Sinn für freundlichen Humor.
Gib mir die Gnade, einen Scherz zu verstehen,
damit ich ein wenig Glück finde im Leben und anderen davon weitergebe.«

Die Sofortselbsthypnose

Diese Entspannungsmethode ermöglicht eine Autohypnose in 10 bis 30 Sekunden in jeder Körperhaltung, an jedem Ort, zu jeder Zeit und in nahezu jeder schwierigen Alltagssituation (z. B. bei Streß und Schmerzen). Therapeuten in den USA, wie beispielsweise Dave Elman, fanden nach Tausenden von durchgeführten konventionellen Hypnosen, daß der echte tiefe Hypnosezustand zuverlässig immer nur dann eintritt, wenn die Augenlider ganz fest geschlossen sind. Hierbei müssen diese – ohne jegliche Willensanstrengung – dem Übenden wie festgeklebt erscheinen. Ab diesem Moment ist der Körper völlig entspannt. Die Therapeuten stellten fest, daß die neue Art der Schnellselbsthypnose in ihrer Wirksamkeit in keiner Weise den bisher bekannten, gebräuchlichen und zeitraubenden konventionellen Suggestionsarten nachsteht.
Nun zur Methode der Sofortselbsthypnose:

Als *Vorübung* versuchen Sie wiederholt, nach dem Schließen der Augen dieselben ganz, ganz langsam – im Zeitlupentempo zu öffnen.
Bei der eigentlichen *Methode der Sofortselbsthypnose* ist es wirkungsvoll, den individuell abgefaßten Text bzw. die Suggestionsformel (siehe folgende Seiten) vorher zu notieren und auswendig zu wissen oder ihn auf eine Kassette aufzusprechen.

1. Nach dem Augenschließen werden die Lider völlig entspannt. Sie sind bleischwer geworden. Die Augenmuskeln sind so weit erschlafft, daß sie sich nicht mehr »bewegen lassen wollen«.
2. Zur Kontrolle werden die Augenbrauen so weit hochgezogen, wie man es möchte. Jedoch bleiben die Lider hierbei völlig geschlossen und entspannt, so daß ihr Heben unmöglich ist.
3. Anschließend läßt der Übende dieselbe Entspannung, wie er sie in den Lidern fühlt, von der Augenpartie und dem Kopf völlig anstrengungslos (etwa wellenartig) nach unten bis in die Zehen fließen. Er spürt alle Muskeln seines Körpers erschlaffen und empfindet, daß mit jedem seiner normalen, ungezwungenen Atemzüge die Entspannung sich verdoppelt oder vervielfältigt. Diese Tiefe der Eigenhypnose muß während der ganzen Autosuggestion anhalten. Wenn sie das nicht tut, dann überprüfen Sie, wie unter Nr. 2 angegeben, ihren Zustand.
4. An dieser Stelle wiederholt man lautlos mindestens 30mal die Suggestionsformel, die das eigene Unterbewußtsein programmiert oder die Verbindung zum unsterblichen Selbst herstellt.
5. Wenn »Aufwachen« angestrebt wird, denkt der Übende immer dieselben Worte: »Erwache! Beim Augenöffnen bin ich hellwach, frisch und aktiv!« Er macht die Augen auf und läßt die wohltuende Entspannung noch ein wenig nachwirken.

Es folgen einige Bemerkungen zur Durchführung:

- Die eigentliche Hypnoseformel kann selbst erfunden, aus den Vorschlägen auf den folgenden Seiten für die feinstofflichen Körper ausgewählt oder aus sonstigen Unterlagen ermittelt werden.
- Die Suggestionen werden anfangs schriftlich formuliert, und nur eine einzige sollte jeweils regelmäßig geübt werden, zu Beginn der Übungen vier Wochen lang, später drei oder zwei Wochen.
- Die Formeln müssen ganz individuell und positiv abgefaßt werden. Sind Sie z. B. nervös, dann suggerieren Sie sich Ruhe: »Ich bin ganz ruhig und entspannt in jeder Situation, an jedem Ort und zu jeder Zeit.« Richtig abgefaßte Formulierungen sind: »Ich will ...«, »Ich entscheide mich für ...«, »Ab jetzt lebe ich für ...« oder die bejahende Umschreibung wie »Verzicht auf Essen macht zufrieden!« Oft sind auch neutrale Formulierungen möglich und führen zu den gewünschten Ergebnissen, wie »Essen vollkommen gleichgültig.«
  Als falsch haben sich direkte Verbote, z. B. »Ich darf nicht mehr so viel essen«, oder negative Formeln wie »Überessen ist ungesund und schadet mir nur« erwiesen. Auch Verneinungen mit den Vorsilben »ent« oder »un« müssen vermieden werden, wie »Enthaltung«.
- Es ist einleuchtend, daß keine Unmöglichkeiten verlangt werden können, wie z. B. »Ich werde der beste Sportler, Musiker usw.« Auch ersetzt die Selbsthypnose keine gesunde Lebensführung oder nötige Therapien bei schweren Erkrankungen. Diese gehören in fachmännische Behandlung. »Eigennützige« Suggestionsmethoden, d. h. methodisches Wunschdenken um materiellen Erfolg und »Glück«, unterliegen im Grunde der Selbsttäuschung. Der Praktizierende versucht hier, oft karmisch Unverdientes zu erzwingen. Im rea-

len Leben kann immer wieder beobachtet werden, daß Propheten, die solche Methoden jahrelang verbreiten, keinesfalls vom eigenen negativen Karma (tödliche Krankheit, Unfall) verschont wurden.

- Die Suggestionsformel wird vor Beginn der Entspannung genau festgelegt.
- Man spricht sie mit echtem Interesse für das tiefe, transzendentale Eindringen innerlich aus. Folgende Worte unterstreichen die Wirkung: »Ich übe ganz regelmäßig ausdauernd und dringe immer tiefer und tiefer in geheimnisvolle Bereiche ein.«
- Negative Einflüsse läßt der Übende während der Eigenhypnose nicht in sich hinein.
- Als erfolgreich hat sich bewährt, eigene Ziele für sich zu behalten, denn manche Zeitgenossen (auch »befreundete«) können unbewußt oder bewußt durch negative Gefühls- und Gedankenenergien die Wirkung herabmindern.
- Normalerweise ist die Sofortselbsthypnose dreimal täglich, in Streßsituationen stündlich, und vorzugsweise im entspannten Sitzen durchzuführen. Das sind jedoch keine Bedingungen. Auf den folgenden Seiten finden Sie Suggestionsformeln für unsere unsichtbaren Körper, den Vitalitäts-, Emotions-, Denkzustand und das höhere Selbst.
- Stets verstärkt die bildhafte Vorstellung des Gewünschten die Wirkung der Suggestion erheblich. Auch besteht die Möglichkeit, einen genauen Vorgang, der in der Realitäts tattfinden sollte, während der Selbsthypnose zu visualisieren (filmähnlich und farbig vor sich ablaufen zu lassen).

Menschen, bei denen Denken, analytische Begabungen und Verstandesbetonung aus der linken Gehirnhälfte überwiegen und deren bildhafte Vorstellungen aus der rechten daher er-

schwert sind, sollten zusätzlich folgende Übungen über Monate durchführen:
Für jeweils zwei Tage wird in entspanntem Zustand sitzend oder liegend 1 bis 3 Minuten lang ein farbiger Gegenstand genau angesehen (z. B. Kugelschreiber, Taschenlampe, Obst etc.). Nach Weglegen des Objektes stellt sich der Betrachtende mit geschlossenen Augen den Gegenstand deutlich und farbig vor, wiederholt dies dreimal und versucht ihn später ohne Vorlage nachzuzeichnen oder zu malen.

Die progressive Selbsthypnose

Sie unterscheidet sich hauptsächlich in der Länge der Trance. Um sie durchzuführen, ist eine ruhige Umgebung nötig. Erfolge stellen sich schneller und zuverlässiger, oft schon nach 2 bis 3 Monaten ein, wenn beide Methoden (die althergebrachte progressive Form und die vorherige Soforthypnose) regelmäßig nebeneinander praktiziert werden.
Zur *Durchführung der progressiven Selbsthypnose* (siehe Abbildung Seite 231):

- Am praktischsten ist es, nach dem morgendlichen Aufwachen und vor dem Schlafengehen 5 bis 20 Minuten lang – vorzugsweise im Bett – zu üben. Suchen Sie sich die Ihnen passendste Lage oder Sitzhaltung an Hand der Abbildungen aus. Anzuraten ist es, anfangs immer im Liegen zu üben. Ein angenehm temperierter Raum wird durch Rolläden abgedunkelt. Eine gedämpfte Lichtquelle, wie z. B. eine Tischlampe, steht in einigem Abstand zum Übenden. Grelle Raumfarben oder störende Bilder sollten vermieden werden.
- Gegen ablenkende Geräusche können die Ohren durch Polymerschaum-Gehörschutz aus der Apotheke (wachshaltiger

Ohrschutz kann zu Verklebungen im Ohr führen) abgeschirmt werden. Das Telefon läßt sich geräuscharm einstellen.

- In nicht beengender Kleidung, unter einer Wolldecke, liegt der Übende bequem in Rückenlage, mit den Armen seitlich an seinem Körper.
- Unter dem Nacken befinden sich einige dünnere Kissen oder zusammengelegte Frotteehandtücher, mit denen er die optimale Kopflage herstellt. Wenn gewünscht, lassen sich die Füße um ca. 10 cm erhöhen und die Knie unterlegen.
- Fortgeschrittene können die Übungen sitzend durchführen.
- Nach Einnahme der Haltung lassen sich verschiedene konventionelle Techniken anwenden, von denen hier eine praktisch bewährte beschrieben wird.
- Während der Selbsthypnose wird nicht gesprochen. Einleitung, Suggestionen und Aufhebung der Trance geschehen lautlos, nur in Gedanken.
- Mit dem beruhigenden Gefühl, sich der Ungestörtheit hingeben zu können, atmen Sie bei geschlossenen Augen einige Male tief und langsam ein und etwas schneller wieder aus.
- Im Geiste sagt man sich: »Meine Muskeln werden angenehm schwer und immer schwerer.« Währenddessen entspannen Sie von den Zehen aufwärts alle Muskeln bis zum Kopf, über Füße, Beine, Arme, Bauch, Brust, Kiefer, Nackenpartie und Augenlider. Weitere Formeln sind:

  »Meine Augenlider sind angenehm schwer und fest geschlossen.«

  »Jeder Atemzug vertieft und verdoppelt meine positive, ungestörte Entspannung.«

  »Weder verbreite noch empfange ich negative, schädliche Suggestionen.«

  »Trotz Tiefentrance habe ich Kontrolle über mich selbst und

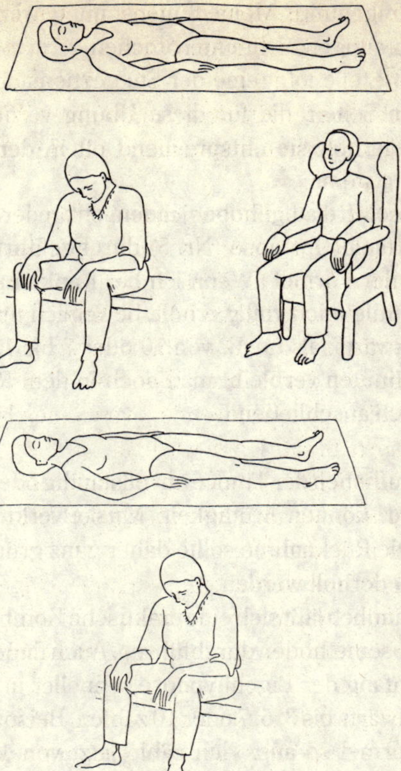

Liege- und Sitzhaltungen für die progressive Selbsthypnose

meine Umgebung. Meine Entspannung wird durch diese Wahrnehmungen nicht unterbrochen.«

- An dieser Stelle folgt eine der Suggestionsformeln von den folgenden Seiten, die für diese Übung vorbereitet wurde. Man wiederholt sie entsprechend oft in der Zeit, die zur Verfügung steht.
- Die Trance wird aufgehoben, indem entweder die Auflösung der Sofortselbsthypnose (Nr. 5) durchgeführt wird oder indem mit der Formel »Wenn ich bei 1 ankomme, wache ich auf und fühle mich völlig erholt, beweglich und voller Energie« rückwärts, also z. B. von 10 oder 7 bis 1, gezählt wird. Einige Minuten verbleibt man noch in dem Ruhestand und erhebt sich anschließend.

Wenn das Aufheben der Trance unvollständig oder falsch durchgeführt wird, können Müdigkeit, Muskelverkrampfung usw. auftreten. Die Rücknahme sollte daher ganz gründlich geschehen oder wiederholt werden.

Selbstverständlich läßt sich eine praktische Kombination bei der Selbsthypnosemethoden durchführen. Auch finden einige Menschen zu Anfang der Eigenhypnose schneller in Trance, wenn sie von 1 aufwärts bis 3, 5, 7 oder 10 zählen. Beispielsweise sieht dann die Formel so aus: »Ich zähle jetzt von 1 bis 7. Meine Augenlider werden immer schwerer und sind bei 7 bleischwer und fest verschlossen.«

Nebenbei sei eine weitere Entspannungsmethode, die *Alpha-Entspannungstechnik* (nach K. D. Ebert), erwähnt. Hierbei weisen die Hirnstromwellen (im Wachzustand 20 Hz) 7 bis 14 Hz auf, wie während des Einschlafens oder Erwachens. Zur Durchführung entspannt man sich in Rückenlage und fixiert hinter geschlossenen Lidern die Augen auf einen Punkt, den man sich in der Mitte zwischen den Augenbrauen vorstellt. Wenn der Atem, der nicht bewußt kontrolliert wird, im eigenen Rhythmus ruhig dahinfließt, werden die Zahlen von 1 bis 10 bildhaft und plastisch zu jedem einzelnen Atemzug vorgestellt. Nach einigen Übungsversuchen erreicht man bei 10 den Alpha-Zustand und benutzt ihn zur Suggestion von Eigenhypnoseformeln, wie sie im weiteren Text folgen. Das Erwachen aus dem Entspannungszustand wird durch Rückzählen von 10 bis 1 bewirkt, indem gleichzeitig die Hände geöffnet und geschlossen und die Arme kräftig bewegt werden.

Formeln für den Vitalitätskörper

Sollte bei Unpäßlichkeiten und leichten Gesundheitsstörungen innerhalb von 2 bis 3 Tagen nicht die erwünschte und wesentliche Erleichterung auftreten, dann muß der Rat eines Therapeuten eingeholt werden. Wenn Sie wegen eines physischen Leidens in Behandlung sind, können Sie auf lange Sicht durch das Üben der Suggestionsformeln wesentlich zu dessen Heilung beitragen.
Beispiele von Eigenhypnose:
Allgemein: »Es geht mir von Tag zu Tag in jeder Hinsicht besser und besser.« (Coué)
Bei Schmerzen: »Das geht vorbei, das geht vorüber.« (Coué)
»Schmerz gänzlich unwichtig, ich bin entspannt, froh und zuversichtlich.« »Die Lebenskraft gibt mir immer neue Vitalität.« (Hierbei stellt man sich vor, daß sie als weißes oder hellblau-goldenes Licht in den Scheitel einfließt und sich als grauschwarze Wolken am Unterbauch löst und über Beine und Füße abfließt.)
»Ich bin gesund und leistungsfähig.« »Ich bin warm und entspannt.«
Bei Kopfweh: »Kopf frei, klar und kühl.«
Bei Zahnschmerzen: »Zahnweh total gleichgültig, Kiefer schön kühl.«

Bei Allergie: »Heuschnupfen gleichgültig, Augen und Nase frei und wohl.«
Bei Asthma: »Atem rhythmisch und frei.«
Bei Herzleiden: »Streß und Sorgen völlig gleichgültig, Herz regelmäßig und kräftig.«
Bei Verstopfung: »Stuhlgang täglich mühelos.«
Bei Regelschmerzen: »Regelschmerzen völlig gleichgültig, ich bin warm, entspannt und froh.«
Bei (Rücken-) und Gelenkleiden: »(Rücken) Gelenke wohltuend warm, Schmerzen ganz gleichgültig.«
Bei Fettsucht: »Ich halte von heute an, mein Leben lang, mein Idealgewicht von ... kg.« »Schokolade, Süßigkeiten völlig gleichgültig, ich bleibe froh und gelassen.«
Bei Schlaflosigkeit: »Sorgen gleichgültig, Schlaf tief und erholsam bis ... Uhr. Träume klar.«

Formeln für den Emotionskörper

Diese und ähnlich positiv formulierte Suggestionsformeln erziehen den Emotionskörper:
Bei Angst: »Weder Angst noch Sorgen – ich bin frei und wohlgeborgen.« Oder: »Angst völlig gleichgültig, ich bin stets gelassen, mutig und selbstsicher.«
Bei Schwierigkeiten in menschlichen Beziehungen: »Freundschaft (Partnerschaft) tief, angenehm und unterhaltsam; ich akzeptiere ... (Herrn/Frau ...) mit guten und schlechten Eigenschaften.«
Bei Gereiztheit: »Ich fühle mich immer und überall harmonisch.«
Bei pessimistischem Lebensgefühl: »Ich empfinde mein Dasein vital und glücklich.«
Bei mangelnder Selbstannahme: »Ich nehme mich mit allen Eigenschaften an.«

Bei Kritik von anderen: »Jede gerechtfertigte Kritik akzeptiere ich ganz objektiv.«
Bei mangelndem Selbstvertrauen: »Ich bin stets sicher, ruhig und gelassen.« Oder: »Mein Selbstbild wird immer positiver.«
Für das Überleben im Streß: »Ich bin stets und in jeder Situation die Ruhe selbst.«
Wenn Vergebung nötig ist: »Ich vergebe mir und meinen Mitmenschen.« »Ich vergebe … (hier der Name der Person), weil auch mir verziehen wurde.« »Ich vergebe allen, weil auch sie auf dem Weg zur Vollkommenheit sind.« »Ich verzeihe … (Name der Person) und bedauere sie/ihn.«
Bei Problemen des Reichtums, Geldes: »Besitz (oder materieller Erfolg) macht unabhängig und froh; ich bin erfolgreich.« »Ich spende für nützliche und wohltätige Zwecke.« »Meine Spende fließt in die richtigen Kanäle und hilft vielen weiter.«
Die Wunschnatur wird angesprochen durch: »Ich bin glücklich ohne Erfüllung aller Wünsche« oder »Ich bin genügsam und freue mich über Kleinigkeiten« oder »Verzicht (auf spezielle Wünsche) macht mich froh und frei.« »Ich empfinde mein Dasein als vital und glücklich.«

Formeln für den Denkkörper

Die Wichtigkeit unserer Gedanken für den Lebenslauf drückt Gottfried Keller in folgendem Zitat aus: »Wer heute einen Gedanken sät, erntet morgen die Tat, übermorgen die Gewohnheit, danach den Charakter und endlich sein Schicksal.«
José Ortega y Gasset sieht im Denken die Grundlage für die öffentliche Moral, wenn er sagt: »Von dem, was man heute denkt, hängt das ab, was morgen auf Straßen und Plätzen gelebt wird.«
Die Eigensuggestionen für die mentale Aura werden – wie bei

Vitalitäts- und Emotionskörper – wieder mit Hilfe der Selbsthypnose durchgeführt und intensiv gefühlt und gedacht.

Zur Selbsterkenntnis: »Ich bejahe meine jetzige geistige Situation.« »Ich dringe täglich tiefer und tiefer in meine Selbsterkenntnis ein.« »Ich bin dankbar für jede Erfahrung, die ich machen darf.«

Zur Gedankenbeherrschung: »Ich beherrsche mein Denken und konzentriere mich auf Positives und meiner Entwicklung Dienendes.«

Bei Problemen und Schlafstörungen: »Streß und Sorgen gleichgültig, ich schlafe vertrauend auf die Sinngebung des Lebens erholsam bis (...) Uhr durch.« »Enttäuschungen völlig gleichgültig, ich handle mit Mut und Selbstvertrauen.« »Ich bejahe jeden Konflikt, die Lösung folgt gründlich, schnell und richtig.« »Ich finde die passende und gerechte Lösung, die meiner jetzigen Situation (oder Entwicklungsstufe) voll entspricht.«

Bei Unlösbarkeit von Problemen: »Der Kompromiß macht mich froh und frei« (oder »dient meinem Besten«).

Zur Gedächtnisförderung: »Mein Gedächtnis behält alles ganz leicht.« »Mein Gedankenfluß ist rasch und frei.« »Ich bin stets wachsam, gelassen und friedlich.«

Bei negativen Gedanken: »Von heute ab sind mein Fühlen und Denken positiv programmiert.«

Zur Konzentrationsverbesserung: »Ich arbeite gelassen und freudig.« »Konzentration und Leistungsfähigkeit mühelos, einfach und zuverlässig« (oder auch »... einwandfrei«).

Das transpersonale Traumtraining (TTT)

Diesen sinnvollen Übungszyklus habe ich aus meiner unmittelbaren Aurabeobachtung, Erfahrung in transzendenten Bereichen, aus Märchenerzählungen und der modernen psychologischen Literatur zusammengestellt.
Mit den TTT-Übungen ist eine wirkungsvolle Entwicklungshilfe für die eigene Trauminterpretation, Kreativität, Erweiterung des geistigen Horizontes, für Erfühlen und Erleben der Transzendenz und zur Stimulation von Anlagen zur eigenen Hellsichtigkeit gegeben. Meines Erachtens entwickelt sich Hellsehen hauptsächlich durch den Dienst an Menschheit und spiritueller Evolution. Diese Übungen sind anzuraten für den »Weg zur Selbsterlösung«.
Beim Einhalten der hier aufgeführten Übungsvorschriften sind bisher keinerlei Gefahren bekannt geworden. Menschen mit Depressionen, Schizophrenien, schweren Neurosen, hysterischen Erkrankungen, psychosomatischen Anfälligkeiten, Süchten und Debilität (= unzureichender Intelligenz) dürfen diese Übungen nicht durchführen. Im Zweifelsfall fragen Sie Ihren Behandler. Haben Sie den Eindruck, daß Sie zu diesem Zeitpunkt nicht genügend belastbar sind, oder sollten schon beim Durchlesen zu viele Ängste auftauchen, dann sollten Sie die folgenden Übungen nicht durchführen.
Ich warne an dieser Stelle ausdrücklich vor Praktiken, welche die Kundalini (= dynamische Schlangenkraft, die im unteren Teil der Wirbelsäule ruht, wo das Zentrum der Feuerenergie verborgen ist) in den Kopf aufsteigen lassen. In Indien sind traurige Fälle bei »normalen« Menschen bekannt geworden, die das Erwachen der Kundalini künstlich erzwangen. Die Betroffenen konnten die Hitze der plötzlich aufsteigenden Schlangenkraft nicht mehr kontrollieren. Sie fanden oft erst nach einer langen Leidenszeit – häufig nach Jahrzehnten – einen spirituellen Ex-

perten, der das Kundalinifeuer wieder umlenken konnte und damit Beschwerdefreiheit brachte.

Allgemeine Vorschläge und Regeln für das transpersonale Traumtraining

1. Der Ablauf der Übungen sollte sich über ca. ein Jahr erstrecken. Jede der 20 Übungen wird 2 Wochen lang insgesamt für je 5 bis 15 Minuten täglich durchgeführt. Übungsdauer und Zeit sind variabel. Enthält eine der 20 Übungen mehrere Möglichkeiten, so empfiehlt sich, nacheinander alle diese Spielarten durchzuexerzieren. Braucht der Übende ausnahmsweise nur wenige Tage zur Durchführung einer Übung, dann paßt er den Zyklus seinem Tempo an.
2. Die TTT-Übungen sind erfolgreicher, wenn sie möglichst etwa zur gleichen Tageszeit (vorzugsweise nach dem Aufwachen, aber nicht Bedingung!), am gleichen Ort, im gleichen sympathischen Raum regelmäßig durchgeführt werden, was den Ablauf auffallend erleichtert. Morgens nach dem Erwachen befinden sich die feinstofflichen Körper des Träumenden noch für einige Zeit im engen Kontakt mit den astralen Bereichen.
3. Mit einer gesunden und mäßigen Vollwerternährung sind Ergebnisse leichter erreichbar.
4. Die 20 Übungen können allein, zu zweit oder in einer kleinen Gruppe praktiziert werden.
5. Die Soforthypnose (im Sitzen) und die progressive Hypnose (im Sitzen oder Liegen, siehe Abbildung S. 231) sind schon zuvor geübt worden und dienen bei jeder dieser 20 TTT-Übungen als Einstieg und Ausklang. Hierbei werden die Ihnen bekannten, möglichst gleichlautenden Formulierungen angewendet. Während jeder Übung gibt man sich zwi-

schendurch mehrfach die verstärkte Eigensuggestion: »Ich sinke immer tiefer und tiefer in die Trance.«

6. Die wichtige Frage stellt sich, was beim Auftauchen oft wechselnder, bedrohender, unliebsamer oder rätselhafter Wesen getan werden sollte. Diese zeigen sich als Dämonen, Teufel, Tiere oder auch als Menschen. Erinnern möchte ich den Leser an die Bibelgeschichte von Jesus in der Wüste, dem nach einer 40tägigen Fastenzeit der Teufel »alle Reichtümer« dieser Erde versprach.

Eines ist ganz wichtig zu wissen: Die oben aufgezählten Wesen erscheinen hauptsächlich, wenn ihre Existenz in Frage gestellt wird. Parallel zu diesen treten auch meist auf der materiellen Ebene Schwierigkeiten oder Gegenspieler auf. Hierzu ein Beispiel, aus dem auch hervorgeht, daß echter, innerer Fortschritt ohne Widerstände nicht möglich ist:

Ein Mensch hat erkannt, daß seine Vielesserei sein Gehirn benebelt und seinen Geist beschwert. Er beginnt, konkrete Maßnahmen gegen diesen Mißstand zunächst rein bildhaft und gedanklich zu ergreifen. Auch will er gleichzeitig seine beiden übergewichtigen und leistungsschwachen Töchter auf gesunde Reduktionskost setzen.

Allein die intensiven Gedanken dieses Mannes ziehen bereits »böse«, unsichtbare Wesen an, die sich in der Nähe aufhalten. Die Suchtspinnen und die Kraken der Vielesserei warten geradezu darauf, sich vom Äther ihres menschlichen Wirtes zu ernähren. Jedoch können auch Teufel und weitere dämonische Wesen in der Nähe dieses Mannes oder in seinen Träumen erscheinen, wenn zu befürchten ist, daß er durch den Verzicht auf Genußgifte umgänglicher und friedfertiger werden könnte. Trägt sich die irdische Person entschlossen mit idealistischen Verbesserungsideen, die eine wirkliche positive Erneuerung auf der materiellen Ebene bewirken (und die er erst bei klarem Kopf durchsetzen kann), dann erscheint drohend eine unsichtbare menschliche Gestalt aus der mittelalterlichen Epoche der Inquisition in der damals getragenen Kleidung (Mönchsgestalt in brauner Kutte). Diese Erscheinung vertritt die religiöse Intoleranz und Grausamkeit. Sie tritt als Gegenspieler für freiheitliches, religiöses Denken auf und versucht die echte Aufklärung zu verhindern. Mit bösem Blick versucht sie, die hilfreichen geistigen Pläne zu vereiteln. Ausgeprägte altruistische Ideen mit zuverlässiger Aussicht auf reale Verwirklichung ziehen ganze Heere unsichtbarer »bösartiger« menschlicher Inquisitoren an. Der Kämpfer für das Positive steht dann wie auf einer kleinen Insel inmitten eines weiten Sees von dämonischen und menschlichen Wesen, von denen es unzählige Sorten gibt. Man bedenke, daß weltliche Ereignisse und unsichtbare spirituelle Kämpfe sich gegenseitig bedingen.

Durch meine eigene Erfahrung kann ich behaupten, daß der auftretende Schwierigkeitsgrad jederzeit, an jedem Ort und unter allen Umständen durch die eigenen proportional wachsenden, inneren Fähigkeiten fast ausschließlich »selbständig« beherrscht werden kann.

Wenn der Leser dieses Buch aufmerksam durchgearbeitet hat, wird er in der Lage sein, nahezu jedes auftretende »Hindernis« zumindest zu erkennen und sich so zu verhalten, wie es die Situation verlangt. Vorschläge zur Selbsthilfe werden im folgenden Text gegeben. Alle die gerade beschriebenen »bösen« Erscheinungen im Unsichtbaren, zu welchen der Leser durch Tagesphantasien, Träume, Meditation, Selbsthypnose und die TTT-Übungen gelangen könnte, sind stark »materiell«. Ihr Äther ist verdichtet, konzentriert und dunkel und läßt sich wesentlich besser erkennen als die feinstofflichen, zarten Strukturen der Engel, des höheren Selbst und des Meisters. Aus diesem Grunde nehmen viele Menschen ganz einfach an, daß sie »ohne jeglichen geistigen Beistand oder Schutz« wären.

Zum »Verschwinden« bringt der Übende ungebetene, beängstigende Gäste nur, wenn er sich beharrlich ändert. Mit jeder Versuchung, die naht, erscheinen sie wieder in seiner Nähe, bis das Verlangen in ihm erloschen ist und er die Versuchung überwunden hat. Folgende alternative, eigene Hilfen bieten sich an, um mit immer wieder auftauchenden »feindlichen« Elementen fertig zu werden:

- Falls man nicht versteht, was die drohende Wesenheit eigentlich möchte (die allermeisten dieser Elemente sind im Traumsymbollexikon erklärt), bitte man sie um eine Erklärung oder ein Bild. Dieses soll ihren Wunsch ausdrücken. Wenn das Bild nicht auftaucht, dann frage man nach einer gesprochenen Erklärung.
- Im letzten Fall oder auch, wenn die Absicht des Wesens mit den bösen, wütenden Augen erkannt wurde, sagt man zu ihm: »Ich *lebe* und kann als Mensch ganz frei entscheiden, was *ich* für richtig halte. Ändern wirst du an meinem Entschluß (zum Guten) überhaupt nichts.«
- Sollte der feinstoffliche »Feind« nicht verschwinden, dann straft man ihn durch Nichtbeachten: »Du kannst dasein oder auch nicht, das verändert für dich und mich überhaupt nichts.«
- Vorausgesetzt, es ist ganz klar, was er will, aber er weicht immer noch nicht: »Deine Existenz ist – wie bei einem Schatten – vom Licht abhängig. (Das Licht ist hier der göttliche Wille.) Du bist nur Schatten und unwirklich! Du wirst nur geduldet!« Diese Worte, Empfindungen oder Gedanken sind äußerst wirkungsvoll, wenn innere Überzeugung dahintersteht und bildhaft gedacht wird. Durch seine göttliche Persönlichkeit ist der Mensch Licht. Schattenhaft ist nur sein sterbliches Ich. Versuchen Sie alles hintereinander. Das gefühlsmäßige und gedankliche Engagement, das hinter dem

Gedachten oder Gesprochenen steht, ist für den Erfolg ausschlaggebend.

- Auch der Schutzengel kann jederzeit um Beistand gebeten werden. Meines Erachtens wird man mit vielen »negativen« Erscheinungen selbst leicht fertig, und das vor allem zuerst durch Erkenntnis, Vernunft und den Willen zur Änderung. Die unsichtbare Begleitung von »bösen« Gestalten läßt sich bis zu höchsten Einweihungen verfolgen.
- Ich halte nicht viel von Amuletten, magischen Ringen oder Zauberstäben. Wenn man an diese fest glaubt und sich durch diese beschützt fühlt, kann man sie selbstverständlich einsetzen.
- Stimmen Sie sich zuerst auf das Sie ständig beobachtende göttliche Bewußtsein (durch ein Gebet z. B.) ein, dann auf ihr höheres Selbst. Ihr Schutzengel ist sowieso immer in der Nähe. Weiterhin wird jeder Mensch durch einen geistigen Führer beobachtet, der mit anderen eine Gemeinschaft bildet. Der Erfahrungsstand aller Menschen formt eine Art dunklen »Wasserspiegel«. Bei Menschen, die z. B. plötzlich eine Erweiterung des Bewußtseins erlangen, schießen Lichtfunken oder -strahlen aus der Spiegelfläche empor. (Das erinnert an die Volksweisheit »Ihr/Ihm ist ein Licht aufgegangen.«) Das übergeordnete omnipotente göttliche Bewußtsein überblickt das ganze Universum oder »birgt dieses in seinem Geist«. Das göttliche Bewußtsein, Engel und spiritueller Führer überwachen den »Wasserspiegel« und sind im Gefahrenmoment innerhalb des Bruchteils einer Sekunde näher bei Ihnen, da sie bereits stets gegenwärtig sind.
  Wenn sich mancher Leser nur durch einen sympathischen starken Hund beschützt fühlt, dann soll er sich diesen zusätzlich als Begleitung imaginieren. Weitere Vorsichtsmaßnahmen nach Epstein (siehe S. 177 unten).
- Wichtig ist, sich weiterhin die Suggestion zu geben: »Was

auch immer ich lerne und übe, ich werde es nie zum Schaden meines Nächsten oder meiner selbst anwenden.« Ein Schüler mit transzendenten Zielen weiß, daß negative Praktiken ihn doppelt schädigen. Der Bumerang, den er aussendet, trifft letztlich ihn selbst.

– Der Gesamterfolg hängt nicht davon ab, ob alle oder wie viele der 20 Übungen intensiv bewältigt werden. Auch der Zeitaufwand kann unterschiedlich sein. Sicherlich ist der Erfolg auch teilweise durch individuelle Begabungen vorprogrammiert. Durch intensive Bemühungen stellt sich zwangsläufig immer ein spiritueller Nutzen ein.

Nun zu den eigentlichen Übungen des transpersonalen Traumtrainings, deren Übersicht hier folgt:

1. Übung zur Förderung der Ausdauer
2a. Vorübung für bildhafte Vorstellung
2b. Übung für stille Aufmerksamkeit
3. Übung für Sehvermögen und Tastsinn
4. Übung zur Verbesserung des Hörsinnes
5. Übung zur Förderung des Geruchs- und Geschmackssinnes
6. Elementeübung
7. Farberforschung der eigenen Aura
8. Umweltübung
9. Auraübung zur Feststellung ihrer materiellen Beschaffenheit
10. Erspüren des Auraumfanges
11. Übung zur Gestaltänderung
12. Übung für Zeitabläufe
13. Traumreisen
14. Vergegenwärtigung der Nächstenliebe
15. Übung für rechtes Tun
16. Meditation der Stille

17. Kontaktaufnahme zum höheren Selbst (Basisübung)
18. Kontaktaufnahme zum höheren Selbst (fortgeschrittene Übung)
19. Reinkarnationsmeditation
20. Erleben des eigenen Todes

Ich wiederhole ausdrücklich, daß alles hier Angeführte immer die eigene Person selbst straft, wenn es zur Schädigung anderer eingesetzt wird. Die Folgen wirken sich meist über einige Leben mehr oder weniger intensiv aus.

1. Übung zur Förderung der Ausdauer

Nach der Einleitung durch eine Form der Selbsthypnose aus dem vorangegangenen Text besteht diese Übung in der Konzentration auf die Thymusdrüse. Sie liegt etwa eine Handbreit unter der Halsgrube, unterhalb der Mitte des Brustbeinknochens. Diese Übung fördert Ausdauer und Durchstehvermögen.

2a. Vorübung für bildhafte Vorstellung

Leser, deren farbige Imagination eingeschränkt ist, führen mindestens einige Wochen lang die Übung von S. 229 oben durch. Die Dauer des Praktizierens hängt von dem Erfolg ab, den Sie selbst nachprüfen können. Es handelt sich hier um bildhaftes Vorstellen und späteres Aufzeichnen oder -malen kleiner, farbiger Objekte ohne Vorlage.

2b. Übung für stille Aufmerksamkeit

Hierbei wird der Atem still betrachtet, und dabei werden gleichzeitig auftretende Veränderungen der Gefühle (harmonische/disharmonische seelische Muster aus dem Emotionskörper) und der Gedanken (mentale Konditionierung aus dem Denkkörper) aufmerksam beobachtet (siehe S. 27). Diese Übung der Achtsamkeit stammt aus dem Buddhismus.

3. Übung für Sehvermögen und Tastsinn

Sehvermögen: Diese Übung hilft, die Farben in Ihren Träumen und Tagesphantasien fühlend zu verstehen. Alle Farben sind im Traumsymbollexikon und anfangs des Kapitels IV erklärt. Auch zielt die Übung darauf ab, eigene »Blockierungen« zu durchbrechen. Manche Menschen errichten um sich eine feste feinstoffliche runde oder fast würfelförmige Hülle aus Vorurteilen, dogmatischer Gedankenstarre, festgefahrenen Prinzipien und Phantasielosigkeit. Sie nehmen diese über den Tod hinaus mit sich ins Jenseits, denn dieser »Käfig« ist gegen Gefühle und Gedanken der Außenwelt immun. Es gilt hier, ihn zu erspüren und zu durchbrechen.
Nach der Einleitung durch die Selbsthypnose aus den vorhergehenden Texten erforschen Sie bei fest geschlossenen Augen die Wirkung der einzelnen reinen Regenbogenfarben (Rot, Orange, Gelb, Grün, Blau, Indigo, Violett) hintereinander und dann die Farbe Weiß (Schneeweiß) und Gold. Sie lassen jede Farbe jeweils einzeln, als einfarbiges Licht von einer imaginierten Farbquelle (Sonne, Farbstrahl, farbige Dusche, farbiger Wasserfall) durch Ihre feinstofflichen Körper laufen. Wenn diese Vorstellung nicht möglich ist, dann imaginieren Sie ein Auto

oder ein Zimmer oder Haus, das mit dieser einen Farbe völlig ausgefüllt ist, und begeben sich hinein.
Notieren Sie das Ergebnis, d. h. das Gefühl, das bei jeder einzelnen vorgestellten Farbe entstand.
Versuchen Sie anschließend diese Übung *kurz* mit den Farben Grau, Dunkelbraun und Schwarz. Reinigen Sie sich danach mit Hellblau oder Weiß, und beenden Sie den Zustand durch die ausklingende Selbsthypnose.
Tastsinn: »Beim Hellsehen machte ich die Erfahrung, daß vor und während des Beobachtens von sehr feinen, unsichtbaren Phänomenen äußerste Sensitivität der Finger- und Zehenspitzen auftritt. Hierbei entsteht das Gefühl, in jeder Finger- und Zehenkuppe wirklich Augen zu besitzen.
Die Übung besteht darin, nach dem Einstieg durch die Selbsthypnose bei geschlossenen Augen das innere Sehen in die Finger- und Fußspitzen zu verlegen. Man versucht es zuerst nur in einem Finger (der linke kleine eignet sich hierzu am besten), dann in einer Hand und geht anschließend auf alle zehn Finger und zehn Zehen über.
Wenn sich ein »sicheres Sehgefühl« in Fingern und Zehen gebildet hat, versuchen Sie, Gegenstände Ihrer Wahl, an die Sie sich aus den letzten Stunden erinnern, in dieser Selbsthypnose durch Tastsehen in Erinnerung zurückzurufen. Abschließend folgt der Ausstieg aus der Autosuggestion durch die bekannten Formeln.

4. Übung zur Verbesserung des Hörsinnes

Versuchen Sie nach der Einleitung durch die Selbsthypnose, die »Töne« der Übung Nr. 3 (für das Sehvermögen) einzeln zu hören. Sie befinden sich z. B. jetzt vorstellungsmäßig im farbigen Feld einer einzigen, reinen Farbe und versuchen, deren Ton zu lauschen. Die Skala unverfälschter, klarer Regenbogenfarben ergibt die Tonleiter. Der Ton C ist rot. Wenn C erklingt, entstehen – hellsichtig betrachtet – ein roter Farbstrahl oder rote Wolken. (Näheres über Farben und Töne finden Sie in meinem Buch »Chakren- und Auradiagnose«, siehe Literaturangaben.) Nachdem Sie versucht haben, alle Regenbogenfarben, die Farben Weiß, Gold und auch dunkle Farbtöne »zu hören«, versuchen Sie, »Seiner Musik« in der Natur – immer noch in Hypnose – zu lauschen.

Nun stellen Sie sich Ihre ganz individuelle Wiese vor und versuchen diese »zu hören«. Nicht nur vernimmt Ihr inneres Ohr das Summen der Insekten und des Windes, sondern Sie »hören auch das Gras wachsen«.

Abschließend lassen Sie eine wunderschöne Wiese mit vielen bunten Blumen in sich »erklingen«. Möglicherweise vernehmen Sie auch ganze Wörter oder sinnvolle Sätze. Große Komponisten hörten die Töne der Natur und schrieben sie nieder.

Die Hörsinnübung läßt sich variieren, indem Sie Ihre Lieblingslandschaft – sei sie die Meeresküste, das Gebirge oder der Wald – in sich zum Tönen bringen.

Wagen Sie sich in der Vorstellung auch in den Kosmos hinein, entweder auf einem großen weißen Vogel, in einem technischen Flugkörper oder mit oder ohne eigene Flügel, um der immerwährenden Sphärenmusik zu lauschen. Was vernehmen Sie, wenn Ihre »Antennen« auf sie eingestimmt sind?

5. Übung zur Förderung des Geruchs- und Geschmackssinnes

Geruchssinn: Wieder führen Sie – wie jede weitere Übung – auch diese mit Einstieg und Ausklang durch die Selbsthypnose durch. Vertiefen Sie sich in der Vorstellung in den Duft, der Ihnen am sympathischsten ist. Stellen Sie sich gleichzeitig den Gegenstand vor, dem der angenehme Duft entströmt. Sie stehen jetzt z. B. in einem Rosengarten oder unter einem Blütenbaum und atmen Wohlgeruch ein. Anschließend imaginieren Sie nur *kurz* einen unangenehmen Geruch, wie z. B. von Auspuffgasen. Sind beim Hineingehen in den Duft irgendwelche Farben und Töne aufgetaucht?
Wiederholen Sie nun Übung Nr. 3 und versuchen Sie, die Farben zu riechen. Wenn Sie kein Resultat erreichen, dann ist Ihnen der Zugang zu unsichtbaren Bereichen offensichtlich über das Auge oder Ohr näher.
Geschmackssinn: Üben Sie ihn an Nahrungsmitteln, die nicht zur Gewichtszunahme verführen, wie z. B. Obst und Gemüse (außer süßem Obst). Schmecken Sie in Ihrer Vorstellung einen Apfel, Kirschen, Erdbeeren usw.

6. Elementeübung

Führen Sie zu Beginn jeder der vier folgenden Übungen jeweils die Einleitung durch die Selbsthypnose durch. Konzentrieren Sie sich auf die Kraft des einzelnen Elementes.
Element Luft: Werden Sie selbst zu einer leichten, sich verstärkenden Luftbewegung, z. B. zu einem Luftzug, einer Brise, zu Wind, Sturm, Orkan oder zur Windstille. Kommt es währenddessen in Ihrem Aurafeld zu »Zusammenballungen« oder »windstillen« Zonen?

Element Erde: Hier tasten Sie Ihre Auren mit geschlossenen Augen vom Kopf abwärts durch und versuchen, die normale, gesunde Struktur, Verfestigungen oder energieleere Zonen zu erspüren.
Element Wasser: Imaginieren Sie einen glatten, unbewegten, klaren Wasserspiegel. Tauchen Sie vorstellungsmäßig ins Wasser ein, sehen Sie nach, und kehren Sie aus dem Wasser zurück. Es enthüllt, genauso wie ein klarer Spiegel, der vorstellungsmäßig vor- und wieder rückwärts durchschritten wird, eigene, unbewußte Antriebe. Das Traumsymbollexikon hilft hier einzelne Erscheinungen zu klären.
Element Feuer: Der Übende stellt sich helloderndes Feuer vor und betrachtet dieses unter dem Blickwinkel der Reinigung, Läuterung, Verwandlung und Erleuchtung.
Jedes Element wird von bestimmten Naturgeistern beherrscht. Sollten sympathische oder unsympathische und feindliche Wesen auftauchen, dann bleiben Sie stets ruhig und freundlich und sagen diesen (d. h., Sie stellen sich dies bildhaft vor), daß Sie nicht in ihr Reich einzudringen gedenken.

7. Farberforschung der eigenen Aura

Nach der Soforthypnose und bei fest geschlossenen Lidern wird wieder mit den inneren Augen die eigene Aura vom Scheitel abwärts »abgetastet«. Hierbei versucht man, zuerst einmal helle und dunkle Stellen zu »fühlsehen«, dann Farben zu erkennen.
Hilfreich ist es, wenn sie versuchen, von der äußeren, linken, unteren Rippe (dem Areal des Milz-Chakras) ausgehend, strahlenförmig zuerst auf der linken Körperseite das Herz und dann auf der Körpermitte den Unterbauch, Nabel, Hals, Nasenansatz und Scheitel innerlich zu ertasten. Gesunde Körperzonen zeich-

nen sich durch Farb- und Energiebewegung aus, kranke erscheinen als bewegungslose, starre Körperregionen.
Sollte diese Übung nicht gelingen, dann bietet sich zusätzlich oder alternativ die Konzentration auf ein – möglichst frisches – Samenkorn an. Jedes frische Korn enthält alle sieben klaren Regenbogenfarben. Beispielsweise finden Sie diese in einem Haferkorn (mit Überwiegen von Hellblau) oder stärker ausgeprägt in einem Hagebuttensamenkorn. Versuchen Sie diese zu entdecken!

8. Umweltübung

Zur Verbesserung der »Umweltaura« ist diese Übung auch in der Selbsthypnose durchführbar.
Negatives, lichtloses Chi, also überwiegend grau-schwarze feinstoffliche Energien, aus der Außen- und Innenweltverschmutzung entstanden, umhüllen den Erdball kilometerweit bis hoch hinauf in die Atmosphäre. Versuchen Sie, das über diesem dunklen Bereich weit oben stets vorhandene konzentrierte, klare Chi als Äther, Prana oder farbige Luft der höheren Sphären in der Vorstellung – möglichst durch Bäume – auf den irdischen Planeten zu leiten, zur Regeneration der Erde. Die Farbkombination von Hellblau mit goldenen Funken scheint die geeignetste zu sein. Jedoch sollte der Meditierende aus den klaren Regenbogenfarben (ohne Beimischung von Grau- oder Brauntönen) und aus reinem Weiß und Gold diejenige(n) bevorzugen, die gefühlsmäßig seiner individuellen seelischen Situation entsprechen.

9. Auraübung zur Feststellung ihrer materiellen Beschaffenheit

Hier ertasten Sie bei geschlossenen Augen in Selbsthypnose Ihre drei feinstofflichen Körper. Zu Hilfe können Sie die Abbildung »Geheimnisvolle Auren (unsichtbare Körper) und Wesen« (siehe Seite 25) nehmen. Sie erspüren drei Schichten, innen ist die dichteste des Vitalitätskörpers, dann folgt die feinere des Emotionskörpers, die von der ganz zarten Außenschicht des Denkkörpers umgeben ist. Nehmen Sie die unsichtbaren Augen Ihrer Finger- und Zehenspitzen zu Hilfe, um Ihre eigenen feinstoffliche Substanz zu erfassen.

10. Erspüren des Auraumfanges

Nachdem bereits Farben, Töne und feinstoffliche Beschaffenheit der eigenen drei Auren erforscht wurden, versucht der Übende, die Grenzen seiner unsichtbaren Körper in Selbsthypnose (bei geschlossenen Augenlidern) abzutasten. Der Kreis oder das Oval des Vitalitätskörpers, der den physischen Leib nur wenig überragt, hat festere Beschaffenheit und Grenzen als der weiter außen befindliche Emotionskörper und der ganz außen liegende Denkkörper.

11. Übung zur Gestaltänderung

Für jede dieser Übungen, d. h. für jede »neue« Person, in die Sie sich vorstellungsmäßig hineinbegeben, schreiben Sie erfundene Namen (Vor- und Familienname) auf ein Blatt Papier. Stellen Sie sich in Rollen von Menschen verschiedenen Geschlechtes und Alters vor. Dann versetzen Sie sich in deren/dessen Denken und Empfinden, Motive und Tätigkeitsbereiche. Welchen Horizont erleben Sie als dieser Mensch? Vergegenwärtigen Sie sich Stärken, Schwächen und geistige Grenzen dieser Person. Sie nehmen eine gelbe, braune oder schwarze Hautfarbe an und versuchen, Ihr Bewußtsein in die entsprechende fremde Mentalität und das zugehörige Land zu versetzen.

12. Übung für Zeitabläufe

Versenken Sie sich gründlich, vorsichtig und langsam in kleinste Bruchteile der Zeit und deren Abläufe und dann anschließend in die verschiedenen Geisteszustände Ihrer vergangen Lebensjahre. Welche Gefühle, Ansichten, Motive und Ziele hatten Sie damals? Vielleicht wählen Sie für die Rückerinnerung jeweils einen wichtigen Tag (wie Geburtstag, Weihnachten) eines jeden Jahres oder ein erinnerungswürdiges Ereignis bis zurück zu Ihrem Babyalter.
Was erleben, ertasten, hören, riechen, schmecken oder sehen Sie farbig? Erkennen Sie wichtige Personen Ihres Erwachsenen-, Jugend-, Schul- oder Vorschuldaseins? Ältere Fotos oder Aufzeichnungen können die Rückschau vertiefen. Szenen der Auseinandersetzungen und des Streites werden mit friedlichen und versöhnenden Gefühlen und Gedanken bedacht.
Anschließend lassen Sie wichtige Ereignisse filmartig vor sich selbst ganz rasch ablaufen. Erinnerungslücken können Erlebnisse anzeigen, die vom Bewußtsein ausgelöscht wurden. Verdrängungen sollten nicht gewaltsam durchbrochen werden. Ein langsames Überwinden wäre anzuraten.
Nun durchlaufen Sie in der Vorstellung wieder Ihr Leben vom Babyalter bis heute und wachsen zu Ihrer jetzigen Größe heran. Eine wahrscheinlich objektive Beobachtung unter vielen anderen wird sein, daß ohne das Auftreten gravierender Ereignisse

eine bestimmte Bewußtseinsveränderung nicht stattgefunden hätte. Abschließend stellt man die Frage, welches Bewußtsein sich wohl zum Lebensende einstellen wird, und imaginiert diesen Zustand.

13. Traumreisen

In Kapitel IV werden die unsichtbaren Veränderungen unserer Astral- und Mentalkörper beschrieben, die sich während der Schlafphase auf die Astralebenen entfernen. Wir erleben diesen Vorgang nun bewußt in unserer Vorstellung mit Hilfe der Selbsthypnose.
Immer bleiben Astral- und Denkkörper durch die dünne, unzerreißbare Ätherschnur mit dem physischen und Vitalitätskörper verbunden. Während sich unsere zwei Traumkörper ballonartig entfernen, dehnt und verschmälert sich die feinstoffliche Kordel aus dem Solarplexus (Bauchraum) von ursprünglich ca. 12 cm bis auf weniger als einen Millimeter Durchmesser.
Nun begeben wir uns vorstellungsmäßig auf eine der Astralebenen, die sich von der Erde bis zum Mond (schalenförmig dem Erdball angepaßt) erstrecken; es ist diejenige, die unseren Wünschen und Interessen entspricht. Wir fühlen uns dort sehr wohl und schaffen uns Farben, Musik und Formen, die das Ziel unserer Sehnsucht sind. Verursacht diese Vorstellung Schwierigkeiten, dann vertiefen wir uns in ein Interessengebiet. Hier stehen unbegrenzte Möglichkeiten offen. Wir erschaffen z. B. imaginativ ein Kunstwerk mit Traumfarben und -werkzeugen. Wir betreiben ein Forschungslabor mit Traumgegenständen oder konstruieren ein interessantes Objekt.
Wenn wir mit unserem Werk zufrieden sind, begeben wir uns in ein weites Tal, erklimmen ein geheimnisvolles Gebirge und werden auf einer hohen Bergspitze von überirdischer Musik aus

einem mystischen weißen Tempel angezogen. Dort treffen wir eine spirituelle Gemeinschaft von Menschen, die diesen Weg schon vor uns gegangen sind.
Schließlich kehren wir nach dem Ausklingen mit Hilfe der Selbsthypnose in unseren Körper zurück. Die Silberschnur schrumpft zusammen und zieht dabei die ballonförmigen Astral- und Mentalformen in die Körpermitte (bzw. zum linken Oberbauch). Auf der Erde angekommen, vergegenwärtigen wir uns die Unendlichkeit der Zeit und des kosmischen Raumes, in dem das göttliche Bewußtsein immer vorhanden und allmächtig ist.

14. Vergegenwärtigung der Nächstenliebe

Nach der Entspannungsübung meditiere man über folgende Gedanken und konzentriere sich dabei auf sein Herz:
Kein Mensch kann allein existieren, denn jeder ist ein Teil der ganzen Menschheit. Da alle Menschen und sonstigen Wesen eine geistige Einheit bilden, sollte das Interesse der Gesamtmenschheit über dem eigenen persönlichen stehen.
Jeder Mensch besitzt einen göttlichen Geist (das unsterbliche, göttliche Selbst) und verdient Achtung und Ehrfurcht. Jeder sollte dem anderen in einer jeden Situation so begegnen, wie er es von diesem erwartet, und stets Verständnis und Geduld aufbringen.

15. Übung für rechtes Tun

Nach der Einleitung durch die Entspannungsübung erzeuge man in sich das Gefühl für die innere Verbundenheit aller Menschen. Lassen Sie den Gedanken der menschlichen Bruderschaft wachsen. Wie sieht nun das Handeln im Hinblick auf diese

Erkenntnis aus? Haben Sie einmal in ihrer jetzigen Lebenssituation alle Ihre guten, ganz individuellen – wenn auch geringen – Fähigkeiten und Begabungen als Gottesgeschenk überdacht, die zum Wohle Ihrer Umgebung eingesetzt werden könnten? Zusehends wird es gelingen, mit eigenen, wachsenden Kräften und der Hilfe der inneren Führung das Beste daraus zu vollbringen.

16. Meditation der Stille

Hier wird versucht, nach der Entspannungsübung schrittweise mit jedem Atemzug in das eigene Innere vorzudringen. Die Wogen des Gemütes verebben, und das Denken schweigt. Eigenes Wollen wird hierbei bewußt dem höchsten Willen unterstellt. Oft verschwindet schon nach wenigen Übungsversuchen das Gefühl des Alleinseins, und ein beglückendes Empfinden des »Mit-allem-eins-Seins« stellt sich ein. Das innere Gefühl der Verbundenheit mit allen Daseinsformen auf Erden und im All wächst. Gleichzeitig schmelzen Vergangenheit, Gegenwart und Zukunft zu einem zeitlosen »Jetztzustand« zusammen, der in die Entwicklung zur Selbsterlösung eingebettet ist. Vom Bewußtsein, das auf die Erde konzentriert ist, dehnt sich die unverlierbare Erfahrung eines allumfassenden Einheitsgefühles aus. Nun wird der Kosmos zur inneren raum- und zeitlosen Heimat.

17. Kontaktaufnahme zum höheren Selbst (Basisübung)

Für die meisten Menschen kann diese Übung als Lebensaufgabe angesehen werden.
Nach der Einleitung durch die Selbstsuggestion folgt die Kontaktaufnahme zum unsterblichen, ewigen, göttlichen Selbst, un-

serer wahren Identität. Sie wird am besten in der Ichform durchgeführt:
Für die Zeit der Übung versuche ich mich frei zu machen von

- meinem Autoritätsglauben, denn allein ich bin für meinen geistigen Fortschritt verantwortlich (wenn ich diesen Pfad gehen will, muß ich *eigene* Erfahrungen sammeln!);
- allen Wünschen, Gefühlen, Interessen, seelischen Mustern aus dem Emotionskörper;
- einem vorprogrammierten, subjektiven Bewußtsein, der Konditionierung aus dem Denkkörper.

Meine geistige Haltung ist nun innerlich ruhig und vorurteilsfrei. Rückblickend erkenne ich meine bisher gelebte subjektive Wirklichkeit. Nun öffne ich mich der absoluten objektiven Realität. Ich bin mir in Schlaf und Traum – d. h. während eines Drittels meines Lebens – meines Selbst unbewußt, und während der restlichen Zeit, dem sogenannten Tagesbewußtsein, befinde ich mich im gewöhnlichen Wachzustand. In diesen beiden Bewußtseinszuständen beschäftige ich mich überwiegend mit meinem sterblichen Ich, den vier Persönlichkeitsanteilen (dem physischen-, Vitalitäts-, Emotions- und Denkkörper), deren Wünschen und Wollen ich mich meistens pausenlos unterwerfe.
Um mich geistig frei zu machen, vergegenwärtige »ich« mir das Bibelwort »Ihr seid Götter und allzumal Kinder des Höchsten« (Joh. 10. 34, Psalm 82.6) und das Wissen daß »ich«

- einen physischen Körper habe, aber nicht dieser bin;
- einen Energie-(Vitalitäts-)körper habe, aber nicht dieser bin;
- einen Gefühlskörper habe, aber nicht dieser bin;
- einen Denkkörper habe, aber nicht dieser bin.

Da »ich« jedoch fähig bin, ständig Vergänglichkeit und immerwährenden Wechsel (d. h. Entstehen und Vergehen u. a.) aller obengenannten vier Persönlichkeitsanteile zu beobachten, kann mein wahres »Ich«, mein echtes Bewußtsein, nicht in diesen vier Auren enthalten sein. Ich erkenne mein göttliches Selbst als den eigentlichen Beobachter.
Ich unterstehe weder Zwängen noch der Beherrschung (z. B. durch Süchte, Furcht, Schuldgefühle, Haß, Faulheit) durch einen der vier Persönlichkeitsanteile. Auf mein bisheriges Leben rückblickend, erkenne ich meine Subjektivität und bin offen für die absolute, objektive Wirklichkeit. Ich spüre die unendliche Ruhe, den Frieden, die Freude und Freiheit meines göttlichen Selbst und konzentriere mich auf sein geistiges Licht. (Hierbei erfolgt Konzentration auf das Licht in der Kopfmitte.)
Nach der Übung bedanke ich mich in Demut, Glaube und innerer Ruhe bei der geistigen Führung.

18. Kontaktaufnahme zum höheren Selbst (fortgeschrittene Übung)

Es folgen Formulierungen, die leicht mit Hilfe der Sofortselbsthypnose täglich geübt werden könne.
Zur Förderung der Intuition: »Mein unsterbliches Selbst löst das Problem, die Antwort wird mir klar zuteil.« »Ich versenke mich in den verborgenen Lichtquell (hiermit wird das höhere Selbst angedeutet) durch mein tägliches Tun (oder meine Arbeit oder einen Traum, Tagesphantasie oder Kunstwerk). Die Lösung (oder Inspiration) kommt von selbst.«
Für die Willensstabilisierung: »Ich folge dem Willen meiner geistigen Führung (meines unvergänglichen Selbst).«
Zur Selbstverwirklichung (auch zur Verwirklichung von praktischen Talenten und geistigen Fähigkeiten einsetzbar): »Mein

überweltliches Selbst ist mit meinem irdischen in Harmonie und verhilft mir zum Ziel.« (Wobei nie auf Kosten anderer selbstsüchtige Ziele angestrebt werden. Notwendige eigene Interessen bleiben bewahrt.) »Ich vertraue meiner spirituellen Führung, die mich bisher geleitet hat und weiterhin begleiten wird.«
Vertrauen und Schutz: »Mein innerer Lichtmensch führt mich durch alle diese Schwierigkeiten.« »Ich lasse mich führen und leiten.« »Mein unsichtbarer Führer zeigt mir ganz klar, was ich tun soll.« »Gleichgültig, was mir zustößt, alles dient nur meinem Besten (meiner Einsicht oder Entwicklung).« »Nichts auf dieser Welt, weder Katastrophen noch Tod, zerstört mein wahres Selbst.« »Ich bin nie einsam, denn mein ewiges Selbst (göttliches Bewußtsein, Schutzengel) begleitet mich immer.« »Mein überirdisches Selbst versorgt mich ständig mit neuen spirituellen Regenerationskräften.« »Durch die Kraft des unsichtbaren Selbst tue ich stets das Richtige.« »Mein Glück (oder meine Kraft) liegt in der Stille, Zuversicht und Weisheit des Selbst.« »Mein höheres Selbst läßt mich stets wachsam, dankbar und geduldig sein.«
Im Hinblick auf die eigene Unvergänglichkeit: »Mein sterbliches Ich ist ein reiner Kanal für den Willen des unsterblichen Selbst.« »Mein höheres Gewissen (= höheres Selbst) ermöglicht alles (oder verfügt über unbegrenzte Möglichkeiten).« »Angst völlig gleichgültig, durch die Kraft des spirituellen Selbst bin ich von Tag zu Tag bewußter und vollkommener.« »Mein Bewußtsein ist stets auf die Unvergänglichkeit (Ewigkeit) gerichtet.« »Ich bin ewig, göttlich und unsterblich.« (Mit dem »Ich« ist hier das überweltliche Selbst gemeint, das im irdischen Menschen verankert ist.) »Jeden Augenblick (jede Sekunde) bin ich ewig und untrennbar eins mit der Transzendenz (mit dem unendlichen, spirituellen Reich).« »Ständig und unverlierbar trage ich den Himmel in mir.«

19. Reinkarnationsmeditation

Begünstigend für die Rückerinnerung sind schwierige, besser gesagt »aufrüttelnde und schockierende« Erlebnisse oder Lebensumstände, welche die Fragen nach dem »Warum-gerade-ich?« aufkommen lassen. Nur diese führen zu echten, in die Tiefe dringenden Fragen nach der Ursache der meist schmerzhaften Vorkommnisse. Wesentliche Hilfen für diese Übung sind:

- das Hereinziehen bunter Ätherbilder aus vergangenen Existenzen durch die Vorstellung. Fast jeder Mensch trägt sie im Astralkörper, überwiegend hinter der linken Schulter. Alternativ versucht man, mit dem dritten Auge – also mit geschlossenen physischen Augen – den farbigen Film hinter der eigenen (besonders der linken) Schulter zu beobachten;
- die Überzeugung, daß das jetzige Leben sinnvoll in den Ablauf der Entwicklung eingebettet ist;
- sich zu vergegenwärtigen, daß kein Erfolgszwang vorliegt und man für sich allein ganz real wissen möchte, was wirklich einmal erlebt wurde;
- während der Rückerinnerung vergegenwärtige man sich bei jedem freudigen oder schockierenden Erlebnis folgende Feststellungen und Fragen (diese werden einige Male vorher durchgelesen und überdacht):
  »Vergangene Geschehnisse bzw. Leben gehören einer schon abgeschlossenen Entwicklungsstufe an.«
  »Ich beobachte alles und bleibe stets ruhig und entspannt.«
  »Geburt und Tod lasse ich kommen und gehen.«
  »Allmählich löse ich mich von diesem (bestimmten) Ereignis und gehe immer tiefer, ganz ruhig, Schritt für Schritt meinen Weg zurück.«

»Was empfinde ich in dieser Situation (oder Lebenslage)?«
»Was genau spielt sich um mich herum ab?«
»Ist mir noch irgend etwas verborgen geblieben?«
»Was hat den tiefsten Eindruck auf mich gemacht?«
»Was sollte ich gerade hierdurch erkennen?«
»Wodurch löste ich wirklich dieses Erlebnis aus?«
»Durch welche Geisteshaltung verursachte ich den Ablauf der Dinge?«

Man geht nun – wie schon bei Übung Nr. 12 – von einem Jahr zum nächsten. Schließlich taucht man in die Antriebe, Gefühle und Motive aus der Jugendzeit und Kindheit ein. Lesen Sie nochmals Übung Nr. 12 hierzu durch.
Eine bewährte Hilfe ist, sich vorstellungsmäßig von einem großen Zimmer zum nächsten treppabwärts zu begeben, die Zimmer ordnet man um eine Wendeltreppe an. Jeder Raum symbolisiert hierbei ein abgeschlossenes Leben oder eine bestimmte Existenz.
Die Ereignisse zeigen sich farbig und bildhaft. Sie ertasten diese, schmecken, hören, sehen und riechen sie. Sie sagen sich, daß Ihre Atmung immer ruhig und gleichmäßig verläuft und Sie immer tiefer und tiefer in Trance sinken. So erkunden Sie Leben um Leben. Nach meiner Erfahrung ist es oft unwesentlich, Vorgänge wie Geburt und Tod genauestens nachzuerleben. Sollten bei diesen Ereignissen Schocks eingetreten sein, wird die Ursache (die nach dem Gesetz des Karma selbst ausgelöst wurde) beim Rückgang in eigene Existenzen mit Sicherheit bald auftauchen.
Die hartnäckige Frage nach der eigentlichen Geisteshaltung und/oder Ursache bei einem bestimmten Erlebnis läßt nacheinander die verschiedenen Existenzen auftauchen.
Bei heutzutage reinkarnierten Menschen liegen meistens ein oder mehrere Leben vor, die in einer speziellen Stammes-,

Volks-, Dorf- oder Familiengemeinschaft geführt wurden. So erscheinen in der modernen Zeit Seelen aus allen möglichen Zeiträumen und Gebieten der Erde.

Ich konnte immer wieder beobachten, daß das Interesse fast jedes Menschen einem besonderen Land gilt, in dem er einmal tatsächlich lebte. Ich finde stets die Tatsache bestätigt, daß jemand, der sich z. B. lange mit einer speziellen Kultur befaßt, einst wirklich in dieser »zu Hause« war. Auch ausgeprägte Geisteshaltungen kann er aus dem vergangenen Leben mitbringen. Beispielsweise staunte ich, bei einem bescheidenen Mann im Astral-Mentalkörper den reichen, bunten Federschmuck eines Indianerhäuptlinges zu finden. Er referierte gerne über (s)eine Indianerkultur und schrieb darüber Publikationen.

Einen talentierten jungen Mann erblickte ich als Afrikaner mit Richteramt, der von vielen beleibten Frauen und seinen unzähligen Kindern umgeben war. Vor allem die bequeme, lässige Lebensweise und die Vielweiberei wiederholte er in seiner jetzigen Reinkarnation. Seine besten Freunde versuchten vergeblich, ihn zu einer Änderung seiner Geisteshaltung und zum Arbeiten zu bewegen.

Nach den Erlebnissen im Stammesverband versucht der Übende, sich wichtige Szenen der Verkörperungen als Tier, Pflanze (z. B. als Baum) und Stein zurückzurufen. Er sollte es in dieser Reihenfolge probieren.

Manchmal landet er in einer voratlantischen Epoche ohne festen physischen Körper als farbige, wolkenartige, astral-mentale Form mit einem goldenen Funken in seiner Mitte. Seine »Gedanken und Gefühle« wirft er als feinstoffliche, wolkenähnliche Gebilde aus sich heraus. Bei ernsthafter, ehrlicher Bemühung wird der Übende einen genauen Eindruck der eigentlichen, ihn (fehl)leitenden Motive erhalten.

20. Erleben des eigenen Todes

Als Abschluß dieser Übungsreihe möchte ich den Bibelspruch aus Psalm 90. 12 in Erinnerung bringen: »Herr, lehre uns, daß wir sterben müssen, auf daß wir klug werden.« Er sagt über die absolute Gewißheit aus, in diesem unausweichlichen und meist unvorhergesehenen Augenblick alles, aber auch alles restlos loslassen zu müssen. Man sollte sich klar darüber werden, daß man schon öfters in den verschiedenen Reinkarnationen (Daseinsstufen) gestorben ist.

Vergegenwärtigen wir uns die sehr verschiedenen Möglichkeiten, die dieses Ereignis »an den Pforten der Ewigkeit« uns bieten kann (vergleiche Kapitel VIII).

Zum Zeitpunkt Ihres Todes werden Sie mit denjenigen Wesen konfrontiert, die Sie in diesem jetzigen Augenblick durch einen Spiegel hindurch erblicken können. Hierbei schließen Sie die Augen und stellen sich die intensive Frage, was wirklich hinter dem Spiegel sein könnte. Falls sich nichts zeigt, versuchen Sie, in der Vorstellung durch den Spiegel zu gehen. Sie sehen nach und kommen wieder zurück.

Unvoreingenommenes, objektives und ehrliches Vorgehen – mit Hilfe der Deutungen durch das Traumsymbollexikon – sind absolute Bedingungen, um Täuschungen durch Falschdeutung zu entgehen.

Unsere unbewußten Motive lassen sich weiterhin aufdecken durch ernsthafte Gewissenserforschung, durch kritische Betrachtung der eigenen Handlungen (was eine gewisse Entwicklung und Reife voraussetzt) und natürlich mit therapeutischer Hilfe durch die Tiefenpsychologie.

Beim Vorstellen und Erleben des Sterbevorganges in der Selbsthypnose ist wichtig zu wissen, daß der letzte, individuelle Zustand des Bewußtseines (die Grundeinstellung dem Leben und Mitmenschen gegenüber, alle Taten, Gefühle, Gedanken

und Motive) im Emotions- und Denkkörper vollständig weiterleben.
Weder materieller Besitz noch die liebsten und hilfreichsten Angehörigen können in diesem Augenblick helfen, man stirbt allein. Nur ein positiv verändertes Bewußtsein, erfüllt mit Geduld, Ausdauer, Mitgefühl, Hilfsbereitschaft, Dankbarkeit und Nächstenliebe, sowie das Vertrauen in die höheren Führungsmächte und die Sehnsucht nach dem göttlichen Licht helfen, dorthin zu gelangen, wohin man sich wünscht.
Im weiteren Text folgen nun Hinweise über Träume vom Tod und der Transzendenz. Der Leser wird über die Vielfalt der Ziele des höheren Selbst informiert.

Ein Geist, der von der Wahrheit erfüllt ist,
muß sein Handeln auf das Endziel richten.

Mahatma Gandhi, 1869–1948

XI. Träume vom Sterben, von Toten und vom Jenseits

Traumsterben als Sinnbild tiefgreifender Veränderungen

Die Begegnung mit dem Tod und mit Leichen in Träumen bedeutet nicht immer, daß sich dies in der Realität verwirklicht. Durch den Tod und das Sterben macht ein veralteter Zustand einem neuen Platz. Alte Formen vergehen, neue entstehen. Wenn sich dieser Prozeß auf unsere Persönlichkeit bezieht, dann durchleben wir eine fundamentale Bewußtseinsänderung, legen zum Beispiel eine veraltete Ansicht beiseits oder eine Eigenschaft ab. Der Sterbeprozeß kann unsere Kreativität betreffen, Erwartungen und Ziele, die wir uns setzen. Wenn der Träumende eine neue Lebenssituation beginnt, wird die alte begraben und kann sich im Traum durch den Tod ankündigen. Die Trennung von Personen im privaten Bereich (Familie, Freunde) oder im Geschäftsleben kann durch Traumsterben ins Tagesbewußtsein gebracht werden. Auch das Überwinden einer Krankheit und Erlangen neuer Vitalität wird durch den Traumtod versinnbildlicht.

Vorsicht: Wenn in Träumen *häufig Leichen* vorkommen, sollte psychotherapeutischer Rat in Anspruch genommen werden, denn echte Probleme – Depressionen, sogar Selbsttötungen – können sich damit anbahnen. Ungünstig sind auch Träume von

Leichen, die der Träumende mit sich herumschleppt oder sonst irgendwo im Hause aufbewahrt. Hier enthält unser unbewußter Seelenbereich einen abgestorbenen, sich zersetzenden Teil der eigenen Persönlichkeit. – Auch bei dieser Art von Träumen ist Psychotherapie angezeigt.
Hingegen zeigen *Enthauptungen* und *Hinrichtungen* im Traum oft eine geistige Neuorientierung an – liebgewonnene Vorstellungen und feste Ansichten werden durch neue ersetzt.

Verschiedene Arten von Todesträumen

Bei Träumen, in denen es um *Verfolgungen, Lebensgefahr* und *Töten* geht, kann wirkliche Verfolgung und Gefahr im Tagesbewußtsein angedeutet werden. Häufig bringt diese Art von Träumen unbewußte oder uneingestandene Probleme nahe, über die der Betroffene in der Tagesrealität nachdenken sollte.
Unterlegenheitsgefühle, Schwäche und Gedanken an Minderwertigkeit des Träumenden können sich im Traum durch das *Erleiden von Gewaltakten* äußern. Leidet man im Traum unter Gewalteinwirkungen, wie z. B. geschlagen, erstochen oder erschossen zu werden, so kann dies auch anzeigen, daß man sich in der Tagesrealität Gedanken über die Disziplinierung der eigenen Lebensführung oder des Lebensstiles machen sollte. Im Traum straft man sich selbst für ein anstehendes Problem, das in Angriff genommen werden müßte. Wenn derartige Träume gehäuft auftreten, sollte fachkundige therapeutische Hilfe gesucht werden.
Träume, in denen sich ein Verstorbener aus dem Sarg erhebt oder auch zurückkommt, sind *Wunschträume*. Hier lassen sich zwei Arten von Träumen unterscheiden: 1. Der Wunschtraum, einen Verstorbenen wiedersehen zu wollen. 2. Der Wunsch, eine lebende Person loszuwerden. Letztere Wunschträume kön-

nen auch Familienmitglieder betreffen, was unter Umständen auf den von Sigmund Freud aufgedeckten Ödipuskomplex schließen läßt. Er kann Ausgangspunkt vieler späterer Neurosen sein. Hierbei empfindet das kleine Kind gegen den Elternteil seines eigenen Geschlechts Abneigung oder Rivalität und gegen den anderen Elternteil verstärkte Gefühle der Zuneigung und des Besitzenwollens.

Prophetische Träume, die den wahren Tod als Schicksal ankündigen, können für denjenigen, der den Tod erleidet, kurz, knapp und klar sein. Für Familienangehörige und Freunde zeigt sich dieser betreffende Tod auch so. Häufig gibt es aber auch verschlüsselte und mit Symbolen besetzte Wahrträume, deren genaue Deutung Übung und Geduld erfordert (siehe auch Deutungsbeispiele in Kapitel IX).

Reinkarnationsträume: Klare Rückerinnerungen an vorherige Leben treten bei auffallend vielen Menschen verschiedener Völker sehr oft in Träumen auf, im Zusammenhang mit einem erlittenen gewaltsamen Tod. Auch Alpträume können spontane Rückerinnerungen an vorherige Leben sein. Unser höheres Selbst benutzt diese Methode zur Vertiefung des Bewußtseins.

Die sogenannten *Simultanträume* ereignen sich gleichzeitig mit dem Sterben eines Menschen, mit dem sich der Träumer meistens stark verbunden fühlt. Man sollte sich hierzu vergegenwärtigen, daß jeder Mensch beim Sterben seine fleischliche Hülle ablegt und nach drei bis vier Tagen seinen Vitalitätskörper (oder Ätherkörper) abstreift. Danach bleibt der Emotions- (oder Astral-)körper bestehen, in dem die Gefühle enthalten sind.

Die meisten Menschen sprechen ungern über Simultanträume bei Tod von Angehörigen oder Freunden (den sie genau beschreiben können), um sich nicht dem Spott ihrer Mitmenschen auszusetzen. In einer Reihe von Familien scheint es normal zu sein, daß meist entfernt lebende Familienmitglieder zur genauen Todesstunde oder wenige Stunden danach in den Träumen anderer auftauchen. Da der Sterbevorgang bis zu zwölf Stunden dauern kann, wir also ungefähr diese Zeit brauchen, um unsere feinstofflichen Körper vom physischen abzutrennen, ergeben sich mitunter Zeitverschiebungen um einige Stunden.

Träume mit Schuldgefühlen gegenüber Verstorbenen: In dieser Art von Träumen sucht und ruft der noch Lebende den Verstorbenen. Oft führt ein schlechtes Gewissen zu diesem Verhalten.

Helferträume: Bei der letzten Art von Träumen, die hier erwähnt werden soll, handelt es sich um solche, in denen ein Verstorbener vom Jenseits aus helfend eingreift. Das kann z. B. durch einen Hinweis im Traum geschehen, der sich in der Tagesrealität des Träumers als nützlich erweist.

Selbsthilfe bei prophetischen Todesträumen

Selbst wenn es schwierig erscheint und viel Fingerspitzengefühl erfordert, sollte man es den Betroffenen mitteilen, wenn man von einem tödlichen Unfall geträumt hat, und die genauen Umstände schildern. Auch medizinische Hilfe könnte in Anspruch genommen werden, wenn der Traum es notwendig erscheinen läßt. Zeigt der Traum eindeutig an, daß ein tödlicher Unfall oder eine lebensgefährliche Krankheit kurz bevorstehen, lohnt es sich, folgende Fragen zu stellen:

1. Weshalb könnte mein Tod für meine geistige Entwicklung gerade jetzt sinnvoll sein? Welches Problem sollte ich gerade jetzt lösen? Was muß ich lernen?
2. Womit und durch welche Lebensumstände habe ich mir meine Fortentwicklung in gerade dieser Lebenssituation blokkiert?
3. Worin besteht meine wahre Aufgabe in diesem Leben mit den

Gaben und Mitteln, die mir zur Verfügung stehen? Könnte ich all dieses besser zum Wohl der Allgemeinheit einsetzen?

4. Wann und wie oft habe ich mich in der Vergangenheit durch meine Einsicht geändert? Ist es bei dem Wunsch nach Besserung geblieben? Haben eigentlich nicht überwiegend zwingende Not, Kampf und Schmerzen meine Persönlichkeit gewandelt?
5. Was sollte ich tatsächlich tun, wenn ich diesmal mit dem Leben davonkäme?
6. Welche praktischen Vorsichtsmaßnahmen ergreife ich, um den tödlichen Unfall oder die Krankheit zu vermeiden?

Vorschläge:

- Klares Überdenken der dringendsten Lebensprobleme.
- Das genaue Vorstellen des Unfalles oder der Todesumstände mit positivem Ausgang. Abends vor dem Einschlafen und morgens nach dem Aufwachen stellt man sich die tödliche Situation, die der Traum aufzeigte, bildhaft vor und wandelt sie dabei in eine harmlose Situation um. – Wenn also geträumt wurde, man schlittere auf eisiger Straße mit dem Auto in einen Graben, so passiert man im vorgestellten Auto auf der entsprechenden Straße das Eis und den Graben problemlos. Man behält in dieser Lage völlige Kontrolle über das Fahrzeug.
- Man legt farbige, nicht zu übersehende Erinnerungszettel auf den Autositz, oder man klebt sie in den Terminkalender. Auf den Zetteln steht der Unfall.
- Man stellt sich unter den Willen des Schicksals und vergegenwärtigt sich möglichst immer »Dein Wille geschehe!«. Das läßt sich zuerst bei Routinearbeiten ausführen, später läuft dieses Bewußtsein vom übergeordneten göttlichen Selbst automatisch parallel zum Denkprozeß.

Nicht gut ist, daß sich alles erfüllt,
was du wünschest:
Durch Krankheit erkennst du den Wert der Gesundheit,
am Bösen den Wert des Guten,
durch Hunger die Sättigung,
in der Anstrengung den Wert der Ruhe.

Heraklit, um 500 v. Chr.

XII. Traumsymbollexikon

Das Traumsymbollexikon enthält wertvolles Symbolwissen:

- für die Auslegung von Tagesphantasien
- für die Traumdeutung
- über die versteckte Symbolik des täglichen Lebens
- für psychologisches Verstehen
- für die Erklärung künstlerischer Darstellungen
- zum Eindringen in die Mythologie
- für den Weg nach innen

Hinweis zur Anwendung des Traumsymbollexikons

Versuchen Sie, Ihre Symbole, die Ihnen u. a. im Traum und auf dem Lebensweg als ganz charakteristischer Ausdruck Ihres individuellen Seelenzustandes bzw. Ihrer jetzigen Lebenssituation begegnen, mit Hilfe des Kapitels IX zu deuten.
Jeder Traum hat mehrere Schichten, siehe auch S.37f. Diese Schichten werden ursächlich vom Zustand des physischen Körpers und der feinstofflichen Auren (des Vitalitäts-, Emotions-,

Denkkörpers und des höheren Selbst) hervorgerufen oder wesentlich beeinflußt.
Vereinfacht lassen sich vier Arten von Träumen feststellen:

1. Traummitteilungen, die eindeutig durch Veränderungen des Kopfes/Körpers während des Schlafes auftreten.
2. Unklare, verwirrende Träume.
3. Trauminhalte von emotionellem Charakter (z. B. von Wünschen, Tagesresten usw.).
4. Träume, in denen Grundsätze der individuellen Entwicklung erkennbar sind. Bei diesen klaren, lichtvollen und zusammenhängenden Traumbildern geht dem Träumenden bei der Deutung gefühlsmäßig oder/und intellektuell »ein Licht« auf (siehe auch S. 143f.).

Jedes Symbol des nachfolgenden Lexikons ist neben seinem naheliegenden, praktischen Inhalt auch im Hinblick auf seinen transzendenten Sinn, auf den Kontakt mit unserem unvergänglichen Wesenskern deutbar. So kann z. B. der *Abenteurer* die Suche nach weltlichen Abenteuern und gleichzeitig auch die Suche nach dem tieferen Seinsgrund und dem wahren, bleibenden Lebensinhalt anzeigen.
Beachten Sie bei der Traumauslegung besonders auch Ihr Traumgefühl, d. h. den speziellen Charakter der Gefühle, die sich Ihnen nach dem Erwachen eingeprägt haben.
Anfängliche Deutungsschwierigkeiten werden bald überwindbar sein. Bedenken Sie das chinesische Sprichwort: »Auch der weiteste Weg beginnt mit einem Schritt.« Nochmals möchte ich betonen, daß bei erfolglos erscheinenden Deutungsversuchen Traumauslegungen in Traumserien zuverlässiger sind. Hierzu werden alle Träume vorerst über einen längeren Zeitraum genau notiert und dann in *einer* »Traumsitzung« gedeutet, wodurch die sich immer wiederholenden Probleme klarer hervortreten.

A

Aal: Der dunkelfarbene A. bedeutet den primitiven, sexuellen Trieb. Hellere Farben zeigen die Sublimierung desselben an. Auch wird vor dem Charakter der Schlange gewarnt. Siehe *Fisch, Schlange.*

Aas: Siehe *Kadaver.*

Abitur: Siehe *Examen, Reifeprüfung.*

Abbruch (z. B. Hausabbruch): Er kann in der Realität Zerstörungen jeder Art, auch in Form von Naturkatastrophen, anzeigen. Hinter solchen gewaltsamen Vorgängen oder Tätigkeiten stehen oft unbewußte, uneingestandene Gefühle wie Wut, Gewalttätigkeit und Ärger. Siehe *Krieg, Schlacht.*

Abend: Er weist auf Ausruhen, Erholung, bevorstehendes Lebensende oder Verlassen des klaren Tagesbewußtseins hin. Siehe *Mittag, Morgen, Tageszeiten.*

Abendmahl: Durch ein besonderes Verdienst hat sich der Träumende, der am *A.* teilnimmt, spirituell ausgezeichnet.

Abendstern: Sein helles Leuchten deutet auf geistige Hilfe. Ein verdunkelter *A.* zeigt das Gegenteil an. Siehe *Komet, Planet, Stern.*

Abenteuer: Sehnsucht, aus der alltäglichen Tretmühle herauszukommen. Hinweis, daß sichere Konventionen verlassen werden, oder auch Suche nach dem wahren bleibenden Lebensinhalt und Seinsgrund.

Abenteurer: Eigene oder fremde Eigenschaften eines *A.* Siehe *Vagabund.*

Abfall: Veralteter, abgefallener Ballast; überholte Gefühle, Wünsche und Absichten, die durch neue ersetzt werden sollten. Siehe *Abbruch, Asche, Dreck, Exkremente.*

Abführmittel: Reinigung und Ausscheidung von Emotionen und Problemen. Siehe *Darm, Verstopfung.*

Abgang: Realistischer *A.*; Ende einer Freundschaft, einer Entwicklungsphase oder eines Planes.

Abgrund: Angst vor körperlichem Absturz, seelischem Versagen vor Gefahren (zeigt evtl. auch wirkliche Gefahren an) und geistigen Niederlagen, wie Prüfungsversagen. Der Traum kann auch eine Warnung sein und zu Realismus bei Illusionen aufrufen. Das Stürzen in Abgründe war häufig ein zuverlässiges Zeichen für beginnende Arteriosklerose. Siehe *Fallen, Loch, Tiefe.*

Abhang: Ein steiler *A.* deutet Versagensangst und Verluste an. Siehe *Abgrund, Fallen, Hinuntersteigen, Loch.*

Abhauen: Die Auswirkung starker, zerstörender, negativer Gefühlsausbrüche wie Zorn, Gewalttätigkeit. Weiterhin zeigt *A.* Vitalitätsverlust oder Tod an. Siehe *Krieg, Zerstörung.*

Abkühlen: Das Dämpfen von Emotionen (wie Begeisterung). Siehe *Eis.*

Abmagerung: Eine Person/Angelegenheit wird in ihrer Wichtigkeit herabgemindert. Auch Ankündigung von Angst vor Verantwortung, vor dem Leben; verstecktes Dominanzstreben und eventuell Warnung vor Krankheit.

Abort: Siehe *Abgang.*

Abreise/Abfahrt: Je nach begleitendem Traumgefühl handelt es sich um eine angenehme oder unangenehme Trennung von Freunden, von etwas Vertrautem oder Bekanntem. Auch eine *A.* von konventionellen Ansichten kann der Traum andeuten. Siehe *Bahnhof, Reise.*

Abschied: Der *A.* oder das Loslassen von Emotionen, Personen, einem vertrautem Lebensabschnitt oder einer alten Lebensauffassung kann gemeint sein.

Abstinenz/Abstinenzler: 1. Der Träumende unterstellt sich hoher Moralität. 2. Furcht vor unüberlegter Handlung. 3. Unbeeinflußbarkeit gegenüber neuen Ideen oder Weigerung, etwas zu ändern. Siehe *Mönch, Zölibat.*

Absturz: Er soll auf den Boden der Realität zurückbringen; man hatte sich durch Illusionen, Wünsche und Stolz über die Wirklichkeit erhoben. Auch Anzeichen für materielle oder moralische Schäden. Siehe *Abgrund, Abhang.*

Abszess: Siehe *Ekzem, Haut.*

Abt/Äbtissin: Siehe *Einsiedler, Mönch, Nonne, Zölibat.*

Acht: Siehe *Zahlen.*

Acker: Der unbebaute, öde *A.* zeigt Erfolgslosigkeit eines Unternehmens oder eine unbekannte Zukunft an, der keimende ein neues Aufgabengebiet, der fruchttragende den Erfolg. Auch deuten unterschiedliche Stadien des Pflanzenwuchses verschiedene Stufen der geistigen Empfänglichkeit an. Siehe *Blumen, Farben, Feld, Gras, Heu, Unkraut, Wiese.*

Adler: Er stellt Wunsch oder Bewußtsein dar, sich über die Materie zu erheben. Außerdem zeigt er den Stolz, die Gerechtigkeit, den spirituellen Sieg, die Allwissenheit, Allmacht und Auferstehung an. Der gefesselte *A.* weist auf behinderten Gedankenflug. Siehe *Farben, Vogel.*

Advokat: Meist Ärger und Zwistigkeiten, Kritik, auch Selbstkritik. Siehe *Gericht, Gerichtsvollzieher.*

Affe: Der unzivilisierte, primitive Mensch. Nachahmungstrieb, Bösartigkeit, Gier, List, Eitelkeit, Konkurrenzdenken, Hinterhältigkeit und teuflische Eigenschaften. Der *A.* kann auch die negativen Qualitäten eines Sinnesorgans symbolisieren. Siehe *Gorilla, Teufel.*

Afrika: Reiselust und Sehnsucht nach Veränderung. Natürlichkeit, Vereinfachung, Urwüchsigkeit, Wildheit, Konventionslosigkeit. Siehe *Abenteuer, Safari, Tiere, Wild.*

Aggression: Siehe *Angriffslust.*

Ähre: Sinnbild für Entstehen, Vergehen, Wiederkehren. Ausgereifte, gesunde Ähren deuten auf Lebenserfahrung, geistige Ernte und spirituelles Überlegen. Beschädigte *Ä.* stellen behindertes körperliches, seelisches oder geistiges Wachstum dar. Siehe *Getreide, Korn.*

Akkordeon: Je nach begleitenden Traumgefühlen ist das fröhliche *A.*spiel ein Aufruf, sich einer Gesellschaft oder Freunden anzuschließen. Unangenehmes *A.*spiel zeigt Zeitverschwendung. Siehe *Musik.*

Akne: Sie deutet eigene oder fremde unangenehme Charakterzüge an. Siehe *Ekzem, Haut.*

Akten: Alte, verschlossene *A.* sind uneingestandenes Wissen um alte Verfehlungen. Neue *A.* stellen die Anstrengungen dar, aus vergangenen Fehlern lernen zu wollen, oder erinnern an Unerledigtes.

Aktie: Die sichere, erfolgreiche *A.* symbolisiert positive Werte, Energie (auch sexueller Art), Selbstsicherheit, geschäftlichen Erfolg usw. Die unsichere, erfolglose oder verlorene *A.* deutet negative Eigenschaften, Komplexe und Verminderung des Selbstbewußtseins an. Siehe *Geld, Zinsen.*

Alkohol: Warnung oder Aufruf zur verantwortungsvollen Klärung der Situation. Weiterhin zeigt *A.* die Verwandlung von Denken, Absicht *und* Tun sowie Entspannung und Erholung an. Siehe *Bier, Sekt, Trunkenheit, Wein.*

Alkoholismus: Siehe *Abstinenz/Abstinenzler, Alkohol, Spinne.*

Allergie: 1. Warnung vor *A.* in der Lebensrealität. 2. Eine Situation wird beschrieben, die Angst und Abwehr hervorruft. Siehe *Ekzem, Haut.*

Alligator: Die primitive, ungezügelte Begierdenatur. Siehe *Drache.*

Alpen: 1. Sehnsucht nach Erholung und Entspannung. 2. Das tröstende Bewußtsein der spirituellen Führung sowie eigene geistige Anstrengungen. Siehe *Berg, Gebirge.*

Alphabet: Die Gesamtheit seiner Sprachkomponenten weist auf die Vielfalt des Universums und die Vervollkommnung hin. Siehe *Buchstaben.*

Altar: 1. Andacht, Ehrfurcht. 2. Der Zufluchtsort. 3. Opferung der niederen Persönlichkeit. 4. Unser Innerstes, in dem die ewige, göttliche Flamme angezündet wird, von dem Gebete und Meditation wie Weihrauch aufsteigen. 5. Geistiger Angelpunkt für die Welt. 6. Die Gegenwart der geistigen Führung. Siehe *Kirche, Priester.*

Alte/Alter: 1. Ein alter Mann oder eine alte Frau können eigene vergangene, veraltete Charakterzüge anzeigen oder vor diesen warnen. 2. Ein Problem aus einem vergangenen Erdenleben kann angedeutet werden. 3. Das eigene höhere Selbst, das dem persönlichen, irdischen Ich übergeordnet ist, also das höhere Gewissen. 4. Auch der normalerweise unsichtbare, spirituelle Führer oder Meister kann sich durch diesen Traum bemerkbar machen. Siehe *Führer, geistiger; Selbst, höheres.*

Altern/Älterwerden: Der Betroffene ist seelisch und geistig weit über sein körperliches Alter gereift. Aufruf an den Träumenden, die aktuelle, problematische Tagessituation mit philosophischem Abstand zu betrachten.

Altersheim: Der Betroffene bedenkt Älterwerden und Absicherung.

Amboß: 1. Ein Gegenstand, der aktiv zur Tatkraft aufruft. 2. Der *A.*, der die Gewaltanwendung an sich selbst geschehen läßt, kann Lethargie und stilles Leiden ausdrücken. Siehe *Hammer.*

Ameise: Der positive Traum signalisiert das Organisationstalent, die Geduld, den Fleiß sowie das gemeinsame Schaffen. Der gefühlsmäßig negative Traum warnt vor Krankheiten oder Gehirn- und Rückenmarksverletzungen. Siehe *Insekten.*

Amerika: Es symbolisiert das, was es dem Träumenden bedeutet, wie z. B. neues Bewußtsein, Oberflächlichkeit, Abenteuerlust, Materialismus.

Amerikaner/Amerikanerin: Die neue, unvoreingenommene

Lebenseinstellung, der Neubeginn, Unternehmungslust, Flexibilität u. a. m.

Amor: Der Bogenschütze als kleiner, dicker Engel mit Pfeil und Bogen erscheint immer noch im Unsichtbaren als Symbol sinnlicher Liebe. Siehe *Bogen, Pfeil und Bogen.*

Amputation: Warnung vor Verlust der unsichtbaren, symbolischen Qualitäten des betroffenen Körperteiles. Siehe *Arm, Bein, Mißbildung.*

Amulett: Es zeigt den Wunsch nach Lebensqualität an. Häufig sollten Selbstverteidigungs- und Schutzmaßnahmen ergriffen werden. Siehe *Magie.*

Ananas: Die saftige, appetitliche *A.* zeigt Erfolg und positive Lebensqualitäten an, die faulige negative Qualität. Siehe *Obst, Nahrung.*

Angel: Die *A.* bedeutet die Suche nach Neuem, das Herausholen aus dem Unbewußten, die spirituelle Einweihung. Wichtig ist, auf den in Frage stehenden Gegenstand, auf Gefühle, Wetter und Wasser zu achten. Siehe *Fisch, Köder, Strömung, Wasser, Wetter.*

Angriffslust: Warnung und Aufruf an den Träumenden, mit Einsicht und Vernunft aktuelle Probleme zu lösen. Ein schlechtes Gewissen und auch Minderwertigkeitsgefühle schaffen sich durch *A.* ein Ventil. Die hinter der *A.* stehende Energie sollte in aufbauende Tatkraft verwandelt werden. Siehe *Dolch, Gewalt, Messer, Verletzung, Waffen.*

Angst: Aufruf zu Einsicht und Mut, sich den in Frage stehenden Problemen zu stellen.

Anker: Wenn er fest verankert ist, stellt er eine bindende Eigenschaft wie Verpflichtungen oder Liebe dar. Auch religiöse Bedeutung kann er haben. So signalisiert er die Zuversicht, Verläßlichkeit, alleinige Hoffnung in die geistige Führung und Glaube an Erlösung. Siehe *Meer, Schiff, Wetter.*

Ankh-Kreuz: Das ägyptische Schleifenkreuz zeigt Macht, Wissen und neue Wege zur Spiritualität an. Siehe *Baum, Kreuz, Kreuzigung.*

Ankunft: Das Ende des Wartens und Suchens oder die Erwartung, die neue Entwicklungsphase, ein neuer Lebensabschnitt. Siehe *Bahnhof, Reise.*

Ansprache: Siehe *Gottesdienst, Rede.*

Anstecken: Sich etwas zu eigen machen. Warnsignal, sich nicht von zu positiven oder negativen Eigenschaften anderer einengen zu lassen. Siehe *Arzt, Krankenhaus, Krankenschwester, Krankheit.*

Antenne: Sie zeigt das Verlangen des Träumenden nach Kommunikation, Kontakt und Information.

Anubis: Siehe *Hund.*

Anzeige: Siehe *Inserat, Journalist, Zeitung.*

Apfel: Symbol für Liebe, individuelle Erkenntnis, eigene Schöpfungskräfte, Fruchtbarkeit, Sexualität, die sündige Erde. Der goldene *A.* zeigt die Belohnung, den Sieg über die Versuchung, aber auch den Zustand einer selbstlosen Entwicklungs- und Bewußtseinsstufe an. Siehe *Erdbeere, Essen, Kirsche, Mahlzeit, Nahrung, Obst.*

Apfelsine: Fruchtbarkeits- und sexuelles Symbol, wie viele Früchte.

Apostel: Die 12 *A.* repräsentieren die 12 Eigenschaften (z. B. Glaube, Mut, Ausharrungsvermögen), die auf dem Weg zum geistigen Aufstieg benötigt werden.

Apotheke: Andeutung von bevorstehendem oder bestehendem Leiden, auch Furcht oder Warnung vor Krankheit und Unfall. Siehe *Kräuter, Medizin.*

Aquarium: Hinweis auf isolierte, abgesonderte, künstliche Gefühle. Siehe *Fische.*

Araber: Das typisch männliche Verhalten. Überwiegen der Instinktnatur, unberechenbar, undurchsichtig, despotisch; auch: orientalischer Weiser. Siehe *Orient.*

Arbeit: Meistens Aufruf, diese zu beginnen oder fertigzustellen. Siehe *Uhr, Verspätung.*

Arche: Die *A.* versinnbildlicht das Gefäß für den materiellen Körper oder/und für seelisch-geistige Bewußtseinsinhalte. Die individuelle Lebensanschauung oder philosophische Auffassung des Träumenden, seines höheren Selbst oder einer Gruppe. Diese suchen einen Landeplatz bzw. neuen Wirkungskreis. Eine beschädigte oder untergegangene *A.* kann eine Lebenskrise darstellen. Weiterhin: Suche nach Schutz, Sicherheit, spiritueller Rettung. Die Tiere der *A.* Noah symbolisierten menschliche Triebe und Kräfte. Siehe *Schiff, Wasser.*

Arena: Betonung eines abgegrenzten Lebensbereiches, der Konflikt, die Konkurrenz, das öffentliche Interesse. Siehe *Eislauf, Rennbahn, Rennen, Sport, Stapellauf.*

Arm: Der gesunde *A.* zeigt Tatkraft, Gewalt und Macht, etwas zu erschaffen oder zu zerstören. Der amputierte *A.* signalisiert die blockierten Möglichkeiten. Auch ist hier die Aktionsfreiheit eingeschränkt. Ein erhobener *A.* deutet auf Hilflosigkeit hin. Fehlende Finger betonen behinderte Gefühle. Siehe *Amputation.*

Armut: Materielle *A.* im Traum bedeutet seelische und geistige *A.*, minderwertige oder fehlende Eigenschaften.

Arznei: Siehe *Arzt, Krankenhaus, Laboratorium, Medizin, Kräuter.*

Arzt: Er kann ein Hinweis sein, fachmännischen, medizinischen Rat zu suchen, oder ruft zu Selbstreflexion und Eigenanalyse auf. Auch der innere Führer; das höhere Selbst kann sich als *A.* zeigen. Siehe *Augen, Chirurg; Führer, geistiger; Psychiater; Selbst, höheres; Tierarzt.*

Asche: Sie zeigt generell das Vergessen, die Reinigung, die Kurzlebigkeit, die Entsagung, das Eingeständnis der Schuld an.

Asiate: Siehe *Araber, Chinese, Japaner, Persien.*

Asket: Er stellt eine Warnung dar, Wünsche oder Süchte zu überdenken, und ist ein Aufruf zur Mäßigung. Siehe *Zölibat.*

Äskulapstab: Als Stab von einer Schlange umwunden, symbolisiert er Macht, Wissen, Heilung und Regeneration. Siehe *Schlange, Stab.*

Ast: Der laublose, dürre *A.* zeigt die hoffnungslose, stagnierende Situation an. Der belaubte deutet auf eine positive Wende des Problemkreises hin. Siehe *Baum.*

Asthma: Die Lebensumstände in der Realität engen ein, so daß man kaum Luft zu holen oder richtig durchzuatmen wagt. Die Atemschwierigkeiten zeigen den Wunsch nach Anerkennung und Liebe an und behindern die eigene Lebensenergie, das innere Wachstum und die Aufnahme von Wissen.

Astrologe/Astrologie: Hinweis auf den echten Astrologen, das eigene höhere Selbst, den spirituellen Führer oder die 12 wichtigsten Eigenschaften für den geistigen Weg (siehe *Apostel*). Der Lebenslauf soll entwirrt und neu überdacht werden. Siehe *Führer, geistiger; Horoskop, Orakel, Tierkreis/Tierkreiszeichen.*

Atem: Siehe *Asthma.*

Atemnot: Sie ist oft ein zuverlässiger Traumhinweis auf eine beginnende Atemwegerkrankung. Vorbeugende therapeutische Hilfe ist angezeigt.

Atlas: Erholungsbedürfnis, Reiselust; die Möglichkeiten des Lebensweges, die überprüft und evtl. geändert werden sollten. Siehe *Abenteuer, Karte.*

Atombombe: Ihre Explosion hat ähnlich zerstörende Wirkung wie ein starker Gefühlsausbruch für die eigene Lebenskraft und die anderer. Der Traum mahnt, emotionelle Explosionen, wie Wut- und Zornausbrüche, zu meistern. Siehe *Bombe.*

Aufgabe: Siehe *Examen, Reifeprüfung.*

Aufsichtsperson: Sie ist zu werten wie Polizist, Schulleiter,

Aufsichtsrat, Vorstand; als höheres Gewissen oder auch als Angst vor Autorität. Letztere wird oft durch das zu strenge Verhalten der Erziehungspersonen hervorgerufen. Siehe *Chef, Polizist, Radar, Vater.*

Aufstand: Siehe *Revolution.*

Aufwachen: Der Traum deutet an, daß eine bisher ungeklärte, undurchsichtige Angelegenheit durchschaubar wird oder warnt vor Unaufmerksamkeit in der Realität. Auch *A.* für neues geistiges Leben kann angedeutet werden. Siehe *Sonne, Tag.*

Aufzug: Siehe *Lift.*

Auge: Generell symbolisiert das *A.* Willen, Verstehen, Absicht, Bewußtsein, geistiges Sehen, Allwissenheit, Weisheit, schützende spirituelle Macht und die Allgegenwart der höheren Führung. Siehe *Führer, geistiger; Selbst, höheres.*

Augenarzt: Er zeigt unser höheres Selbst an oder die spirituelle Führung, die uns tiefere Zusammenhänge sehen läßt. Siehe *Arzt, Auge, Augenkrankheiten, Brille, Chirurg.*

Augenbinde: 1. Blinder Gehorsam oder sturer Glaube. 2. Konvention, die in ihrer Blindheit den positiven Fortschritt hemmt. Siehe *Blindsein.*

Augenkrankheiten: Sie deuten auf korrekturbedürftige Fehlansichten und Charaktereigenschaften hin. Kurzsichtigkeit im Traum kann ängstliche Engstirnigkeit und Einseitigkeit anzeigen. Sie kann den Träumenden zu offeneren, umfassenderen und toleranteren Ansichten aufrufen oder ihn auf etwas Wichtiges in der Realität aufmerksam machen. Bei Weitsichtigkeit sollten eingefahrene Gewohnheiten und Konventionen unter die Lupe genommen werden. Bei Blindheit wird auf Realitäten aufmerksam gemacht, die im täglichen Leben übersehen werden. Träume von *A.* können ganz zuverlässig auch aktuelle Erblindungsgefahr anzeigen.

Aureole: Wenn eine Gestalt helles Licht ausstrahlt, deutet dies auf Außerordentlichkeit oder Heiligkeit hin.

Ausgraben: Hier ist der Betroffene auf der Suche nach innen oder nach dem verborgenen höheren Selbst beschäftigt. Siehe *Gold; Selbst, höheres.*

Ausland: Der Traum vom *A.* kann Reiselust oder reale Kontakte mit demselben anzeigen. Er weist möglicherweise auf eine ungewohnte neue Lebenssituation und -aufgabe hin. Außerdem kündigen sich durch den Traum bisher unbewußte, neue seelische und geistige Dimensionen an.

Aussätziger: Siehe *Anstecken, Epidemie, Lepra.*

Auster: Die Perle, die sich in der Abgeschlossenheit der *A.* entwickelt, deutet auf die unsichtbaren, verborgenen Entwicklungsphasen der Seele. Weiterhin kann sie ein Aufruf zum geistigen Freisein bedeuten, denn die Perle oder reine Seele wird von der Austernschale oder Materie eingeengt. Außerdem gilt die *A.* als sexuelles Symbol. Siehe *Perle, Perlenkette.*

Australien: Entweder liegen reale Kontakte mit diesem Kontinent vor, oder der Traum weist auf vereinfachtes, praktisches und realistisches Denken und Handeln hin.

Auswanderung: Dieser Traum kündet einen tiefgreifenden Wechsel im physischen und psychischen Bereich an. Neue Werte und Bewertungen sollen erworben werden.

Ausweis: Ausweispapiere versinnbildlichen den Wert, die Rechtschaffenheit und Schuldlosigkeit ihres Inhabers. Gehen sie im Traum verloren, dann werden diese Eigenschaften in Frage gestellt. Auch auf einen Wechsel oder eine Veränderung dieser Werte kann der Traum hinweisen. Selbstverständlich drückt sich ebenso reale Reiselust durch diesen Traum aus. Siehe *Geld, Paß.*

Auszeichnung: Siehe *Medaille.*

Ausziehen: Mit der ausgezogenen Kleidung werden Verstellungen, Verschönerungen, Mißtrauen, Komplexe und überalterte Lebensauffassungen oft mutig beiseite gelegt.

Auto: Die Fahrt mit dem Traumauto kann folgendes anzeigen: 1. Vorwärtskommen im sozialen Bereich, in der Gesundheit und im Beruf oder Lebenskampf (Behinderungen deuten sich z. B. durch Nicht-Überholen-Können anderer Fahrzeuge an). 2. Seelische Antriebskräfte, gelenkte Triebenergie, Wünsche und Behinderungen durch die Lebensumstände. 3. Die individuelle Suche nach dem spirituellen Ziel. 4. Die Kontrolle über den Lebensweg (an der Kontrolle über das Steuerrad ersichtlich). 5. Das *A.* als Statussymbol. 6. Empfindungen des Schutzes. 7. Sicherheitsgefühl. 8. Streben nach Isolation. 9. Verantwortungsbewußtsein (wenn das Steuerrad für andere in die Hand genommen wird). 10. Übereinstimmung der Ansichten (bei den Fahrgästen). 11. Wünsche, sich über etwas oder jemanden zu erheben (wenn der Träumende mit dem *A.* fliegt). 12. Gesetzestreue (beim Auftauchen von Verkehrsregeln). Weiterhin beachtenswert sind Straßenverhältnisse, ansteigende und abfallende Fahrbahnen, das Wetter und die Unfälle. Letztere können z. B. Lebenskrisen signalisieren. Siehe *Autobahn, Autobus, Fahren, Flugzeug, Lastwagen, Mercedes, Reise, Wagen, Wetter.*

Autobahn: Hier wird auf unsere individuelle Berufs- und Lebenssituation hingewiesen. Das Fahrzeug, die Beschaffenheit der Straße, das Wetter und die begleitenden Gefühle geben die unsichtbaren Realitäten im täglichen Leben wieder. Siehe *Auto, Straße.*

Autobus: Er hat ähnliche Symbolik wie das Auto, stellt jedoch stärker die Verbindung zur mitmenschlichen Gemeinschaft her. Wenn der Träumende sich mit anderen Reisenden im *A.* auf dem Lebensweg vorwärtsbewegt, dann werden Gemeinschaftsgefühle, Gleichklang des Denkens, der Meinungen angesprochen und auch Hinweise gegeben, sich der Allgemeinheit zuzuwenden, sich anzupassen oder auch zu differenzieren. Siehe *Auto, Autobahn, Fahren, Lastwagen, Reise, Reisende, Steuerrad, Straße, Taxi.*

Automat: Er deckt den Verlust der inneren Lebendigkeit auf. Der *A.* zeigt verfestigte, mechanisierte, komplizierte und konventionelle seelische und geistige Vorgänge an. Siehe *Fabrik, Industrie.*

Axt: Sie symbolisiert Angriffslust, brutale Gewalt und Durchsetzungskraft, anmaßende Kritiksucht und Autoritätsansprüche.

B

Baby: Der Traum kann Probleme mit Babys oder den Wunsch nach denselben andeuten. Meistens drückt das *B.* die neue Idee oder Möglichkeit aus, die wachsen und reifen muß. Auch mag eine Eigenschaft gemeint sein, die der Träumende ausbilden sollte, sowie eine Sehnsucht nach Verwöhntwerden. Siehe *Doppelgänger, Kind.*

Bacchus: Der Gott des Weins, der Feier und Sinnesfreuden existiert noch immer in der Astral- oder Traumwelt.

Bach: Er zeigt die in der Realität unsichtbaren Gefühlszustände und -qualitäten des Schicksalslaufes an, als Ausdruck der aktuell strömenden Seelenenergie. Siehe *Fluß, Kanal, Meer, Quelle, Strömung, Überschwemmung, Ufer, Wellen.*

Bäcker: Er weist auf die Wandelbarkeit aller Erfahrungen auf körperlicher, seelischer und geistiger Ebene hin. Siehe *Backofen, Brot, Haus, Herd, Konditor/Konditorei, Kuchen, Süßigkeiten.*

Backofen: Dieses Sinnbild für Verwandlung und Verzauberung unterwirft Materie und Geist tiefgreifenden Änderungen. Siehe *Bäcker, Brot, Herd, Konditor, Ofen.*

Bad: Taufe und *B.* eröffnen dem Badenden neue seelische und geistige Dimensionen als Symbole für spirituellen Fortschritt. Siehe *Fluß, Meer, Wasser* und *Wetter.*

Bagger: Dieser und andere Maschinen, wie Walzen und Planiergeräte, signalisieren die brutale und primitive Durchsetzungskraft.

Bahngleise: Sie symbolisieren den durch bestimmte Konventionen eingeengten Lebensweg. Durch die Abzweigung vom herkömmlichen Gleis auf ein anderes oder durch Entgleisen verlassen wir die uns bekannten und gewohnten Regeln und Ordnungen. Auch Absichten sollten durchdacht werden, damit nicht voreilig gehandelt wird. Wohin führen die *B.*? Siehe *Bahnhof, Eisenbahn.*

Bahnhof: Er ist häufig der Ort der Entscheidung, da von hier aus mehrere Lebenswege eingeschlagen werden können. Der Träumende geht freiwillig oder unfreiwillig auf die Reise nach innen. Er sammelt neue Erfahrungen und versucht, seine inneren, wahren Triebkräfte zu verstehen. Ein verpaßter oder falscher Zug läßt uns die Gelegenheit versäumen, ganz besondere Erfahrungen zu sammeln oder wesentliche Lebensentscheidungen fällen zu können. Siehe *Eisenbahn, Mitreisende, Reise, Schaffner.*

Ball: Unendlichkeit, die geschlossene Vollkommenheit, die Ganzheit der sichtbaren und unsichtbaren Materie. Siehe *Kreis.*

Ballett: Prunksucht, Angabe, Harmonie mit dem Partner, mit der Allgemeinheit oder der übergeordneten Spiritualität. Ausschlaggebend für die Deutung ist, mit wem, wo und wie getanzt wird. Siehe *Tanz.*

Banane: Sie ist eines der Symbole für männliche Sexualität.

Band: Es kann Bindung oder Verbundenheit zwischen zwei Menschen oder auch das Gebundensein und Eingeengtsein signalisieren.

Bänder: Sie sind die verschiedenen Charaktereigenschaften einer Person; auch zwischenmenschliche Bindungen und Abhängigkeiten.

Bandit: Überwiegend männliche, auf Eroberung fixierte Sexualität, auch eigene unbewußte, negative Eigenschaften. Siehe *Zigeuner.*

Bank: Die gemütliche Sitzbank lädt zum Ausspannen und Urlaub ein.

Bank: Sie steht als Geldinstitut für Abhängigkeit oder Unabhängigkeit, Macht-, Erfolgs- und Sicherheitsstreben. Das eigene, vom Bankmanager verwaltete Geld deutet die Reserven an körperlichen Energien, die Potenz und Kräfte an. Sparsamkeit und Verschwendung dieser Reserven kann man in diesem Sinne übertragen. Siehe *Banknoten, Banküberfall, Geld, Kasse/Kassierer, Scheck, Zinsen.*

Banknoten: Sie sind Energien und Gelegenheiten auf allen Seinsebenen. Siehe *Bank, Geld, Kasse/Kassierer, Scheck, Zinsen.*

Banküberfall: Wird dieser vom Träumenden selbst getätigt, so sollen ihm eigene Charakterzüge klarwerden, die nicht in Übereinstimmung mit seinem wahren Wesenskern stehen. Der Traum ruft daher zur Vernunft und Mäßigung auf. Wird der Träumende durch den Bankraub geschädigt, so sollte er Komplexe und seelische Schwierigkeiten überdenken und sich zu verbessern suchen. Siehe *Dieb, Geld, Räuber.*

Bar: Sie zeigt einen Weg aus der Einsamkeit und eine Möglichkeit zur Abwechslung. Sie warnt auch vor Oberflächlichkeit und Illusionen. Siehe *Alkohol, Alkoholismus, Café, Tanz, Tanzlokal.*

Bär: Er ist der starke, angriffslustige Feind. In der Astralwelt und im Traum zeigt sich der *B.* mit Maulkorb, wenn der Feind schweigt. Ein Spiel- oder Teddybär weist auf den Wunsch nach einem Freund, nach Zuneigung und problemloser, unkomplizierter Geborgenheit.

Baracke: Der Träumende sollte nach zuverlässigeren und sichereren Werten oder Bewertungen suchen. Siehe *Bauen/Bauplatz, Fassade, Haus, Neubau.*

Barfußgehen: Es sagt etwas über die Verletzbarkeit, Schutzlosigkeit und Unsicherheit des im Traum Betroffenen aus. Der Träumende wird auf materielle Schwierigkeiten und eventuelle Verluste aufmerksam gemacht. Siehe *Fuß, Fußboden, Schuh.*

Barometer: Es ist identisch mit der seelischen Stimmung des im Traum Betroffenen. Siehe *Wetter.*

Barrikade: Die Traumbarrikade ist eine Schutzeinrichtung, die innere Werte und Eigenschaften wie auch Gefühle der Wert- oder Mutlosigkeit abschirmen soll. Die Zerstörung der *B.* weist auf das aktive Überwinden von Komplexen, Schwächen und auch realen Schwierigkeiten hin. Siehe *Mauer, Zollamt.*

Bart: Er sagt etwas über männliche Kraft, Würde und Heldentum aus. Der weiße Bart bedeutet Lebenserfahrung und Weisheit.

Basilisk: Dieses Fabelwesen besteht aus Hahn und Kriechtier. Hier soll vor der Überheblichkeit (Hahn) der negativen, dunklen, egoistischen Mächte (Kriechtier) gewarnt werden. Siehe *Drache, Hahn.*

Bastard: Er ist eine abartige, nicht typische, selbstsüchtige Eigenschaft oder Verhaltensweise. Siehe *Amputation, Bukkel, Mißbilligung.*

Batterie: Sie bedeutet Triebkraft und Dynamik. Siehe *Benzin, Treibstoff.*

Bau: Siehe *Baracke, Bauen/Bauplatz, Haus, Neubau.*

Bauch: Der gewölbte *B.* zeigt Materialismus und Völlerei an. Hier ist der Traum als Warnung aufzufassen. Ein eingefallener *B.* weist auf Unzufriedenheit und Unbefriedigtsein. Außerdem symbolisiert der *B.* das Umwandeln und Verdauen von Werten, Bewertungen und Erfahrungen. Siehe *Darm, Verstopfung.*

Bauchspeicheldrüse: Hier kann auf tatsächliche Beschwerden dieses Organs aufmerksam gemacht werden. Der Traum weist häufig darauf hin, daß unausgesprochene, schwelende Probleme geklärt werden sollten. Auch Toleranz und gesunder Ehrgeiz sind in diesem Zusammenhang erstrebenswerte Charaktereigenschaften. Siehe *Darm, Leber.*

Bauen/Bauplatz: Das Errichten eines Bauwerkes versinnbildlicht die Stadien des realen Lebensaufbaus, die Charakterentwicklung und die spirituellen Bestrebungen. Stagniert der Bau, so deutet dies auf allgemeinen Stillstand hin. Hier sollte diejenige Aktivität in Angriff genommen werden, die ganz individuell im Traumbild gezeigt wird. Umbau und Abbau oder Abbruch sind als Veränderung oder Behinderungen auf dem Lebensweg aufzufassen. Siehe *Abbruch, Baracke, Haus, Neubau.*

Bauer/Bauernhof: Bei einem Landbewohner kann der Traum reale Bezüge zur Landwirtschaft anzeigen. Bei einem Stadtmenschen versucht er an die Naturverbundenheit und natürlichen Instinkte zu appellieren.

Baum: Er versinnbildlicht 1. den Lebensbaum, 2. den Kreuzesstamm. 1. Als Lebensbaum ist er Analogie für die Schöpfungskraft und das menschliche Leben. Er begleitet häufig im unsichtbaren astral-mentalen Aurabereich die Mutter, die ein Kind erwartet. Bei gesunden Babys zeigt er ein kräftiges Wurzelwerk. Der Stamm mit kahlen, dürren Zweigen weist auf Körperschwäche oder sonstige Verluste an geistiger Dynamik hin. Ein belaubter *B.* läßt auf Vitalität, seelisch-geistige Reife, Bewußtsein, spirituelle Erträge und Ernten hoffen. Nicht nur in der Schwangerschaft, sondern in allen Lebensphasen verändert sich der individuelle *B.*, der jeden Menschen im Unsichtbaren stets begleitet. So verdörrt er, wird kahl, plötzlich schlägt ein Teil der Zweige aus oder beginnt zu blühen. Alles, was sich auf der linken Seite des Baumes abspielt, hat Bezug zur Vergangenheit. Alle Veränderungen auf der rechten Baumseite charakterisieren die Vitalitäts- und Wachstumsverhältnisse der Zukunft. Zusätzlich können der Stamm die Wirbelsäule (als Weg der Kundalini), Äste und Zweige die Nervenfasern, und Früchte die Taten darstellen. 2. Der *B.* als Kreuzesstamm hat ähnliche Bedeutung wie das Kreuz, da er die Verbindung des Irdischen zum Kosmischen darstellt. Siehe *Ast, Birke, Blatt, Blume/Blüte, Eiche, Kreuz, Maibaum, Palme, Schlange, Urwald, Wald, Weihnachtsbaum, Wurzel, Zweig.*

Beamter: Er symbolisiert unser höheres Gewissen oder Selbst, einen Teil unseres Charakters oder der geistigen Entwicklung. Diese sollte nochmals beobachtet, überwacht und überdacht werden, um in heilsamere Bahnen organisiert zu werden. Selbstverständlich kann der *B.* auch die starre Ordnung und das Gesetz verdeutlichen. Siehe *Polizei, Regierung.*

Becher: Er weist auf freundschaftliche Kontakte, Zusammensein, auf Triumphe, Sieg oder Gerechtigkeit in einer Situation hin. Siehe *Gral, Krug.*

Bedürfnisanstalt: Siehe *Exkremente, Toilette.*

Beeren: Sie drücken den Wunsch nach sexuellem Kontakt aus. Siehe *Himbeere.*

Begleiter: Der meist respekteinflößende, lichtfarbene Traumbegleiter, der auch als Vater, Arzt, Hirte usw. auftreten kann, versinnbildlicht das eigene höhere Gewissen, die Lebensprinzipien des höheren Selbst oder den wirklichen, unsichtbaren Führer. Dieser ruft dazu auf, den Lebensweg zu überprüfen. Dunkelfarbene, teils unbestimmte, angsteinflößende Traumbegleiter sind die für jeden Menschen im Unsichtbaren existierenden Wesenheiten, die seine ganz individuellen Charaktereigenschaften und Probleme anzeigen. Siehe *Führer, geistiger; Hund, Schlange; Selbst, höheres; Tiere.*

Begräbnis: Der Traum von Tod und Bestattung kann in der Tageswirklichkeit diesen anzeigen. Meistens jedoch bedeutet er das Ende oder Zugrabetragen von unangenehmen Erinnerungen, Eigenschaften, Emotionen, Freundschaften und verpaßten Gelegenheiten und Angst. Auch Sorgen oder Ärger mit der Umwelt können diesen Traum auslösen. Siehe *Hund, Leiche, Leichenwagen, Sarg, Tod* und Kapitel XI.

Behauen: Ähnlich dem Schnitzen deutet es auf eigene Möglichkeiten und eine neue Entwicklungsphase hin, die herauszuholen oder -zuarbeiten ist. Es handelt sich um die Gestaltung der Persönlichkeit. Siehe *Denkmal, Statue, Stein.*

Beichten: Hinter dem Motiv des *B.* stehen im realen Tagesbewußtsein unverarbeitete Probleme. Oft sind es Gefühle der Verunsicherung, des Zweifels, der Mutlosigkeit, der Ausweglosigkeit und das Streben nach Harmonie und Wiedergutmachung. Siehe *Gebet.*

Beil: Siehe *Axt.*

Bein: Es versinnbildlicht den Standpunkt im Leben, die seelische, philosophische und religiöse Verankerung. Sein Aussehen kennzeichnet das innere Fortschreiten oder die Behinderung. Ein Holzbein zeigt einen fremden, künstlich untermauerten Standpunkt an. Eine Amputation des linken oder rechten Beines kann zeigen, daß der psychische oder spirituelle Standort oder Halt weitgehend fehlt. Siehe *links und rechts, Schuhe.*

Beischlaf: Häufig weist er auf reale Beziehungen hin, kann jedoch oft auch den Wunsch nach ausgleichender Harmonie anzeigen. Das Traumbild erscheint dann nach langwierigen Auseinandersetzungen oder Streitigkeiten mit einer Person. Siehe *Genitalien, Vagina.*

Bekenntnis: Weist auf das Bewußtwerden einer Schuld hin. Siehe *Beichte*.

Belohnung: Siehe *Prämie*.

Benzin: Diese sich leicht entzündende Triebkraft symbolisiert emotionelle Ausbrüche und Entladungen. Vor allem Leidenschaften, Wut- und Zornanfälle, Macht- oder Autoritätsansprüche stellen sich als Traumbenzin dar. Siehe *Feuer, Treibstoff*.

Berg: Heute, ebenso wie zu vergangenen Zeiten, wohnt die geistige Führung unserer Welt auf einem *B.* oder Bergmassiv. Der *B.* bedeutet erhobenes Bewußtsein, geistige Erhebung, das überirdische Selbst, die innere Verbindung, den unsichtbaren Weg vom Irdischen zum Geistigen, die überdauernde Beständigkeit, Unvergänglichkeit und Ewigkeit. Der Gipfel ist das spirituelle Ziel. Sein Erleuchtetsein ist mit Aufstieg und Freisetzung der Kundalini (siehe dort) gleichzusetzen. Mit der Bergbesteigung drückt sich die Suche nach einem Berufs- oder Lebensziel aus oder das Streben nach Verbindung und spiritueller Harmonie mit unsichtbaren geistigen Bewußtseinsebenen. Schwierigkeiten und Verzögerungen des Aufstieges stellen ebensolche in der materiellen Tagesrealität oder der unsichtbaren inneren Wirklichkeit dar. Fallen oder Abrutschen ruft den Träumenden zur Verzögerung oder Selbstkritik auf. Abstürzen in einen Abgrund bedeutet eine kritische Lebenssituation mit schweren inneren Kämpfen oder schwere Krankheit. Die Art des Rundblickes von der Spitze enthüllt den Überblick über reale Lebenssituationen und über die eigene psychische Verfassung. Siehe *Abgrund, Alpen, Gebirge, Hinuntersteigen, Höhe, Hügel, Klettern, Steigen, Turm*.

Bergwerk: Der Träumende sucht in seinem Inneren unbekannte, versteckte spirituelle Einsichten, Erkenntnisse und Werte. Diese müssen wie die im *B.* verborgenen Metalle erst gefunden und dann verarbeitet werden. Siehe *Gold, Silber.*

Bes: Häßlicher, fratzengesichtiger, dicker Zwerg, der die Zunge herausstreckt. Er zeigt sich bei bestimmten Formen der Depression und bedeutet durch sein Aussehen generell unschöne, disharmonische Eigenschaften. Im alten Ägypten sollte er als Schutzgeist Traurigkeit heilen. Er existiert auf Abbildungen ägyptischer Mythologie und ist immer noch in der unsichtbaren Astral- bzw. Traumwelt zu sehen. Siehe Amputation, Buckel, Mißbildung, Naturgeister.

Beschneidung: Freiwillige oder unfreiwillige Veränderung im Triebleben. Sie war bei alten Völkern ein Initiationsritus.

Besen: Er signalisiert, daß negative Gedanken und Emotionen aus dem Lebensweg geräumt werden sollten. Auch mißt man ihm sexuelle Bedeutung bei.

Besessenheit: Siehe *Dämonen.*

Beten: Siehe *Meditation.*

Betrug: Der Traum macht auf fehlende Offenheit der eigenen Person oder anderer wirklicher Personen aufmerksam. Man kann sich selbst und eigene wahre Gefühle übergehen und auch andere darüber hinwegtäuschen. Siehe *Fälschung, Lüge.*

Bett: Es kann bewußtes, gewolltes oder unbewußtes Vergessen, Ruhe- und Isolierungsbedürfnis sowie das Sichverschließen gegen aktuelle Tagesprobleme bedeuten. Deshalb regt der Traum oft zum Überdenken der Tagessituation an. Auch deutet es auf Entstehung, Geburt, Regeneration, Sexualität, Krankheit und Tod hin. Siehe *Haus, Schlafzimmer.*

Bettler: Ausschlaggebend ist das Gefühl, mit dem der *B.* im Traum betrachtet wird. Entsprechend kann er verschiedene Bedeutungen haben. So stellt er eigene verborgene negative Charaktereigenschaften zur Schau, wie Nachlässigkeit, Faulheit, Aufdringlichkeit und den Wunsch nach Isolierung. Der

Traum vom *B.* ist oft ein Hinweis unserer spirituellen Führung, den äußeren Reichtum und die Konventionen mit Abstand zu betrachten und die Armut der Seele an inneren Werken zu bedenken. Weiterhin kann sich unsere geistige Führung selbst als *B.* verkleidet zeigen. Siehe *Kleidung, Zerlumpt, Zigeuner.*

Beute: Der Traum warnt davor, daß man selbst beeinträchtigt und geschädigt wird oder anderen Schaden zufügt.

Beutel: Der oft leere *B.* signalisiert das Anhäufen oder Zusammenraffen materieller Güter. Siehe *Gral, Krug, Rucksack, Tasche.*

Bibel: Sie kann ein Vorschlag des höheren Selbst sein, die Lebensführung in moralischer Hinsicht zu überdenken. Siehe *Gebetsbuch, Gebetsschnur, Koran.*

Biber: Unsichtbare, astrale *B.* sitzen an Flüssen, auf denen im Mittelalter regelmäßig reiche Handelsschiffe verkehrten. Sie repräsentieren die unsichtbare Kontrolle, die Handelsaktivität und den Reichtum. Der *B.* gibt außerdem einen Hinweis auf angriffslustiges sexuelles Verhalten. Siehe *Aufsichtsperson.*

Bibliothek: Bücher zeigen den Wunsch nach Kommunikation, nach neuem intellektuellem Wissen und Lebensweisheit. In alten Büchern finden sich oft alte unbrauchbare Dinge, starre, unbewegliche Gedanken und Wesenszüge, erneuerungsbedürftige Lebensauffassungen, aber sie repräsentieren auch die Gesamtheit des Universums, das Wissen und tiefe, verborgene Weisheit. Alte Bücher können im Sinne vom »Buch des Lebens« auf vergessene, karmische (aus einer früheren Existenz stammende) Schulden hinweisen. Neue Bücher deuten auf unbekannte, in naher Zukunft zu erwerbende Erfahrungen. Siehe *Bibliothekar/Bibliothekarin, Dokument, Schriftstück.*

Bibliothekar/Bibliothekarin: Diese können als Symbole des

Wissens und der Weisheit, auch der seelisch-geistigen Analyse oder Kritik oder des spirituellen Führers aufgefaßt werden.

Biene/Bienenstock: Die *B.* repräsentiert die Vitalität der Sonnenenergie, Sterben und Auferstehung (da sie mit der Frühjahrssonne wieder erscheint). Interessanterweise hat unser Milz-chakra (wichtiges Zentrum zur Aufnahme der Sonnen- und Nahrungsenergie) sechs Speichen, genauso wie die Biene sechs Beine hat. Gegenseitiges Helfen und Zusammenarbeit ist im realen Leben angezeigt. Die Konzentration unserer sechs Sinne (die fünf bekannten üblichen und der sechste Sinn des Hellsehens oder -fühlens) bringt uns der Spiritualität näher. Siehe *Ameise, Imker, Sonne.*

Bier: Siehe *Abstinenz/Abstinenzler, Alkohol, Trunkenheit.*

Bilder: Sie sind Ausdruck für das unsichtbare Charakterbild, für vergangene oder neue spirituelle Auffassungen oder Lebensinhalte. Siehe *Dokument, Gemälde.*

Binde/Binden: Sie können als sympathisch oder einengend empfunden werden oder als eiserne oder goldene geistige Fesseln. Siehe *Band, Bänder.*

Birke: Die grünende *B.* zeigt, wie andere Bäume auch, die Wiederbelebung physischer und psychischer Energien. Generell symbolisiert sie Neuentstehung und Wiederkommen. Siehe *Ast, Baum, Blatt, Farben: Grün, Zweig.*

Birne: Sie deutet, wie anderes Obst, auf sexuelle Symbole hin.

Bischof: Der *B.* gibt Hinweise auf religiöse Verehrung, geistige Inhalte, asketische Lebensführung, Disziplin, Organisation, Autorität, Unterwerfung, väterliche Freundschaft. Siehe *Einsiedler; Führer, geistiger; Mönch; Selbst, höheres; Vater.*

Blasinstrument: Wenn ein einziges *B.* im Traum ertönt, so kann es auf Gedankenaustausch oder intime Kontaktsuche hinweisen, die die Einsamkeit überbrücken soll. Siehe *Musik, Orchester.*

Blasphemie: Sie ist eine Warnung vor unbewußten oder bewußten Gedanken und Handlungen, die den geistigen Aufstieg behindern.

Blatt: Siehe *Bibliothek, Dokument, Schriftstück.*

Blatt des Baumes: Aussehen, Zustand, Beschaffenheit und Qualität der Baumblätter lassen auf den inneren Entwicklungsstand, auf Ideen und Kreativität des Träumenden schließen.

Keimende Blätter zeigen den Beginn, die Erneuerung an. Volles, saftig grünes Blattwerk versinnbildlicht die Vitalität, das aktive, erfüllte Dasein. Leuchtende Herbstblätter deuten auf den Höhepunkt, die Reife, die Lebensernte und absterbende Blätter auf tote, starre, veraltete, vergangene Ideen und Bestrebungen. Viele Blätter an einem Zweig symbolisieren das Miteinander in der Gruppe. Siehe auch *Ast, Baum, Kreuz, Zweig.*

Blau: Siehe *Farben.*

Blindsein: Es zeigt das Nichtsehen, Nichtbewußtwerden oder Nichtakzeptierenkönnen oder -wollen im realen Leben an. Das vom Traum bebilderte Thema sollte daher in der Tageswirklichkeit von allen Seiten betrachtet und überdacht werden, um seelische und geistige Blindheit zu vermeiden. Auch auf spirituelles *B.* kann der Traum hinweisen. Siehe *Auge, Brille, Mikroskop.*

Blitz: 1. Häufige *B.* in der unsichtbaren Astralwelt sowie im Traum können auf Entladung schöpferischer oder auch spannungsreicher, angriffslustiger Emotionen hindeuten, die im realen Dasein verdrängt werden. 2. Der *B.* zeigt auch, daß man sich in Schicksalsschuld verstrickt hat, und warnt vor dem gerechten Zorn der geistigen Führung. 3. Er symbolisiert häufig den geistigen Entwicklungsschub, das Aufsteigen der Energie im Rückenmarkskanal (die Kundalini). 4. Die tatsächliche Erleuchtung oder volle Bewußtwerdung kann sich durch den Traumblitz ankündigen. Siehe *Schwert, Wetter.*

Blitzableiter: Der Träumende versucht, häufig nicht bewußt, Schuldgefühle und negative Emotionen unschädlich zu machen. Siehe *Blitz, Wetter.*

Blumen/Blüten: Sie deuten die Parallele zu Entstehung, Entwicklung und Vergehen des menschlichen Lebens sowie dessen physischer und geistiger Energie an. Der Kelch symbolisiert Öffnen, Aufblühen und Empfangen des höheren Bewußtseins (die Sonne) oder der himmlischen Energien. Weiterhin wird Bescheidenheit gezeigt und die Dankbarkeit der sichtbaren und unsichtbaren Welten. Siehe weitere Blumen und Pflanzen, z. B. *Brennessel, Distel, Efeu, Lilie, Lotus, Mohn, Orchidee, Pfingstrose, Rose, Schlüsselblume, Schwertlilie, Seerose, Sonnenblume.*

Blut: Es versinnbildlicht und ermöglicht unser vitales, emotionelles und bewußtes Sein sowie auch Familien- und Rassenzugehörigkeit. Der zum Tode führende Blutverlust wird jahrhundertelang in der Akasha-Chronik (im unsichtbaren Bewußtsein, im Gedächtnis der Welt) festgehalten. *B.* zeigt im spirituellen Bereich die kosmische Energie und Kraft des Freiwerdens an. Siehe *Christus, Sterben, Tod.*

Blutdruck: Träume von erhöhtem *B.* können bedeuten, daß dieser in der Realität wirklich stark erhöht ist. Sonst zeigen sie nicht gelebte Energien, häufig Kampfgeist und verdrängte Aggressionen, an. Eine zu starke Selbstkontrolle im bewußten Dasein lassen diese meist nicht zu. Wird von niedrigem *B.* geträumt, so sollte der Träumende mehr Interesse für die Realität und materiellen Bereiche des Lebens zeigen, da diese bei Nichtbeachtung persönliche Konflikte heraufbeschwören können. Siehe *Angriffslust.*

Blutegel: Entweder wird dieser wirklich zur Entlastung von venösen Stauungen oder zur Vorsorge gegen Embolie und Thrombose im realen Leben benötigt, oder er ist, wie der Aal, ein männliches Sexualsymbol. Siehe *Aal, Schlange.*

Blutschande: Träume von sexuellen Beziehungen innerhalb der eigenen Familie zeigen meistens nicht den Wunsch nach körperlicher, sondern nach seelischer und geistiger Harmonie mit dem betreffenden Familienmitglied an. Siehe *Beischlaf, Vagina.*

Bock: Siehe *Ziege.*

Boden: Dieser hat Bezug zur Realität, zu den Problemen der Wirklichkeit, zur Standhaftigkeit und zur individuellen Einstellung. Ein Vorwärtskommen in diesen Bereichen ist nur auf dem harten Boden der Tatsachen möglich, während der weiche Boden behindert und verzögert. Siehe *Fußboden, Moor, Sand, Schlamm, Stein.*

Bogen: Er ist ein Symbol der Kraft, Aufmerksamkeit, des Angriffes, der Gewalt, des Selbstschutzes. Siehe auch *Pfeil und Bogen.*

Bohne: Hinweis auf die Sexualität des Mannes, wie bei der Banane.

Bohrer: Sinnbild für männliche Sexualität und Geschlechtsverkehr.

Bombe: Gefühlsexplosionen im realen Leben schädigen häufig den Verursacher und die Menschen seiner Umgebung. Der Traum ruft zur emotionellen Mäßigung auf. Siehe *Atombombe.*

Boot: Mit einem *B.* oder Schiff können wir uns für die Fahrt durch das Leben einschiffen, um Lebenserfahrungen und neue Erkenntnisse zu gewinnen. Weiterhin symbolisieren sie den Übergang, wie bei einer Flußüberquerung vom alten zum neuen geistigen Bereich. Wasserfahrzeuge können auch Zuflucht oder Schutz aus dem Unsichtbaren andeuten. Das gekenterte *B.* zeigt fundamentalen, häufig spirituellen

Verlust an. Siehe *Brücke, Floß, Ruder, Schiff, Segel, Steuerruder, Wrack.*

Boxen: Der Traum deutet auf reale Auseinandersetzungen mit anderen oder das Angehen gegen eigene negative Neigungen und Triebe. Siehe *Angriffslust, Gewalt.*

Brand: Siehe *Feuer, Flamme.*

Brandung: Hierdurch werden Wellengang, Aufsteigen und Abflachen der emotionellen und geistigen Regungen symbolisiert. Siehe *Meer, Strömung.*

Braten: Er oder es bedeutet Veränderung, Umwandlung Entwicklung. Siehe *Backofen, Haus: Küche, Koch, Ofen, Restaurant.*

Braun: Siehe *Farben.*

Braut: Sie kann die reale *B.* in der Wirklichkeit anzeigen, aber oft auch Vorstellungen von Partnerschaft, Eheschließung, spirituellen Bindungen und generell die Harmonisierung von Gegensätzen. Auch das weibliche, mehr intuitive Denken kann durch den Traum angedeutet werden. Die weißgekleidete, schöne Traumbraut verheißt ein positiv verlaufendes, friedliches Familienleben. Die dunkle, entstellte, häßliche *B.* zeigt negative Partnerschafts- oder Eheverhältnisse an. Siehe auch *Bräutigam, Ehe.*

Bräutigam: Er hat ähnliche Symbolik wie die Braut. Außerdem versinnbildlicht er die Gedankenkräfte, das klare, reine Bewußtsein, das sich mit der Braut (dem Traumbewußtsein, dem instinktiven Denken und Handeln und den Kräften der Intuition) verbindet. Siehe *Braut, Ehe.*

Brennessel: Schwer ausrottbare, eigene oder fremde Eigenschaften, wie Kritiksucht oder Sticheln. Siehe *Blume/Blüten, Pflanze.*

Brief/Briefumschlag: Sie bedeuten eine Neuigkeit oder Nachricht über sich selbst oder andere. Diese Mitteilungen haben noch nicht ins Tagesbewußtsein Eingang gefunden. Hier zeigt sich der Kontakt zum eigenen und fremden Unbewußten und Tagesbewußtsein. Siehe *Dokument, Schriftstück.*

Brieftasche: Siehe *Geld, Ausweis.*

Brieftaube: Erfahrungen, Glaube, Hoffnung, Versöhnung. Siehe *Taube.*

Briefträger: Er bedeutet eigene oder fremde analysierende Gedanken, die unbewußte, überraschende Gedankeninhalte ins Tagesbewußtsein freisetzen. Siehe *Brief/Briefumschlag, Schriftstück.*

Brille: Da diese individuell angepaßt werden muß und zudem Einschränkung bedeutet, ist sie häufig die eingeengte Ansicht, das Urteil oder die Kritik des Trägers. Sie kann aber auch eine Traumanweisung sein, Personen oder Situationen schärfer zu beurteilen oder genauer zu analysieren. Auch kann die *B.* andeuten, daß spirituellen Bereichen mehr Aufmerksamkeit geschenkt werden sollte. Siehe *Linse, Mikroskop.*

Brombeere: Wie viele Früchte und auch längliche Gemüse hat sie sexuelle Bedeutung. Siehe *Nahrung, Obst.*

Bronze: Streitsucht und brutale, egoistische Durchsetzungskraft. Siehe *Metalle.*

Brosche: Sie bedeutet Auszeichnung, Außerordentlichkeit, Überheblichkeit, Anerkennung oder einen einmaligen individuellen Wesenszug. Auch das Streben nach demselben ist gemeint. Siehe *Edelstein, Kristall.*

Brotlaib: Brot versinnbildlicht Nahrung für Körper, Seele und Geist; die spirituelle Erfahrung, das Suchen und Erkennen der höheren Wahrheit. Wenn jemand, wie es häufig in der Astral- oder Traumwelt beobachtet werden kann, einen halben *B.* unter dem Arm trägt, so hat er bisher nur einen Teil der Wahrheit erkannt. Siehe *Getreide, Mahlzeit, Nahrung.*

Brücke: 1. Sie bedeutet die Verbindung zwischen gegensätzlichen, eigenen oder fremden Neigungen und Emotionen. 2.

Sie ist der Erfahrungsweg, der hindernisreiche und gefahrvolle seelische Tiefen und kritische Lebenssituationen überbrückt. 3. Die *B.* symbolisiert den Übergang, die Vermittlung (wie vom Tod zur Unsterblichkeit oder zu neuem Leben und Bewußtsein), 4. den neuen Lebensabschnitt, die Veränderung und 5. die Aus- und Übersicht. Siehe *Bahnhof, Boot, Fluß, Trapez.*

Bruder: Er weist auf den realen *B.* hin oder eigene Eigenschaften, die beim *B.* auch stark ausgeprägt sein können. Diese sollten meist bewußt überdacht werden.

Brunnen: In der Traumsprache bedeutet er das Verborgene, das Geheimnis, die körperliche und geistige Reinigung und Erneuerung. Siehe *Fontäne, Quelle, Wasser.*

Brust: Träume von der *B.* oder Brustschmerzen können zum Arztbesuch auffordern. Meistens zeigen sie den Wunsch nach Schutz, Sicherheit, Komfort und körperlicher sowie seelischer Nahrung an. Siehe *Arzt, Medizin.*

Brutalität: Gewalttätige Vorgänge im Traum warnen u. a. vor Gefühlsausbrüchen und rufen zur Mäßigung und Ordnung auf. Siehe *Angriffslust, Gewalt.*

Buch/Buchhandlung/Bücherei: Siehe *Bibliothek.*

Buchstaben: Vereinigung von Irdischem und Überirdischem. Siehe *Alphabet.*

Buckel: Bestimmte Charaktereigenschaften bilden sich auf Kosten der eigenen Entwicklung oder der anderer aus. Außerdem können individuelle Neigungen und Interessen nicht gestaltet werden, was sich in einer Mißgestaltung des Körpers zeigt. Siehe *Amputation, Mißbildung.*

Buddha: Er deutet, wie andere hohe Geistwesen, die Wahrheit durch Selbstüberwindung, die Unvergänglichkeit und Ewigkeit der unsichtbaren, höheren, menschlichen Persönlichkeit, die Weisheit sowie den geistigen Führer an. Siehe *Christus; Führer, geistiger.*

Büffel: Hinweis auf unbewußte vitale Energie, männliche Triebe, sexuelle Kräfte und/oder auf schwere, primitive Arbeit. Siehe *Stier*.

Bühne: Siehe *Theater*.

Bumerang: Er hat die Bedeutung von Aggression und Angriffen, die eines Tages auf den Verursacher wieder zurückkommen.

Burg: Der Traum von der *B.* oder dem Schloß kann Nostalgie darstellen oder den Wunsch, aus den Konventionen auszubrechen, um Ungewöhnliches oder Abenteuerliches zu erleben. Weiterhin kann sich so die Suche nach Schutz, Verteidigung oder nach sicherer Verankerung in der Spiritualität ausdrücken. Siehe *Festung, Schloß*.

Bürgermeister: Er kann den Ehrgeiz ansprechen, selbst leitende Funktionen im realen Leben anstreben zu wollen. Er ruft den Träumenden auch zu Ordnung und Disziplin, Wahrung des Überblickes und zur Gesamtschau auf. All dies kann positiv oder negativ empfunden werden. Siehe *Polizei, Regierung*.

Bürde: Siehe *Last*.

Büro: Positive oder negative Träume vom *B.* sagen etwas über die entsprechenden Kontakte zur Öffentlichkeit, gemeinsames Schaffen und Berufstätigkeit aus. Siehe *Aufsichtsperson, Chef, Computer*.

Bus: Siehe *Autobus*.

Busch: Siehe *Baum, Blatt, Wurzel, Zweig*.

Busen: Siehe *Brust*.

Butter: Sie deutet wie Öl oder Salbe auf salbungsvolle, unechte Reden und Gefühle. Siehe *Essen, Mahlzeit, Nahrung*.

Café: Die individuellen Gefühle, mit denen der Träumende das *C.* empfindet, sagen etwas über seine innere Beziehung zu diesem aus. Er kann den Wunsch haben, aus seiner Einsamkeit und Isolierung herauszutreten, sich zu unterhalten oder anderen inneren Motiven folgen. Siehe *Alkohol, Hotel, Musik, Restaurant, Tanz, Tanzlokal, Wirtshaus.*

Chakra: Die sieben Chakren spielen eine zentrale Rolle im Vitalitäts-, Gefühls- und Denkkörper. Siehe *Kreis, Kundalini.*

Chamäleon: Unehrlichkeit, Verstellungskünste. Siehe *Maske.*

Chaos: Gefühls- und Bewußtseinsinhalte, die ins Tagesbewußtsein eindringen möchten. Traumaufruf, sich ordnender geistiger Prinzipien bewußt zu werden. Siehe *Wildnis, Wüste.*

Chauffeur: Wenn dieser das Fahrzeug steuert, in dem sich der Träumende befindet, so kann letzterer nicht persönlich über seinen Lebensweg oder sein Schicksal bestimmen. Er ist von anderen Personen oder Umständen abhängig. Siehe *Auto, Mitreisende, Steuerrad.*

Chef: Er kann das eigene Gewissen oder ordnende Prinzip beschreiben, das zur Änderung von verschiedenen Eigenschaften aufruft. Das höhere Selbst oder der geistige Führer können sich im Traum als *C.* ankündigen. Auch ein geheimer Wunsch nach dem Posten eines *C.* kann vorliegen. Schließlich werden durch den *C.* die Eigenschaften eines Direktors versinnbildlicht (z. B. Organisationstalent, Autorität u. a.). Siehe *Aufsichtsperson; Führer, geistiger; Polizist, Radar; Selbst, höheres.*

Chimäre: Das löwenköpfige, feuerspeiende, dämonische Wesen mit Drachenschwanz und evtl. mehreren Köpfen stellt unbewußte, unkontrollierbare Triebkräfte zur Schau. Siehe *Drache.*

China: Das geheimnisvolle Land zeigt die durch den reinen

Intellekt nicht erfaßbaren oder erklärbaren, tiefen Seelengründe, das Gleichgewicht und die Harmonie der Kräfte und Energien, auch Sehnsucht nach Reisen und Erlebnissen. Siehe *Chinese.*

Chinese: Der *C.* oder Asiate versinnbildlicht das geheimnisvolle Wissen um Gesundheit und Lebensverlängerung. Auch können Züge des eigenen oder fremden Charakters angedeutet sein. Wenn Traumchinesen als freundlich empfunden werden, so harmonisieren eigene Gefühlsbereiche mit dem Intellekt. Bei feindlich gesinnten *C.* beherrschen oder besiegen kalte, oft berechnende intellektuelle Kräfte den emotionellen oder mystischen Seelenanteil. Siehe auch *China.*

Chirurg: Ankündigung einer Operation oder Warnung davor, häufig jedoch Aufruf zur Selbstanalyse. Siehe *Arzt, Operation.*

Cholera: Sie zeigt die Gefahr einer negativen, ansteckenden Beeinflussung durch eine moralisch unsaubere Gruppe oder durch eine schädigende Auffassung an. Siehe *Anstecken, Epidemie, Krankheit, Lepra.*

Chor: Mitwirkende oder Sänger, die gleiche Kleidung tragen, deuten auf eine Zielgleichheit, ein Gruppenbewußtsein oder eine Gleichschaltung des Bewußtseins mit der Umgebung. Wenn Mitglieder des *C.* individuell gekleidet sind, so entwickeln sich eine innere Abgrenzung zum Gruppenbewußtsein und eigenes Wachwerden. Siehe *Musik, Orchester, Singen.*

Christbaum: Siehe *Baum, Weihnachtsbaum.*

Christus: Der Traum macht auf religiöse Veränderung aufmerksam. Im Leben des Träumers ist eine Entwicklungsphase eingetreten, die zum Bewußtmachen spiritueller Werte der aktiven Nächstenliebe und eigener mystischer Erfahrungen auffordert. Auch die göttliche Wesenheit, das höhere Prinzip werden angesprochen. In der Bibel werden spirituelle Prinzipien durch »Christi Fleisch« beschrieben, während

»Christi Blut« auf stets ausströmende, universelle Lebenskraft hinweist und die Liebe repräsentiert. Siehe *Buddha; Führer, geistiger.*

Clown: Traumaufruf, sich seines wahren Wesens bewußt zu werden und sich geistiger Wahrheit zu öffnen. Der *C.* versinnbildlicht eigene oder fremde Süchte, dämonische Charaktereigenschaften oder Verrücktheiten oder auch den Wunsch nach Beifall und das Akzeptiertwerden. Auch können falsche oder unbekannte Tatsachen vorgetäuscht werden. Außerdem gibt der *C.* Hinweise auf ein Versteck und auch auf Angst vor Blamage. Siehe *Marionette, Maske.*

Coiffeur: Die Ansicht des Träumenden über Eitelkeit und Erotik. Siehe *Haar, Kahl, Mähne, Zopf.*

Computer: Beruflicher Ehrgeiz, festgefahrene, mechanische und oberflächliche Emotionen und Ansichten. Siehe *Büro, Chef.*

Cowboy: Er symbolisiert die Charakterzüge, die der Träumende diesem verleiht, wie Freiheitsdrang, Abenteuerlust, unkonventionelles Verhalten, das Leben in der Natur u. a. m.

D

Dach: Kopf, Gehirn, menschliches Bewußtsein. Siehe *Haus.*

Dachs: Versteckte Absichten, Schlauheit, Selbstzufriedenheit.

Dachstube: Denken, Verstand. Ablage für Vergessenes. Siehe *Haus.*

Dalai Lama: Der geistige Führer. Siehe *Führer, geistiger.*

Damm: Aufgestaute, verfestigte Emotionen, die man beherrscht. Siehe *Meer, Wasser, Wellen.*

Dammbruch: Gefühlsausbruch. Siehe *Explosion.*

Dämmerung: Verdunkelung des Bewußtseins, Abnahme an Erkenntnis und Erfahrung, unklare Tagessituation; Traumaufruf, geistige Klarheit zu suchen. Siehe *Morgendämmerung/Morgenröte, Nacht, Tag, Tageszeiten.*

Dämonen: Über 100 verschiedene Gruppen mit Untergruppen teils guter, teils schädigender *D.* aller Größen und Farben können hellsichtig beobachtet werden. Die Darstellungen von Chimären, Greifen und Teufeln an mittelalterlichen Kathedralen entsprechen den astralen *D.*, die wir durch Denken und Tun in vergangenen Leben selbst erschufen. Sie stellen teils Krankheiten, teils problematische Charakterzüge wie Aggressionen, Streit, Haß, Schuldgefühle u. a. m. dar. Sie erscheinen dem Hellseher, bevor die Situationen eintreten, in denen sich die negativen Gefühle austoben oder offensichtlich werden. Siehe auch *Drache, Schlange, Teufel.*

Dampf: Geräte, aus denen *D.* kommt, wie Dampfmaschinen, Dampfkochtöpfe und ähnliches, zeigen aufgestaute Gefühle an, die nach einem Entlastungsventil suchen. Siehe *Pistole.*

Darm: Reale Darmerkrankungen werden angezeigt oder die Verarbeitung, Verdauung und das Loswerden seelischer Inhalte und Probleme. Siehe *Verstopfung.*

Datteln: Weibliche Sexualität und Erotik. Siehe *Nahrung.*

Daumen: Das manuelle Können, die Schöpferkraft. Siehe *Arm.*

Decke: Wunsch nach Sicherheit und seelischem Schutz; etwas verbergen wollen, die Lüge; die Gleichheit der Ansichten. Wenn der Träumende mit einer anderen Person unter einer Decke liegt, ist er derselben Meinung wie diese. Siehe *Bett.*

Deformation: Der deformierte Körperteil zeigt charakteristische, verborgene, positive oder negative Eigenschaften an. Bei Einarmigkeit blockierte Handlungsfreiheit, bei Einbeinigkeit mangelnde Standhaftigkeit und zweifelhafte Lebenseinstellung. Siehe *Buckel, Mißbildung.*

Delphin: Bewußtmachen verborgener Seeleninhalte. Die intelligente, instinktive, unsichtbare Führung durch überwiegend unbewußte Seeleninhalte. Der geistige Führer (siehe dort).

Denkmal: Hochmut, Ehrgeiz, Erfolgsdenken; auch Traumhinweis auf unvergängliche geistige Werte. Siehe *Obelisk, Säule, Statue, Totem.*

Desinfektionsmittel: Reinigende Kräfte von körperlicher, seelischer und geistiger Art.

Devas: Siehe *Naturgeister.*

Diadem: Erkenntnis, Bewußtsein, praktische Erfahrung spiritueller Kräfte; Hingabe, Dienst, Gabe. Siehe *Krone.*

Diabetes: Hinweis, daß ein bestehender oder zu erwartender *D.* durch bestimmte *Faktoren* (Streß, Schock, Kummer) hervorgerufen wird oder wurde.

Diamant: Das klare Denken, Vergeistigung, das Unvergängliche, der ewige himmlische Glanz. Siehe *Brosche, Edelstein, Halskette, Schmuck.*

Dichter: Schöpferische Kräfte des Träumenden, wie Intuition, Phantasie, Rhetorik und Romantik. Siehe *Bibliothek, Bibliothekar, Schriftstück.*

Dieb: Siehe *Bandit, Einbrecher, Einbruch, Zigeuner.*

Diener: Abhängigkeit, Ausnützung, Einschränkungen; Traumhinweis, höheren, spirituellen Mächten zu dienen.

Diktator: Steht für eigene oder fremde Eigenschaften eines solchen. Angst vor despotischem Verhalten, vor Tyrannei.

Direktor: Siehe *Aufsichtsperson, Chef; Führer, geistiger; Polizist, Radar; Selbst, höheres.*

Dirigent: Dieser kann als Autorität, nachzuahmende Persönlichkeit oder als Wunsch nach einem leitenden Posten angesehen werden. Siehe *Chef, Musik, Orchester, Vater.*

Distel: Mühseliger, kärglicher, materieller oder geistiger Weg, der schließlich zur Erlösung führt; Sinnbild für Schutz.

Doktor: Siehe *Arzt, Augenarzt, Chirurg, Führer, Psychiater, Tier.*

Dokument: Wertvolle, wichtige, auch spirituelle Neuigkeit meist für den Träumenden oder auch für andere. Siehe *Papier, Schriftstück.*

Dolch: Streit, Rache, Autoritätsanspruch, Brutalität in körperlicher oder moralischer Hinsicht. Was wird mit dem *D.* gemacht? Siehe auch *Angriffslust, Messer, Waffen.*

Dollar: Unsere Gelegenheiten im Leben. Siehe auch *Bank, Geld.*

Dom: Siehe *Kirche, Tempel.*

Dompteur: Wunsch, evtl. Streben nach den Talenten eines *D.* Eigene, erstrebenswerte oder verabscheuungswürdige Charakterzüge eines *D.* Aktives Streben in der Realität, die eigene Instinkt- und Triebnatur (= die Tiere) zu beherrschen. Siehe *Tier, Zirkus, Zoo.*

Donner: Starke Emotionen. Macht, Zorn und Strafe der spirituellen Sphären. Siehe *Gewalt, Wetter.*

Doppelgänger: In unseren Träumen tauchen die (in der Astralwelt vorhandenen) verschiedenen *D.* des Vitalitäts-, Emotions- und Denkkörpers als charakteristische Bewußtseinspersonifizierungen auf (siehe S. 25 u. 93). Ohne Kenntnisse der *D.* ist keine echte Traumdeutung möglich. Man sollte sich vergegenwärtigen, daß die Vitalitäts-, Emotions- und Denkkörper je sieben unsichtbare Doubles erschaffen können. Stark ausgeprägte menschliche Triebe, Emotionen, Fähigkeiten, Merkmale, Interessensgebiete, Hobbys, Bewußtseinszustände, Disziplinen und geistige Prinzipien erschaffen jeweils in der Realität normalerweise unsichtbare, jedoch in der Astral- bzw. Traumwelt sichtbare Duplikate, d. h. astrale Personen. Das Aussehen dieser Doubles spiegelt den genauen Charakter der obengenannten Eigenschaften und Bewußtseinsinhalte wieder. Bei der Traumdeutung sollten u. a. auch Haar- und Kleiderfarbe und das Geschlecht dieser *D.* berücksichtigt werden. Lesen Sie hierzu auch die Traumbeispiele im Kapitel IX. Neuentstandene Eigenschaften, Interessengebiete, Hobbys usw. bilden einen neuen, jungen astralen *D.* in Form eines Traumbabys oder Traumkindes (beiderlei Geschlechtes). Langpraktizierte Eigenschaften, Interessengebiete, Hobbys usw., die evtl. auch schon in einem Vorleben ausgeübt wurden, formen erwachsene *D.* im Traum. Das Reifestadium der oben angeführten Eigenschaften, Interessengebiete Hobbys usw. erschafft Duplikate in Form von gereiften Menschen oder Greisen. Wichtig bei der Deutung der *D.* ist weiterhin, daß durch das Auftauchen eines männlichen *D.* (Junge, Mann), dessen typische Seeleninhalte z. B. Verstand, Vernunft und Organisationssinn sind, oder beim Erscheinen eines weiblichen *D.* (Mädchen, Frau), deren charakteristische Eigenschaften z. B. Gefühl, Intuition und Naturinstinkt sind, ganz wichtige individuelle Charaktermerkmale gezielt betont werden. Das astrale *Traum-D.-Pärchen* symbolisiert den umfassenden Überblick, die Totalität eines in der *Entstehung* begriffenen Interessengebietes. Hier werden Bewußtseinsinhalte der Hobbys gleichzeitig gründlich von Gefühl, Intuition und Verstand angegangen. Entsprechend zeigt das erwachsene *D.-Paar* die ausgereiften Hobbys an. Siehe *Frau, Fremde/Fremder, Jungfrau, Junge, Kind, Mädchen, Mann,* außerdem S. 138.

Dorf: Ähnlich wie Haus zeigt es Charakterzüge des Träumenden an. Es kann auch Naturverbundenheit und Sehnsucht nach Ruhe und Frieden ausdrücken. Siehe *Bauer/Bauernhof, Haus, Stadt.*

Dorn: Leiden, Schmerzen, Nöte, schwierige Lebenssituation. Mühsamer, mystischer Weg. Das Opfer. Siehe *Kreuzigung, Rose.*

Dose: Vielfältige Möglichkeiten, Verborgenes, Hinweis auf die Gebärmutter. Siehe *Kelch.*

Drache: Die Erdenschwere, die Materie im Gegensatz zum Geist, der Materialismus, instinkthafte Begierdenatur, egoistisches, aggressives, zerstörerisches Prinzip und Naturell, welche sich gegen sich selbst, andere und die gottgewollte Ordnung richten. Bestimmte Formen der Depression. Der siebenköpfige *D.* ist in der Astralwelt häufig zu sehen und zeigt die sieben Todsünden an: Zorn, Trägheit, Völlerei, Neid, Geiz, Hochmut und Wollust. Wenn häufig sich wiederholende Alpträume von drachenähnlichen Traumwesen auftreten, ist therapeutische Beratung angezeigt. Siehe auch *Schlange, Teufel.*

Dreck: Seelischer oder geistiger Schmutz oder Schund. Innenweltverdreckung. Etwas Peinliches, Unbequemes oder Unangenehmes. Siehe *Abfall, Abbruch, Asche, Lava, Morast, Schlamm, Teer.*

Drei: Siehe *Zahlen.*

Dreieck: Verbundenheit und Eingespanntsein. Die Harmonie von Denken, Reden und Tun; von Geburt, Entwicklung und Tod. Mit nach oben gerichteter Spitze bedeutet es das Geistige, das Positive und das Feuerzeichen Yang. Mit nach unten gerichteter Spitze das Materielle, das Negative und das Wasserzeichen Yin. Siehe *Berg, Zahlen: Drei.*

Droge: Betäubung, Suche nach Energie, Verständnis, Heilung und Sinngebung des Lebens. Das Nachdenken über Drogenprobleme. Siehe *Haschisch, Medizin.*

Dschungel: Siehe *Urwald.*

Duell: Die sich bekämpfenden Ansichten des Träumenden. Der Streit mit einer ihm bekannten Person.

Duft: Er versinnbildlicht Gefühle der Sympathie oder Antipathie, je nach Duftart. Siehe *Parfüm.*

Dung: Unnütze, unechte, veraltete Werte, die unseren wahren, inneren Kern, unser höheres Selbst nicht berühren. Siehe *Exkremente, Toilette.*

Dunkelheit: Die Erforschung des Unbewußten; das Undurchschaubare, die Täuschung, die nichterkannte Wahrheit, das Nichtwissen. Die Eigenschaften: Egoismus, Angst, Schuld,

Geiz, Neid, die Ferne spiritueller Mächte. Traumhinweis, sich dem geistigen Licht zuzuwenden.

Durst: Siehe *Trinken.*

Dynamit: Gefühlsstau und Explosion von Emotionen. Siehe *Gewalt, Vulkan.*

E

Ebbe: Ruhiges Seelenleben, Energielosigkeit. Siehe *Meer, Strömung.*

Eber: Kämpferische Natur, Freßsucht, Unwissenheit. Siehe *Schwein.*

Echo: Reaktion auf ein Ereignis oder einen Vorgang; Antwort; Vergessene Gefühle, Gedanken, Taten oder Schicksalsschuld. Siehe *Bumerang.*

Ecke: Wendepunkt oder Richtungsänderung der eigenen Auffassung. Durchbruch oder Verwirklichung einer Idee. Siehe *Fassade, Haus.*

Edelstein: Klarheit; Unvergänglichkeit, Wahrheit, innerer Reichtum und positive Eigenschaften. Klare, leuchtende Edelsteine haben erfreulichen Symbolwert. Stumpfe, dunkle Steine zeigen eher geheimnisvollen Sinngehalt an. Beispiele: *Amethyst:* Verhilft zu Visionen und vertiefter Meditation. *Diamant:* Das innere Kleinod, Unvergänglichkeit, Wille, inneres und kosmisches Licht und Feuer. *Opal:* Vorstellungsgabe, Sühne, Phantasie, Traumwelt. *Perle:* Geheimnis der Schönheit und Tugend, Geschlossenheit. *Rubin:* Liebe, Opfergeist. *Saphir:* Frieden, Spiritualität, Schutz vor Negativität. Siehe *Brosche, Halskette, Kristall, Perlenkette, Schmuck.*

Efeu: Die überdauernde Freundschaft, Erotik. Siehe *Pflanze.*

Ehe: Harmonische Vereinigung verschiedener Bewußtseinszustände, Energien, Bestrebungen, von Denken und Fühlen, der höheren und niederen Impulse im Menschen; das Meister-Schüler-Verhältnis. Eingehen einer Traumehe kann auch – bei »erfüllter« Partnerschaft in der Realität – Einsamkeit und sexuelle Probleme aufdecken. Siehe *Ehebruch, Gatte, Gattin, Scheidung.*

Ehebruch: Abtrennung nichtspiritueller Werte. Abbrechen oder Ablegen unechter Tendenzen oder innerer Eigenschaften, Trennung von allem, was nicht unserem wahren Kern entspricht. Siehe *Ehe, Gatte, Gattin, Scheidung.*

Ei: Gesamtheit der schöpferischen Energien. Die vielfältigen Gelegenheiten, Vollkommenheit, Neubeginn, das spirituelle Leben, die Auferstehung. Das weiße *E.* zeigt die neue, positive Entwicklungsphase, das schwarze ein böses, entstehendes Geheimnis an. Ein goldenes *E.* ist Ausdruck für das bewußte Opfer. Siehe *Mahlzeit, Nahrung.*

Eiche: Ausdauernde Kraft, Schutz, Sieg. Siehe *Baum, Eichel.*

Eichel: Die Möglichkeit der Entfaltung und des Wachstums spiritueller Kräfte. Siehe auch *Baum, Eiche.*

Eichhörnchen: Sammeltrieb, Wissensdrang, Gedankenfluß.

Eid: Wunsch nach Treue, meist sich selbst gegenüber. Innerer Kampf gegen Selbstvorwürfe und Schuldgefühle. Siehe *Gericht, Schwören.*

Eidechse: Zeitverschwendung oder Verlust bei vergänglichem Tun. Auf der Suche nach dem Unvergänglichen. Das kleine Ungeheuer. Wenn aus der *E.* ein drachen- oder krokodilähnliches Ungeheuer wird, zeigen sich dem Träumenden seine oder eine andere Triebnatur und Selbstzerstörungstendenzen. Siehe *Alligator, Drache.*

Einatmen: Eine oder mehrere Erfahrungen völlig in sich aufnehmen, Energieresorption, der Wille zu leben. Siehe *Atem.*

Einäugig: Wenn das linke Auge fehlt, dann werden die Vergangenheit oder die Ursachen kaum erkannt. Fehlt das rechte Auge, kann der Träumende die Zukunft weder richtig einschätzen noch planen. Wenn das dritte Auge über der Nasenwurzel geöffnet ist oder ein weißes Einhorn an dieser Stelle erscheint, dann ist Zugang zu unsichtbaren Wahrheiten oder Weisheit gegeben. Ein verschlossenes drittes Auge oder ein dunkles Einhorn deuten auf Blindheit gegenüber spirituellen Welten oder materialistische Weltanschauung. Weiterhin kann Einäugigkeit ein Traumaufruf sein, sich auf geistige Werte zu besinnen oder eine Angelegenheit umfassender zu betrachten. Siehe *Auge, Brille, Einhorn.*

Einbrecher: Wilde, unzivilisierte Gestalten, Räuber, Landstreicher und Zigeuner stellen eigene oder fremde unbewußte, dubiose Charaktereigenschaften dar. Diese sollte man kritisch beurteilen. Siehe *Bandit, Dieb, Zigeuner.*

Einbruch: Kann dem Träumenden ein schlechtes Gewissen, Schuldkomplexe oder Angst anzeigen. Wenn ein Einbrecher versucht, im Traumhaus einzudringen, brechen Charakterzüge oder Menschen irritierend in die eigene Freiheit ein. Man versucht, sich von diesen zu distanzieren. In Frauenträumen kann der Einbrecher auch die Angst vor Sexualität darstellen, vor jemandem, der in sie eindringen könnte. In Männerträumen zeigt sich die Bedeutung wie beim Zigeuner. Siehe *Einbruch, Plünderung, Zigeuner.*

Eindringen: Siehe *Dieb, Einbruch, Plünderung.*

Eingeborener: Impulsives Handeln; instinktive eigene oder fremde Gefühle, z. B. die Fortpflanzung betreffend. Eine Seite unseres Wesens, die an Aberglauben und magischen Praktiken, Intuition und Naturverbundenheit sowie anderen typischen Eigenschaften eines *E.* festhält. Traumaufruf, konventionelle oder falsche geistige Ansichten abzulegen. Siehe *Urwald, Urzeitmensch.*

Eingeweide: Warnung vor Krankheit oder nicht voll bewußten, seelischen Problemen. Siehe auch unter *Darm, Leber, Magen, Verstopfung.*

Einhorn: Fabelwesen, das meist als Pferd mit gewundenem Horn auf der Stirn erscheint (geistige Zeugungskraft). Dieses zeigt die Verwandlung sexueller Kräfte in geistige Ziele und die reine (auf ein einziges Ziel konzentrierte) Energie an, genauso wie das dritte Auge (übersinnliche Kräfte und Macht). Weißes *E.*: positive, geistige Symbolik. Dunkles *E.*: negative oder fehlgeleitete spirituelle Entwicklung oder Erkenntnisse. Siehe *Einäugig, Kundalini, Pferd, Schlange.*

Einkaufen: Das Erwerben seelisch-geistiger Güter, wie Sicherheit, Selbstwertgefühl und Sympathie. Beachten Sie den Zustand der Ware, der für die Deutung wichtig ist. Siehe *Kaufhaus, Kaufmann.*

Eins: Siehe *Zahlen.*

Einsiedler: Kann Wunschgedanken anzeigen, sich der Verantwortung oder dem täglichen Kampf und Streß zu entziehen. Aufruf, seine Ziele zu überdenken und sich nach innen zu wenden. Bedeutet religiöse Verehrung und tiefes Interesse an der eigenen spirituellen Entwicklung. Der *E.* kann ebenso den geistigen Führer versinnbildlichen. Siehe *Führer, geistiger; Mönch, Nonne, Zölibat.*

Einwanderung: Eindringen neuer seelischer, spiritueller Inhalte in den Träumenden, Wissenszuwachs, Entwicklung und Neuorientierung.

Einweihung: Siehe Initiation.

Eis: Stagnierte oder eisige Gefühle, Einsamkeit. Das Einbrechen in die Eisdecke eines Gewässers bedeutet den Durchbruch unbewußter und verdrängter (»kaltgestellter«) Seeleninhalte und Probleme. Siehe *Erfrieren, Gletscher, Schnee, Statue, Versteinerung.*

Eisberg: Einsamkeit. Sinnbild für klares Denken und gleichzeitig das noch nicht ins Bewußtsein gehobene Unbewußte. Siehe *Eis, Erfrieren, Gletscher, Statue, Versteinerung.*

Eisen: Härte, Kälte, Durchsetzungs- und Willenskraft; Machtsymbol. Siehe *Amboß, Gewalt, Schmied.*

Eisenbahn: *Gleise*: Konventionelles Verhalten. Das Urteil oder die moralische Bewertung der Öffentlichkeit. Siehe auch *Bahngleise. Lokomotive:* Die Energie, die uns durch das Leben treibt. *Wagen:* Geschehnisse, Lebenserfahrungen, die Folgen unserer Taten. *Bahnhof*: Die Entscheidung; der Wunsch nach Veränderung, nach neuen Bekanntschaften. Auch innere und äußere Erfahrungen und Erforschungen. Siehe auch *Bahnhof. Reise*: Selbstanalyse, Erfahrungen sammeln, persönliche Entwicklung. *Zug versäumen:* Eine Chance verpassen. Eine Person, die uns abhält, rechtzeitig zum Bahnhof zu kommen, stellt die Furcht vor der Entwicklung dar. Wenn man unter den Zug gerät, so bedeutet dies eine Bedrohung durch eigene Charakterzüge oder eine andere Person. Im Symbol des Zuges kann sich Lebenserfolg oder Versagen ausdrücken. Siehe *Abreise, Bahngleise, Bahnhof, Mitreisende, Notbremse, Reise, Schaffner.*

Eislauf: Unternehmungslust, Wendigkeit, Können. Der Sportunfall auf der Eisfläche ist eine Warnung vor Überheblichkeit oder Versagen. Siehe *Arena, Rennbahn, Rennen, Sport.*

Eiter: Gefühle des Abscheus. Negative, lästige, stagnierende Teile der Persönlichkeit, die ausgestoßen werden sollen. Siehe *Akne, Ekzem, Haut, Organe.*

Ekstase: Spaltung des Bewußtseins. Volles spirituelles Bewußtsein; der Ausgleich, die Harmonie. Siehe *Yogi, Meditation.*

Ekzem: Entweder tatsächlich vorhanden oder Hinweis auf seelische Probleme, wie Minderwertigkeits- oder Schuldgefühle. Siehe *Akne, Eiter, Furunkel, Haut.*

Elch: Angriffslust und Sexualität. Siehe *Hirsch.*

Elefant: Der graue *E.*: Gelehrsamkeit, Geduld, Ansammlung von Wissen. Der weiße *E.*: Weisheit, das mächtige, beherrschte Unbewußte. Der goldene *E.*: Kraft, Bewußtsein und Opfermut. Die Zügelung der Sexualität wird durch Stoffzähne und Rüssel angezeigt. Gesunde *E.* bedeuten das Beherrschen der Triebnatur. Kranke *E.* versinnbildlichen Erkrankungen unserer unbewußten Kräfte und Energieverlust. Aggressive *E.* stehen für Unordnung und Disziplinmangel.

Elefantentreiber: Das höhere Selbst führt das innere Bewußtsein zu spiritueller Höhe. Siehe *Führer, geistiger; Selbst, höheres.*

Elektrizität: Energie; die unsichtbare spirituelle Kraft.

Elektrizitätswerk: Das reibungsfrei funktionierende *E.* zeigt die harmonische Energielage und seelische Situation an. Siehe *Elektrizität, Treibstoff.*

Elfen: Helfende, beratende Naturkräfte. Siehe *Naturgeister.*

Elfenbein: Verzierung, Schmuck, Handfertigkeit; Haltbarkeit; Sauberkeit. Der unsichtbare, innere Kern. Siehe *Elefant.*

Ellbogen: Zuverlässigkeit, Halt, Durchsetzungskraft. Siehe *Arm.*

Elster: Materielles Interesse und Verhalten. Siehe *Rabe, Vogel.*

Eltern: Der Träumende ist unsicher und ersehnt elterlichen Rat oder Unterstützung. Probleme der Ablösung vom Elternhaus und der eigenen Freiheit. Siehe *Alte/Alter.*

Embryo: Entweder ein Kind ist tatsächlich auf dem Weg, oder eine sich entwickelnde, noch unbewußte Idee oder ein Plan kündigen sich an. Kann eigene Eigenschaften der Unreife und Abhängigkeit anzeigen. Rückgang in der Entwicklung, Wunsch nach vorgeburtlichen Zuständen und Inaktivität. Siehe *Baby, Ei, Kind.*

Emigration: Grundlegende Veränderung von Gewohnheiten, Neubeginn. Suche nach Spiritualität und höherem Wissen.

Enge: Ein enger Raum oder eine enge Spalte zeigen eingeschränkte Bewegungs-, Handlungs- und Entscheidungsfreiheit an. Siehe *Gefängnis.*

Engel: Können die ideale, spirituelle Seite des Träumenden, sein geistiges Bewußtsein, versinnbildlichen. Die Botschaft der höheren, führenden, geistigen Mächte. Siehe *Führer, geistiger; Gericht.*

England: Gefühlskarges, distanziertes Verhalten, Snobismus sowie Eigenschaften, die der Träumende dem Land selbst gibt.

Entbindung: Siehe *Geburt.*

Entblößt: Entkleidetsein kann Schutzbedürftigkeit des Träumenden oder seiner Privatsphäre anzeigen. Auch kann der Träumende für andere Menschen durchschaubar sein, oder er hat Angst vor Entdeckung verborgener Gefühle und Gedanken. Siehe *Entkleiden, Nacktheit.*

Ente: Hinabtauchen ins Unbewußte oder dessen Erforschen. Ein Entenpaar kann Friedfertigkeit, Treue und Harmonie anzeigen. Siehe *Vogel.*

Enthauptung: Warnung, die Übersicht, Einsicht oder Kontrolle zu behalten oder zu bewahren; das neue Denken; die grundlegende Änderung der Ansicht, der Auffassungen. Hinweis auf das Suchen einer neuen spirituellen Orientierung. Siehe *Galgen, Tod, Töten,* Kapitel XI.

Entkleiden: Unverhüllt das wahre Wesen zeigen. Siehe *Entblößt, Nacktheit.*

Entthronen: Das Ablegen anerzogener Komplexe und Hemmungen.

Entwirren: Ordnung und innere Klarheit erkämpfen.

Enzyklopädie: Wissensdrang, Anhäufung von Wissen. Siehe *Bibliothek, Bibliothekar, Schriftstück.*

Epidemie: Der Traum kann dazu raten, Emotionen, Ansichten und Handeln zu überdenken, sonst wird man durch die landesübliche Meinung angesteckt. Die Beeinflussung durch positive oder negative Gefühls- und Gedankeninhalte. Siehe *Anstecken, Arzt, Cholera, Krankenhaus, Lepra.*

Epilepsie: Versuch, unbewußte Kräfte und innere Spannungen zu eliminieren. Warnung vor dieser Krankheit. Siehe *Krankheit, Medizin.*

Erbrechen: Unechte, störende Gefühle und Gedanken ausstoßen. *E.* mit Begleiterscheinungen wie Übelkeit und Bauchschmerzen deutet auf Problemverarbeitung hin. Siehe *Bauchspeicheldrüse, Darm, Leber, Medizin.*

Erbsen: *E.* in der Schote weisen auf Fruchtbarkeit und sexuelle Probleme hin. Siehe *Gemüse.*

Erbstück: Positives oder negatives Resultat aus einer früheren Existenz, der Kindheit oder vergangenen Lebensumständen. Siehe *Alte/Alter, Eltern.*

Erdbeben: Der Traum macht auf unbewußte, starke Triebe aufmerksam, die die Persönlichkeit erschüttern. Verletzung oder Tod durch *E.* zeigt tiefliegende, die Persönlichkeit gefährdende Problematik an. Traumaufruf, bleibende geistige Wahrheiten zu suchen. Siehe *Boden, Eruption, Gewalt, Lava, Vulkan.*

Erdbeeren: Weibliche Brust, Nahrung, Sicherheit, Fruchtbarkeit. Die typische dreiteilige Blattanordnung kann ein Symbol für die Dreieinigkeit darstellen. Siehe *Apfel, Essen, Kirsche, Mahlzeit, Nahrung, Obst.*

Erde: Die Weltherrschaft; Zyklus des Vergehens und Werdens, die spirituelle Wiedergeburt. Aus der *E.* zu kommen bedeutet, zum praktischen Leben oder zum spirituellen Bewußtsein erwacht zu sein. Die Materie, Festigkeit, Realität und Form. Die braune Farbe zeigt Einfachheit und Bescheidenheit an; unbewußte seelische Inhalte; die Nahrung, Versorgung, Abhängigkeit; Samen, Reifung, Fruchtbarkeit; Erfahrungsschatz der Vorausgegangenen und der Vergangenheit. Wenn wir im Traum in der *E.* graben, so deutet es auf Suche und Freilegung von Bewußtseinszuständen und Entwicklungsphasen. Siehe *Boden, Himmel, Saat.*

Erdrosseln: Furcht und Komplexe verhindern den Durchbruch von Inspiration, Gedanken und Taten. Siehe *Gewalt, Guillotine, Sterben, Tod,* Kapitel IX.

Eremit: Siehe *Einsiedler.*

Erfrieren: Erkaltete Gefühle, Gefühllosigkeit; Einsamkeit. Siehe *Eis, Schnee.*

Erhängen: Siehe *Erwürgen, Guillotine, Hinrichtung, Töten.*

Erinnyen: Sie sind in der Traum- bzw. Astralwelt als dunkle Frauengestalten zu sehen, die eventuell Schlangen um den Kopf zeigen. Sie repräsentieren Gewissensqualen oder Eifersucht und rufen u. a. zum Überdenken der geistigen Lebensauffassung auf.

Erkältung: Vorübergehende Frustration, Gefühlsstau. Sich von der öffentlichen Gesinnung anstecken lassen. Siehe *Anstekken, Epidemie.*

Erkennen: Wenn der Träumer klare, scharfe Traumbilder und Szenen erkennt, dann versucht sein Selbst, ihm neues Wachstum zu vermitteln. Unkenntliche Bilder deuten an, daß er seine Probleme nicht ernst nimmt oder sogar vergessen will.

Erleuchtung: Siehe *Licht, Sonne; Führer, geistiger.*

Ermorden: Der Träumende hat wenig Selbstbewußtsein. Der Traum macht auf die Notwendigkeit der Beherrschung von Emotionen, der Erziehung oder Selbsterziehung aufmerksam. Siehe *Erhängen, Erschießen, Erstechen, Erwürgen, Guillotine, Töten.*

Ernte/Ernten: Erfolgswünsche und -denken. Streben nach Wissen. Wirkungen und Folgen unseres Handelns. Die Lebensernte, die ausgereifte Tat, das Endgericht. Die gute, reiche Ernte bedeutet positive, befriedigende Ergebnisse. Die schlechte Ernte zeigt Gefühle des Versagens, Ängste und Mutlosigkeit an. Siehe *Getreide, Wetter.*

Eros: Im Traum und im Astralen ist der *E.* als Kind mit Pfeil und Bogen, als Sinnbild für Liebe und Erotik zu sehen.

Erschießen: Warnung vor der Zerstörung des Verhältnisses zu anderen; Abtrennen oder Abtöten eigener Begabungen und seelischer Inhalte, Selbstzerstörungstrieb, Aggressionen. Siehe *Ermorden, Hinrichtung, Krieg, Töten.*

Ersparnisse: Wunsch nach Absicherung; innere Werte. Siehe *Bank, Geld, Zinsen.*

Erstechen: Aggressivität, Sexualität. Siehe *Gewalt, Töten.*

Ersticken: Warnung vor Lungen-, Herz-, oder neurologischen Erkrankungen, beengende Lebenskonflikte. Freiheitsdrang. Siehe *Arzt, Herzbeschwerden, Lungenerkrankungen, Tod, Töten.*

Ertrinken: Aktuelle Angstneurosen können sich durch *E.* anzeigen. Die Person, die im Traum ertrinkt, steht in schwerer innerer, eventuell auswegloser Lebens- und Konfliktsituation. Wenn sie gerettet wird, heißt das, sie kann gerade noch seelisch und geistig die überwältigenden Probleme beherrschen. *E.* oder Ersticken können zuverlässige Warnungen vor Atemwegserkrankungen sein. Siehe *Herzbeschwerden, Lungenerkrankungen, Tod.*

Eruption: Unbewußte, zurückgedrängte Emotionen gelangen ins Tagesbewußtsein. Siehe *Explosion, Gewalt, Lava, Vulkan.*

Erwachen: Wunsch nach neuen Erkenntnissen mit spirituellen Inhalten. Wachsende Erfahrung und Entfaltung der Persönlichkeit. Wird man im Traum schnell hellwach, dann zeigt man Unternehmungsgeist, Energie und positives Denken. Langsames und mühsames *E.* bedeutet Unentschiedenheit, geistige und körperliche Müdigkeit und auch verminderten Tätigkeitsdrang. Siehe *Erkennen.*

Erwürgen: Siehe *Ersticken, Guillotine, Hinrichtung, Morgendämmerung/Morgenröte, Tod, Töten.*

Esel: Naturkräfte, Beständigkeit, Geduld, Trägheit, Langmut, Ausdauer, Zähigkeit, Widerstand, Starrsinn. Absolutes Vertrauen in göttliche Führungskräfte. Siehe *Last, Maultier, Pferd.*

Etikett: Gedankenloses, automatisches Einordnen oder Beurteilen seiner selbst, anderer oder einer Situation. Siehe *Schriftstück.*

Essen: *E.* und Nahrung zeigen den körperlichen, seelischen und geistigen Erfahrungsbereich an. Wunsch nach dem Stillen der Bedürfnisse des Leibes oder der Seele. *E.* versinnbildlicht die Quelle unserer Energie. Siehe *Erdbeeren, Fleisch, Gemüse, Getreide, Kartoffeln, Mahlzeit, Nahrung, Salat.*

Eule: Kräfte der Intuition und Vorausschau. Die Schicksalsmächte sehen dunkle, verborgene Taten. Das Karma. Die Furcht vor unbewußten, versteckten Wesenszügen. Das geheimnisvolle Wissen, das die Nacht der Unwissenheit überwindet. Siehe *Vogel.*

Eunuch: Abgetrennte Sexualität. Sexuelle Interesselosigkeit, Impotenz. Verlust der Kreativität; seelische und geistige Unfruchtbarkeit.

Examen: Die Lösung einer Aufgabe oder eines Konfliktes steht bevor. Wenn die Prüfung im Traum bestanden wurde, dann liegen Pflichtbewußtsein und Selbstsicherheit vor. Wenn der Träumende durch die Prüfung fällt, kann er Lebens- und spirituelle Aufgaben nicht lösen. Der Traum kann auch Angst vor der Prüfung andeuten. Durch das Traumgeschehen mag sich ein Aufruf zu vermehrter Anstrengung zeigen. Siehe *Lehrer, Reifeprüfung, Schule.*

Exekution: Siehe *Erhängen, Guillotine, Sterben, Tod, Töten,* Kapitel XI.

Exkremente: *E.* bilden den Dünger für neuentstehendes Leben; Fruchtbarkeit, materielle Werte. Die Möglichkeit, Geld zu verdienen, das offen auf der Straße liegt. Wenn die Kotausscheidung im Traum leicht erfolgt, heißt es, daß Belastungen und angestaute Gefühle abgeworfen werden. Das Spielen mit Kot bedeutet seelischen und geistigen Rückgang auf kindliche Entwicklungsstufen. Siehe *Dung, Toilette.*

Explosion: Aggression, Wut, Ärger, Streitigkeiten. Nervenzusammenbruch. Siehe *Dynamit, Eruption, Gewalt, Vulkan.*

F

Fabrik: Produktivität; mechanisches, automatisches Vorgehen; Gruppengeist. Übt die *F.* eine positive Anziehung aus, so kann sie Vermassung und Bedrohung der Individualität oder leichte, problemlose Unterordnung andeuten. Bei negativer Empfindung der *F.* bestehen Probleme der Einordnung in die Gemeinschaft oder Gesellschaft oder Angst vor mechanischer Arbeit. Siehe *Aufsichtsperson, Chef, Gefängnis, Industrie.*

Fächer: Vornehmheit, Wohlstand, Abwehr gegen das Böse.

Fackel: Spirituelle Kraft, wegweisendes, erleuchtetes Wissen.

Faden: Energie- und Kraftlosigkeit, unbedeutende Ideen; schwache Verbindungskräfte seelischer oder geistiger Art. Siehe *Band, Nadel.*

Fahne: Charakteristischer gedanklicher Inhalt einer Gruppe; Verdienst durch Kampf; Wechsel der Lebensumstände; Sieg des Lichtes über die Dunkelheit. Die weiße *F.* bedeutet den bleibenden, geistigen Sieg und Auferstehung. Eine hochgehaltene, unversehrte *F.* stellt die Verwirklichung idealer Gedanken, gemeinsamer, positiver Ideen und Verpflichtungen dar. Verlorene oder beschädigte Fahnen besagen das Gegenteil. Siehe *Regierung.*

Fähre: Neuer Lebensabschnitt; Veränderung seelischer und geistiger Werte. Siehe *Boot, Brücke, Fluß, Kahn, See, Wetter.*

Fahren: Die genaue Art zeigt den Charakter, die Lebensumstände und auch geistigen Ziele an. Wichtig für die Deutung ist das fehlerfreie Funktionieren des Fahrzeuges, die freie Straße, das Wetter und die Gefühlslage. Siehe *Auto, Autobus, Eisenbahn, Schiff.*

Fahrgast: Unselbständigkeit, Abhängigkeit vom Fahrer. Siehe *Bahnhof, Eisenbahn, Mitreisende, Reise, Schaffner, Schiff.*

Fahrkarte: Erholungs- oder Abenteuerwunsch; neue Entfaltungsmöglichkeiten und spirituelle Chancen; das neue Ziel im Privatbereich oder Beruf; das Bezahlen von Erkenntnissen und Erfahrungen. Wenn man eine Karte löst, macht man sich hierdurch eine Eigenschaft oder ein Talent zu eigen. Siehe *Bahnhof, Eisenbahn, Mitreisende, Notbremse, Reise, Schaffner, Schiff.*

Fahrrad: Unabhängigkeit, Selbständigkeit, ähnlich dem Auto. Siehe *Benzin, Fahren, Motorrad, Straße.*

Fahrstuhl: Ähnlich wie beim Fliegen oder Fallen können hier realistische und unrealistische Wünsche und Vorstellungen angezeigt sein. Ein Lift, der sich nach oben bewegt, kann Erfolgsdenken bedeuten. Sein Stocken oder Steckenbleiben versinnbildlicht die blockierte Persönlichkeitsentfaltung. Der abwärts fahrende Lift weist auf nicht realisierte, hochfliegende Pläne, Mutlosigkeit oder auch Angst hin. Siehe *Fallen, Fliegen, Satellit, Treppe.*

Fakir: Irrationale Wesenszüge oder ebensolches Vorgehen der eigenen Person oder anderer. Vergleiche *Yogi.*

Falke: Siehe *Adler* und *Horus.*

Falle: Konflikte, die durch eigenes Verschulden verursacht werden. Absichten oder Pläne, die entweder unrealistisch oder undurchschaubar sind, sich meist jedoch als anziehend erweisen. Auch die *F.* der Materie kann durch den Traum veranschaulicht werden. Siehe *Gefängnis, Grube, Kerker.*

Fallen: Verlust von Ansehen, Macht, Ruhm, Selbstwertgefühl oder sonstigen Eigenschaften, Angst um diese Werte; einen bestimmten Glauben oder eine Ansicht verlieren; Warnung vor unrichtigem Denken und Handeln. *F.* kann auch ein zuverlässiger Hinweis auf beginnende Arteriosklerose, auf einen bevorstehenden Verlust in der Tagesrealität und Angst vor Sexualität sein. Siehe *Abgrund.*

Fallschirm: Sich erheben über ungeistige Auffassungen, Widerstände, bestimmte Emotionen oder der Wunsch nach diesen. Siehe *Flugzeug, Hubschrauber, Satellit.*

Falltraum: Siehe *Fliegen, Flugzeug.*

Fälschung: Vorspiegelung falscher Tatsachen, Unwahrheit, auch Selbstbetrug; Traumaufruf zur geistigen Neuorientierung. Siehe *Betrug, Lüge.*

Farben: Sie drücken ganz bestimmte körperliche Zustände, typische Emotionen, Einstellungen und Werte aus. Siehe auch »Die Farben des Emotions- und Denkkörpers und der Traumwelt« in Kapitel IV.

Weiß: Die religiöse Aspiration, Weisheit, Erleuchtung, Auferstehung, das neue Bewußtsein, Einweihung, geistige Freiheit, Vollkommenheit, Sündlosigkeit; der farblose Anfang (wie die Taufe).

Gelb: Je nach Tönung sehr unterschiedliche Bedeutung. Ein reines, klares *G.* steht für Denken, Bewußtsein; das *G.* des Herbstes für Reife; Goldgelb bedeutet Verklärung, Weisheit, Reife; Schwefelgelb zeigt Neid, hinterhältiges Denken und das Böse an.

Gold: Hoher Idealismus, Ewigkeit, Opfer, Heiligkeit, Sieg der Selbstlosigkeit, das Absolute. (Weiß und Grün können ähnliche Bedeutungen haben.)

Orange: Mächtige, feurige Energie, Sonnenkraft, Fruchtbarkeit, Lebenshunger.

Rot: Liebe, Energie, Geschlechtstrieb, Leidenschaft, Mut, Kampf, Blut, Blutopfer, Rache; die böse, vernichtende Kraft; Sieg, Macht, Gericht, Erneuerung durch Zerstörung; die aktive, überwiegend männliche, physische Sonnenkraft (das Yang).

Grün: Grasgrün: Wachstum, Neubeginn, Wiederkehr, mystischer Frühling, das Neuerschaffene, Gnade, Paradies, Seelenfrieden, Ruhe. Smaragdgrün hat Gralssymbolik. Giftgrün: Neid, Ekel, Krankheit.

Hellblau: Himmel, Vertrauen, Glauben, Freude, Zuversicht.

Dunkelblau: Suche nach Ruhe und Harmonie, Meditation, Zielstrebigkeit, Zuverlässigkeit.

Violett: Buße, Mäßigung, Balance zwischen Himmel oder feuriger Sonnenenergie (Yang) und blauer Erdenergie (Yin); Empfindsamkeit, Vielseitigkeit, geistiges und religiöses Interesse.

Grau: Versteck, Verborgenes, Niedergeschlagenheit, Angst, Trauer, Unauffälligkeit, Entscheidungsschwäche.

Braun: Einfachheit, Armut, Unverwüstlichkeit, Ruhe, Naturverbundenheit, Erde, Herbst; Gemütlichkeit, Sinnlichkeit; Krankheit, Geiz.

Schwarz: Unwissenheit, Fruchtbarkeit der dunklen Erde; das Ungeklärte, die latente Fähigkeit; der verhüllte spirituelle Schatz; Verzicht, Weltverachtung, Vernichtung, Trauer, Pessimismus, Zukunftslosigkeit.

Faß: *F.* und ähnliche Gefäße wie Körbe, Schachteln deuten auf die Gebärmutter und die Sexualität der Frau. Siehe *Gral, Krug.*

Fassade: Sie versinnbildlicht das wahre Wesen des Träumenden der Öffentlichkeit gegenüber. Je nachdem, wie die *F.* aussieht oder was sie verhüllt, läßt sich auf den Charakter des Betreffenden schließen. Siehe *Baracke, Bauen/Bauplatz, Haus, Neubau.*

Fasten: Bewußtwerden innerer Werte und des eigenen Weges, Unbeeinflußbarkeit durch äußere Umstände, Triebunterdrückung und -beherrschung.

Fata Morgana: Der Wunsch, sich innerlich auf eine glückliche Insel zu retten die Illusionen. Auch Traumhinweis, die Täuschungen des irdischen Daseins zu durchschauen und sich geistigem Leben zuzuwenden. Siehe *Fernsehen, Film, Oase, Schattenbild/Schattenspiele.*

Faun: Siehe *Naturgeister.*

Feder: Gedanken, Nachrichten, Sieg, Gerechtigkeit. Siehe *Schriftstück.*

Fee: Siehe *Naturgeister.*

Fegefeuer: Leidenschaft und Triebe, die die geistige Entwicklung stören. Siehe *Feuer, Licht.*

Fehlgeburt: Siehe *Abgang.*

Feige: Körperliche und geistige Fruchtbarkeit, weibliche Sexualität. Siehe *Gemüse, Obst.*

Feind: Eigene und fremde belastende Probleme, Ansichten, Absichten und Handlungen. Auch Warntraum vor eigenen versteckten, negativen Impulsen, vor dem Prinzip des Bösen oder vor anderen Personen. Siehe *Angriffslust, Gewalt, Krieg.*

Feld: Gegenwärtiges oder zukünftiges, auch geistiges Betätigungsfeld. Die Qualität der geistigen Empfänglichkeit spiegelt sich im unterschiedlichen Aufgehen der Saat wieder. Siehe *Acker, Blumen, Farben, Gras, Heu, Unkraut.*

Feldstecher: Siehe *Brille, Fernrohr, Mikroskop.*

Fell: Lebenswärme, Sexualität, Instinkte, Wunsch nach Zärtlichkeit und Verwöhnung. Fellbekleidung kann aber auch freiwilligen Verzicht auf irdische Güter und Annehmlichkeiten anzeigen. Siehe auch das entsprechende Tier.

Fels: Unfruchtbarkeit, Beständigkeit, Schutz, Härte, Unnachgiebigkeit, Kälte; die geistige Erneuerung, die metaphysische Verankerung; Sicherheit, Sicherung der religiösen Versenkung. Der steile, enge, felsige Pfad zeigt den mühsamen spirituellen Aufstieg an. Siehe *Stein.*

Fenster: Unser Verhältnis zur Außenwelt, der Öffentlichkeit. Wegen der Anzahl der Fensterabschnitte siehe *Zahlen.* Wenn ein Fenster mit Fensterkreuz auftaucht, dann siehe unter *Kreuz*. Siehe weiterhin *Fassade, Glas, Haus*. Rosettenfenster siehe *Rose*.

Fernrohr: Hinweis, nicht nur einen Ausschnitt oder isolierten kleinen Teil des Ganzen oder eines bestimmten Problems zu sehen; Verdeutlichung des inneren Zustandes und Weges, auf dem wir uns befinden; Überbewertung eines unwichtigen Lebensfaktors oder eines Konfliktes. Das *F.* kann auch ein Traumhinweis sein, etwas ganz genau zu betrachten. Siehe *Brille, Mikroskop*.

Fernsehen: Es weist auf Information, Entspannung und Ablenkung, aber auch auf Illusion, Täuschung, Dekadenz und Zeitvergeudung hin. Siehe *Fata Morgana, Schattenbild/Schattenspiele*.

Fessel: Abhängigkeit, Unfreiheit, Bindung im positiven und negativen Sinn, Einschränkungen. Zum Beispiel legen belastende politische Veränderungen den Bewohnern eines Landes unsichtbare *F.* um den Hals, was seelische und materielle Sorgen andeutet. Auch Traumhinweis auf die Fesseln der Materie, die den geistigen Aufstieg behindern. Siehe *Gefangen, Gefängnis*.

Festung: Trennung, Einsamkeit, Schutzbedürftigkeit, Verunsicherung, Minderwertigkeit; Standhaftigkeit, Kampfeslust. Auch Hinweis, daß ein geistiges Bollwerk gegen dunkle Mächte gebildet werden soll. Siehe *Burg, Schloß*.

Fett/Fettsucht: Der Traum betont eine Angelegenheit oder Person oder bezeichnet eine Neigung zu Reichtum, Materialismus, Sinnlichkeit.

Feuer: Energie, Tatkraft, Liebe. Zerstörendes *F.*: fiebrige Krankheit, Askese, Leidenschaft, Seelenqualen. Erleuchtendes *F.*: geistige Erneuerung (siehe auch *Kundalini*) und Verwandlung, Wahrheit. Siehe *Blitz, Flamme*.

Feuerwehr: Fähigkeiten und Willenskräfte, die Leidenschaften und Emotionen zu ruhigen Gefühlen reduzieren helfen. Siehe *Feuer, Polizei.*

Fieber: Warnung vor Krankheit oder extremen Streßsituationen; Vernichtung oder Reinigung von körperlichen, seelischen und geistigen Problemen. Siehe *Arzt, Feuer, Medizin.*

Film: Er stellt Lebensereignisse dar. Die verschiedenen Personen zeigen eigene oder auch fremde, positive und negative Charakterzüge an. Wenn der Träumende selbst filmt, dann beherrscht er die Situation. Bei verschwommenen Filmszenen geht ihm die klare Übersicht im Alltag verloren. Auch Hinweis auf Vergänglichkeit der irdischen Erscheinungen. Siehe *Fata Morgana, Fernsehen.*

Finger: Fingerfertigkeit, aktives Zugreifen, Ausdrücken bestimmter Gefühle, individuelle Denktätigkeit, Warnungen. Fingerabdrücke betonen die eigene Individualität. Verletzte Traumfinger warnen vor Unvorsichtigkeit. Siehe *Arm, Hand, Schwören.*

Finsternis: Hinweis auf aktive Lichtsuche. Siehe *Dunkelheit, Licht, Nacht.*

Fisch: Fruchtbarkeit, embryonale Entwicklung, der aktuelle und individuelle Seeleninhalt und -zustand. Mehrere Traumfische bedeuten harmonisches, bewegtes, unbewußtes, inneres Leben, geistige Vitalität, ausgewogenes Denken und ebensolche Emotionen, auch Sexualität ohne Gefühlstiefe; unbewußtes, unfertige, oft hilfreiche Eigenschaften. Werden *F.* aus dem Wasser geholt, so gelangen unbewußte Teile der Persönlichkeit oder Eigenschaften ins klare Tagesbewußtsein. Der *F.* kann auch die spirituelle Nahrung und Erneuerung versinnbildlichen. Im frühen Christentum war er ein Christussymbol; er drückte die Wandlung aus, die sich durch Christus und seine Lehre vollziehen sollte. Hier sollte das ungeklärte Bewußtsein zum klaren Bewußtsein umgestaltet werden und dadurch Zutritt zu höheren Stufen des Seins

vermitteln. Folgende Fische/Meerestiere sind in diesem Verzeichnis aufgeführt: Aal, Alligator, Auster, Delphin, Hai, Krabbe, Krake, Krebs, Leviathan (Krokodil), Muschel, Qualle, Schildkröte, Schlange, Seehund, Tintenfisch und Wal. Siehe auch *Aquarium, Meer, Wasser.*

Fischer: Das Heben unbewußter Inhalte ins klare Bewußtsein, die Besiegung negativer Kräfte, die Suche nach bleibenden geistigen Inhalten und spiritueller Rettung. Siehe auch *Fisch; Führer, geistiger.*

Fischschuppen: Darstellung von Gefühlen und Gedanken nach außen.

Flamme: Spirituelle Kräfte, Gesundheit und Erkenntnis, wenn diese groß und hell leuchtend ist. Eine verlöschende *F.* stellt eine eindrucksvolle Warnung vor Krankheit dar. Siehe - *Feuer.*

Flasche: Siehe *Gefäß, Kelch, Krug.*

Fledermaus: Verborgene, unbewußte Seeleninhalte, dunkle Kräfte oder Neigungen, die das Tageslicht fliehen; Negativität, das Versteck. Siehe *Dunkelheit, Nebel.*

Fleisch: Materielle, sexuelle, körperliche Energien, Unruhe, Leidenschaft; Fleischessen weist auf das In-Verbindung-Treten mit erwähnten Energien. Siehe *Essen, Mahlzeit, Nahrung, Wurst.*

Fliege: Die Verwesung durch Überessen, zersetzende Krankheit. Siehe *Insekten.*

Fliegen: Verlust des Realitätsbezuges; der Versuch, sich über andere oder etwas zu erheben oder vor etwas zu flüchten, Vorstoß in geistige Bereiche; nach Freud sexuelle Regungen; der Ehrgeiz, sich denkend über Widerstände zu erheben; der Überblick aus der Vogelperspektive; Lebensweg, -ziel; Freiheits- und Erlebnisdrang, Gefühl des Erfolges oder Erfolgswunsch; geistiger Fortschritt. Siehe *Hubschrauber, Satellit, Zeppelin.*

Floß: Pläne, Ansichten oder Ideen, die in der Realität nur begrenzt durchführbar sind. Siehe *Boot, Ruder, Schiff, Wrack.*

Flöte: Erotische Sehnsucht; Gleichklang der Gefühls- und Gedankenwelt; der Ruf der Natur oder spiritueller Mächte. Siehe *Musik.*

Fluch: Die Ernte vergangener Gedanken und Taten, die Diktatur und Zwänge der Materie.

Flucht: Der Träumende flieht in der Tagesrealität vor eigenen verdrängten Eigenschaften oder Problemen (die, wenn stark ausgeprägt, einen eigenen Doppelgänger bilden) oder vor der Angriffslust anderer Personen. Auch kann sich Angst vor Überfall oder Vergewaltigung durch den Traum ausdrücken. Man muß herausfinden, vor wem der Träumende die *F.* ergreift. Siehe *Doppelgänger, Tier, Verfolgung.*

Flügel: Wenn an Menschen sichtbar, sind sie Ausdruck des rein ideellen Denkens oder erhöhten Bewußtseins. Für die Deutung sind Beschaffenheit, Größe und Farbe wichtig. Siehe *Engel, Farbe.*

Flugzeug: Siehe *Fliegen.*

Flur: Siehe *Korridor.*

Fluß: Fruchtbarkeit, Befruchtung: Vielfalt; kosmischer Energiefluß (der alles Leben vereint); das Dahinfließen des Daseins der Emotionen und des Bewußtseins. Der klare, sich schnell bewegende Wasserlauf zeigt Kraft und Gesundheit an, die Gegenwart, Vergangenheit, Zukunft, den Zeitverlauf und die seelische Regeneration. Die Flußmündung oder das Zusammenfließen zweier *F.* kann die Vereinigung des einzelnen mit dem All, der Gottheit, anzeigen. Das Überqueren des *F.* bedeutet, sich zu verändern. Wenn gegen die Strömung angekämpft wird, geht man gegen wahre eigene Erkenntnisse oder gegen die der Menge an. Wird der *F.* zur Quelle oder zum Meer zurückverfolgt, dann kann er den Lauf der seelischen Energie und das Entwicklungspotential oder auch den

Wunsch nach Ruhe und Schutz der Kindheit oder des embryonalen Zustandes ausdrücken. Auch weist ein *F.* auf Schlangensymbolik hin. Siehe *Bach, Fluten, Kanal, Schlange, Schwimmen, Strömung, Tauchen, Überschwemmung, Ufer, Wasser, Wellen.*

Fluten: Bedrohen Flutwellen den Träumenden, dann fühlt er sich durch Lebensumstände, Probleme oder Mitmenschen eingeengt oder von Gefühlen und Leidenschaften überflutet. Die Überflutung kann auch das Verlieren der klaren Übersicht anzeigen. Die Wellen versinnbildlichen den Wechsel der Lebenssituation oder die Herausforderung zu Anstrengungen. Siehe *Fluß, Meer, Wasser.*

Fontäne: Eine Energieform, auch sexuelle Symbolik des Mannes. Siehe *Geysir.*

Förster: Vorbild oder Wunsch nach freiem, gesundem, unkompliziertem Leben in der Natur. Siehe *Jäger, Tiere, Wald, Wiese.*

Fotografie: Die *F.* läßt ein vergessenes Ereignis wieder aktuell werden. Sie kann – wie auch Gemälde und Spiegelbilder – den intensiven Wunsch andeuten, die eigene Persönlichkeit zu finden. Siehe *Film, Schriftstück.*

Frankreich: Reiselust, Kultur- und Eßvergnügen, emotionelle Schwankungen, eigene Bewertungen des Träumenden.

Frau: Wenn sich eine *unbekannte F.* im Traum eines männlichen Träumers zeigt, dann stellt sie eine Verkörperung seiner eigenen unbewußten, weiblich-emotionellen, künstlerisch-romantischen Charaktereigenschaften dar. Diese werden schicksalhaft durch Kindheitseinflüsse und besonders das Verhältnis zur eigenen Mutter bestimmt, das sich späterhin wesentlich auf Partnerschaften auswirkt. Für eine weibliche Träumerin weist die unbekannte Traumfrau auf eigene, ihr unbewußte, oft verdrängte Persönlichkeitszüge hin. Erscheinungen von Personen des eigenen oder fremden Geschlechtes veranlaßt unser höheres Selbst, um uns die

Vielschichtigkeit des eigenen Charakters klarzumachen. Es erschafft hierzu nicht nur eigene Traumfiguren, sondern läßt auch eigene astrale oder mentale Doppelgänger im Traum sichtbar werden. Siehe *Doppelgänger, Jungfrau, Mann; Selbst, höheres; Schatten.*

Fremde/Fremder: Unklare oder ungeklärte Charakterzüge meistens des Träumenden selbst oder Bekannter. Siehe *Doppelgänger, Frau, Mann, Schatten.*

Fremdsprache: Wenn es sich nicht um eine *F.* handelt, die man gerade lernt oder überwiegend spricht, kann der Traum ein vergangenes Erdenleben anzeigen oder auch eine starke Individualität. Die *F.* im Traum kann auch darauf hinweisen, nicht fremde Worte und Auffassungen nachzuahmen, sondern geistige Selbständigkeit zu erwerben.

Freund: Während der uns unbekannte Traumfeind eigene unsympathische und negative Werte anzeigt, weist der Traumfreund auf positive, aufbauende Gefühle hin. Der uns im Traum erscheinende bekannte *F.* versinnbildlicht die Art der Gefühle, die wir für ihn empfinden. Auch kann der Traum den Hinweis geben, sich wahre *F.* in geistigen Bereichen zu suchen. Siehe *Doppelgänger, Kameradschaft.*

Friedhof: Dorthin tragen wir oder dort begraben wir im Traum unsere Hoffnungen, Erlebnisse, Absichten und Wünsche. Siehe *Sterben, Tod.*

Frieren: Gedämpfte, unterdrückte, zurückgelassene Sympathien oder Emotionen; Wunsch nach Verständnis; Verlust von Gefühlen oder Liebes- und Lebenswärme.

Friseur: Siehe *Coiffeur, Haar, Kahl, Mähne, Zopf.*

Frosch: Fruchtbarkeit, das Entstehen des Lebens, Kälte, Gefühllosigkeit, Sexualität ohne Gefühlstiefe, die Wandelbarkeit, der Wechsel (von der Kaulquappe zum Frosch), Überwindung materieller Hürden, Wissen und Weisheit der Instinktnatur; Auferstehung. Siehe *Kaulquappe, Wasser.*

Frucht: Erotik, Ernte, Reife, Wunsch nach Glück und Erfolg.

Frühling: Neubeginn auch spiritueller Art, Regeneration, Energie, Entwicklung, Wachsen. Siehe unter *Farben: Grün.*

Fuchs: Instinkte, Schläue, Wissen, Unehrlichkeit.

Führer, geistiger: Richtungsweisende Idee oder Lebensauffassung. Er kann als Richter, Mönch, Hohepriester, Hirte, Vater, Greis, Helfer, Arzt, Freund, auch evtl. als Tier (Hund) im Traum erscheinen. Er versinnbildlicht oft Bewußtsein und göttliche Weisheit. Unser eigentlicher geistiger *F.* ist das *höhere Selbst*, dessen Freiheit, unendlichen Frieden, Glückseligkeit u. a. m. wir selbst erfahren können. Siehe auch Kapitel VI.

Fünf: Verstehen und Überwinden der fünf Sinne; die fünf Wundmale Christi.

Fünfstern: Das Pentagramm oder der Drudenfuß wird in der Magie als Schutz vor bösen Einflüssen benutzt. Es zeigt den Menschen mit Kopf, zwei Armen und zwei Beinen.

Furunkel: Ausstoßen zersetzender Emotionen oder Gedanken. Siehe *Abszeß, Akne, Haut.*

Fuß: Unser Standpunkt oder unsere grundlegende Lebenseinstellung. Der unbedeckte *F.* bedeutet Verarmung, Entsagung und Schutzlosigkeit. Siehe *Barfußlaufen, Schuh.*

Fußboden: Qualität der individuellen Meinung. Der weiche, gefahrvolle Boden zeigt labiles inneres Gleichgewicht an. Siehe *Barfußlaufen, Boden, Fuß, Sand, Schlamm, Moor.*

G

Gähnen: Langeweile, Ermüdung, Eitelkeit, Stolz.

Galgen: Veränderung, neuer Lebensabschnitt. Siehe *Guillotine.*

Galle: Eventueller Hinweis auf körperliche Beschwerden und bevorstehende Koliken. Häufig bedeutet der Traum, daß ein

Ventil gefunden werden muß, um Frustration und Ärger abzulassen. Siehe *Darm, Leber.*

Gans: Geschwätzigkeit, Aufmerksamkeit. Die fliegende *G.* zeigt Überbringen von Botschaften höherer Welten, spirituelle Freiheit und geistiges Überleben an.

Garbe: Siehe *Ähre, Ernte, Getreide, Korn.*

Garten: Wenn er mit wunderbaren Blumen gefüllt ist, bedeutet er das Paradies auf Erden oder im Himmel. Weiterhin zeigt sich durch einen schönen *G.* die Fülle und Erfüllung der irdischen Liebe und Beziehungen. Er ist auch Sinnbild für Freundschaft und Liebe. Der ruhige, geschützte, mit hohen Mauern oder mit einem lebendigen Zaun umgebene *G.* weist auf innere Ruhe und Schutz hin. Das Aussehen des *G.* gibt Aufschluß über unsere Gefühle, das Verhältnis zu nahestehenden Menschen und auch Gelegenheiten. Siehe *Baum, Blumen/Blüten, Gärtner, Gemüse, Heu, Obst, Rasen.*

Gärtner: Hinweis, das Innenleben zu ordnen und zu reinigen; Naturverbundenheit. Siehe *Blumen/Blüten, Garten, Gemüse, Obst.*

Gas: Unsichtbare Negativität und geistige Zersetzung; Energie, Antrieb. Siehe *Benzin, Treibstoff.*

Gasthaus: Die Öffentlichkeit, Neuigkeiten, der Wechsel. Siehe *Café, Kellner/Kellnerin, Restaurant, Tanz, Tanzlokal.*

Gattin: Die innere Einstellung des Träumenden zu seiner Ehefrau. Die eigene, meist unbewußte Gefühlsseite des männlichen Träumers. Eigenschaften, die man der *G.* im Traum zuordnet, sind meist eigene, unbekannte Charakterzüge. Siehe *Doppelgänger, Ehe, Frau, Mann.*

Gebäude: Siehe *Fassade, Haus, Neubau.*

Gebet: Reinigung, Hilferuf, Hinweis auf das Überdenken von Problemen. Siehe *Bibel, Kirche, Meditation, Pfarrer, Tempel.*

Gebetbuch: Glaube, Besinnung. Siehe *Bibel, Gebet, Gebetsschnur, Koran.*

Gebetsschnur: Aufruf zur inneren Ordnung und Konzentration. Siehe *Gebet, Meditation, Mönch, Rosenkranz.*

Gebirge: Übersicht, Hervorhebung eines Gegenstandes oder Problems, das Ziel, die Belohnung, der Sieg des Geistes. Siehe *Alpen, Berg, Höhe, Hügel, Steigen, Turm.*

Gebühr: Wirkung, Vergütung, Resultat unserer Motive, auch die Verantwortung für Gedanken und Taten. Siehe *Bank, Geld.*

Geburt: Neuanfang; Erinnerung an eigene schwierige *G.*, die sich auf das ganze Leben auswirken kann; auch neue eigene Wesenszüge und erweitertes Bewußtsein. Siehe *Baby, Kind.*

Gedicht: Die Zeile aus einem *G.* ist die Zusammenfassung und der Ausdruck für bestimmte Emotionen und Gedanken. Siehe *Schriftstück.*

Gefahr: Die Szene zeigt innere Probleme oder Konflikte mit anderen Menschen bzw. der Lebenssituation an.

Gefangen: Die genauen Traumumstände sind wichtig. Man kann sich selbst durch Emotionen oder Auffassungen gefangensetzen. Auch kann sich das oft nicht eingestandene Gefühl der Tagesrealität, der Ehe, des Arbeitsplatzes oder der Lebenssituation, das wie Gefängnisgitter einengt, zeigen. Eigene Schuldgefühle können den Träumenden fesseln; auch Hinweis auf Gefangenschaft in einem vorherigen Leben. Siehe *Gefängnis, Grube, Kerker.*

Gefängnis: Meist schaffen wir unser Traumgefängnis durch eigene Emotionen der Furcht, Depression und einengende Ansichten selbst. Auch die Macht der Gewohnheit setzt uns ins Traumgefängnis. Siehe *Gefangen, Kerker, Sträfling.*

Gefäß: Der Mensch als verletzliche, seelisch-geistige Hülle; oft bei weiblichen Gefäßformen: Sexualität. Siehe *Kelch, Krug.*

Geheimnis: Es enthüllt uns etwas, was wir uns im Tagesbewußtsein nicht offen eingestehen.

Gegenstand, schwerer: Die Traumerfahrung eines schweren

G., der z. B. auf den Träumer fällt, kann zuverlässig einen Unfall, Herzinfarkt oder Schlaganfall in der Realität anzeigen.

Gehen: Der innere Weg, auf dem wir uns befinden, unsere Lebenserfahrung und Lebenssituation. Die Art der Lebensumstände wird durch die Traumbilder veranschaulicht. Vorwärtsgehen bedeutet, der Zukunft entgegen zu gehen. Rückwärtsgehen zeigt unsere Weigerung an, der notwendigen Entwicklung in der Tagesrealität zu folgen. Auch kann sich hier ein Rückgang der materiellen Situation ankündigen oder verdeutlichen. Siehe *Boden, Pfad, Straße.*

Gehirn: Denken, Verstand, Logik, die Zentrale der Steuerung, eventuell Hinweis auf Gehirnleiden oder überbetonten Intellektualismus und Vernachlässigung der Gefühlswerte.

Geier: Konfliktlösung; auch Ausbeutung oder Spionage; der Feind, der sich an der Zerstörung weidet. Das Aas bedeutet überfällige Konflikte, die bereinigt werden sollten.

Geige: Sehnsucht nach dem Partner; Selbstwertgefühl; Hinweis, eine ernsthaftere Arbeit zu beginnen; Masturbation; die Form der *G.* kann Hinweis auf weibliche Sexualität sein. Siehe *Musik, Orchester.*

Geiser: Wenn er in Aktion ist: Gefühlsexplosion; bei Versiegen des *G.*: Triebverdrängung. Siehe *Fontäne.*

Geist: Zentrum unseres Bewußtseins, höheres Selbst, das mit den göttlichen Schöpfungskräften und geistigen Bewußtseinsebenen in Verbindung steht. Siehe *Selbst, höheres.*

Geist (Gespenst): Verbindung zur unsichtbaren Welt und deren Wesenheiten; Ankündigung des eigenen Todes oder desjenigen von Nahestehenden; alte Probleme, wie Schuldgefühle, Ängste und Triebe.

Geistlicher: Das eigene Gewissen oder höhere Selbst regt sich; metaphysische Sehnsucht und Anstrengungen; die individuellen Erfahrungen mit Geistlichen und der Kirche. Siehe *Altar, Gebet, Kirche.*

Geizhals: Er versinnbildlicht die Angst, etwas herzugeben, wie Anteilnahme, Hilfsbereitschaft, verschiedene Gefühle oder auch materielle Güter oder Geld. Siehe *Geld.*

Gelb: Siehe unter *Farben.*

Geld: Banknoten, Wertpapiere, Anlagen; Chancen, Möglichkeiten, Energie; Gefühl, Potenz, Autorität, Selbstwertgefühl; die geliebte Person, der wertvolle Freund. Plötzlich im Traum viel *G.* finden, zeigt, daß Möglichkeiten und Substanzen vorhanden sind, mit denen man auf körperlichem, seelischem und geistigem Gebiet etwas erwerben oder realisieren kann. Der offene Geldbeutel mit herausfallenden Münzen kann auf Mildtätigkeit hinweisen, während der geschlossene Geiz anzeigt. Siehe *Bank, Banknoten, Banküberfall, Scheck.*

Gelenkerkrankungen: Es können echte, bevorstehende Krankheiten der Gelenke angezeigt werden oder einengende mitmenschliche Beziehungen. Siehe *Arzt, Krankheit, Medizin.*

Gemälde: Siehe *Fernsehen, Film, Fotografie.*

Gemse: Sie zeigt Eigenschaften dieses Tieres in der Natur wie Ungebundenheit, Ungezähmtheit, Anspruchslosigkeit und Kletterkünste an.

Gemüse: Wunsch nach Nahrung für Körper oder Seele. Runde Gemüse- und Obstsorten weisen auf weibliche Sexualität und längliche, wie Möhren und Gurken, auf männliche hin. Siehe *Essen, Mahlzeit, Nahrung, Salat.*

General: Ehrgeiz nach besserer Position und Aufstieg; gute Eigenschaften und Vorbild einer Autoritätsperson, auch die unguten, problematischen Seiten einer bestimmten Person können gemeint sein. Siehe *Helm, Krieg, Soldat.*

Genitalien: Das Thema der Sexualität im allgemeinen, sexuelle Wünsche und Problematik. Näheres erklärt der Traum. Siehe *Beischlaf, Vagina.*

Gepäck: Ein Teil der Persönlichkeit, ihr Vorrat an Energien;

Begabungen, Absichten, Ziele; die alltäglichen Lasten. Siehe *Rucksack, Tasche.*

Gericht: Selbstanalyse des Träumenden, sein Wunsch nach Klarheit und Übersicht in bestimmten Tagessituationen, seine Fragen nach Zustimmung oder Ablehnung bei gewissen Problemen; auch Andeutung des Endgerichtes. Siehe *Gerichtsvollzieher, Geschworenenbank, Rechtsanwalt, Richter.*

Gerichtsvollzieher: Eine oft angstvolle und negative Lebenshaltung oder Konfliktsituation. Siehe *Gericht, Polizei, Rechtsanwalt.*

Gerippe: Angst vor Veränderungen, Unglück und Tod. Es kann grundlegende Wechsel, gravierende Veränderungen und Lebensgefahr in der Realität anzeigen. Das *G.* signalisiert oft kühles, berechnendes Denken ohne Gefühle. Siehe *Skelett, Tod.*

Geruch: Er ist an Emotionen für bestimmte Personen, Gegenstände oder Ereignisse gekoppelt. Man beantworte sich die Frage nach der Sympathie oder Antipathie des Geruches. Siehe *Geschmack, Parfüm.*

Gesang: Der harmonische *G.* bedeutet Übereinstimmung und Harmonie mit dem anderen, der Gemeinschaft oder dem spirituellen Ziel. Bei Disharmonie ist das Gegenteil der Fall. Siehe *Musik, Orchester.*

Geschäft: Es zeigt Vergessenes, Wünsche, Absichten und Erfahrungen. Der Trauminhalt erklärt den genauen Sinn. Siehe *Einkaufen, Kaufhaus, Kaufmann.*

Geschenk: Die Traumempfindungen beim Empfang des Geschenkes sind für die Deutung ausschlaggebend. Es kann Verehrung und Wertschätzung ausdrücken.

Geschlechtskrankheit: Gefühl der sexuellen Unreinheit oder Gedanken darüber. Siehe *Beischlaf.*

Geschlechtsteile: Siehe *Beischlaf, Genitalien.*

Geschlechtsverkehr: Siehe *Beischlaf.*

Geschmack: Er hängt von unserer Bewertung ab. Der gute *G.* zeigt sympathische, der schlechte unsympathische Gefühle und Absichten an. Siehe *Geruch, Parfüm.*

Geschrei: Positive oder negative Gefühle, auch Angriffslust oder Furcht. Siehe *Angriffslust, Schrei.*

Geschwindigkeit: Wunsch und Absicht, das Ziel zu erreichen. Der Traum macht klar, daß die Zeit zu schnell vergeht und man sich beeilen sollte. Auch kann er ein Hinweis auf Organisation und Ausdauer sein. Er kann Fortschritt bedeuten.

Geschworenenbank: Das eigene Gewissen wägt Gut gegen Böse auf; die Entscheidungskraft. Siehe *Gericht, Rechtsanwalt, Richter.*

Gesicht: Es läßt echte innere Gefühle und Absichten klarwerden, enthüllt besondere Charakterzüge, die andere in der Tagesrealität erkennen. Traumfiguren ohne Gesichter sollen den reinen Typ einer bestimmten Personen- oder Interessengruppe oder unbekannte, eigene Charakterzüge anzeigen. Siehe auch *Fassade, Haus.*

Gespenst: Siehe *Geist.*

Gestalt: Teile/Eigenschaften der eigenen Persönlichkeit. Siehe *Doppelgänger, Gesicht.*

Getränk: Lebenselixier, Bewußtseinssteigerung, tiefgreifende Gedankeninhalte. Siehe *Abstinenz/Abstinenzler, Alkohol, Bier, Wasser, Wein.*

Getreide: Wunsch nach oder Hinweis auf materielle, seelische oder geistige Nahrung. Gesundes, üppiges *G.* hat positive Bedeutung, wie Zuversicht, Erfolg und Lebensernte. Ungesundes *G.* ist gegenteilig zu bewerten. Siehe *Ähre, Essen, Korn, Mahlzeit, Nahrung, Reis, Weizen.*

Gewalt: Wenn wir selbst im Traum *G.* anwenden, so kann dies auf Tatkraft, Streß, Aggressivität und weitere Gefühle hinweisen. Wir zeigen uns im Traum von einer Seite, die nicht unbedingt unserer nach außen zur Schau getragenen Natur entsprechen muß. Hier wird auf Selbstdisziplinierung hingewiesen. Wenn wir unter *G.* zu leiden haben, können sich unsere Hilflosigkeit, Schwäche und mangelndes Selbstgefühl darstellen. Siehe *Angriffslust, Krieg, Streit.*

Gewehr: Wenn der Träumende bedroht wird, liegt Angst vor *G.*, Angriffen, Gewalttaten oder auch Sexualität vor. Der Träumende, der selbst über ein *G.* verfügt, kann unter Aggressivität, Gewalttätigkeit, mangelndem Selbstbewußtsein und/oder Minderwertigkeitsgefühlen leiden. Siehe *Pistole, Schuß, Waffen.*

Geweih: Angriffslust, Sexualität des Mannes.

Gewitter: Siehe *Blitz, Donner, Gewalt.*

Gewölbe: Himmelsgewölbe, Gedächtnis. Siehe *Haus, Höhle, Katakomben.*

Gewürz: Wunsch nach interessanterer Lebensgestaltung oder Angabe.

Gezeiten: Der Spiegel der Gefühle. Die Ebbe ist eine Ruhepause für die geplagte Seele, während bei der Flut Streß und der Andrang der Emotionen anwachsen. Siehe *Meer, Strömung, Wasser.*

Gift: Vergiftete Atmosphäre und Gefühle, Attacken.

Gips: Künstliche, kurzfristige Behinderung/Ruhigstellung, die durch fremde oder eigene Einwirkung entstand. Sie kann aus eigener Kraft zer- oder durchbrochen werden. Siehe *Bein, Finger, Fuß, Hand.*

Giraffe: Reiselust; Hochmut, Einbildung aus Nichtwissen; die überragende Leistung.

Gitarre: Gemeinschaft, Kameradschaft, Abenteuerlust und weitere emotionelle Werte. Siehe *Geige, Musik.*

Gitter: Schutz; Beengung und Unfreiheit; Traumaufruf, die Falle der Materie zu überwinden. Siehe *Gefängnis, Grube, Kerker, Mauer, Schranke, Zollamt.*

Glas: Entscheidungen oder Situationen im Wachbewußtsein, die der Träumende klar durchschaut; Reinheit, Licht, Erleuchtung; Kontaktschwierigkeiten, Isolation; Sensibilität; Mißtrauen. Siehe *Fenster, Glasgefäße.*

Glasgefäße: Wandlungen von Einsichten und Bewußtsein. Siehe *Gral, Kelch, Porzellan.*

Gleis: Monotones, starres Fühlen, Denken oder Handeln. Hinweis auf mögliche Unvorsichtigkeit im Tagesbewußtsein. Siehe *Bahnhof, Eisenbahn, U-Bahn.*

Gletscher: Hinweis auf emotionelle Vereinsamung, Angst, Gefühlsstarre. Siehe *Eis, Eisberg, Erfrieren, Schnee.*

Globus: Das Weltall, die Gesamtheit seelischer/geistiger Eigenschaften des Träumenden. Siehe *Kreis, Mandala.*

Glocke: Ihr Klang weist auf etwas Neues hin. Schutz, Ruf zur Einkehr nach innen; Hinweis zum Überdenken von Handlungen; die Stimme spiritueller Wesenheiten. Der Glockenklang vertreibt dämonische Kräfte und Wesen. Siehe *Gebet, Kirche, Priester.*

Glut: Der gefährliche, schwelende Traumbrand vernichtet positive seelische Werte. Der durch *G.* von innen her erleuchtete Traumgegenstand deutet das göttliche Licht oder die Wirkung des höheren Selbst an. Das Objekt selbst symbolisiert oft eine bestimmte seelische Qualität des Träumenden. Auch kann die *G.* Bewußtseinserweiterung anzeigen. Siehe *Feuer, Sonne.*

Gnom: Siehe *Naturgeister.*

Gold: Sein Finden oder Suchen zeigt Bemühen um spirituelles Wachstum an. *G.* signalisiert das Überdauernde, die Ewigkeit, Vollkommenheit, den Sieg und das Opfer. Siehe *Goldmünze, Metalle; Selbst, höheres; Opfer.*

Goldmünzen: Die klare, saubere Münze versinnbildlicht die Belohnung für ethisch einwandfreies Denken und Handeln. Rostiges und schmutziges Metall bedeutet negative und egoistische Motive und Taten. Der Traum von den *G.* kann den

Wunsch nach materiellen Werten oder nach bleibenden geistigen Schätzen und nach Überwindung der Selbstsucht durch Erkenntnis und Dienst anzeigen. Siehe *Medaille, Metalle.*

Gorilla: Die Art des Traumgorillas charakterisiert seine Symbolik. Oft bedeutet er Gewalt und Zwang. Siehe *Affe.*

Gott: Je nach dem Gefühl, das der Traum vermittelt, wird die Suche nach dem wahren Sein und Sinn oder Gewißheit und Versicherung angestrebt oder gespürt. Auch Gewissenskonflikte können sich anzeigen oder ein tiefes religiöses Erlebnis. Siehe *Auge, Christus; Führer, geistiger; Sonne.*

Gottesdienst: Hinweis auf innere Einkehr und Nachdenken. Siehe *Gebet, Kirche, Pfarrer, Meditation, Moschee, Tempel.*

Grab: Ablegen einer bestimmten veralteten Eigenschaft; Weltflucht und Aufgeben; Ausruhen, Ruhen im Geistigen. Siehe *Tod* und Kapitel XI.

Graben: Das Fallen in den *G.* entspricht dem Gefangensein durch halbbewußte Charakterzüge, bzw. zeigt »in der Falle sitzen« oder auch eine seelische oder geistige Krise an. Vergraben werden gerne Erinnerungen an Vorkommnisse, die man auszulöschen versucht. Beim Ausgraben macht man sich vergangene Geschehnisse, wahre Werte oder innere Schätze bewußt. Siehe *Grube, Mauer, Wallgraben.*

Gral: Glanz, Glück, Suche und Erfüllung irdischer und spiritueller Ziele; der Weg zum Licht, zur Erkenntnis; das geistige Endziel, die Unsterblichkeit. Im Mittelalter versinnbildlichte der *G.* das Blut Christi und damit ewiges Leben. Siehe *Christus, Farben: Grün, Kelch, Schiff, Totenschädel.*

Grammophon: Siehe *Musik, Plattenspieler, Tanz, Tanzlokal.*

Granate: Aggression, Wut, starke Emotionen. Siehe *Kanone, Krieg.*

Gras: Gesundes und frisches *G.* deutet auf Kreativität, Wachstum und Entwicklung sowie unzählige positive Gefühle und

Gedanken. Schwache, spärliche Grasbepflanzung weist auf Kummer und Probleme hin. Die blumenreiche Wiese zeigt seelische Harmonie. Siehe *Acker, Blumen, Farben, Feld, Heu, Unkraut, Wiese.*

Grau: Siehe *Farben.*

Greif: In Fabeln und in der Traum- oder Astralwelt als Tier mit dem Kopf und Flügeln des Adlers und dem Körper eines Löwen; die immerwährende Aufmerksamkeit; der Kampf für das spirituelle Ziel; die Überwindung des Irdischen. Siehe *Adler, Phoenix.*

Greis: Siehe *Alte/Alter; Führer, geistiger.*

Greisin: Siehe *Alte/Alter; Führer, geistiger.*

Grenze: Der neue Lebensabschnitt, die Möglichkeit. Die Zollstation oder Grenze kann auch Absichten und Gelegenheiten einengen und behindern. Siehe *Mauer, Zollamt.*

Griechisch: Die kulturelle Vergangenheit, Untergang weltlicher Herrlichkeit; philosophisches und religiöses Gedankengut herrscht über rein intellektuelles Denken.

Großmutter/Großvater: Sie können als Vorbild gelten. Auch die Flucht in die Vergangenheit, Hilfsbedürftigkeit und der Wunsch nach Wärme und Schutz der Kindheit. Siehe *Alte/Alter.*

Grotte: Siehe *Gruft, Höhle, Katakomben.*

Grube: Das Ungeklärte. In eine *G.* fallen zeigt die Angst vor der Konfrontation mit dem Unbewußten an oder durch eigene Schuld, bestimmte Charakterzüge oder konventionelle religiöse Auffassung gefangen zu sein. In einer *G.* (= Falle) sitzen ist eine Warnung. Siehe *Gefängnis, Höhle, Käfig, Katakomben.*

Gruft: Verdrängte Angst, Todesangst, unterdrückte Eigenschaften des Träumenden. Siehe *Gefängnis, Höhle, Kerker.*

Grün: Siehe *Farben.*

Guillotine: Sie warnt vor einseitiger Intellektualität; Gefühl und Intuition sollen mehr zur Lösung eines Problems mit herangezogen werden. Sie bedeutet auch »den Kopf verlieren«. Siehe *Erhängen, Erwürgen, Hinrichtung, Tod, Töten.*

Gummi: Elastizität, Anpassungsfähigkeit; Mangel an Wollen, Energie und eigener Meinung.

Gürtel: Treue, Kraft, Demut, Vertrauen, Andacht, Würde, tiefe Erkenntnisinhalte; spiritueller Gehorsam; die Beherrschung, besonders der Sexualität. Siehe *Kleidung.*

Guru: Siehe *Führer, geistiger; Selbst, höheres.*

H

Haar: Lebenskraft, sexuelle Energie, Absicht, Motiv. Sehr kurzes *H.* zeigt Verlust oder Rückgang der Lebensenergie, des geistigen Bewußtseins oder auch der Ehre an. Völliger Haarverlust mag Betrug signalisieren. Die Tonsur: Geistigkeit, aber auch Reue und Entsagung. Mehrere Köpfe mit kurzem, schwarzem *H.* können Krankheiten des Gehirns ankündigen. Sieht sich der Träumende selbst mit weißen *H.*, dann sind Einsicht und Weisheit in der Tagesrealität über ihn gekommen oder sollten über ihn kommen. Weiterhin versinnbildlicht graues *H.* Sorgen, wirres *H.* ungeordnete Gedanken und goldenes *H.* spirituelle Erkenntnis und Opfergeist. Siehe *Coiffeur, Mähne, Zopf.*

Haarwaschmittel: Reinigung, Wegwischen oder Vergessenwollen von Problemen, Sehnsüchten und sexuellen Gefühlen. Siehe *Coiffeur, Haar.*

Hackbeil: Gewalt, Kraft, männliches Geschlechtsteil. Siehe *Bohrer, Hammer.*

Hacke: Den eigenen Charakter bearbeiten und negative Eigenschaften ausreißen. Tätigkeiten mit der *H.* können auch sexuelle Tätigkeiten versinnbildlichen. Siehe *Garten.*

Hafen: Wunsch nach Frieden, Sicherheit, Ruhe und geistiger

Verankerung. Das lange Liegen des Schiffes im *H.* kann u. a. Mangel an Selbstvertrauen oder Angst und Unternehmungsunlust anzeigen. Siehe *Anker, Matrose, Meer, Reise, Schiff.*

Hafer: Unternehmungslust, Vitalität und sexuelle Energie. Siehe *Getreide.*

Hagel: Siehe *Gewalt, Gewitter, Wetter.*

Hahn (Wasserhahn): Reinigung der Gefühle, der Lauf positiver oder negativer Emotionen. Siehe *Strömung, Wasser.*

Hahn (Tier): Wachsamkeit, Warnung, Arroganz, Angeberei, Kampfeslust; Sinnlichkeit, männliche Geschlechtskraft, Fruchtbarkeit; Reklame; Sonnenkräfte, Unsterblichkeit, Auferstehung, geistiger Sieg. Siehe *Huhn, Tiere.*

Hai: Angriffslust und Zerstörungswut, Wachsamkeit, Bedrohung, Gefahr, Unwahrheiten. Auch Warnung vor all diesen Eigenschaften. Siehe *Angriffslust, Fisch, Meer, Waffen.*

Haken: Anlocken, Betrug, Verführung, Abhängigkeit, Anhänglichkeit, Süchte. Hinweis, zu fest an die Materie gebunden zu sein. Siehe *Hängen, Schlinge.*

Hakenkreuz: Siehe *Swastika.*

Halbmond: Phantasie, Intuition, Weiblichkeit. Siehe *Mond.*

Halle: Seelisch-geistiger Austausch, Verständigung, Treffpunkt. Siehe *Haus.*

Hals: Der zugeschnürte Hals kann auf gefahrvolle Erkrankung deuten, die medizinische Beratung nötig macht, sowie auf eine schwierige Lebenssituation, die den Atem nimmt. Auch Starrsinn, Dünkel oder starke Trennung von Intellekt (= Kopf) und Emotionen (= Brust) könnten vorliegen. Hier sollte versucht werden, im Wachbewußtsein die nötige Verbindung zu schaffen. Siehe *Atem, Atemnot, Schlinge.*

Halskette: Schmuck, Zauberabwehr, Standesbewußtsein, Würde; Pflichten und Bürden. Siehe *Edelstein, Perlenkette, Schmuck.*

Haltung: Die körperliche *H.* zeigt die moralisch-geistige *H.* an.

Hammer: Kraft-, Herrschaft-, Schutzsymbol; männliches Sexualorgan. Siehe *Hackbeil*.

Hamster: Suche nach Schutz und Sicherheit; Selbstsucht, Faulheit.

Hand: Aktivität, Kreativität, Hilfsbereitschaft, Machtausübung; Symbol für das Eingreifen höherer Mächte. Angeschwollene *H.* sind ein zuverlässiges Zeichen für eine sich anbahnende Arthritis. Je nach Gesten zeigt die *H.* Absichten, Drohungen, Freigebigkeit, Andacht oder Gebet an. Siehe *Arm, Auge, Finger*.

Handleser: Phantasie und Wissen über Lebensweg und -planung.

Handschrift: Siehe *Name, Schriftstück*.

Handschuh: Wohlstand, Standesbewußtsein, Ritual, Isolation, Ankündigung von Rivalität und Feindschaft. Siehe *Kleidung*.

Hängen: Abhängigkeit, Verlust der Selbständigkeit; Unzuverlässigkeit; Gefahr; Stütze, Unterstützung; Verbindung, Verbundenheit; auch Warnung vor unüberlegtem Handeln. Traumhinweis, zu sehr an einer bestimmten Angelegenheit oder Sache oder Sucht zu hängen. Siehe *Haken, Schlinge*.

Harfe: Romantik, Verzauberung; Verehrung, Lob und Dank für geistige Bereiche. Siehe *Geige, Musik*.

Harlekin: Siehe *Clown, Marionette, Maske*.

Hart: Verhärtet, ohne Mitgefühl oder Mitleid sein.

Haschisch: Warnung vor Drogenabhängigkeit, Täuschung bezüglich bestimmter seelischer oder spiritueller Ansichten oder Motive; auch: die instinktive, natürliche oder künstlich erzeugte Erfahrung oder Illusion. Siehe *Opium, Spinne*.

Hase: Fruchtbare, erdhafte Energie; Intuition, Instinkte, Regenerationskräfte; die Flüchtigkeit der Erscheinungen (wegen des schnellen Laufens). Siehe *Kaninchen, Wald, Wiese*.

Hauptstadt: Sie hat oft individuelle Bedeutung für den Träumenden und zeigt den Mammon, Brutalität und Rücksichtslosigkeit an. Siehe *Stadt.*

Haus: Es stellt den Persönlichkeitsaufbau des Träumenden, sein Ideal oder Wunschbild nach Selbstrepräsentation, seinen seelisch-geistigen Tätigkeitsbereich oder Gefühls- und Lebensraum dar. Auch Hinweis auf spirituelle Hausgründung. Ein *H.* sollte das Empfinden von Sicherheit, Gemütlichkeit und Geborgenheit vermitteln. Die *Hausfassade* gibt Aufschluß über die äußere Erscheinungsform des Menschen. Eine schöne, saubere Hauswand steht im Gegensatz zu einer unschönen, ungepflegten und zerfallenen. *Fenster* und *Türen* schaffen die Kontakte zur Außenwelt. Stabile, undurchsichtige *Haus-* oder *Zimmerwände* schützen die Persönlichkeit und grenzen sie gegen andere ab. Dünne, transparente Wände, geöffnete Türen und Fenster ermöglichen Attacken der Außenwelt auf die schutzlose Persönlichkeit, auf ihre nur wenig abgeschirmte Individualität und Intimsphäre. Das *Hausdach* symbolisiert bewußtes Denken, Geistiges und das Gefühl des Behütetseins. Der *Dachboden* kann verstaubte gedankliche Inhalte beherbergen. Die *Küche*, als Ort von Verwandlungen im Traum mit seelischer Bedeutung, vermag das Leben schöner und schmackhafter zu machen. Die Nahrung, die auf dem *Herd* zubereitet wird, soll eine zuverlässige Existenzgrundlage bilden (siehe auch *Kochen*). Ein *H.* mit vielen Zimmern erforschen bedeutet, daß im Tagesbewußtsein versucht wird, Gelegenheiten und Möglichkeiten in der äußeren Welt und im eigenen Inneren zu klären. Der *Treppenaufgang* nach oben stellt den Zugang zu aktiven, bewußten Verbindungs- und Entwicklungswegen dar, Aufzüge nach aufwärts zu solchen, die passiv und bewußt sind. Der *Treppenabgang* oder der abwärts fahrende Aufzug nähert sich unbewußten seelischen Bereichen (siehe auch *Treppe*). Im *Wohnzimmer* spielen sich Familienleben, tägliche Situationen und Entspannung ab. In der *Bibliothek* befinden sich Denkinhalte und Wissen. *Schlafzimmer* und *Betten* bedeuten Schlaf, Ausruhen, Gleichgültigkeit und sexuelles Leben. Im *Badezimmer* und im *Waschraum* wird der seelische und geistige Schmutz abgewaschen, der sich während des Lebens angesammelt hat. Im *WC* geschieht Spannungsabfuhr. Dort wird überflüssiger emotioneller Ballast abgeworfen. Es weist auch auf Heimlichkeiten, die Intimsphäre und Sexualität hin. Während *obere Stockwerke* Überblick, Rundblick, Denken und bewußte Spiritualität andeuten, kann der *Keller* mangelnde geistige Erkenntnisse, das Unbewußte, Instinkte und Triebe signalisieren. Der *Einzug* in ein neues *H.* vermittelt dem Träumenden ein neues psychisches Umfeld und Persönlichkeitsänderung. Ein *Auszug* symbolisiert das Verlassen vertrauten Bodens, liebgewordener Gewohnheiten und die Bereitschaft zu grundlegenden Wandlungen. Das *H.* kann genauso wie der Tempel ein Sinnbild für den Kosmos sein. Siehe *Fassade, Farben, Tempel, Zimmer.*

Hausapotheke: Siehe *Apotheke, Krankheit, Medizin.*

Hausierer: Zudringlichkeit, Unstetigkeit und Überredungskünste eines *H.* als Charakterzüge der eigenen oder einer anderen Person. Siehe *Bettler, Vagabund.*

Haustier: Die genauen Traumumstände und die Einstellung des Träumenden zum *H.* geben Aufschluß über dessen Bedeutung. Es ist meist sympathisch und hat helfende Funktion. Siehe das im Traum angezeigte Tier, *Tiere, Wild, Zoo.*

Haut: Durch sie zeigt sich der äußere Mensch. Die Beschaffenheit der *H.*, ob dünn oder dick, deutet ebensolche seelischen Eigenschaften oder die Lebenssituation an. Die gesunde *H.* verheißt die harmonische Psyche, die ungesunde kündet seelische Probleme (wie nichtgelebte Trauer, sexuelle Schuldgefühle usw.) an. Siehe *Akne, Ekzem, Furunkel.*

Hebamme: Die Traumgeburt ist ein Neubeginn körperlicher, seelischer oder geistiger Art. Die Hebamme kann daher Angst, Unsicherheit oder Willen zur Veränderung anzeigen. Siehe *Baby, Embryo, Geburt, Kind.*

Hecke: Wunsch nach seelischem Schutz oder Isolation, die gegen äußere Einflüsse aufgebaut wird. Man beachte den Zustand der *H.* Siehe *Ast, Baum, Blatt, Blume/Blüte, Mauer, Zaun.*

Hefe: Latent ruhende, inaktive innere Antriebskräfte; Veränderung und Verwandlung. Auch Traumhinweis auf unentdeckte Triebkräfte spiritueller Natur. Siehe *Brot, Schimmel (Hefe), Teig.*

Heide: Urwüchsigkeit, Einfachheit, Kargheit. Siehe »Fraise (Dunkelrosa)« in Kapitel IV.

Heiligenschein: Er ist als goldener Lichtkranz um den Kopf zu sehen und bedeutet Heiligkeit, Besonderheit, die Herrschaft und das innere Licht, also hohe Spiritualität. Siehe *Farben: Gold, Kranz, Krone.*

Heilmittel: Siehe *Apotheke, Arzt, Medizin.*

Heiß: Echtes Fieber, leidenschaftliche Gefühle, fanatisches Denken. Siehe *Fieber, Krankheit, Medizin.*

Held: Erlebnisdrang, Angabe, Wagemut, Kraft; Wille, Mut zur Konfliktlösung oder ein Hinweis darauf. Siehe *Abenteuer, Abenteurer.*

Helm: Schutz, Verteidigung, Kraft, Tarnung (als Tarnkappe), Demut, Ideale. Hellsichtig betrachtet zeichnen sich nur zwei Völker dieser Erde durch das Tragen unsichtbarer goldener Helme aus: 1. Die einfachen goldenen Soldatenhelme der Japaner bedeuten den Kampf um der Ehre willen. 2. Der goldene *H.* aus der wilhelminischen Ära auf den Köpfen der »alten« Deutschen ist Sinnbild für Soldatentum und Kampf aus tiefem idealistischem Denken heraus. Siehe *Krieg, Soldat.*

Hemd: Siehe *Kleidung.*

Herbst: Erholung, Belohnung, Reife, innerer Abstand, geistiger Ertrag, Ernst; auch Verminderung der Vitalität. Siehe *Ernte*.

Herd: Gemeinsames Leben und Erleben; die Familie oder Gemeinschaft; die Veränderung (durch den Kochprozeß). Siehe *Backofen, Braten, Feuer, Flamme, Kochen, Ofen*.

Herde: Die Tierherde zeigt automatisches Verhalten, Stumpfsinn, Gehorsam und Organisation an. Auch gewisse Eigenschaften des Emotionskörpers können hier angedeutet sein, die das höhere Selbst fördern will, z. B. Anpassung, Einordnungsvermögen, Herdentrieb, usw. Auch kann der Traum einen Hinweis geben, die eigenen oder fremden liebgewonnenen Auffassungen oder die orthodoxen Anschauungen (auch religiöser Art) zu überprüfen. Siehe *Tiere* oder das angezeigte Tier.

Herz: Nächstenliebe, Liebe, Vergeistigung, höheres Bewußtsein, Vernunft, Energie, Gewissen, Geheimnis und Mut.

Herzinfarkt/Herzschmerzen: *H./H.* im Traum können zum Arztbesuch aufrufen. Oft werden jedoch Herzleiden durch Isolations- oder Trennungsängste, unterdrückte Angriffslust, Leistungsdruck, Ehrgeiz, seelische Verdrängungen bei äußerlich ruhigem Verhalten oder sonstigem emotionalen Streß ausgelöst. Oft machen sie dem Träumenden klar, daß er Besinnung und Ruhe braucht und sich nicht soviel zu Herzen nehmen sollte. Anderseits kündigen *H./H.* Schutzbedürfnis, Angst vor Vereinsamung und mangelndes Selbstvertrauen an. Siehe *Arzt, Krankheit*.

Heu: Ernte, Reife, Flüchtigkeit der irdischen Erscheinungen, Vergänglichkeit der Materie; Geld. Siehe *Acker, Blumen, Farben, Feld, Gras, Unkraut, Wiese*.

Heuschrecke: Nervliche Erschöpfung, Verwüstung, Schädigung; Trockenheit (sie erscheint Monate vor Ernteverlusten im Astralen). Siehe *Insekten*.

Hexagramm: Der sechszackige Davidstern faßt die gegensätzlichen Elemente, wie z. B. das Wasser- und das Feuerelement, zusammen. Vergleiche *Pentagramm.*

Hexe: Positive oder negative Kräfte des Irrationalen, der Intuition, des Bewußtseins. Die *H.* versinnbildlicht weiterhin die Absicht, andere durch Intuition oder Aberglauben zu manipulieren, und das negative, verneinende und zerstörende Muttersymbol. Siehe *Magie, Zauberer.*

Himbeere: Nahrungsmittel, sexuelles Sinnbild. Siehe *Erdbeere, Essen, Kirsche, Mahlzeit, Nahrung.*

Himmel: Der blaue, sonnige *H.* zeigt Glück, Erfolg, Naivität und gute Laune an; der dunkle, trübe bedeutet das Gegenteil. Auch manifestieren sich Geist, Bewußtsein, Spiritualität, das Paradies und geheimnisvolle unsichtbare Kräfte durch den *H.* Siehe *Licht, Paradies, Sonne.*

Hindernisse: Sie bedeuten verschiedene reale Behinderungen, meist innere Hemmungen oder spirituelle Blockaden. Siehe *Mauer, Schranke.*

Hinken: Es zeigt Einschränkungen, seelische, geistige Blockaden, Verschulden gegen den göttlichen Plan der Entwicklung sowie Mißtrauen in höhere geistige Kräfte an. Siehe *Amputation, Bein.*

Hinrichtung: Wenn von der eigenen *H.* geträumt wird, kann der Traum die bevorstehende Aufgabe betonen, eine dringende seelische oder geistige Veränderung vorzunehmen. Siehe *Guillotine, Tod, Töten* und Kapitel XI.

Hintertür: Seelische oder geistige Zugangs- oder Fluchtwege. Siehe *Haus, Tür.*

Hinuntersteigen: Negative Gefühle, Depression; Verlust an Selbstwertempfinden, an Zuversicht, an Macht; Entwicklungsrückgang; zu vergangenen Ansichten zurückfinden. Siehe *Abgrund, Abhang, Berg.*

Hirsch: Sein Geweih verkündet sexuelle Angriffslust, Liebes-, Lebensenergie, Wachstum und den Lebensbaum. Der dunkle *H.* zeigt Machtgehabe und sexuelle Verführung an, der weiße Sublimierung des Sexus, den Sieg des Lichtes über die Finsternis und Opferbereitschaft. Siehe *Baum, Geweih.*

Hirte: Siehe *Führer, geistiger.*

Hirtenstab: Siehe *Krummstab.*

Hitze: Starke, unbeherrschbare Emotionen, sexuelle Überreizung. Laufen über heiße Gegenstände ist ein zuverlässiges Zeichen für eine sich anbahnende Arthritis.

Hobel: Der Versuch, Harmonie, Zucht und Ordnung herbeizuführen. Siehe *Hammer.*

Hochzeit: Das Zusammenführen gleicher Auffassungen, der Ausgleich der Gegensätze – wie des Himmels mit der Erde. Bei Partnerschaftsproblemen ist der genaue Trauminhalt wichtig. Weiterhin kann die *H.* die vergeistigte Materie und den spirituellen Körper anzeigen, d. h. das Einswerden des Körpers mit dem ihm innenwohnenden Geist. Siehe *Ehe, Opfer.*

Höhe: Eine Anhöhe oder Erhöhung deutet auf Überblick, Übersicht, Bewußtseinserweiterung, Sehnsucht nach Veränderung, Wachstum und kann weiterhin eine ganz bestimmte Traumangelegenheit betonen. Siehe *Alpen, Berg, Gebirge, Hügel, Steigen, Turm.*

Höhle: 1. Mutterschoß, weibliche Geschlechtsorgane. 2. Rückblende zur eigenen embryonalen Entwicklung. 3. Rückerinnerung an ein Leben vor diesem. 4. Verbindung mit unbewußten, verdrängten Gedanken und Komplexen. 5. Die grundlegende Lebensauffassung, die in einem Leben führenden Motive. 6. Lebensängste des Träumenden. 7. Entstehen und Vergehen von Leben. 8. Die Verwandlung. 9. Schutz und Zuflucht. 10. Das »Gefängnis« des physischen Körpers. Wenn der Träumende es sich bequem in der *H.* eingerichtet hat, kann dies Lebensangst und auch Bindung an die Mutter oder überwiegend konventionelles Verhalten anzeigen. Die feindliche *H.* kann auf Probleme in der Partnerschaft hinweisen. Siehe *Katakomben, Keller, Souterrain.*

Holland: Praktische, materielle Tätigkeit, Geschicklichkeit.

Hölle: Sie spiegelt die Geistesverfassung und die innere Haltung des Träumenden wider, wie seine innere Not und Qual, seine Schmerzen, Triebe, Irrtümer, Verfehlungen und Reinigungen von Süchten. Siehe *Dunkelheit, Nacht, Spinne, Teufel.*

Holz: Wachstum, Entwicklung, Libido, die vitale und psychische Energie, die durch das Feuer verwandelt wird. Je nach Art des *H.* können biegsame oder unbeugsame eigene oder fremde Gewohnheiten, Auffassungen und Erfahrungen angedeutet werden. Der Holzarbeiter oder die Holzverarbeitung versinnbildlichen Kreativität, Elastizität und Neubeginn. Siehe *Feuer, Wald.*

Holzklotz: Verhärtete, abgestorbene Emotionen und Ansichten.

Honig: Zuwachs oder Einverleibung von Vitalität und Seelenkraft. Köstliches irdisches oder geistiges Nahrungsmittel, die geistige Erkenntnis und Harmonie. Siehe *Süßigkeiten.*

Hören: Aktuelle, reale Hörschwierigkeiten; Neugierde, Wissensdrang; Hinweis zum Hineinhorchen in sich selbst. Wenn man im Traum taub ist, sollte man seine Probleme überdenken, die Ohren weit öffnen und sich für Rat und Hilfe aufgeschlossen zeigen. Siehe *Ohr, Taubheit.*

Horizont: Einengung oder Erweiterung der Imagination oder des Bewußtseins. Siehe *Kreuz.*

Horn/Hörner: Aggression, Angriff; Fruchtbarkeitssymbol, Reife, Ernte; spirituelle Macht. *H.*, die am Kopf getragen werden, deuten auf Streitsucht oder Untreue. Geweihe versinnbildlichen die Angriffslust und Sexualität des Mannes. Siehe *Einhorn, Hirsch.*

Horoskop: Intuitive Erfassung der Persönlichkeit, Aufschlüsselung von Eigenschaften und latenten Begabungen, die entwickelt werden sollten. Weiterhin gibt das *H.* Hinweise auf die Schicksalsschuld und die spirituellen Führungskräfte. Siehe *Astrologe/Astrologie, Horoskop, Orakel, Tierkreis/Tierkreiszeichen.*

Horus: Er ist als falkenköpfiges menschliches Wesen im Traum oder Unsichtbaren zu beobachten und verheißt Vitalität, Erkenntniskräfte, Licht, geistiges Überleben und Auferstehung. Siehe *Adler.*

Hose: Siehe *Kleid/Kleidung.*

Hotel: Es deutet auf eine vorübergehende Lebenslage, Veränderung, flüchtige, flexible Überzeugungen, Erholung und bisher unbewußte, unbekannte Seeleninhalte hin. Die Hotelgäste können u. a. verborgene Eigenschaften des Träumenden symbolisieren. Siehe *Alkohol, Café, Musik, Restaurant, Tanz, Tanzlokal, Wirtshaus.*

Hubschrauber: Unabhängigkeitsstreben, Wunsch nach Freiheit und Erweiterung des Gesichtsfeldes, Gefahr des Realitätsverlustes. Siehe *Fliegen.*

Hufe: Schwarze *H.*: Brutalität, Zuschlagen, Vorwärtskommen, Rücksichtslosigkeit. Helle *H.*: Raffiniertes, skrupelloses und aggressives Vorgehen, oft bei Geschäftsleuten, Opportunisten und Heiratsschwindlern zu beobachten.

Hufeisen: Glückszeichen, Schutz vor Unglück und Krankheit. Es hilft, Pferde zu domestizieren und ihre Stärke und Dynamik anzuwenden. Siehe *Amulett, Magie, Pferd.*

Hügel: Er weist beim Aufstieg auf Übersicht über Probleme, Bewußtseinszuwachs, neue Möglichkeiten und Bewältigung einer schwierigen Aufgabe hin. Der Abstieg bedeutet verminderten Erfolg, Niedergang und Negativität. Siehe *Alpen, Berg, Gebirge, Höhe.*

Huhn: Fruchtbarkeit, mütterliche Obhut, Abhängigkeit, Unterwürfigkeit. Auch Symbol für geistige Ausdauer (das lange Brüten). Siehe *Hahn.*

Hund: Der sympathische, meist hellfarbene, treue, verläßliche, gehorsame, schützende und gutmütige *H.* deutet auf die erwähnten Eigenschaften sowie Instinktsicherheit, Naturverbundenheit, Vitalität, angeborenen Spürsinn, männliche Sexualität, Anhänglichkeit und Treue hin. Der unsympathische, angreifende und belästigende, wütende *H.* ist oft dunkel und versinnbildlicht den Verlust der Instinktnatur und u. a. auch verdrängte sexuelle Triebe. Bei weiß-schwarz gefleckten Hunden zeigt die weiße Farbe positive Eigenschaften und gute Taten, die schwarze das Gegenteil. Diese Art von Hunden erscheint manchmal in Träumen bei schicksalhaften Veränderungen, bei Lebensgefahr und dem tatsächlichen Sterben. – Der griechische mythologische Höllenhund Zerberus empfing jeden Toten freundlich, bewachte jedoch unerbittlich seinen Bereich. Er verwehrte jedem Lebenden den Zutritt und jedem Verstorbenen den Ausgang. Weiterhin zeigt sich der ägyptische hundeköpfige Gott als Schakal oder Anubis immer wieder in der unsichtbaren Astral-Mental-Welt. Dieser Gott deutet Todesgefahr, Schicksalsschuld und das Gericht an. Siehe auch S. 12.

Hundehütte: Wache, Warnung, siehe *Hund.*

Hunger: Wunsch nach seelischer und geistiger Nahrung und nach Glaubensstärkung. Siehe *Essen, Nahrung, Mahlzeit.*

Hut: Standesbewußtsein, Standpunkt, Lebensauffassung, Einstellung, Individualität, Prototyp eines bestimmten Berufsstandes oder typischer Ausdruck für einen Volksstamm oder ein Volk. Siehe *Farben, Kapuze, Kleidung, Mütze.*

Hüter der Schwelle: Siehe *Doppelgänger* und S. 137ff.

Hyäne: Vorsicht, Heimlichkeit, Freßsucht, Gier. Siehe *Geier.*

Hydra: Schlange mit sieben bis neun Köpfen; Verlogenheit, Hysterie. Siehe *Schlange.*

Hymne: Sie betont den inneren, gefühlsmäßigen Inhalt. Siehe *Musik.*

Hypnose: Sie kann den Verlust des eigenen Willens anzeigen oder die Gefahr, von einer Person oder Sache abhängig zu werden. Ausschlaggebend für die Deutung ist der Inhalt der hypnotischen Botschaft. Siehe *Marionette, Zombie.*

I

Ibis: Der Vogel *I.* mit dem scharfgebogenen Schnabel sowie der ägyptische Gott Thot, der beim Totengericht einen Ibiskopf trägt, zeigen Wissen, Gerechtigkeit und Weisheit an. Siehe *Vogel.*

Idiot: Einen solchen im Traum zu sehen kann auf eigene oder fremde Verrücktheiten, geistige Unfähigkeit und Verlust oder Einschränkung der Verstandeskontrolle hinweisen. Siehe *Mißbildung, Zwerg.*

Idol: Hier wird der Einsatz für einen Menschen oder eine Sache angesprochen, bzw. die Überbewertung einer Person oder eines Gegenstandes. Auch Hinweis, sich bleibenden, geistigen Werten zuzuwenden. Siehe *Fahne.*

Igel: Zorn, Abwehr, Verteidigung, Schutz eines sensiblen Innenlebens, Isolations- und Ruhewunsch. Siehe *Garten, Tiere.*

Imker: Prinzip des Fleißes, der Organisation, Zusammenarbeit. Siehe *Biene.*

Impfung: Siehe *Spritze.*

Impotenz: Wirklicher Potenzverlust, Versagensangst, schwaches Selbstwertgefühl. Siehe *Arzt, Krankheit.*

Indianer: Sinnbild für eigene oder fremde Wesenszüge der Irrationalität, Phantasie, Naturverbundenheit, Abenteuerlust, Gruppen- bzw. Stammeszugehörigkeit, Angabe, Kampfeslust und Tapferkeit. Auch Einweihung und mystische Führung werden hier dargestellt sowie Wertungen und Eigenschaften, die der Träumende dem *I.* verleiht.

Industrie: Konformität, konstruktive aufbauende Energien, Phantasielosigkeit, Umweltschmutz, Vergiftung. Siehe *Fabrik.*

Infektion: Warnung vor *I.* Dieser Traum kann eine Krise oder Verzögerungstaktik (d. h. Ängste vor Entscheidungen oder vor bestimmten Personen/Situationen) anzeigen, die dem Träumenden in der Realität nicht bewußt ist.

Initiation: Eindringen in unbekannte spirituelle Bereiche.

Injektion: Hinweis auf reale Krankheit oder Angst vor einer solchen, auch Sinnbild für männliche Sexualität. Siehe *Gewehr, Pistole, Spritze.*

Insekten: Wenn diese im Traum als unangenehm oder bedrohend erscheinen, weisen sie auf eigenes Verhaftetsein in starren Gewohnheiten, auf verdrängte, bedrängende Probleme oder auch auf reale Nervenerschöpfung oder -krankheit hin. Siehe einzelne *I.* wie *Fliege, Käfer, Küchenschabe, Marienkäfer, Moskito, Motte, Skarabäus, Wanze.*

Insel: Absonderung, Isolation, Zuflucht, unrealistische Einstellung, Sinnbild für abgetrennten Persönlichkeitsteil und bewußte Gedankeninhalte, die aus dem Unbewußten des Träumenden in Erscheinung getreten sind, weiterhin für geistige Sammlung und spirituelle Meditation. Siehe *Meer, Oase, Wetter.*

Inserat: Hinweis auf etwas Wichtiges oder Außergewöhnliches. Durch das begleitende Traumgefühl erfährt der Träumende, ob es sich um eine angenehme oder unangenehme Überraschung, Neuigkeit oder Veränderung handelt. Siehe *Journalist, Zeitung.*

Installation: Wege, Richtung und Ziele menschlicher Emotionen, eine bestimmte, typische Lebensauffassung. Siehe *Haus.*

Invalidität: Behinderte Handlungsfähigkeit und eingeschränktes Selbstwertgefühl. Siehe *Amputation, Krankheit, Medizin.*

Inzest: Die Bedeutung ist nicht dieselbe wie in der Tagesrealität, denn im Traum ist damit Übereinstimmung und Harmonie der Ansichten gemeint. Auch kann der *I.* ein Hinweis sein, sich endlich vom Elternhaus zu lösen. Der Traum macht durch Übertreibung klar. Siehe *Genitalien, Vagina.*

Irrlicht: Unsicherheit, Täuschung, die falsche Fährte. Siehe *Dämmerung, Moor.*

Italien: Es hat die Bedeutung, die der Träumende ihm jeweils verleiht. Es ist auch ein Symbol für Sonne, Freiheit, Gefühlsüberschwang, Künstlertum im Dienst der Religion, Ungesetzlichkeiten, Mafia.

J

Jacke: Gefühle, die wir zur Schau tragen. Siehe *Farben, Kleidung.*

Jagd: Aufspüren von Problemen, Kampf und Sieg über negative Charaktereigenschaften, geistige Ziele. Siehe *Jagdhund, Jäger, Wild.*

Jagdhund: Wachsamkeit, Aufmerksamkeit, Vorsicht, Schutz, Verfolgung, Aggression. Siehe auch *Hund, Jagd, Jäger, Wald, Wild.*

Jäger: Vorstellungen oder Absichten, die Lebensführung einfacher, natürlicher und gesünder zu gestalten. Auch können *J. oder Förster in der Realität gemeint sein. Siehe Jagd, Jagdhund, Wild.*

Jahrmarkt: Siehe *Markt.*

Japan/Japaner: Geheimnisvolles Wissen um Gesundheit und Lebensverlängerung; gezügelte Emotionen, Gefühlsbeherrschung, betonte Höflichkeit, hohes Ehrgefühl; kollektives Planen und Handeln; kulturelle und religiöse Werte, Praktiken; aber auch Undurchsichtigkeit, Unehrlichkeit, Berechnung u. a. m.

Jäten: Der Träumende wünscht oder versucht, eigene Hemmungen auszuschalten oder sich von Störungen durch Mitmenschen fernzuhalten. Der Traum kann auch einen Hinweis auf sehr unterschiedliche und wichtige spirituelle Werte geben. Wichtig ist das Aussehen des Traumlandes, das gejätet werden soll. Siehe *Acker, Gras, Wiese.*

Jauchegrube: Siehe *Kloake.*

Jesus: Siehe *Christus.*

Joch: Tragen von Sorgen, Aufruf zur Geduld und Ausdauer. Siehe *Last.*

Jonas: Er erlebte Meditation/Einweihung während drei Tagen im Fischbauch (Fisch kann Christusbewußtsein bedeuten). Siehe *Fisch.*

Journalist: Kontaktfreudigkeit, Neugierde, Informationsdrang, Zudringlichkeit; Reise- und Unternehmungslust; Oberflächlichkeit. Siehe *Zeitung.*

Judas (J. Ischariot): Er zeigt den Glauben an die Sicherheit der Materie und Unehrlichkeit an. *J.* (Bruder des Johannes) versinnbildlicht Wissen und Weisheit.

Jugend: Elan, Kreativität, unverbrauchte Kräfte, Entwicklung, Geschlechtsreife. Wiederkehrende Träume von *J.* und Kindheit zeigen oft die Ursachen späterer seelischer Fehlentwicklungen. Siehe *Kindergarten/Kindheit.*

Junge: Der uns unbekannte Traumjunge zeigt eigene heranreifende Intellektualität, Schaffensfreude, Courage und sonstige männliche Charakterzüge an. Siehe *Doppelgänger, Jugend, Kind, Mann.*

Jungfrau: Beim männlichen Träumenden repräsentiert die *J.* den eigenen inneren, reinen Kern, der – unberührt durch weltliche Einflüsse – Geist, Spiritualität und erweitertes Bewußtsein empfängt. Weiterhin kann sich, wenn ein Mann von der *J.* träumt, ein Mutterkomplex ankündigen. In Frauenträumen hingegen enthüllt die *J.* Freiheitsdrang, Selbständigkeit, Abwehr und nicht eingestandene Angst vor Männern, aber auch eine starke innere Vaterbindung. Siehe *Doppelgänger, Frau, Mann.*

Jupiter: Wachstumskräfte, Reichtum, Gerechtigkeit, Glück. Siehe *Astrologie/Astrologe, Horoskop, Planet.*

Juwelen: Siehe *Brosche, Diamant, Edelstein, Halskette, Perle, Perlenkette, Quarz, Schmuck, Smaragd.*

K

Kaaba: Der heilige Kubus des Islam, der den Willen Gottes auf dieser Erde symbolisiert. Siehe *Gebetsschnur, Koran, Moschee.*

Kadaver: Veraltete Schwierigkeiten und unbequeme Probleme sollten endlich gelöst und abgeworfen werden, weil sie (wie der verwesende Körper nach dem Tod) überflüssig geworden sind. Häufig handelt es sich um die Auflösung einer Beziehung, eines seelischen Inhaltes oder Problems, die das Unbewußte verletzen und zerstören. Auch Traumhinweis auf die flüchtigen und vergänglichen irdischen Erscheinungen. Siehe *Aas, Geier, Hyäne.*

Käfer: Siehe *Ameisen, Insekten, Skarabäus* u. a.

Kaffee: Genußgift, Sucht, Geselligkeit, Feiern, Stimulierung des Geistes. Siehe *Café, Kuchen, Süßigkeiten.*

Käfig: Einengung, Hemmung, Isolation; eigene oder fremde geistige Blockaden oder Vorurteile. Siehe *Gefängnis, Gitter, Grube, Mauer.*

Kahl: Siehe *Coiffeur, Haar, Medizin.*

Kahn: Siehe *Boot, Meer, Ruder, Schiff, See, Teich, Wasser, Wrack.*

Kaktus: Aggressivität, Abwehr, Verletzbarkeit, Sensibilität. Siehe *Pflanze.*

Kalb: Naivität, derbe Vergnügungen, Gutmütigkeit. Das goldene *K.* zeigt Materialismus an. Siehe *Kuh, Stier.*

Kalender: Oft zeigt er sich im Traum, wenn zuviel Zeit mit wertlosen Angelegenheiten verschwendet wird. Auch Lebensangst allgemein und Erinnerung an den Tod kann sich durch den Traum vom *K.* ausdrücken. Siehe *Uhr.*

Kalk: Seelische Starre, unelastisches Verhalten, Stabilität. Siehe *Stein.*

Kälte: Resignation, Isolation, Gefühlskälte. Siehe *Eis.*

Kamel: Ausdauer, Gehorsam; der Übergang; die weltliche oder spirituelle Reise. Oft ruft es zum Kampf gegen die Lebenssituation auf und weist auf örtlichen Wechsel hin. Siehe *Reise, Wüste.*

Kamera: Versuch, flüchtige Gedanken und Ereignisse festzuhalten. Siehe *Schriftstück.*

Kamerad: Siehe *Freund, Kameradschaft.*

Kameradschaft: Verbindung und Harmonie einzelner Eigenschaften, auch zwischen Fühlen und Denken. Siehe *Freund.*

Kamin: Gemütlichkeit, behagliche Atmosphäre, Erzeugung und Verteilung von physischer und seelischer Wärme, gezügelte Energien. Siehe *Feuer, Haus, Holz.*

Kampf: Er bedeutet den Kriegszustand der Seele, den emotionellen *K.* des Träumenden, meist mit sich selbst oder auch gegen andere. Oft kämpft der Träumende gegen eigene verhaßte und verdrängte Eigenschaften, die ihm physische Krankheiten bringen können. Siehe *Angriffslust, General, Krieg, Soldat.*

Kanada: Abenteuer, Freiheit, unerbittliche Naturkräfte, die eigene Erfindungskraft und andere Wertungen des Träumenden.

Kanal: Eine künstlich kontrollierte Bahn für die körperlichen, seelischen und geistigen Kräfte und Energien des Träumenden. Siehe *Bach, Fluß, Meer, Strömung, Überschwemmung, Ufer, Wasser, Wellen.*

Kaninchen: Sinnbild unbewußter Eigenschaften wie Schutzlosigkeit, Zahmheit, Zutraulichkeit und Symbol für eine rege Fortpflanzung. Wird das *K.* im Traum getötet, so können obige nicht immer voll bewußte Eigenschaften absterben oder werden durch spirituelle Entwicklung von anderen Eigenschaften ersetzt. Siehe *Hase.*

Kannibalismus: Siehe *Menschenfresser, Urzeitmensch, Wilder.*

Kanone: Aggressivität, Macht, Kampf, Zerstörungswut, auch männliches Geschlechtsorgan. Siehe *Gewehr, Granate, Krieg, Schuß.*

Kapelle: Die ruhige, friedliche, heilige Innenwelt; religiöse Betrachtungen. Siehe *Gebet, Kirche, Moschee, Tempel.*

Kapitän: Die Eigenschaften eines *K.*, das höhere Selbst oder der geistige Führer. Siehe *Führer, geistiger; Selbst, höheres.*

Kapuze: Sichverschließen der Welt gegenüber; Konzentration auf spirituelle Ziele, Himmelsgewölbe. Siehe *Farben, Gewölbe, Hut, Mütze.*

Karneval: Fest oder Vergnügen; unrealistische, auch unwahre Gefühle oder Absichten; Angabe, Stolz und alles, was *K.* dem Träumenden sonst noch bedeuten kann. Auch kann der Traum einen Hinweis auf die Vergänglichkeit des Irdischen geben. Siehe *Markt, Maske.*

Karte: Reisepläne; Hinweis auf Veränderung, unvorhergesehene positive oder negative Ereignisse und auch auf geistige Lebensziele. Siehe *Abenteuer, Atlas.*

Kartoffel: Erdkräfte, wohlschmeckende Nahrung, Dreckarbeit. Siehe *Essen, Mahlzeit, Nahrung.*

Karussell: Verlangen nach Vergnügen und Ablenkung, auch mangelnde Individualität und eigene Meinung, außerdem die

Sehnsucht nach der Kindheit und das Ablegen von Verantwortung. Siehe *Zirkus.*

Käse: Siehe *Mahlzeit, Milch, Nahrung.*

Kaserne: Die für das Militär charakteristischen Eigenschaften wie Aggression, Autorität, Diktatur, Disziplin, Angabe und Abenteuerlust werden hier angezeigt. Siehe *General, Soldat.*

Kasse/Kassierer: Siehe *Bank, Geld, Zinsen.*

Kästchen: Überraschung, Geheimnis. Siehe *Gefäß, Krug.*

Kastration: Abtrennung von Energien und Emotionen; unterdrückte Triebe; sexuelle Angst oder Schuldgefühle; Minderwertigkeitskomplexe; Unzufriedenheit mit sich oder dem Partner.

Katakomben: Erinnerung oder Erforschung früherer Leben, unserer embryonalen Entwicklung oder verborgener seelischer Inhalte. Siehe *Höhle, Keller, Souterrain.*

Kater: Aggression und Sexualität. Siehe *Katze.*

Katze: Sie stellt die Emotionen (Launenhaftigkeit, Eigenwilligkeit, Selbstsucht, Untreue) und Sexualität des Träumenden oder ihm bekannter Mitmenschen dar. Das Sehvermögen der *K.* im Dunkeln ist ein Hinweis auf unsichtbare, unbewußte, psychische und intuitive Kräfte, wie beispielsweise Hellsichtigkeit. Durch das Gesundpflegen unserer kranken oder verletzten Traumkatze versuchen wir, unseren intuitiven Gefühlen oder der Sexualität wieder zum Leben zu verhelfen. In Frauenträumen bedeutet ein positives, freundliches Verhältnis zur Traumkatze, daß die eigene Sexualität bejahend angenommen wird. Das Töten der Traumkatze oder der Versuch dazu warnt den Träumenden davor, nicht seine emotionelle Seite zum Sterben zu verurteilen. Siehe *Kater, Tiger.*

Kauen: Probleme und Angelegenheiten werden untersucht, zerlegt und verdaut. Siehe *Darm, Magen, Mahlzeit, Nahrung, Verstopfung.*

Kaufhaus: Hier werden eigene oder fremde vielfältige Erfahrungen aufbewahrt. Auch einen großen Vorrat an Erinnerungen finden wir und manche inneren Kostbarkeiten. Siehe *Einkaufen, Kaufmann, Laden, Verkäufer.*

Kaufmann: Der Traum spricht die kaufmännischen, organisatorischen, rechnerischen, geschäftstüchtigen Eigenschaften des Träumenden oder seiner Mitmenschen an. Wenn der *K.* erfolglos ist, kann dies ein Hinweis auf Verschwendung sein. Siehe *Einkaufen, Geschäft, Kaufhaus, Verkäufer.*

Kaulquappe: Siehe *Frosch.*

Keim: Seelischer oder geistiger Neubeginn, Wachstum, Entwicklung. Siehe *Getreide, Saat, Samenkorn.*

Keimen: Positive Eigenschaften, wie Geduld und Ausdauer, verhelfen inneren Kräften zum Durchbruch. Siehe *Getreide, Keim, Samenkorn.*

Kelch: Symbolkomplex für positive und negative Inhalte, wie Verbundenheit, Kameradschaft, Zusammengehörigkeit, Nahrung, Überfluß, geistiger Reichtum, Leiden, Prüfung, Gericht, Überleben, Opfer, Unsterblichkeit. Siehe *Gral, Totenschädel.*

Keller: Unbewußte dunkle Eigenschaften, die tiefe, animalische Triebnatur; das verborgene Kleinod. Siehe *Haus, Höhle, Souterrain.*

Kellner/Kellnerin: Wunsch nach Bequemlichkeit und Verwöhnung. Wenn der oder die Träumende selbst bedient, so erhalten sie Hilfen aus sich selbst oder von anderen Personen. Siehe *Alkohol, Café, Hotel, Mahlzeit, Restaurant, Wirtshaus.*

Kentaur: Dieser Pferdemensch aus der griechischen Mythologie mit Pferdekörper und Menschenkopf erscheint immer noch in der unsichtbaren Welt und im Traum. Er weist auf männliche Primitivität, Brutalität, Einbildungskraft, Triebnatur und Kampfgeist hin. Aber er kann auch vitale Energien und Heilkräfte anzeigen. Siehe *Pferd.*

Kerker: Eigene oder fremde Einflüsse, Eigenschaften und Bewertungen beengen den Träumenden oder beschränken dessen Handlungsfreiheit. Auch Entscheidungsmangel oder Schuldgefühle kann der Traum andeuten. Weiterhin kann er auf den *K.* des physischen Körpers oder den *K.* des irdischen Daseins hinweisen. Siehe *Gefangen, Gefängnis, Sträfling.*

Kern: Zentrum, Trieb, Antriebskraft, Wesentliches, der spirituelle *K.*

Kerze: Lebenskraft und spirituelle Erhellung. Aus dem Stofflichen entsteht Licht, Bewußtsein oder Spirituelles – wie aus dem Wachs das Licht. Siehe *Laterne, Licht.*

Kette: Eine Verbindung besonderer Art, materielle und menschliche Verbundenheit, Zusammengehörigkeit; Fessel, Gefängnis; Krankheit; Verbindung zwischen der Erde und dem Bereich des Geistigen; Ankerplatz. Die goldene *K.* bedeutet, daß der Zugang zur Spiritualität durch Selbstüberwindung möglich ist. Siehe *Perle, Perlenkette, Schmuck.*

Keule: Brutalität, Angriff, Verteidigung. Siehe *Hammer.*

Kiefer: Siehe *Gesicht, Kinn.*

Kiel: Lebensbasis, richtungsweisende Kraft. Siehe *Meer, Schiff.*

Kind: Vorurteilsfreies Aufnehmen; eigene kindliche Züge; eigene vergessene Interessen aus der Kindheit; Infantilität; Kindheitserinnerungen; neue Chance; Wachstum; Entwicklung alter oder neuer Eigenschaften; Ideen, Persönlichkeitsteile und Komplexe derjenigen Person, zu der das *K.* gehört. Ein zu schwaches Traumkind kann daher beispielsweise unrealistisches Verhalten anzeigen. Siehe *Baby, Doppelgänger, Jugend, Junge, Mädchen.*

Kindergarten/Kindheit: Der unbewußte Wunsch, zur *K.* zurückzukehren, da man sich den Härten des Erwachsenseins nicht stellen will. Weiterhin werden Unselbständigkeit, Unreife und die Notwendigkeit angedeutet, bestimmte Qualitäten zu entwickeln oder zu stärken, die das Erwachsenendasein angenehmer machen. Auch stellt der *K.* neue Ideen oder Aufgabenbereiche dar. Siehe *Baby, Jugend, Kind.*

Kinn: Energie, Entschlossenheit, Ausdauer und Durchsetzungskraft kennzeichnen das starke *K.*; bei schwachem *K.* sollten diese Eigenschaften entwickelt werden. Siehe *Gesicht.*

Kirche: Glaubensinhalte, kirchliches Dogma, Konvention, religiöses Leben, Suche nach dem wahren Sinn des Lebens. Die Symbole für unsere Individualität zeigen sich in Bau und Gegenständen der *K.* Das Kirchengebäude stellt den Körper des Träumenden dar, das Schiff den Lebensbereich, der Altar entspricht Andacht und Opfer, die Hostie repräsentiert unser Sein im göttlichen Sein, die Kirchenfenster und -türen die kosmische Harmonie und unsere Einstellung zur Außenwelt. Siehe *Altar, Gebet, Geistlicher, Gottesdienst, Messe, Moschee, Orgel, Pfarrer, Tempel.*

Kirsche: Liebesfrucht, Wunsch nach emotionellem Austausch. Siehe *Apfel, Erdbeere, Essen, Mahlzeit, Nahrung, Obst.*

Kissen: Entspannung, körperliche Ruhe, Sexualität. Siehe *Bett* und *Haus: Schlafzimmer.*

Kiste: Siehe *Gefäß, Kästchen.*

Klavier: Je nach den Assoziationen des Träumenden mit diesem werden harmonische oder disharmonische Emotionen erzeugt. Siehe *Geige, Laute, Musik.*

Kleben: Unselbständigkeit, Verhaftetsein, künstlich verbinden. Siehe *Löten.*

Kleeblatt: Siehe *Kreuz,* unter *Zahlen: Drei.*

Kleid/Kleidung: Zeigt unser Inneres, unseren psychischen Zustand, unsere Ansichten, Meinungen, moralischen Wertungen und das Betragen nach außen, in der Öffentlichkeit. Daher stellen alte Kleider veraltete Ansichten und moderne, neue Kleider einen Neubeginn dar. Werden bei gewissen

Traumsituationen unpassende *K.* getragen, dann verwehren wir anderen, unser wahres Inneres zu sehen. Warme *K.* kann uns gegen äußere Einwirkungen schützen. Wird diese warme *K.* im Traum abgelegt, gibt man den Schutz auf. Das Verkleiden im Traum kann auch das Sichverbergen oder das Verstecken der wahren Ansichten zeigen. Wenn der völlig bekleidete Träumende zusätzlich Wäsche und *K.* anlegt, versinnbildlicht dies seine Schwäche, einen klaren Standpunkt zu beziehen oder sich eine eigene Meinung zu bilden. Beim Entkleiden zeigt sich der wahre Kern, auch moralische Vorstellungen und Ängste können mit der *K.* abgeworfen werden. Jedes Kleidungsstück hat eine zusätzliche oder besondere Bedeutung: Der *Hut* zeigt Denken, Logik und das Standesbewußtsein eines Berufes an (siehe auch *Hut*). *Hemd* und *Bluse* bedeuten Gefühle, Leidenschaften, die *Leibwäsche* das Unbewußte und sexuelle Wünsche, auch *Hosen*, *Rock* und *Unterrock* haben ähnliche Symbolik wie die Leibwäsche. Das *Kleid* und der *Anzug* zeigen je nach Farbe die Färbung der Auffassungen und Anschauungen (siehe auch *Farben*). Durch den *Mantel* stellen wir unseren Charakter der Außenwelt dar. Der *Regenmantel* läßt Emotionen und Negativitäten an uns ablaufen. *Handschuhe* schützen uns vor dem unmittelbaren Kontakt mit dem anderen (siehe auch *Handschuhe*). *Manschettenknöpfe* zeigen Einengung, Sittenzwänge und Höflichkeit. *Schuhe* schildern die Situation und Lebensumstände und haben außerdem sexuelle Bedeutung. Siehe auch *Farben der K.*; *Schuhe, zerlumpt.*

Klein: An Bedeutung verlieren. Minderwertigkeits- oder Überheblichkeitskomplex; Hinweis, den richtigen Ausgleich zu finden.

Klettern: Lernen, geistiger Aufstieg; die Beachtung anderer gewinnen; neue Aufgaben und Lebensbereiche meistern. Siehe *Berg, Leiter, Steigen.*

Klingel: Warnung, mehr Aufmerksamkeit zu zeigen. Siehe *Schrei.*

Klistier: Reinigung von überflüssigem, seelisch-geistigem Ballast. Siehe *Darm, Verstopfung.*

Kloake: Alles, was Vitalität und spirituelle Entwicklung behindert, ist überflüssig und daher Abfall. Siehe *Dung, Exkremente.*

Kloster: Besinnung, innere Stille, Isolation, Geborgenheit, die Konzentration auf geistige Werte und das Überleben. Siehe *Gebet, Mönch, Nonne.*

Kniefall: Dienen, sich unterordnen, Verehrung, Demut, Demütigung; Hinweis zur Erforschung der eigenen Innenwelt. Siehe *Gebet, Kirche.*

Knochen: Bewegliche Knochen deuten auf seelische Elastizität, steife auf Unbeweglichkeit und Starrsinn. Außerdem bezeichnen sie die Vergänglichkeit alles Irdischen. Siehe *Skelett.*

Knochenmann: Siehe *Skelett.*

Knospe: Die Entfaltung einer Eigenschaft, eines Planes oder eines spirituellen Gedankens. Siehe *Baum, Blatt, Blumen/Blüten, Pflanze.*

Knoten: Zusammengehörigkeit, Schwierigkeiten, seelische Verfestigungen oder Starrheit. Wenn der *K.* durch Zerschlagen oder Zerschneiden geöffnet wird, zeigt sich die unrichtige Konfliktlösung. Siehe *Band, Bänder.*

Kobold: Siehe *Naturgeister.*

Kobra: Siehe *Schlange.*

Koch/Köchin: Siehe *Backofen, Haus: Küche, Kochen, Ofen.*

Kochen: Alles was mit *K.* zu tun hat, zeigt Veränderungen des Seelenlebens, Geschicklichkeit in Lebensfragen und die Absicht an, dem Leben Schönheit und Würze zu verleihen. Siehe *Backofen, Haus: Küche, Ofen.*

Köder: Selbstbetrug oder Täuschung anderer. Auch Hinweis auf geistige Verführung oder falsche Propheten. Siehe *Angel, Fisch.*

Koffer: Dieser und andere Gepäckstücke zeigen potentielle Fähigkeiten, Energien, Absichten und Lebensziele an. Schwere *K.* versinnbildlichen Belastungen und Konflikte des Träumenden. Das verlorene Gepäckstück läßt auf oberflächliche Betrachtung der Sorgen schließen. Siehe *Gefäß, Rucksack, Tasche.*

Kohle: Kraft, Energie, materielles Glück; unbewußte, ungehobene Seeleninhalte; ungeklärte Probleme; verborgenes, unsichtbares, ewiges Geheimnis (das zum Diamanten werden kann) und die Wandlung. Der Funke verändert die latenten Kräfte. Glühende *K.* kann schwelende Aggressivität anzeigen oder die Entstehung des Lebens aus dem Verborgenen. Siehe *Feuer.*

Komet: Das außerordentliche innere Ereignis, der in Erscheinung tretende neue Mensch. Siehe *Komet, Stern.*

Kommunion: Aufnahme in die geistige Gemeinschaft, Schaffung einer spirituellen Verbindung, Einweihung. Siehe *Altar, Gebet, Kirche, Orgel, Pfarrer.*

Kompaß: Organisation, Hoffnung, Übersicht, richtungsweisendes Lebensziel; Ausdauer im Verfolgen desselben; Wunsch nach Ordnung, Disziplin und Führung. Siehe *Landkarte.*

Komplexe: Erinnerung an solche in der Tagesrealität. Siehe *Flucht, Verfolgung.*

Komponieren: Erfindungsgeist, Schöpferkraft, Erschaffen harmonischer oder disharmonischer Verbindungen und Neuschöpfungen. Siehe *Dirigent, Musik, Orchester.*

Kompost: Gefühls- und Geisteswandlungen für neue Aufgaben.

Konditor/Konditorei: Selbstbelohnung und Versüßung des Lebens; Erschaffung und Veränderung seelischer Prozesse, meistens in akzeptable sympathische Ergebnisse mit entsprechenden Verpackungen. Siehe *Bäcker, Backofen, Kuchen, Praline, Schokolade, Süßigkeiten.*

Kondor: Siehe *Adler, Vogel.*

König: Väterliche Autorität, Herrschsucht, der eigene Vater; das Gewissen, das höhere Selbst, der geistige Führer. Weiterhin zeigen Gefühle der Überheblichkeit oder Überlegenheit den Träumenden selbst als *K.* Emotionen der Unterlegenheit oder Minderwertigkeit versinnbildlichen ihn als Untertan. Art, Charakter und Benehmen des Traumkönigs können offenbaren, wodurch der Träumende beherrscht wird.

Königin: Herrschsucht; Stellvertreterin der Mutter des Träumenden.

Königssohn: Materielles und geistiges Erbe; Erwachen des Bewußtseins; erfolgreiche, individuelle Suche nach Vollkommenheit.

Königstochter: Vereinigung mit lichten, reinen Seelenkräften.

Konzert: Siehe *Dirigent, Musik, Orchester.*

Kopf: Klugheit, Denken, Lenkung, Kontrolle, Ordnung, Selbstmeisterung. Die Traumforschung hält mehrere *K.* mit schwarzen Haaren für einen zuverlässigen Hinweis auf einen beginnenden Gehirnschaden.

Kopfbedeckung: Siehe *Hut* und unter den *Farben* die im Traum angezeigte.

Kopfschmerzen: Diese oder sonstige Kopfbeschwerden können evtl. zu einem Arztbesuch aufrufen. *K.* sind ein Hinweis auf nichterkannte Allergien (gegen was oder wen?), Streß, übersteigerten Leistungszwang, unterdrückte Sexualität, anzustrebende, geduldigere, gläubigere oder tolerantere Einstellungen und sonstige verdrängte innere Probleme. Siehe *Apotheke, Arzt, Krankheit, Medizin.*

Koralle: Unbewußte, verborgene, positive Gefühle und Gedanken und Phantasien des Träumenden oder anderer. Siehe *Perle, Schmuck.*

Koran: Aufschlüsselung geistiger Wahrheiten, Glaubensinhalte, Spiritualität; oft Traumhinweis zur Verinnerlichung. Siehe *Bibel, Gebetsbuch, Gebetsschnur, Moschee.*

Korb: Oft Symbol der Gebärmutter, der Braut. Siehe *Krug, Schachtel.*

Kork: Haltbarkeit, Ausdauer, Hinweis auf die natürlichen Kräfte.

Korn: In der Mutter Erde entsteht durch väterliche, kosmische Energie das Wachstum des *K.*, die Erfahrung, Ernte und geistige Nahrung. Siehe *Ähre, Getreide, Kornfeld, Saat.*

Kornfeld: Erfolg, Lebensertrag und -ernte. Siehe *Getreide, Korn, Saat.*

Korridor: Eingeengte Lebensrichtung, Beschränkung, weibliche Sexualorgane.

Kosmetik: Verschönern, Schminken und Haarfärben im Traum zeigen Unwahrheiten und versteckte negative Eigenschaften der Ausübenden an. Siehe *Maske.*

Kot: Siehe *Exkremente.*

Krabbe: Siehe *Krebs.*

Krähe: Siehe *Rabe.*

Krake: Angst vor intensiver Bindung an oder Abhängigkeit von Personen; eigenes Vereinnahmen eines Menschen; Freßsucht. Siehe *Spinne.*

Krallenhand: Die knöcherne, vogelkrallenähnliche Hand zeigt Geiz und Raffgier an.

Kranich: Harmonie physischer und geistiger Energien, das spirituelle Glück oder dessen Ankündigung.

Krankenhaus: Hinweis für den Träumenden, sein Seelenleben zu analysieren, da sein Leiden psychischer Art ist. Die Abteilungen des *K.* geben genaueren Aufschluß über das spezielle Problem. Bei Gallenleiden beispielsweise läuft die Galle vor

Ärger über. Auch Traumhinweis auf realen Bezug zum *K.* Siehe *Arzt, Chirurg, Krankenschwester, Krankheit, Medizin.*

Krankenschwester: Sie kann das Verlangen des Träumenden nach liebevoller Hinwendung und Pflege, Angst um die eigene Gesundheit oder heilende Kräfte bedeuten. Auch können Eigenschaften der Schwester, wie Hilfsbereitschaft, Sauberkeit und Organisationstalent, bei sich oder anderen gemeint sein. Siehe *Arzt, Chirurg, Krankenhaus, Krankheit, Medizin.*

Krankheit: Furcht vor *K.*; Suche von Zuwendung und Hilfe; Enttäuschung, Lebensflucht oder das Handeln gegen die wahre innere Auffassung. Siehe *Arzt, Krankenhaus, Krankenschwester, Medizin* und die einzelnen in diesem Verzeichnis aufgeführten *K.*

Kränkung: Reale Aggressionen selbst ausüben oder erleiden.

Kranz: Ehr- oder Siegesbezeugung. Siehe *Helm, Hut, Krone.*

Krater: Angst vor Versagen oder Absturz, noch nicht überwundene Aufregungen, Ansammlung von Energie. Der aktive Vulkan zeigt unterdrückte Emotionen oder latente Kräfte an. Siehe *Gewalt, Vulkan.*

Kräuter: Hinweis, sich in biologische Behandlung zu begeben; die verschiedenen Heilwirkungen. Siehe *Arzt, Krankheit, Medizin.*

Krebs: Traumhinweis auf hartnäckige Krankheit, psychischen und geistigen Rückgang, Fehlen von Lebenswillen, Kampfgeist und Zähigkeit. Bei realem Krebsbefall sind mehrere Krebsformen im Unsichtbaren vorhanden. Je mehr sich diese dem Erkrankten nähern, desto schwerer ist die Krankheit. Auch kann der Traum Eigenschaften der Selbstsucht andeuten, vor allem das Leben auf Kosten der Allgemeinheit.

Kreis: Ganzheit unseres Wesens; die schöpferische Energie; das gesamte Universum; Symbol für Ewigkeit, Umgrenzung und Schutz, vor allem den mütterlichen. Der einfache *weiße K.* zeigt die ewige Ursache oder Realität, die ewige Bewegung, den großen Atem (Parabrahman), das Absolute, die Unendlichkeit. Der K. *mit einem Punkt* in der Mitte drückt das Auge Gottes, den Solarlogos (oder Gott unseres Kosmos) und alles, was existiert und in ihm enthalten ist, aus. Er ist die dynamische Triebkraft hinter allem Sein. Auch unser eigenes höheres Selbst, der Neuanfang und das Samenkorn, können so symbolisiert werden. Der zweigeteilte *duale K.* ist der zweite Logos oder kosmische Christus. Mit dem K. *und einem zentralen Kreuz* wird der Heilige Geist in einem aktiven Zustand versinnbildlicht. Der K. *mit sieben zentralen Innenkreisen* repräsentiert die sieben ursprünglichen Geistesenergien oder Bewußtseinsstufen. *Drei ineinander verschlungene K.* stellen die Dreieinigkeit dar. Der K., der sich *in einem Quadrat* befindet, wird in der Kabbalistik als göttliches Feuer, das im Materiellen ruht, beschrieben. Weiterhin ist der K. Sinnbild der menschlichen Persönlichkeit, die aus materiellen, emotionellen und spirituellen Anteilen besteht. Wenn der Träumende im K. umhergeht, so versucht er, eine Angelegenheit unter seinen Einfluß oder seinen Schutz zu bringen. Daher wird dem K. auch behütende Funktion zugeschrieben. Siehe *Mandala, Sonne.*

Kreuz: Vereinigung von Kontrasten, Auswirkungen in entgegengesetzte Räume oder Zeiten. Der horizontale Balken zeigt den individuellen, irdischen, meist eingeengten Horizont, die Materie, der vertikale das Reich des Geistes, das Licht und den Sieg der spirituellen Mächte über die Widerstände der irdischen Gewalten. Das Zentrum des K. versinnbildlicht die Trennung, Scheidung und Überwindung. Das Christentum sieht im K. die Verherrlichung durch das Opfer. Bei vielen alten Völkern, z. B. in Indien, symbolisierte die Swastika (Hakenkreuz) die Sonnenenergie, Heil, Glück und Bewußtsein. Der Nationalsozialismus machte es zum negativen Symbol. Der Traum vom K. kann auf Gewissensnot, notwendige Problemlösung oder ein Opfer hinweisen. Siehe *Ankh-Kreuz, Baum, Kreuzigung, Kreuzweg, Rad, Swastika; Zahlen: Vier.*

Kreuzigung: Vernichtung unserer spirituellen Natur durch materielle Einstellung; Leiden, Opfer, Erneuerung im christlichen Sinn; *K.* des eigenen Willens für den übergeordneten göttlichen Willen; harmonische Vereinigung aller menschlichen Bestrebungen im Schnittpunkt der Kreuzesbalken oder im Herzen. Siehe auch Zeichnung über das höhere Selbst in Kapitel II.

Kreuzung: Siehe *Wegkreuzung.*

Kreuzworträtsel: Freizeitspiele, Freundschaften, Zeitvergeudung, oberflächliche Problemlösung. Siehe *Labyrinth.*

Krieg: Der innere *K.* oder Widerstreit der Emotionen und Gedanken des Träumenden oder Fremder oder auch Auseinandersetzung zwischen den eigenen feinstofflichen Körpern und dem höheren Selbst. Wenn im Traum ein *K.* ausbricht, dann spielen sich Kämpfe und Streitigkeiten im Leben, in der Tageswirklichkeit ab. Kriegsverwundungen lassen den Träumenden seine alten seelischen Narben aufspüren und darüber nachdenken. Siehe *Feind, General, Gewalt, Gewehr, Granate, Helm, Krankheit, Krüppel, Luftangriff, Panzer, Schuß, Soldat, Tod, Torpedo, Unterseeboot, Verletzung, Verteidigung, Zerstören.*

Kristall: Ganzheit, Harmonie, Vergeistigung, Verwandlung, Verdienst, Sensibilität, Isolation, Wahrsagen (Kristallkugel). Der *K.* als Teil der Materie repräsentiert die Durchsichtigkeit und Strahlkraft der Spiritualität, die ihre Umgebung erleuchtet. Siehe *Brosche, Diamant, Edelstein, Halskette, Perlenkette, Quarz, Schmuck, Smaragd.*

Krokodil: Siehe *Drache, Teufel.*

Krokus: Er zeigt das Wiedererwachen der Natur, den Frühling und Neubeginn an. Auch sein goldener Stempel weist auf neues geistiges Leben hin. Siehe *Blumen/Blüten* und im Traum angezeigte Farbe unter *Farben.*

Krone: Glaube, Weihe, Heiligung, Einweihung, Verdienst, Ewigkeit, Unvergänglichkeit, Vollendung. Siehe *Diadem, Kranz.*

Kröte: Fruchtbarkeit, Erdmutter; Schatzhüterin, Anzeichen vermehrter Geldeinnahmen. Bevor das Geld eingeht, sitzen unsichtbare *K.*, deren Größe der Höhe der Einnahmen entspricht, vor der Wohnungstür des Betreffenden. Vergleiche *Frosch.*

Krücke: Unfähigkeit, auf eigenen Beinen zu stehen oder aus Selbständigkeit und Verantwortung heraus zu leben und zu handeln. Auch sind Anlehnungsbedürfnis, Hilflosigkeit, Unvermögen, Ersatz und Stütze angedeutet. Siehe *Amputation, Krüppel, Unnormal.*

Krug: Lebens- und Heilwasser, Reichtum, Warnung vor Trunksucht, weibliche Sexualität. Siehe *Gefäß, Kelch.*

Krummstab: Aufstieg in höhere Entwicklungsstufen unter spirituellem Schutz, weiterhin geistige Macht und Führerschaft.

Krüppel: Verminderung der Einsicht, der Tatkraft und des Selbstwertgefühls; Chancenlosigkeit. Siehe *Amputation, Bein, Krücke.*

Kruzifix: Hinweis auf religiöse Problemlösung wie Vertrauen, Besinnung, Verinnerlichung, Wiedergutmachung, Opfer. Siehe *Kreuz, Kreuzigung, Opfer.*

Küche: Werkstatt der häuslichen Erfahrungen, der Familienproblematik oder sonstiger seelischer Probleme. Siehe *Backofen, Haus, Kochen.*

Kuchen: Selbstbelohnung, Geselligkeit, Ausspannen, gehobene Bedürfnisse. Siehe *Brot, Süßigkeiten.*

Küchenschabe: Seelische Verletzung oder körperliches Leiden, Nerven-, Rückenmark- und Gehirnleiden. Viele *K.* können einen Nervenzusammenbruch anzeigen. Siehe *Insekten.*

Kuckuck: Seine Eigenschaften in der Natur lassen sich auf den Menschen übertragen, wie Verantwortungslosigkeit, Müßiggang, Egoismus, Unehrlichkeit und rücksichtslose Expansionsansprüche auf Kosten anderer. Der *K.* zeigt diese Eigenschaften der eigenen Person oder bei anderen an. Siehe *Vogel.*

Kugel: Die Weltkugel als Repräsentant der Materie oder des Himmelsgewölbes. Dieses drückt Streben nach Harmonisierung, Vollendung, Zielgerichtetsein, das unendliche Universum und die Allgegenwart der spirituellen Führung aus. Im Gegensatz zur *K.* steht das Quadrat für irdisches Geschehen. Siehe *Kreis, Kuppel, Quadrat.*

Kuh: Die gute, nährende Mutter, die Mutterschaft und weibliche Sexualität, mütterliche Eigenschaften, Nahrung, Reichtum, Lebenskraft, materielle und geistige Fruchtbarkeit und Regeneration. In Frauenträumen macht die *K.* auf obige Eigenschaften aufmerksam. In Männerträumen gibt sie Hinweis auf einen Mutterkomplex.

Küken: Unbewußte Minderwertigkeitsgefühle, Verlangen nach Schutz oder einem Schützling, Wunsch nach Kindern, Geschwistern und einer Familie. Siehe *Hahn, Huhn.*

Kundalini (Schlangenkraft): Siebenfache Energie im Kosmos und/oder in verschiedenen Zentren (Chakren) des feinstofflichen Wirbelkanals. Die Freisetzung der *K.* eröffnet spirituelles Wachstum. Siehe *Schlange.*

Künstler: Wenn es sich im Traum um einen uns unbekannten *K.* handelt, wird auf das Künstlertum oder auf eigene künstlerische Fähigkeiten, wie Phantasie und Einfallsreichtum, hingewiesen. Siehe *Farben.*

Kunstwerk: Es stellt innere und unsichtbare Inhalte dar, weiterhin Kreativität, Phantasie, bestimmte Gefühle und Tendenzen. Es kann den Hinweis geben, bestimmte Konflikte mit Abstand zu betrachten.

Kupfer: Energie und Venuseigenschaften (Göttin der Liebe). Siehe *Metalle.*

Kuppel: Während unterirdische Gewölbe Triebkräfte und unbewußte Charaktereigenschaften darstellen, bedeuten die überirdischen *K.* spirituelle Bereiche. Siehe *Kugel.*

Kürbis: Hinweis, Vitamin-A-reiche Nahrung zu sich zu nehmen. Die Gebärmutter und weibliche Sexualität. Siehe *Gemüse.*

Kuß: Alle Arten von *K.* sind Zeichen der Zu- und Übereinstimmung (z. B. verschiedener Ansichten), der Zuneigung, Ehrenbezeugungen, Friedenssymbole und solche geistiger Harmonisierung, Traumküsse haben selten sexuellen oder erotischen Charakter.

Kutsche: Sie kann auf unrealistische Vorstellungen, Überheblichkeit, konventionelle Starre und Standesbewußtsein hinweisen. Siehe *Auto, Pferd.*

Kutte: Siehe *Mönch, Mönchsgewand.*

L

Laboratorium: Im inneren *L.* werden Lebensfragen und auch Probleme religiöser und metaphysischer Art erforscht, die die Grundlage unseres Daseins bilden. Mit dem *L.* werden auch Verantwortlichkeit, Zusammengehörigkeitsgefühl und Berufsausübung angesprochen. Siehe *Professor, Wissenschaftler.*

Labyrinth: Das Bild des Irrgartens kann unsere unbewußte Triebnatur darstellen sowie seelische und geistige Verlorenheit oder Vereinsamung. Es zeigt die Irrungen, Verwicklungen und Hindernisse auf der Suche nach dem Selbst oder der geistigen Führung. Auch kann dem Träumenden angedeutet werden, sein Unbewußtes gründlich zu erforschen. Siehe *Katakomben, Sackgasse.*

Lachen: Erholung, Belustigung; Hinweis, die Tagessituation großzügiger zu beurteilen oder als bedeutungslos zu betrachten.

Laden: Vergangene Ereignisse im Leben des Träumenden; seine gegenwärtigen Möglichkeiten und Absichten; das Abwägen, die Entscheidung und die richtungsweisende Wahl. Siehe *Kaufmann, Verkäufer, Warenhaus.*

Lagune: Das Erforschen unerkannter Gefühlsinhalte sowie unbewußtes Suchen nach Ruhe und Erholung. Siehe *Insel.*

Lähmung: Blockaden im Gefühls- oder spirituellen Bereich, wie Blamage, Schuldempfinden oder Emotionen der Inkompetenz. Die *L.* zeigt auch die Angst an, Selbstkontrolle, Kontrolle über eine Lebenssituation oder die Fähigkeit zu neuer geistiger Orientierung zu verlieren. Siehe *Amputation, Krücke.*

Lamm: Es zeigt religiöse Charaktereigenschaften wie Sündlosigkeit, Genügsamkeit, Gehorsam, Ausdauer, Opfermut und mystische Wiedergeburt an. Siehe *Christus, Hirte.*

Lampe: Klare, weitleuchtende *L.* betonen Symbole wie Licht, Erkenntnis, Gericht und Sonne. Kleine, trübe und flackernde *L.* zeigen das Gegenteil an. Die *L.* ist Hinweis auf Unwissenheit und anzustrebende Überwindung persönlicher, eingefahrener, eingeschränkter Ansichten, wobei die Ganzheitsschau verlorenging und tiefer liegende Ursachen übersehen werden. (Das Sonnenlicht bringt alles klar an den Tag!) Auch wird hier die lebendige Spiritualität im Gegensatz zur abgestorbenen oder veralteten angesprochen. Siehe *Leuchter, Licht, Sonne.*

Landkarte: Siehe *Abenteuer, Atlas, Auto, Karte, Reise.*

Landschaft: Sie spiegelt die innere, psychische Situation des Träumenden wider, die sich ihm gefühlsmäßig darbietet. Eine *L.* kann ihm Freude und Harmonie mitteilen oder Trauer und Depression. Siehe *Berg, Gebirge, Meer, See, Tal, Wetter.*

Landstreicher: Siehe *Zigeuner.*

Lanze: Siehe *Speer.*

Larve: Hinweis auf männliche Sexualität, äußerlich nicht sichtbare seelische oder geistige Reifung und Wiedergeburt. Siehe *Schmetterling.*

Lasso: Der genaue Trauminhalt beschreibt, wozu und weshalb das *L.* gebraucht wird. Generell bedeutet es Einengung, Verzögerung oder auch Ausbildung emotioneller und geistiger Qualitäten. Siehe *Cowboy, Kuh, Pferd, Schlinge* oder im Traum angezeigtes Tier.

Last: Arbeitslast, Sorgen, abzutragende materielle, seelische und spirituelle Schulden. Siehe *Joch.*

Lastwagen: Er zeigt das Sichbewegen auf ein Ziel an; veränderte Einstellungen, Absichten und Wünsche. Die Art der transportierten Güter sagt Genaueres aus. Wenn der Träumende beispielsweise den mit vielen Menschen beladenen *L.* selbst fährt, wird sein Verantwortungsgefühl der menschlichen Gemeinschaft gegenüber angesprochen. Siehe *Autobahn, Autobus, Steuerrad, Straße.*

Laterne: Das innere Licht, die wegweisende neue Idee wird durch die klare, weitleuchtende *L.* symbolisiert. Trübes, flackerndes Licht zeigt Unwissenheit an. Siehe *Lampe, Sonne.*

Laufen: Siehe *Arena, Rennbahn, Rennen, Sport.*

Laus: Beeinträchtigung der Lebens- und Nervenkräfte, Isolierungsgefahr, depressive Selbstbehinderung und Abschrekkungsmittel. Siehe *Insekten.*

Laute: Romantische Gefühle, Kameradschaft, Liebe, Abenteuerlust, Gruppengeist. Siehe *Geige, Musik.*

Lautsprecher: Siehe *Mikrofon.*

Lava: Hier sind Gefühlsexplosionen angedeutet, die verborgene, nicht bewußte Emotionen, Aggressionen und Gedanken hervorbringen. Siehe *Erdbeben, Eruption, Gewalt, Schlamm, Vulkan.*

Lawine: Vereinsamung, Gefühlserkalten, unvorhergesehene negative seelische oder geistige Angriffe, die eine schwerwiegende Gefahr für einen selbst und andere darstellen können. Siehe *Schnee*.

Leber: Der Traum von der *L.* kann auf aktuelle Leberleiden hinweisen, die behandlungsbedürftig sind. Weiterhin sagt er etwas über Vitalität, Schaffensdrang, Kreativität, Ausdauer, aber auch über Zorn und Wut aus. Er kann ein Aufruf zur Mäßigung in Arbeit, Essen, zur Einsicht und Änderung der An- und Absichten sein. Siehe *Arzt, Krankheit, Medizin*.

Leder: Instinkte, Aggressionen, Zähigkeit, Anschmiegsamkeit, Anpassung, sexuelle Bedeutung.

Leere: Siehe *Raum, Zahlen: Null*.

Lehrer: Er stellt eine hilfreiche Instanz, eine Art höheres Gewissen des Träumenden dar. Auch eine individuelle Beziehung zu einem besonderen Lehrer kann gemeint sein. Siehe *Führer, geistiger*.

Lehrling: Er mag als Hinweis auf Eigenschaften wie Wissensdrang, Durchhaltevermögen und Fleiß gelten. Hiermit kann die Schule des Lebens angesprochen werden. Auch Unselbständigkeit, Unfreiheit, mangelndes Durchsetzungsvermögen usw. können durch den *L.* angezeigt werden. Siehe *Schule*.

Leiche: Sie weist auf eine Eigenschaft hin, die nicht belebt ist oder abgelegt werden sollte. Auch das Abtöten eines Gefühls – zum Beispiel der Sympathie oder Freundschaft – kann das Hauptthema in diesem Traum sein. Vielleicht sind Probleme wie ein toter Gegenstand ins Unterbewußtsein des Träumenden abgeschoben worden. Auch die Deutung, jemandem den Tod zu wünschen, ist möglich. Siehe *Begräbnis, Leichenwagen, Sarg, Tod* und Kapitel XI.

Leichenwagen: Er kann ähnliche Bedeutung wie Leiche haben, jedoch auch in der Wirklichkeit auf den Tod durch bevorstehenden Unfall oder eine Krankheit hinweisen. Die genauen Traumumstände sind ausschlaggebend. Siehe *Leiche, Tod,* Kapitel XI.

Leiter: Sie kündet – je nachdem, in welche Richtung der Träumende geht – den Aufstieg (z. B. durch Demut) oder den Niedergang (z. B. durch Arroganz) an. Der Himmel antwortet demjenigen, der sich auf den Weg macht, ihn zu erreichen. Der stufenweise Bewußtseinswandel vom Materiellen zum Spirituellen sowie eine Initiation können sich auf diese Weise ankündigen. Siehe *Berg; Führer, geistiger.*

Leopard: Energie, Sexualtrieb, Angriffslust, Kampf; der schnelle, starke, kluge Feind. Siehe *Löwe.*

Lepra: Hier kann generell Gefahr der Ansteckung in der Tagesrealität bestehen. Auch schwerwiegende seelisch-geistige Probleme, Sorgen und negative, zersetzende, selbstvergiftende Eigenschaften zeigen sich als Lepraausschlag. Siehe *Abszeß, Geschwür, Seuche.*

Lerche: Ihr Gesang verkündet Erotik und Liebe. Da sie ihr Nest auf dem Erdboden baut und vertikal in den Himmel aufsteigt, betont sie die Verbindung zwischen den materiellen und spirituellen Bereichen. Siehe *Vogel.*

Lesen: Bedürfnis nach Information und Wissen, Lernbegierde, Gedankenkontrolle, Erweiterung des Gesichtskreises. Siehe *Bibliothek.*

Leuchter: Bewußtseinserhöhung durch spirituelle Erhellung. Ein siebenarmiger *L.* kann das Leben, Licht, die 7 Planeten, den Lichterbaum und die Sonne versinnbildlichen. Siehe *Fackel, Feuer, Laterne, Licht, Sonne.*

Leuchtturm: Warnung für das Lebensfahrzeug (Schiff). Hinweis auf einen Ausweg aus einer häufig gefahrbringenden inneren Situation, wenn das »Meer der Gefühle« stürmisch ist. Weiterhin können sich anzeigen: ein Eremitendasein, ein geistiges, unvergängliches Ziel, ein wegweisendes, lebensrettendes, lichtes Prinzip und auch eine Warnung vor Gefühls- oder Nervenzusammenbruch. Siehe *Fackel, Feuer, Insel, Leuchter, Schiff.*

Leute: Menschliche Kontakte; auch verschiedene Persönlichkeitsanteile des Träumenden selbst. Siehe *Menschenmenge, Personen.*

Leviathan: Krokodilähnliches Wasserungeheuer, zeigt noch heutzutage Kriege auf dem Meer oder in Meeresnähe an. Siehe *Drache.*

Libelle: Beschauliche Stunden, Ortswechsel, Wanderungen; jedoch auch störende Eigenschaften wie Angriffslust und Oberflächlichkeit. Siehe *Insekten, See.*

Licht: Lebenskraft und -antrieb, Hoffnung, Rettung, Erlösung, Verstehen, Inspiration, Bewußtseinserweiterung, neue geistige Erkenntnisse, das wahre Leben des Glücks auf der spirituellen Ebene, die Einigung, die Existenz Gottes, das Absolute (im Gegensatz zur Dunkelheit, zur geistigen Finsternis, zum Bösen, zu »Verdammnis« und Unglück). Wenn es im Traum licht oder hell wird, entsteht neues geistiges Bewußtsein. Siehe *Blitz, Dunkelheit, Fackel, Kerze, Leuchter, Leuchtturm, Sonne.*

Lied: Schöne Klänge verheißen Heiterkeit, Sorglosigkeit, Entspannung, Freude, Erotik. Bei unharmonischen Melodien gilt das Gegenteil. Siehe *Musik.*

Lift: Siehe *Fahrstuhl.*

Lilie: Sie wurzelt im undurchsichtigen Boden, der die Materie und unbewußte, undifferenzierte Kräfte darstellt. Ihre Blüte ist der Sonne, dem Licht und dem Bewußtsein zugewandt. Das Verwurzeltsein in den Tiefen des Unbewußten macht erst Wahrnehmung und den geistigen Durchbruch möglich. In der christlichen Symbolik steht die weiße *L.* für reines Denken und innere Sauberkeit. Ihre drei Blütenblätter deuten auf die Dreieinigkeit hin. In ihrer Symbolik ähnelt sie dem indischen Lotus. Siehe *Blumen/Blüten, Lotus, Rose.*

Links: Wenn im Traum die linke Körperseite überwiegt oder z. B. die linke Wegabbiegung eingeschlagen wird, gelten folgende Bedeutungen: *L.* symbolisiert unbewußte Eigenschaften, die passive, überwiegend weibliche Seite, Gefühle, Vorstellungskräfte, das Yin; das versteckte, berechnende Tun, die chaotischen, zerstörerischen, schwarzmagischen Kräfte; das Nichtwissen; die mütterliche Erde. Sollte die linke Seite betont sein, wie linker Arm oder linkes Bein, so wird die unbewußte, instinktive, weniger erfolgreiche Seite oder Aktion angedeutet. Auch kann hiermit die Vergangenheit oder Vergangenes gemeint sein. Siehe *Rechts.*

Linse (Lupe): Die Betonung, das Hervorheben eines Gegenstandes oder einer Person. Oft sollte einer Sache oder einem Menschen mehr Beachtung geschenkt werden. Siehe *Brille, Mikroskop.*

Linsen (Gemüse): *L.* zeigen, ähnlich wie der Samen, die zu entfaltenden seelischen und geistigen Energien an. Siehe *Nahrung, Samen.*

Loch: Es deutet auf Mangel, Verirrung, Fragwürdigkeit, unrichtige Ansichten, fehlendes Selbstbewußtsein und Vertrauen hin. Siehe *Abgrund, Gefängnis, Grube, Tiefe.*

Lokomotive: Siehe *Bahnhof, Eisenbahn, Reise.*

Lorbeer: Sinnbild für überragende Leistung, Wunsch nach Anerkennung. Hinweis auf übersteigertes Selbstbewußtsein und Stolz. Siehe *Kranz.*

Lot: Der gerechte Ausgleich, das spirituelle Bewußtsein.

Löten: Verbindung oder Vereinigung psychischer und spiritueller Bestandteile. Siehe *Kleben, Kupfer, Metalle.*

Lotse: Hilfreiche eigene oder fremde Eigenschaften oder Personen. Siehe *Führer, geistiger; Schiff, Wetter.*

Lotus: Geschlossener *L.*: latente, unentwickelte Fähigkeiten. Offener *L.*: lichtwärts gerichtetes Bewußtsein, die Summe spiritueller Erfahrungen. Der reine Geist überwindet die Schwere der Materie. Siehe *Blumen/Blüten, Lilie, Rose.*

Löwe: Er versinnbildlicht die Angst vor der Angriffslust oder die Aggressivität selbst; weiterhin die sexuelle Aggression; die Absicht, zu verletzen und zu zerstören; Körperkraft, Lebenstrieb, Vitalität und physische Herzkraft. Von einem *L.* angegriffen zu werden kann daher einen drohenden Infarkt darstellen. Auch die Neuschöpfung, der Herrscher, der König, die Macht, der mächtige, mutige Feind, die Gerechtigkeit, das Kampfprinzip, der aktive Kampf für Gerechtigkeit und Liebe im christlichen Sinne kann durch den *L.* veranschaulicht werden. Der goldene geflügelte *L.* unterstellt sein Leben völlig dem übergeordneten göttlichen Prinzip. Siehe *Selbst, höheres.*

Luchs: Wachsamkeit, Aggression, scharfes Beobachten und Denken. In der Astral- bzw. Traumwelt ist er in Gerichtsgebäuden und bei Rechtsangelegenheiten zu sehen. Siehe *Gericht, Geschworenenbank, Rechtsanwalt.*

Luft: Die Art der *L.* ist wichtig für die Deutung. Durch sie können bewegliche Vorstellungskräfte, unrealistische Bereiche oder auch das aktive, tatkräftige, formende Element – im Gegensatz zum passiven Wasserelement – angedeutet werden. *L.* und Wind wirken auf das Wasser, d. h., unser Geist und Denken sollten unsere Gefühle verändern. Der Lebensodem, die Verbindung zwischen dem Erschaffer, spirituellen Mächten und dem Erschaffenen, dem Himmel und der Erde, dem Kosmos und dem Menschen, kann durch den Traum angedeutet werden.

Luftangriff: Der Träumende fühlt seinen emotionellen Bereich oder konventionelle, einseitige Ansichten von außen her bedroht. Der *L.* ist daher oft ein Aufruf zum objektiven Überdenken der Ansichten und der Tagessituationen. Siehe *Fliegen, Krieg.*

Luftballon: Siehe *Fliegen.*

Lunge: Der Träumende soll auf Probleme mit der Ehrlichkeit oder dem Versteckenwollen aufmerksam werden. Siehe *Betrug, Fälschung.*

Lumpen: Nachlässigkeit, Faulheit, Gleichgültigkeit, unmoralisches Betragen; jedoch auch: wirkliche Armut, Gleichgültigkeit gegenüber der Materie und Vergänglichkeit aller Pracht. Siehe *Farben, Kleid, zerlumpt.*

Lungenerkrankungen: Sie können die Notwendigkeit ärztlicher Hilfe anzeigen, weisen aber auch darauf hin, daß nicht genügend Luft vorhanden ist, um frei durchatmen zu können. Streß kann das persönliche Freiheitsbedürfnis einengen und dadurch Eigen- und Atemrhythmus stören. Siehe *Arzt, Atem, Atemnot, Krankenhaus, Krankheit, Medizin.*

M

Mädchen: In Frauenträumen kann ein unbekanntes *M.* neue, weiblich-mütterliche Wesenszüge anzeigen. Das bekannte *M.* bedeutet Emotionen und Ansichten der Träumenden. In Männerträumen, die von einem *M.* handeln, werden familiäre Probleme mit jüngeren weiblichen Personen angesprochen sowie eigene, oft vernachlässigte weibliche Züge. Generell gesehen werden häufig Generationsprobleme angedeutet, insbesondere die Weitergabe bestimmter Lebensaufgaben an die nachfolgende Generation. Siehe auch *Doppelgänger, Frau, Jungfrau, Kind.*

Made: Eigener oder fremder Zerstörungs- oder Gefräßigkeitstrieb, Selbstreinigung, Übergangs- bzw. Entwicklungsstufe, bei der unbrauchbare Eigenschaften ausgestoßen werden. Siehe *Schlange.*

Madonna: Sie ist ein Hinweis auf religiöse Selbstbesinnung, Hilfsbedürftigkeit, Suche nach Befreiung von Sünden und Leiden, aber auch darauf, gegebene Umstände in Dankbarkeit anzunehmen. Siehe *Muttergottes.*

Magen: Der Traum kann echte gesundheitliche Probleme aufzeigen und zu einem Arztbesuch raten. Er kann hinweisen auf Unzufriedenheit mit der Lebenssituation, Langeweile, ungestillten Lebenshunger und -genuß, Ehrgeiz, Machtstreben, fehlende Anerkennung und Verwöhnung, eingeschränkte seelisch-geistige Aufnahmebereitschaft. Aber auch Lebenstüchtigkeit und Fertigwerden mit Problemen und Situationen können sich durch den Traum vom *M.* ausdrücken. Siehe *Apotheke, Arzt, Darm, Medizin, Verstopfung.*

Magie: Warnung, eigenen oder fremden irrationalen Tendenzen zuviel Gewicht beizumessen. Siehe *Hexe, Pentagramm, Zauberer.*

Magnet: Positive oder negative Kräfte der Anziehung.

Mahlzeit: Die materiellen Einnahmen oder seelische und metaphysische Speisen. Deren Art umschreibt die Themen oder Probleme. Fische künden beispielsweise neue, aus dem Ozean des Unbewußten herausgezogene Ideen an. Teilhaber an der *M.* symbolisieren den physischen oder spirituellen Austausch bzw. Gemeinschaftsgeist. Siehe *Apfel, Erdbeere, Essen, Fleisch, Gemüse, Getreide, Kartoffeln, Nahrung, Obst, Süßigkeiten* u. a.

Mähne: Siehe *Haare, Pferd.*

Maibaum: Erneuerung, Regenerationskräfte. Siehe *Baum, Birke.*

Mais: Er zeigt – wie generell das Getreide – materiellen und geistigen Reichtum, Sicherheit, Erfolg und Selbstbestätigung an. Siehe *Getreide.*

Malen: Enthüllen verborgener Inhalte; etwas vertuschen wollen; eine Angelegenheit subjektiv färben. Der Traum kann deshalb zu realistischer, objektiver Einstellung dem Leben und den Menschen gegenüber aufrufen. Siehe *Farben, Maler.*

Maler: Er weist auf eigene oder fremde Kreativität, Ausdrucksmöglichkeiten und -fähigkeiten, Vorstellungen usw. hin. Siehe *Dichter, Farben, Künstler, Malen.*

Mandala: Individueller Ausdruck der irdischen und göttlichen Persönlichkeiten des Menschen. Es führt uns durch die Bereiche des Unbewußten, der Instinkte und der Vielfalt des Lebens, welche alle im Außenkreis versinnbildlicht sind, zum Zentrum. Dieses weist auf das wahre, bewußte Selbst und das absolute, unvergängliche kosmische Bewußtsein hin. So drückt das *M.* Vielfalt und universelles Einheitsgefühl aus. Siehe *Kreis.*

Mandel: Kostbare geistige Wahrheiten, die nur durch Anstrengung (Brechen der harten Schale der Materie) zu gewinnen sind. Siehe *Nuß.*

Mann: Der *unbekannte M.* kann Denken, Intellekt, Licht, Schöpfungskraft, Mut, Durchsetzungskraft, Kampflust und -bereitschaft usw. darstellen. In Männerträumen versinnbildlicht er verborgene, dem Träumenden nicht bekannte Charaktereigenschaften. In Frauenträumen drückt er – oft durch den Vater geprägte Eigenschaften und Verhaltensweisen aus, die die Träumende häufig von anderen Männern erwartet. Wenn der Träumerin wiederholt ein und derselbe *M.* begegnet, wird sie durch dessen typisches Verhalten auf bestimmte Eigenschaften, wie z. B. Selbstbewußtsein, Mut und Aktivität, hingewiesen. Diese sollte sie in ihrer spezifischen Lebenssituation gerade entwickeln und wird daher immer wieder an sie erinnert. Siehe *Doppelgänger, Frau, Jungfrau.*

Mann (zusammengekauerter): Lastenträger, Leidender (Atlas).

Mantel: Bestimmte typische Berufsgruppen, Qualitäten und ethische Haltung dieser professionellen Stände; Würde-, Schutz-, und Geborgenheitssymbol. Siehe *Hut, Kleid/Kleidung.*

Marder: Der gesunde, starke *M.* weist auf Angriffslust und sinnlose Zerstörungswut hin. Bei dem alten und kranken Tier sind diese Eigenschaften im Abnehmen oder Absterben begriffen.

Maria: Siehe *Madonna, Muttergottes.*

Marienkäfer: Er hat die Bedeutung eines Glückskäfers.

Marionette: Hier können innere Belebung und wahre lebendige Werte oder Unselbständigkeit und Zufallsgeschehen angesprochen werden. Auch kann auf andere Menschen Autorität ausgeübt werden, d. h., »man läßt die Puppen tanzen«. Ferner deutet der Traum an, daß man zum Opfer anderer werden oder in deren Machtkreis geraten kann. Siehe *Clown, Maske.*

Markt: Das Verhältnis des Träumenden zu seinen Mitmenschen wird hiermit beschrieben und bildlich dargestellt. Sympathisches Geschehen zeigt positive Verhältnisse, unsympathisches negative an. Der menschenleere *M.* kann auf Kontaktschwierigkeiten, Verschlossenheit, Einsamkeit oder Erholungsbedürftigkeit hinweisen. Mit dem Traum vom *M.* können auch äußeres Leben, weltliches Treiben, Geschäftigkeit, Ablenkung und Sinneszerstreuung angedeutet werden. Siehe *Personen, Menschenmenge, Nahrung.*

Marmelade: Belohnung, Versüßen des Lebens, unnatürliches Produkt eigener Anstrengungen. Siehe *Süßigkeiten.*

Marmor: Charakterstärke, -härte, -kälte, Unzugänglichkeit. All dies wird in ansehnlicher, schöner Form dargestellt. Siehe *Stein.*

Märtyrer: Bewußtes – seltener unbewußtes – Erbringen von Opfern in der Realität; generelle Aufopferungsbereitschaft, pharisäische Haltung im Tagesbewußtsein, nach dem Motto: »Ich bin besser als ihr, weil ich mir freiwillig soviel aufbürde, was mir niemand dankt.« Siehe *Opfer.*

Maschine: Mechanisches Handeln, eigene oder fremde automatische, unüberlegte Gewohnheiten, individuelles Problem. Auch kann eine bestimmte *M.*, wie beispielsweise die Schreibmaschine, typische Absichten, Eigenschaften oder Berufe versinnbildlichen. Siehe *Fabrik, Industrie.*

Maske: Unter den verschiedenen Bedeutungen können das Verbergen der wahren Absichten, die nicht auffindbaren Ursachen, Angabebedürfnis und Kompensationsbestreben zutreffen. Siehe *Clown, Marionette.*

Masseur: Die in der Realität notwendige Massage.

Weiterhin kann der Wunsch nach Entspannung und Streicheleinheiten bestehen, oder Zwangsgedanken und eine starre seelische Haltung benötigen Auflockerung. Siehe *Medizin.*

Matrose: Wunsch nach Abwechslung, Abenteuern, neuen Erfahrungen und Selbständigkeit. Siehe *Mitreisende, Schiff, Wasser, Wetter.*

Mauer: Schutz, weiterhin physische, psychische oder geistige Blockaden sowie hindernde Lebensumstände. Siehe *Schranke, Zollamt.*

Maultier: Zähigkeit, Genügsamkeit, Naturinstinkte, intuitive Verstandeskräfte. Siehe *Esel, Last, Pferd.*

Maulwurf: Verborgene Absichten, die in die Realität drängen. In der Astral- oder Traumwelt ist er meist schon lange vor einer realen Erblindung hinter dem Betroffenen sichtbar. Siehe *Tiere.*

Maurer: Er bezeichnet Eigenschaften des Träumenden oder fremder Personen, die am Persönlichkeitsaufbau oder der

Lebensorganisation mitwirken können. Siehe *Bauen/Bauplatz, Haus, Neubau.*

Maus: Sie wird unter dem Einfluß der amerikanischen Zivilisation mit komischen und lustigen Eigenschaften identifiziert. Im Traum ist sie negativ zu sehen, denn sie bringt es fertig, unbemerkt die Basis unserer Gesundheit, Nervenkraft und seelisch-geistigen Struktur zu zernagen. Auch eigene unbewußte Gefühle und Gedanken wirken oft innerlich zersetzend. Insgesamt repräsentiert die *M.* ein unsichtbares, zerstörerisches Prinzip, das sich vor Beginn des Zerfalls am Vitalitätskörper festbeißen kann. Siehe *Tiere.*

Mechaniker: Er zeigt das Prüfen, Zerlegen und Reparieren sichtbarer, materieller oder seelisch-geistiger Probleme an, außerdem auch eigenes oder fremdes automatisches oder mechanisches Verhalten. Siehe *Werkzeug.*

Medaille: Der Traum will etwas Wichtiges hervorheben und ins Bewußtsein bringen. Die *M.* ist auch Symbol für Standesbewußtsein, Auszeichnung, Verdienst und echtes, reales Sein.

Meditation: Das Gespräch mit dem Unsichtbaren, der Transzendenz, auch ein Hinweis auf oder Verlangen nach wesentlichen transpersonalen Erkenntnissen. Siehe *Bibel, Gebet, Gebetsbuch.*

Medium: Eigene oder fremde psychische Fähigkeiten, die nicht der Kontrolle des Wachbewußtseins unterliegen.

Medizin: Sie kann hinweisen auf eine Krankheit, den Wunsch nach Heilung, auf Gesundung und Seelenstärke, Heilkräfte, das Ganzwerden der Seele, Hilfsbedürftigkeit, Angst oder Warnung vor Arzneinebenwirkungen, Leiden und Sterben. Siehe *Arzt, Kräuter.*

Medizinmann: Siehe *Führer, geistiger.*

Medusa: Stolz, egoistische Liebe, Einschränkung der Handlungsfreiheit, schicksalhafte Ereignisse.

Meer: 1. Ursprung aller Wesen und des Lebens, die Vitalität, das

M. als Mutter. 2. Dynamik und Triebkräfte für das physische und psychische Leben. 3. Triebnatur, das tiefe Unbewußte oder undifferenzierte Bewußtsein. 4. Vorrat unbekannter, ungehobener Schätze jeglicher Art. Chaotische, abgründige, todbringende Kräfte; Zerstörung. Auf dem *M.* steuerlos dahintreiben zeigt Ratlosigkeit und Verlorenheit an. Meeresoberfläche sowie -ufer offenbaren den Grenzbereich zwischen Unbewußtem, Emotionen, Träumen und dem klaren Denken. Bei der konzentrierten Vorstellung, auf dem Meeresgrund spazierenzugehen, trifft fast jeder Mensch bildhaft mit seinen Trieben oder personifizierten Ängsten zusammen. Aus dem *M.* auftauchen oder geboren werden schafft uns Zugang zum hellen Tagesbewußtsein. Wenn eine Traumfigur im Wasser versinkt, kann dies bedeuten: a) Rückschau auf die Uranfänge, den Ursprung des Lebens, b) sich seiner Triebnatur zuwenden, c) sich von der Spiritualität und dem Bewußtsein abwenden. Der Wind, der auf das Meereswasser formgebend wirkt, zeigt den Geist, der das Unbewußte bewegt und bildet oder die Triebe beherrscht. Bei einer *Traumflut* oder *-überflutung* wird das Bewußtsein mit Emotionen überschwemmt. Auch läßt dies oft auf das Vorhandensein starker Lebensenergien schließen. *Ebbe* zeigt ruhiges Seelenleben, aber auch Energielosigkeit an. *Wellen* und *stürmische Brandung* versinnbildlichen unruhige, starke Emotionen, während *ruhiger Wellengang* eine harmonische Gefühlswelt bedeutet. Das *Schiff* ist Ausdruck der Persönlichkeit, ein Lebensfahrzeug oder das individuelle Selbst, das sicher vom Unbewußten gesteuert wird. Siehe *Fische, Gezeiten, Schwimmen, Tauchen, Taufe, Wasser, Wetter.*

Mehl: Materielle und seelisch-geistige Energien, Gegebenheiten und Absichten. Wichtig ist der Zustand des *M.* und was mit ihm getan wird. Siehe *Bäcker, Backofen, Haus, Hefe, Küche.*

Meister: Siehe *Führer, geistiger.*

Mensch: Siehe *Frau, Mann.*

Menschenfresser: Selten sind hier die Charaktereigenschaften eines Kannibalen gemeint. Meist stellt er das Bestreben dar, ähnlich dem Traumkuß, eine innere Verbindung mit dem anderen und Gleichheit der Ansichten zu demonstrieren. Siehe *Kuß.*

Menschenmenge: Verschiedene Wesenszüge der eigenen Person und des Selbst, seltener Fremder. Siehe *Markt, Personen.*

Mercedes: Der rote *M.* ist in die Traum-Astralwelt als Sinnbild des materiellen beruflichen Erfolges und als Standessymbol eingegangen. Siehe *Auto, Lastwagen, Steuerrad, Taxi, Wagen.*

Merkur: Der Wechsel; verbindende, vermittelnde Kräfte; der Gedankenfluß; die Totalität des Wissens; die innere Führung durch intellektuelle und philosophische Bereiche; die Information; die Neuigkeiten der Reporter; auch intuitives, geheimes Wissen. Siehe *Planet, Stern.*

Messe: Das Unterordnen der Gefühls- und Gedankenkräfte unter eine weltliche oder spirituelle Führung wird mit der *M.* angedeutet. Auch die eigene Steuerung und harmonische Vereinigung unserer verschiedenen Interessen und Bestrebungen. Siehe *Gottesdienst, Kirche, Rede.*

Messer: Drohung, Aggressivität, Zerstörung, Rache, gedankliches Auseinandernehmen und Zerlegen, auch Opferinstrument. Das Eindringen von spitzen Gegenständen oder von einem *M.* im Traum (z. B. in den Rücken) kann ein zuverlässiger Hinweis auf einen bevorstehenden Wirbelsäulenschaden sein. Siehe *Angriffslust, Dolch, Verletzung.*

Metalle: Generelle Bedeutung: Veredelung der Triebe und gewisser unbewußter Seeleninhalte durch Lebensführung und Meditation. Nachfolgend werden einige Metalle mit dazugehörigen Planeten, positiven Seeleninhalten sowie Krankheitsneigung aufgeführt. Beim negativen Traum ändert sich die

Deutung entsprechend (z. B. zeigt der negative Silbertraum negatives psychisches Wachstum und Gehirnleiden an).

Gold (Sonne): Erkenntnis- und Schöpfungskraft, ideales Denken, Begeisterungsfähigkeit, Großzügigkeit und Gemütswärme. Erkrankung von Herz, Kreislauf, Gefäßsystem.

Silber (Mond): Verborgenes, geheimnisvolles Wissen, Mystik, Intuition, Phantasie, psychisches Wachstum, natürlicher Instinkt, Mütterlichkeit. Gehirn-, Genital-, Hautleiden.

Kupfer (Venus): Einfühlungsvermögen, Mitgefühl, Aufgeschlossenheit, Schönheitssinn, Gemüthaftigkeit, Fröhlichkeit, Kunstsinn. Leiden der Nieren, des vegetativen Nervensystems, der Venen und der Schilddrüse.*Eisen* (Mars): Mut, Tatendrang, Dynamik, Willenskraft. Erkrankungen der Gallenblase, der Lunge, der Muskulatur, der Blutbildung.

Zinn (Jupiter): Weisheitsvolles Denken, Gerechtigkeits- und Organisationssinn, Disziplin, Pflichtbewußtsein. Leiden der Leber, des Gehirn- und Nervensystems und der Gelenke.

Blei (Saturn): Gründlichkeit, Beharrungsvermögen, Langsamkeit, Verschlossenheit, Schwermut. Krankheiten der Milz, Knochen, Sinnesorgane; Mineralstoffmangel.

Quecksilber (Merkur): Praktische Intelligenz, Flexibilität, Betriebsamkeit, Geschick, Diplomatie. Leiden der Lunge, Lymphe, Drüsen, Schleimhäute.

Siehe *Amboß, Feuer, Gold, Goldmünzen, Hammer, Schmied.*

Metzger: Eigene oder fremde Angriffslust, Gefühlskälte, Roheit, Leidenschaft. Siehe *Gewalt, Tiere, Töten.*

Mikrofon: Kommunikation, Feiern, Übertragung und Betonung von oft wichtigen Mitteilungen.

Mikroskop: Es bedeutet die Überbetonung eigener oder fremder Gefühle oder Angelegenheiten. Weiterhin kann es die Aufmerksamkeit auf unbedeutend erscheinende irdische oder spirituelle Probleme oder Ziele lenken. Siehe *Brille, Linse.*

Milch: Sinnbild für Fruchtbarkeit; Nahrung für Körper, Seele und Geist; Mitgefühl, Fürsorge, Hilfsbereitschaft, göttliches Wissen. *M.* und Honig weisen auf Überfluß und Seligkeit hin. Siehe *Nahrung.*

Militär: Der Träumende hat sich aktiv oder passiv mit folgendem auseinanderzusetzen: Gefahren, Angriffslust, Abwehr, Zwänge, Überheblichkeit, Abenteuerlust, Not, Primitivität. Auch kann der Traum ein Hinweis sein, mehr Eigendisziplin zu üben oder für eine gute Sache zu kämpfen. Siehe *General, Helm, Krieg, Offizier, Soldat, Uniform, Waffen.*

Millionär: Wunschgedanken nach angenehmerem Dasein; nicht ausgeschöpfte Möglichkeiten der Lebenssituation; innerer seelisch-geistiger Reichtum.

Minotaurus: Mythologisches griechisches Fabeltier. Dieses Stierwesen erscheint in der Traumwelt als Sinnbild für männliche Macht und Potenz. Siehe *Stier.*

Mißbildung: Der mißgestaltete Körper zeigt verkümmerte, eigene oder fremde Anlagen und Talente, die Unterdrückung natürlicher psychischer und spiritueller Interessen und den Verlust des harmonischen Ausdrucks an. Siehe *Amputation, Buckel, Deformation, Idiot.*

Mitreisende: Bekannte oder unbekannte Personen, die Charaktereigenschaften des Träumenden, bestimmte Interessen oder auch Probleme anzeigen können, welche zur Zeit auf dem Lebensweg des Träumenden wichtig sind. Siehe *Auto, Bus, Eisenbahn, Fahrgast, Reise, Schaffner, Schiff.*

Mittag: Erfolg, Reife, klares Denken und entwickeltes Bewußtsein. Siehe *Tageszeiten.*

Mittelpunkt: Siehe *Kreis.*

Mitternacht: Enthüllung geheimnisvollen Wissens. Kontakte mit Jenseitigen. Siehe *Mond,* wenn der Traum ihn anzeigt. Siehe *Nacht.*

Möbel: Ihr Aussehen enthüllt die Art eigener oder fremder

Qualitäten, Absichten oder Bewußtseinsinhalte. Sofa, Bett und Sessel zeigen u. a. den Wunsch nach Erholung und Ruhe; Küchengegenstände versinnbildlichen die Verarbeitung seelischer und geistiger Themen, Probleme und Konflikte. Siehe *Haus.*

Mohammed: Die spirituelle Macht, Gerechtigkeit. Siehe *Buddha, Christus.*

Mohn: Die individuelle Bedeutung, die der Träumende der Blume gibt, bestimmt deren Gefühlswert. Ihr Zustand, ob sie blüht oder verwelkt, kann im Vergleich zum menschlichen Leben gesetzt werden. Die rote Farbe hat verschiedene Bedeutungen, wie Leidenschaft, Kampf und Krieg. Siehe *Blumen/Blüten, Farben: Rot.*

Mönch: Er zeigt generell eigene oder fremde Eigenschaften der Religiosität, des weisheitsvollen Abstandes, des Überblicks über menschliche Konfliktsituationen, der Aufnahmebereitschaft für spirituelle Werte, der ununterbrochenen Harmonie mit dem Unendlichen, jedoch auch Ordnung, Disziplin, Lebensflucht, Isolation u. a. m. an, wobei besonders der *M.* in *weißer* Kutte auf das durchgeistigte Prinzip hinweist. Ich sah immer wieder den *M.* in *brauner* Kutte (selten den in weißer Kutte mit einem offenen schwarzen Mantel darüber) im Unsichtbaren als negatives Sinnbild. Er symbolisiert feindliche Kräfte der spirituellen Freiheit; das Dogma, die Inquisition (wie religiöser Fanatismus, Freiheitsberaubung, Knechtschaft und Folterung). Siehe *Einsiedler, Zölibat.*

Mönchsgewand: Einfachheit, Isolation, innere Besinnung. In die Einsamkeit zurückgezogenes Ichbewußtsein. Siehe *Mönch.*

Mond: Er spiegelt das Gemütsleben des Träumenden, Sehnsucht nach Liebe und Romantik, irrationales Denken, Intuition, Irrsinn, den Wechsel der Empfindungen, den Rhythmus des Lebens, die Fruchtbarkeit, weibliche Aspekte (z. B. Abhängigkeit) und das innere geheimnisvolle Licht wider. Der volle *M.* bedeutet u. a. die Einweihung. Siehe *Halbmond, Nacht.*

Mongole: Wilde, ungezügelte Emotionen, psychische Kräfte, die außerhalb der Verstandeskontrolle liegen, Magie, Naturverbundenheit usw.

Monogramm: Es ist Sinnbild für die gesamte Persönlichkeit und ihre Charakteristika.

Monstrum: Eventuelle Bildverarbeitung von Fernsehen und Film; Angst oder Verfolgungswahn; meistens eigene oder fremde, nichtbewußte Instinktnatur und Selbstsucht. Siehe *Drache, Krokodil.*

Moor: Siehe *Morast.*

Moos: Einladendes, weiches, saftgrünes *M.* zeigt harmonische Seelenkräfte an. Mooriges, unangenehm zu begehendes *M.* ist Hinweis auf unbewußte, negative, gefahrbringende Emotionen. Siehe *Barfußlaufen, Fußboden, Gras, Unkraut.*

Morast: Belastende Tageserlebnisse, Schwierigkeiten, starke Behinderungen in der Realität, die Schwere der Materie oder hemmende Lebensumstände machen seelischen Aufschwung und spirituelle Freiheit unmöglich; tägliches Tun wird ohne innere Überzeugung, nur gezwungenermaßen ausgeführt; undurchsichtiger, fruchtbarer Urschlamm. Siehe *Dreck, Lava, Schlamm, Teer.*

Mord/Mörder: Unterdrücken oder Abtöten seelischer Probleme, Empfindungen oder Begabungen. Aber auch Aggressionen, Interessen, Wünsche oder Süchte können aus dem Tagesbewußtsein verdrängt werden. Egal, ob der Träumende Täter oder Opfer ist, der Trauminhalt weist auf ernsthafte, tiefliegende Problematik hin. Siehe *Gewalt, Leiche, Tod, Töten.*

Morgendämmerung/Morgenröte: Anfang, Hoffnung, Aufgeschlossenheit, verschiedene Möglichkeiten, Bewußtwerden bisher unbekannter geistiger Werte. Siehe *Dämmerung, Nacht, Tag, Tageszeiten.*

Mörser: Zerkleinern, Gleichmachen oder Mischen von Ideen.

Morsezeichen: Suche nach Mitteilung, Verständnis, Entschlüsselung fremder Gedanken und Botschaften.

Mosaik: Die bunte Fülle der Erfahrungen, der sinnvolle Schicksalslauf, die Führung durch spirituelle Mächte. Siehe *Schachbrett.*

Moschee: Suche nach dem Sinn des Daseins, dem Weg nach Innen, nach Schutz u. a. m. Auch künstlerische Interessen und der Wunsch, fremde Kulturen kennenzulernen, können sich durch den Traum von der *M.* ausdrücken. Siehe *Gottesdienst, Kirche, Koran, Meditation, Tempel.*

Moskito: Aggressivität, nervliche Erschöpfung, die ansteckende Krankheit. Siehe *Insekten.*

Motorrad: Mit ihm, wie mit dem Auto, bewegt sich der Träumende auf der Lebensreise vorwärts. Es kann Energie, Kraft, Potenz und Freiheitsdrang ausdrücken. Siehe *Autobahn, Fahrrad, Rad, Straße.*

Motte: Sie hat – wie alle Insekten – überwiegend negative Bedeutung. Sie zerstört und belastet die Emotionen, Gedanken und Nervenkräfte. Siehe *Insekten.*

Möwe: Sie stellt neben unsympathischen Eigenschaften wie Angriffslust und Belästigung auch Qualitäten dar, die aus dem Unbewußten (dem Meer) Energien schöpfen und volle Bewegungsfreiheit haben. Siehe *Meer, Wetter.*

Mücke: Siehe *Fliege.*

Muezzin: Erinnerung an die höheren Mächte, die uns zu innerer Besinnung und zum Einhalten der religiösen Gesetze mahnen. Siehe *Gebetsschnur, Kirche, Koran, Moschee.*

Mühle/Mühlrad: Die Arbeit des Mehlmahlens für das Brot der Erkenntnis ist ein seelisch-geistiger Entwicklungsprozeß. Außerdem drückt die *M.* Zwänge und die meist schmerzhafte

Zerstörung veralteter Ansichten, Lebensanschauungen und Überzeugungen aus.

Mumie: Sie kann verschiedene Bedeutungen aufzeigen, wie die unbeteiligte, leblose Haltung sich selbst, anderen und dem Leben gegenüber; blockierte Aktivität, Handlungsunfähigkeit, Mangel an Elastizität und Beweglichkeit; außerdem das Konservieren vermoderter Erinnerungen. Auch Aufruf, die Lebenszeit besser zum spirituellen Wachstum zu benutzen. Siehe *Einbalsamieren, Leiche, Tod* und Kapitel XI.

Mund: Er versinnbildlicht Kommunikation, Ansichten, Absichten und den Eingang und Ausgang zu unserem Inneren. Weiterhin betont er die Macht des Wortes und das Schöpfungsgeheimnis.

Münze: Siehe *Bank, Goldmünze, Kreis, Medaille, Metalle.*

Muschel: Sie deutet auf Kreativität, die Suche nach Spiritualität, versteckte Gefühle und Gedanken in harter Form oder Schale, auf die Gebärmutter, auf das Neuerschaffene im geheimnisvollen Dunkel der ungeklärten, chaotischen Kräfte und außerdem auf Grab und Auferstehung. (Aus der *M.* entsteht die Perle). Siehe *Perle, Perlenkette.*

Museum: Erinnerung, Bewußtwerden und kritische Betrachtung der eigenen Vergangenheit. Wissens- und Forschungsdrang und Schönheitssinn. Auch Hinweis auf die Vergänglichkeit alles Irdischen und auf totes Wissen. Siehe *Bibliothek/Bibliothekar.*

Musik: Die Art der im Traum gehörten Melodien bezeichnet den genauen Gefühlsinhalt, die Absicht und den Zweck der *M.* So ruft z. B. harmonische Orgelmusik zur Verinnerlichung und Religiosität auf. Auch kann der Traum spirituelle Musik oder Sphärenmusik ankündigen. Siehe *Chor, Geige, Laute, Orchester, Stimme, Wort.*

Mutter: Dieser Traum kann die wirkliche eigene *M.*, eine andere weibliche Bekannte oder Erfahrungen und Einstellungen zu weiblichen Individuen darstellen. Durch den Umgang mit der *M.* formen sich während der Kindheits- und Jugendjahre bei jedem Menschen unbewußte oder bewußte Erfahrungen, Erwartungen und Reaktionen, die er auf seine Mitmenschen, besonders gerne auf seine Partner, überträgt. Siehe *Frau, Jungfrau.*

Muttergottes: Sie manifestiert die reine, gottempfangende Seele, die mütterliche Schöpfungskraft der Erde, des Universums, der sichtbaren Materie. Diese gebiert physisches, seelisches und geistiges Leben durch den befruchtenden, lenkenden Geist des Himmels. Auch versinnbildlicht die *M.* den weiblichen Aspekt der Gottheit. Viele Religionen haben ein *M.*-Symbol, wie die ägyptische Isis, die islamische Fatima und die buddhistische Kwan Yin (oder Kannon). Weiterhin kann ein Teil unserer Persönlichkeit, der durch bedingungsloses Vertrauen göttliches Bewußtsein empfängt, mit dem Traum von der *M.* gemeint sein. Siehe *Löwe, Madonna, Pelikan.*

Mutterschoß: Dieser weist auf die aktuellen Ereignisse während unserer embryonalen Entwicklung und auf unsere realen, inneren Erfahrungen während der frühesten Kindheit hin, welche für unser ganzes Leben bestimmend sind. Auch kann der Traum zum Nachdenken und Erforschen unserer Motive, der Triebkraft unseres Handelns, aufrufen. Siehe *Baby, Embryo, Kind.*

Mütze: Siehe *Hut, Kleidung.*

Mystiker: Siehe *Führer, geistiger.*

N

Nabel: Er stellt die Verbindung dar von der äußeren zur inneren Welt; den Anfang und Neuerschaffenes; auch den Kontakt, außerdem die Abhängigkeit von mütterlichen und seelisch-geistigen Nahrungsquellen.

Nachbar: Traummenschen repräsentieren oft bestimmte sympathische oder unsympathische Charaktereigenschaften des Träumenden selbst. Unbekannte *N.* können auch unsere innere Einstellung zu ihnen und verborgenes Empfinden der *N.* zu uns anzeigen.

Nacht: Dieses Traumsymbol tritt häufig auf, wenn auf die Abwesenheit des klaren Tagesbewußtseins, auf seelische Blindheit und eventuell auf den Tod aufmerksam gemacht werden soll. Siehe *Dämmerung, Dunkelheit, Farben: Schwarz; Licht, Morgendämmerung/Morgenröte, Tag, Tageszeiten.*

Nachtigall: Spirituelle Sehnsucht und Verlangen. Siehe *Vogel.*

Nacktheit: Verschiedene Auslegungen sind möglich: 1. Der natürliche Urzustand des Träumenden, 2. Schutzbedürftigkeit, Hilfslosigkeit, 3. ein unbewußter oder bewußter Versuch, uns oder einem anderen unsere echte Natur, unsere positiven und negativen Eigenschaften und Geheimnisse zu offenbaren, 4. das Abwerfen von Konventionen, 5. die Angst vor Entdeckung, 6. Schuldgefühle, Minderwertigkeitsempfinden, 7. Sühnebereitschaft, 8. die Anerkennung der Überlegenheit spiritueller Welten, vor denen man seiner Blöße gewahr wird. Siehe *Entblößt, Entkleiden, Kleid.*

Nadel: Diese ist ein Hinweis auf schmerzhafte Erkenntnisse; Suche und Verketten tiefer seelischer Inhalte, Stichelei; aggressive scharfe Bemerkungen der eigenen Person oder anderer; männliche Sexualität. Siehe *Farben, Kleben, Kleid, Nähen, Naht.*

Nagel: Schmerzliche, auch einengende, verpflichtende oder bindende Lebensumstände und die zusammenfügende oder -führende Energie. Alle Gewaltanwendungen im Traum können Hinweis sein, Mutlosigkeit zu überwinden oder eigene Aggressionen zu zügeln. Siehe *Nadel.*

Nagetier: Zerstören, Zersetzung. Siehe *Maus, Ratte.*

Nähen: Schaffen von Verbindungen, Genauigkeit, Sorgfalt, Kreativität, Schönheitssinn, Ausbessern des Charakters (bei sich selbst oder bei anderen). Siehe *Nadel.*

Nahrung: Außer für die echte *N.* steht sie stellvertretend für physische und geistige Energien, Interessen oder Notwendigkeiten des Träumenden oder anderer. Siehe *Essen, Mahlzeit* und einzelne Nahrungsmittel wie *Äpfel, Erdbeeren, Fleisch, Gemüse, Getreide, Kartoffeln, Obst, Salat, Süßigkeiten.*

Naht: Verbinden, Zusammenfügen, Trennen. Siehe *Nadel, Nähen.*

Narbe: Die körperlichen Traumwunden symbolisieren Unangenehmes und seelische Verletzungen, die mit den *N.* wieder geheilt werden. Siehe *Abszeß, Akne, Haut.*

Narkose: Unfähigkeit oder Willensblockade des Träumenden, eigene oder fremde Probleme in der Tagesrealität zu lösen. Siehe *Hypnose, Trance.*

Nase: Je nach Beschaffenheit derselben werden Verbesserung oder Verminderung natürlicher Instinkte, des Spürsinns oder auch Probleme der Sexualität angesprochen. Siehe *Hund.*

Nashorn: Das *N.* im Traum macht auf eigenes oder fremdes stures, rücksichtsloses, zerstörendes oder aggressives Vorgehen aufmerksam.

Natur: Ursprünglichkeit, Schönheit, Gesundheit, Unverfälschtheit. Siehe *Berg, Gebirge, Landschaft, Meer, Wetter.*

Naturgeister: Diese können im Traum hilfreiche Funktionen anzeigen, aber auch verkümmerte eigene oder fremde Eigenschaften mitteilen. Siehe auch »Heutige Naturgeister« am Ende von Kapitel V.

Nebel: Undurchschaubares, Verwirrung, Unwissenheit, Verschleierung eigener oder fremder Probleme oder Absichten; ruft oft zum Vertrauen in das geistige Licht und die übergeordnete Führung auf. Siehe *Wetter.*

Neger: Für den hellhäutigen Träumenden manifestiert er eigene oder fremde, tief verankerte unbewußte Gefühle, die oft undurchsichtige Triebseite der menschlichen Natur, das instinktive oder primitive Verhalten, Vereinfachung und Konventionslosigkeit.

Neptun: Auftauchen und Beherrschen unbewußter Kräfte und Energien. Siehe *Dreieck, Meer, Wasser.*

Nest: Wunsch nach Geborgenheit, Schutz, Wärme, Eigenständigkeit und Freiheit. Auch kann es Ausdruck sein für träumendes, embryonales Bewußtsein. Siehe *Küken, Vogel.*

Netz: Es erscheint oft als Warnung vor Gefahr, Unfreiheit, Gefangensein und sexueller Abhängigkeit. Auch könnten sich durch das *N.* das Festhalten von etwas Unauffindbarem oder »verlorenen armen Seelen« und die göttliche Rettung ankündigen. Siehe *Gitter, Grube.*

Neubau: Psychische und geistige Umpolung. Siehe *Bauen/Bauplatz, Haus.*

Neun: Siehe *Zahlen.*

Niederkunft: Siehe *Geburt.*

Nieren: Der Traum kann auf tatsächlich therapiebedürftige Nierenleiden, allgemeinen Vitalitätsverlust, Krankheiten der Geschlechtsorgane oder Potenzstörungen hinweisen. Auch ihre Aufgabe, überflüssig Gewordenes auszuscheiden, mag hier für den seelisch-geistigen Bereich angedeutet werden. Weiterhin kommt den *N.* im Hinblick auf Partnerschaftskonflikte, Probleme der Flexibilität und der erstarrten Konvention besondere Bedeutung zu. Siehe *Arzt, Krankheit, Kräuter, Medizin.*

Nilpferd: Eigene oder fremde Triebkräfte der Gewalttätigkeit, Freßsucht, Stumpfheit und auch Probleme des Übergewichtes. Siehe *Nashorn, Schwein.*

Nimbus: Siehe *Heiligenschein.*

Nixe: Siehe *Naturgeister.*

Nonne: Siehe *Mönch.*

Norden: Seelische oder geistige Kälte und Öde; lichtloser, geistig wenig ergiebiger Ort. Siehe *Dunkelheit, Nacht.*

Notbremse: Freiheitsdrang; Wunsch und Wille, der jetzigen Lebenssituation auszuweichen oder diese zu verändern; auch unkonventionelles Verhalten. Siehe *Eisenbahn.*

Notizbuch: Gewahrwerden wichtiger innerer Ereignisse, Aufruf zum Überdenken von Tagesproblemen. Siehe *Schriftstück.*

Notlage: Eigene oder fremde physische, seelische oder spirituelle Schwierigkeit; Egoismus; Mangel an Ausdauer; Hinweis, religiöse Qualitäten, wie zum Beispiel Vertrauen, zu entwikkeln.

Nuß: Die grüne und feste Außenhülle zeigt den physischen Körper und die Materie an. Der Nußkern versinnbildlicht den geistigen, göttlichen Kern. Um diesen zu erreichen, wird oft die Überwindung der Materie nötig. Aus Nußkernen läßt sich brennbares Öl herstellen und damit Licht gewinnen. Siehe *Licht, Mandel.*

Nymphe: Siehe *Naturgeister.*

O

Oase: Reiselust; rettende Einfälle in schwierigen Situationen. Auch kann der Traum lebendige, positive Eindrücke ankündigen, inmitten einer Phase der seelischen und geistigen Dürre und Einsamkeit. Siehe *Fata Morgana, Insel, Wüste.*

Obelisk: Er ist ein Ausdruck für Interesse an fremdländischer Kultur, an den besonderen überragenden Werten; für Überheblichkeit oder auch Minderwertigkeitsgefühle. Siehe *Denkmal, Säule, Statue, Totem.*

Obst/Obstgarten: Lohn und Ertrag eigener Anstrengungen.

Weiterhin hat gesundes, schmackhaftes Obst positive erotisch-sexuelle Bedeutung, bei unappetitlichem ist das Gegenteil der Fall. Siehe einzelnes Obst; *Apfel, Erdbeere, Kirsche; Essen, Mahlzeit, Nahrung.*

Obszönität: Sie kann das Aufgeben von liebgewordenen Gewohnheiten bedeuten, jedoch auch eigene verdrängte Gefühle und Wünsche der *O.* Diese sollten vom Träumenden angenommen, analysiert und ins Positive verändert werden.

Ochse: Im Vergleich zum Stier zeigt der *O.* Geduld, Ausdauer, aufopfernde Arbeit, friedliches Verhalten, Schwerfälligkeit, gezähmte Energien und hilfreiche Qualitäten als Arbeits- und Lasttier. Siehe *Joch, Last.*

Odysseus: Der abenteuerliche Weg des Initiierten (Eingeweihten).

Ofen: Er kann auf Umwandlungsprozesse von Emotionen und Eigenschaften oder das Vernichten derselben hinweisen – je nachdem, wie der Träumende ihn empfindet. Siehe *Backofen, Braten, Herd, Kochen, Küche.*

Offizier: Sein Auftauchen zeigt eigene oder fremde Wesenszüge der Organisation, Autorität, Aufmerksamkeit, Überwachung, des Ehrgeizes sowie Führungstalent. Angesehene Traumpersonen in leitender Stellung weisen oft auf das übergeordnete höhere Selbst des Träumenden hin. Siehe *Chef, Direktor; Führer, geistiger; General; Selbst, höheres.*

Ohnmacht: Sie gibt oft über Unfähigkeit Aufschluß, die nötige Eigeninitiative zu entwickeln oder Entscheidungen im täglichen Leben zu treffen. Oft ist bei dem Traum von der *O.* das seelische oder geistige Gleichgewicht durch eine Konfliktsituation in der Realität gestört. Siehe *Narkose.*

Ohr: Warnung vor realen Ohrschäden oder Aufruf, der eigenen inneren Stimme oder wohlgemeinten Ratschlägen anderer zu lauschen. Es sollte auch überlegt werden, auf welcher Einstellung der Träumende möglicherweise starrsinnig beharrt oder durch welche Art Streß man aus dem seelischen Gleichgewicht geraten ist. Bei letzterem wird das *O.* als Gleichgewichtsorgan angesprochen. Große Traumohren mit langen Ohrläppchen zeigen Stärke des Gedächtnisses, Zähigkeit, Langlebigkeit bzw. Unausrottbarkeit (z. B. auch materieller Interessen) gewisser Eigenschaften an. Siehe *Arzt, Krankheit, Medizin, Taub.*

Oktopus: Siehe *Krake.*

Öl/Ölbaum: Reibungsloses, harmonisches Funktionieren; Vitalität; Ausdruck reinigender Lichtkräfte, geistiger Fruchtbarkeit, spiritueller Kraft, des göttlichen Geistes, der Weihe und Heiligung; auch Sinnbild für Schmeicheleien oder Reden, die wie »Öl« eingehen. Siehe *Olive, Salbung.*

Olive: Heilung, Regeneration, Frieden. Siehe *Öl/Ölbaum.*

Om: Die heilige Silbe symbolisiert kosmische Ordnung und Harmonie. Siehe *Gebet, Meditation.*

Omnibus: Siehe *Autobahn, Autobus, Fahren, Reise, Reisende, Steuerrad, Straße, Taxi.*

Onkel: Der Traum kann Gefühle oder Gedanken über einen tatsächlichen *O.* andeuten. Möglicherweise versinnbildlicht er eine Autoritätsperson. Siehe *Aufsichtsperson, Chef, Vater.*

Oper: Auf der Opernbühne spielen sich Lebensdramen oder -komödien ab. Auch kann sie Hinweise auf unechte Gefühle und gekünsteltes Benehmen geben. Siehe *Dirigent, Maske, Musik, Orchester, Schauspieler, Singen, Theater.*

Operation: Ihr Auftauchen im Traum kann reale Warnung oder Angst vor einer wirklichen *O.* bedeuten. Sie gibt auch Hinweise auf eigene oder fremde Fehlhaltungen oder störende seelische Fremdkörper, die entfernt werden sollten. Siehe *Arzt, Chirurg, Narkose, Spritze.*

Opfer: Es kann Ausdruck für eigene Konflikte der Durchsetzungskraft und Autorität oder für vernachlässigte Talente sein. Auch kündigt sich der geistige Sieg über bestimmte

Triebkräfte oder der Verlust eines eigenen Wesenszuges durch das *O.* an. Der Träumende sollte die Assoziationen oder die Symbolik herausfinden, für was, wen und weshalb geopfert wird. Siehe *Altar, Gold, Kelch, Priester.*

Opium: Möglicherweise werden im Traum über das *O.* unsere Chancen, eigenen Erfahrungen, Ausflüchte und Verstecken von Fehlern ausgedrückt sowie der Wunsch, sich über Schwierigkeiten zu erheben. Siehe *Abstinenz/Abstinenzler, Alkoholismus, Haschisch.*

Orakel: Es deutet entweder auf Kontakte mit tieferen Ebenen des Seins oder das Bewußtsein einer schicksalhaften Wende. Oft wird auch die innere Unsicherheit, der Wunsch nach Absicherung oder mangelndes Vertrauen in eigene Fähigkeiten sowie die Führung durch höhere Kräfte in diesem Traum ausgedrückt. Siehe *Astrologe/Astrologie; Führer, geistiger; Tierkreis/Tierkreiszeichen.*

Orange: Fruchtbarkeit, Sexualität, Sonnenenergie, geistiger Glanz. Siehe auch unter *Farben.*

Orchester: Es kann Gleichklang der Emotionen, positives und auch negatives Zusammenwirken signalisieren. Wenn sich der Träumende aus dem *O.* hervorhebt, werden individuelle, seelische und geistige Tendenzen und Eigenschaften betont. Siehe *Dirigent, Geige, Gitarre, Harfe, Musik.*

Orchidee: Extravaganz, Angabe. Siehe *Blumen/Blüten.*

Orgel: Die Vielzahl eigener Gefühle und Charakterqualitäten, die auf die Umwelt einwirken, werden durch den Traum von der *O.* dargestellt. Wenn aus ihr Kirchenmusik erklingt, kann der Traum auf religiöse Sehnsucht und kirchliches Gedankengut hinweisen. Siehe *Kirche, Musik, Orchester.*

Orgie: Unterdrückte Emotionen. Siehe *Obszön.*

Orient/Osten: Wunsch oder Interesse an Reisen, Abenteuern, Mystik, eigenen geheimnisvollen Wesenszügen und der individuellen Frage nach dem Zyklus der Wiedergeburt. Immer, wenn der *O.* auftaucht, kann es sich auch um die geistige Sonne und Aufhellung eigener Unwissenheit handeln. Siehe *Araber, Chinese, Japan/Japaner, Persien.*

P

Paket: Es ist ein Objekt mit verborgenem positiven oder negativen Inhalt oder zeigt eigene versteckte Talente an. Unser Tagesbewußtsein kann uns den Inhalt enthüllen und uns helfen, in der Realität diese Eigenschaften zu entwickeln.

Palast: Er kann historisches oder abenteuerliches Interesse an vergangener Pracht und weiterhin die geheimnisvolle Mitte der Persönlichkeit oder das Zentrum des höheren Selbst ins Bewußtsein bringen. Siehe *Haus, Kirche, König, Königin, Königssohn, Königstochter, Mandala.*

Palme: Sie ist im Unsichtbaren nach geistigen Kämpfen als Zeichen des Sieges, Friedens, spirituellen Lohnes und Überlebens und der Wiedergeburt zu beobachten. Siehe *Baum, Insel, Meer, Phoenix, Säule.*

Palmzweig: Harmonie zwischen Mensch und höherer Führung.

Panther: Der mächtige, schnelle, starke Feind. Siehe *Löwe, Tiger.*

Pantoffel: Ruhe, Erholung, Verlust an Kraft und Initiative. Siehe *Fuß, Schuh.*

Panzer: Draufgängertum, Aggressivität und Zerstörungswut, gegen andere oder sich selbst gerichtet. Siehe *General, Krieg, Soldat, Waffen.*

Papagei: Eigene oder fremde Eigenschaften des automatischen, geistlosen Nachahmungstriebes, des mangelnden selbständigen Denkens und der Geschwätzigkeit. Siehe *Vogel.*

Papier: Je nach Art des *P.* wird auf die Vergänglichkeit der Tagesereignisse oder auf Lernmaterial hingewiesen. Der Traum kann wichtige vergangene Botschaften aus dem Unbewußten in Erinnerung bringen und versuchen, sie festzuhalten. Siehe *Dokument, Schriftstück.*

Papst: Er versinnbildlicht Qualitäten wie Disziplin, Ordnung, religiöse Konzentration, Innenschau, spirituelle Lebensführung. Siehe *Führer, geistiger; Gebet, Kirche, Meditation.*

Paradies: Der *P.*-Garten, in dem die wundervollsten Blumen blühen, sagt etwas aus über Seligkeiten, Harmonie im Individuum und mit dem Unendlichen und über die Belohnung. Siehe *Führer, geistiger; Garten, Himmel, Licht, Sonne.*

Parfüm: Erinnerung an oder Gleichnisbedeutung für ein bestimmtes Ereignis oder eine Person; Wunsch nach Luxus und gesellschaftlicher Anerkennung. Siehe *Geruch.*

Parlament: Es kann reale politische Probleme andeuten. Oft werden jedoch eigene Qualitäten angesprochen oder Hinweise gegeben auf eine straffere Lebensführung, Vereinigung vielfältiger eigener Bestrebungen, Gemeinschafts- oder sozialen Gerechtigkeitssinn. Siehe *Politik, Rathaus, Regierung.*

Paß: Wunsch nach Erholung, Abenteuern, Abwechslung, seelischem und geistigem Neuland; Gleichnisbedeutung für Eigenwert, Identität, Rechtschaffenheit und Rechtmäßigkeit des Betroffenen. Siehe *Ausweis.*

Patrone: Aggression und Gefühlsexplosion. Oft Warnung an den Träumenden, seinen Emotionen gegenüber mehr Kritik walten zu lassen. Siehe *Dynamit, Explosion, Krieg, Waffen.*

Pauke: Aufmerksamkeit erzeugen, die Reklametrommel rühren, Aufschneiderei, Mangel an Bescheidenheit. Siehe *Musik.*

Pegasus: Das geflügelte Pferd der griechischen Mythologie kündet Poesie, Phantasie und Vorstellungskräfte an. Siehe *Pferd.*

Peitsche: Wo immer sie auftaucht, geht es um die Eigenschaften des Hasses, der Tyrannei, des Stolzes, der Brutalität, Aggression, der sexuellen Angriffslust und auch Unterjochung sexueller Wünsche.

Pelikan: Ein überzeitliches Sinnbild der Elternliebe und der absoluten Selbstlosigkeit. Der geistige Aufstieg wird durch Opfer verwirklicht.

Pelz: Er ist ein Symbol für das Tier, dem er angehörte. Auch Wünsche nach menschlicher Nähe, Wärme, Sexualität, Luxus und gesellschaftlichem Glanz können als Traum vom *P.* auftauchen. Siehe betreffendes Tier.

Pentagramm: Zeichen für Unangreifbarkeit und Gesundheit. Wenn der im Traum Angegriffene ein *P.*, d. h. einen Fünfzackenstern, sieht oder in einem solchen steht, dann kommen ihm manchmal schützende Einflüsse gegen unangenehme oder böse Mächte zu Hilfe. Siehe *Amulett, Hexe, Magie, Zauberer.*

Perle: Neben der Gleichnisbedeutung der Schönheit und Exklusivität steht sie stellvertretend für das eigene, innere, reine, unvergängliche Wesen; zur Vollkommenheit, Wiedergeburt und Erleuchtung. Siehe *Muschel, Perlenkette, Schmuck.*

Perlenkette: Universelle Eigenheit von materiellen oder geistigen Einzelteilen. Jeder der zwölf Perlen kommt die besondere Bedeutung einer ganz bestimmten Tugend zu, die den Zugang zum »himmlischen Jerusalem« öffnet, das Paradies aufschließt. Siehe auch Offenbarung Johannes 21.21. Siehe *Brosche, Halskette, Perle, Schmuck.*

Persien: Der Traum spricht die individuellen Interessen und Auffassungen an, die der Träumende für eine geheimnisvolle alte Kultur empfindet. Siehe *Orient.*

Personen: Bestimmte eigene oder fremde Eigenschaften, Interessen, Begabungen. Die blonde europäische Person zeigt praktischen Verstand, Organisationssinne, Realitätsbezogenheit und die überwiegend materiellen Lebensauffassungen an. Siehe *Chinese, Indianer, Neger, Zigeuner* usw.

Perücke: Unwahres, unrichtiges, verdrehtes Fühlen und Denken; Verstellung der Persönlichkeit. Siehe *Maske.*

Petrus: Gleichbedeutend mit der inneren Wandlung vom Glaubensinstinkt zum bewußten, aktiven und erleuchteten Christen.

Pfad: Richtung, Zustand und Szenerie des Traumpfades werden durch die Lebenshaltung und -auffassung des Betroffenen bestimmt. Der *P.* dient der Entwicklung natürlicher Anlagen, seelischer und geistiger Bewußtseinsinhalte. Seine zu überwindenden Hindernisse sind unsichtbarer Natur. Wird er durch Felsbrocken verlegt, so drücken diese die innere Mühe und Einsamkeit aus. Siehe *Fels, Straße, Weg.*

Pfanne: Siehe *Gefäß, Kelch.*

Pfarrer: Er steht stellvertretend für tiefverankerten Glauben, Interesse an Religion, Mystik und deutet auf das eigene Gewissen hin. Siehe *Gottesdienst, Kirche; Selbst, höheres.*

Pfau: Er führt über die Klippen des Nichtwissens, der Eitelkeit, Überheblichkeit, der Vielfältigkeit der Erfahrungen zum »Glanz des Vollmondes oder der Sonne«, zum universellen Wissen und der Auferstehung, zum spirituellen Sieg. Er entfaltet seine Pracht wie mystisches, inneres Leuchten. Siehe *Licht, Sonne.*

Pfeffer: Unternehmungslust, Schwung, Temperament. Siehe *Gewürz.*

Pfeife: Hier herrscht die Symbolbedeutung vor, die der Träumende dieser gibt, wie z. B. Entspannung, Erholung, gemütliche Konversation oder gründliche Problemlösung. Siehe *Rauchen, Zigarette, Zigarre.*

Pfeil: Siehe *Speer.*

Pfeil und Bogen: Vitalität, Kraft, Verantwortung, Konzentration, Eindringen in unsichtbare übergeordnete Wahrheiten. Der *P.* kann den Willen, Sonnenstrahl und (sexuelle) Fruchtbarkeit, der *B.* den Impuls zum Leben anzeigen. Siehe *Amor, Schlüssel, Speer.*

Pferd: Immer, wo es auftaucht, geht es um Vitalität, Dynamik, Schnelligkeit, latent vorhandene Energien, Regenerationskräfte, Expansion, Aggressivität, Sexualtrieb des Mannes, praktische Denk- und Verstandeskräfte, auch geistige Energien und um die Sonnensymbolik (als Zugtier des Sonnenwagens). Im einzelnen bedeutet das *Streitroß* Kampfeslust, das junge, meist *braune P.* jugendliche Unternehmungslust und Sexualität, instinktives Denken, Männlichkeit. Das *P. mit Reiter* gibt Aufschluß über die gelenkten, beherrschten Triebe. Das *rote P.* stellt Sexualität und Eroberungsdrang, auch kriegerischer Art, dar. Dem *blauen P.* kommt die Bedeutung der Phantasie und Romantik zu und dem *geflügelten* die Verwandlung der Triebnatur in sich darüber erhebende, seelische und geistige Eigenschaften, z. B. von Sexualität in kameradschaftliche Liebe. Während das *grau-schwarze* und das *fahlgelbe P.* negative Qualitäten, Unheil und betrübtes Bewußtsein andeuten, weist das grünlichgraue *P.* auf Seuchen und Krankheiten, das *weiße* auf Intuition, klares Denken, Spiritualität, Vollkommenheit und Christussymbolik (Offb. Joh. 6. 1-8, 19, 11.15) hin. Siehe *Kentaur, Pegasus, Reiten, Sattel.*

Pfingstrose: Ihre Dornenlosigkeit läßt sie zu einem Mariensymbol werden. Siehe *Blumen/Blüten, Rose.*

Pflanze: Sie zeigt die erneuernde Kraft, den Anfang und die Verbundenheit alles Lebendigen an. Auch Aussehen und Zustand der *P.* im Traum laufen mit der inneren Entwicklung parallel. Siehe *Baum, Blatt, Wurzel.*

Pflug/Pflügen: Veränderung von Konventionen sowie Umbruch und systematisches grünliches Erforschen alter und neuer Ideen- und Interessensgebiete.

Pforte: Veränderung, Zugang zu neuer geistiger Entwicklung und unbekannten inneren Welten. Siehe *Schlüssel, Tor, Tür.*

Phantom: Siehe *Dämon, Geist.*

Phoenix: Vergehen, Sterben, Überwindung der Materie, Wandlung, geistiges Überleben, Wiedergeburt, Ewigkeit und Erneuerung. Siehe *Adler, Greif.*

Pilger: Als Sucher nach Selbsterkenntnis, Spiritualität und dem verlorenen Paradies kommt ihm besondere Wichtigkeit zu. Auch die Vergänglichkeit und Unbeständigkeit alles Sichtbaren wird mit dem *P.* angedeutet. Siehe *Einsiedler, Mönch.*

Pille: Siehe *Arzt, Krankenschwester, Krankheit, Kräuter, Medizin.*

Pilz (Wald- und Wiesenpilz): Hinweis oder Warnung vor realen Pilzerkrankungen, Rauschgiften oder unkontrollierbaren Situationen. Da sich der *P.* getrocknet lange hält, kündet sich durch ihn auch Langlebigkeit an. Siehe *Schimmel.*

Pinguin: Er verfügt über Eigenschaften wie Einsamkeit, Zurückgezogenheit, Gefühlskälte und Unbeholfenheit. Siehe *Vogel.*

Pistole: Wo immer Pistolen und sonstige waffenähnliche Gegenstände auftauchen, geht es um angriffslustige männliche Triebe ohne gefühlsmäßiges Verständnis oder Herzensbindung. Siehe *Schuß, Waffen.*

Plakat: Es kann auf die Vergänglichkeit der täglichen Ereignisse oder gegenteilig auf eine wichtige Angelegenheit aufmerksam machen, die der Träumende beachten sollte. Siehe *Inserat.*

Planet: Er beinhaltet den Wunsch nach Übersicht, Überschaubarkeit von Problemen und dem Sicherheben über dieselben. Auch ist er ein naheliegendes Symbol für Abenteuerlust oder

Forschungsdrang nach dem Geheimnisvollen oder nach geistigen Neuheiten. Siehe *Komet, Stern.*

Plattenspieler: Der Traum dient in erster Linie dazu, den Einfluß der Vergangenheit oder auch veralteter, beiseite geschobener Probleme klarzumachen. Der *P.* zeigt auch die stereotype Wiederholung von Seeleninhalten an. Siehe *Musik, Papagei.*

Platz: Siehe *Kreis, Quadrat, Zahlen: Vier.*

Platzangst: Furcht oder Schwindel beim Begehen offener Plätze kann reale Angst vor der Öffentlichkeit oder vor Entdekkung bedeuten.

Plazenta: Sie steht stellvertretend für Befruchtung, Schwerarbeit, Abhängigkeit, und gegenseitige Hilfestellungen, die das Überleben ermöglichen. Siehe *Baby, Embryo, Mutter.*

Plünderung: Verwirrung, Chaos, Habgier. Siehe *Einbruch.*

Polarstern: Die geheimnisvolle spirituelle Führung. Siehe *Planet.*

Politik: Dieser Traum stellt oft eigene politische Interessen oder einen Aufruf an den Träumenden dar, nicht nur äußeren, weltlichen Problemen seine Aufmerksamkeit zu schenken. Siehe *Rathaus, Regierung.*

Polizist: Der Traum versucht, eigene oder allgemeine moralische Vorstellungen, Verhaltensnormen, Ordnungsmaßstäbe, Zwang, Gesetzestreue und Gewissenserforschung klarzumachen. Auch stellt der *P.* den Staat stellvertretend dar. Siehe *Dieb, Mord/Mörder, Verhaften.*

Polizistin: Wie Polizist, mit stärkerer Gefühlsbetonung.

Pollen: Sexuelle und seelisch-geistige Fruchtbarkeit, Neugestaltungen im täglichen Leben. Siehe *Biene, Blumen/Blüten.*

Polyp: Siehe *Krake.*

Porzellan: Seine Vorzüge, wie Schönheit, Exklusivität, Kulturbewußtsein, Gemütlichkeit und Förderung menschlicher Kontakte, oder auch seine Nachteile, wie Anfälligkeit, Zartheit, Kälte und Reserviertheit, werden durch diesen Traum ausgedrückt. Siehe *Glasgefäße.*

Posaune: Neuigkeit, Umbruch, Wandlung, Gefahr. Siehe *Gericht, Musik, Orchester.*

Post: Sie kündet positive oder negative Neuorientierung über die eigene Person oder andere an. Auch Ideenaustausch, Kontaktfreudigkeit und Freundschaftssinn zeigt sie. Siehe *Brief, Briefträger, Postbote, Schriftstück.*

Postbote: Positive oder negative Neugigkeiten, die Erwartung, Hoffnung und Veränderung. Siehe *Brief, Briefträger, Post, Schriftstück.*

Prophet: Weiser, Offenbarer. Siehe *Führer, geistiger.*

Praline: Belohnung, Verschwendung, Erholungspause. Siehe *Süßigkeiten.*

Prämie: Sie drückt den Wunsch nach Anerkennung aus oder kann eine reale Ehrenbezeigung in der Tageswirklichkeit bedeuten. Auch dauernde eigene Anstrengungen kann sich der Träumende damit selbst belohnen.

Pranger: Das eigene Gewissen. Siehe *Gericht.*

Presse: Neben realen Bedeutungen sollen oft nicht erkannte Gefühle oder neue Ideen aus dem eigenen Unbewußten ins klare Tagesbewußtsein gebracht werden. Siehe *Journalist, Zeitung.*

Priester: Siehe *Führer, geistiger; Mönch, Pfarrer.*

Primitiver: Siehe *Urzeitmensch.*

Prinz: Siehe *Königssohn.*

Prinzessin: Siehe *Königstochter.*

Professor: Siehe *Arzt, Chef; Führer, geistiger; Lehrer.*

Propeller: Eigene Dynamik, Antriebskräfte und Zielvorstellungen.

Prophezeiung: Der tatsächliche Wahrtraum ist meist klar und kurz. In ihm fehlt jeglicher Hinweis auf irgendeinen Ausweg oder eine Lösung. Prophetische Träume, die sich aller Wahrscheinlichkeit nach nicht realisieren, haben eine längere Handlung und verraten oft eigene Angst, Minderwertigkeits- und Schuldgefühle sowie Selbstbestrafungstendenzen. Siehe *Unfall.*

Prostituierte: Sie steht stellvertretend für das weibliche Prinzip der sinnlichen, materiellen, negativen und zersetzenden Kräfte. Bei der weiblichen Träumerin handelt es sich möglicherweise um eigenes unbewußtes Interesse an der Prostitution. Wo immer die *P.* in Männerträumen auftaucht, geht es meistens um Ablehnung einer festen Bindung mit dem weiblichen Geschlecht oder um Angst vor Verantwortung.

Protokoll: Siehe *Examen, Reifeprüfung.*

Prüfung: Siehe *Examen, Reifeprüfung.*

Psychiater/Psychoanalyse: Dieser Traum dient in erster Linie der Selbstanalyse von Gefühls- und Gedankenkräften, die es zu verbessern gilt. Jedoch kann er auch Angst vor Entdeckung eigener Unzulänglichkeiten, Neurosen und anderen seelischen Erkrankungen mitteilen. Selbstverständlich kann er als Hinweis dienen, einen *P.* aufzusuchen. Siehe *Arzt, Chirurg; Führer, geistiger.*

Puls: Energiesymbol, verborgene innere Probleme und Konflikte. Siehe *Herz.*

Punkt: Das Ziel oder das wichtigste zentralste Problem. Siehe *Kreis.*

Puppe: Sehnsucht nach unbeschwerter Kindheit. Häufiges Träumen von Puppen kann als Flucht vor der Realität bewertet werden. Siehe *Kindheit.*

Pyramide: Neben dem Hinweis auf historisches Interesse und Reisefreudigkeit macht die *P.* auf Kontakt zu geistigen Sphären aufmerksam. Hellsichtig betrachtet ist eine echte *P.* mit blauem Chi (= unsichtbarer farbiger Energie) gefüllt, was auch häufig bei den Nachahmungen der Fall ist. Daher kann sie auch ein Sinnbild für vitale Energien sein.

Q

Quadrat: Der be- und umgrenzte, irdische oder menschliche Lebens- und Aufgabenraum; der überschau- oder überwachbare Bereich für Erfahrungen. Das *Q.* steht im Vergleich zur Himmelswölbung oder zum Kreis. Auch werden die vier Himmelsrichtungen und die vier Elemente angedeutet. Siehe *Kugel, Würfel, Zahlen: Vier.*

Qualle: Unklare, ungeformte und abstoßende Emotionen und Gedanken. Siehe *Polyp.*

Quarz: Die Klarheit des Denkens. Siehe *Edelstein, Kristall, Schmuck.*

Quecksilber: Veränderlichkeit, Unbeständigkeit, chronische Krankheit.

Quelle: Sie zeigt mit sauberem Wasser die unerschöpfliche, sprudelnde kosmische Lebenskraft, das physische oder spirituelle Leben, die Taufe und Ungetrübtheit der Gedanken an. Die *Q.* mit unsauberem Wasser bedeutet das Gegenteil. Die Menge des aufsteigenden Quellwassers versinnbildlicht die Quantität der gegenwärtigen Energie. Es zeigt die aktuelle Gesundheitslage an. Siehe *Brunnen, Fluß, Meer, Wasser.*

R

Rabe: Er kann zersetzendes, zerstörendes, negatives, auch bösartiges, Denken und die Listen des Verstandes signalisieren, welche die geistige Entwicklung hindern können. Auch soll der *R.* spirituelle Botschaften vermitteln, die aber oft im Materiellen steckenbleiben. Er gilt als Einzelgänger, der schwerwiegende, oft negative Ereignisse ankündigt. Siehe *Vogel.*

Rad: Durch dieses wird konzentrierte Kraft, der Wechsel, Vorwärtsstreben, die Lehre Buddhas, Immerwiederkehrendes, Wiederbeginn und Erneuerung und, wenn vier- oder sechsspeichig, die Sonnen- und kosmische Energie repräsentiert. Auch gibt das *R.* Impulse vom Zentrum nach außen und umgekehrt. Siehe *Fahrrad, Kreis, Sonne, Swastika.*

Radar: Irrationale Kräfte; Kontrolle und Überwachung. Siehe *Aufsichtsperson, Chef, Polizist.*

Radio: Ankündigung von Neuigkeiten, Informationsquelle, Wunsch nach Unterhaltung und Austausch mit anderen oder Kontakte zu unsichtbaren Bereichen. Siehe *Inserat, Journalist, Zeitung.*

Radioaktivität: Unheimliches, unfaßbares, zerstörerisches Prinzip und Schädigung durch unsichtbare Kräfte.

Rakete: Manchmal Vorstellungen von Phantasiereisen oder Wunsch, aus der Realität zu flüchten; Ankündigung bevorstehender Überraschungen; plötzliche Kraft- und Willensanstrengung, sich über eigene Situationen in der Tagesrealität zu erheben. Auch Dynamik oder Kreativität, die versucht, materielle Zwänge abzuwerfen, kann sich in Träumen von *R.* ankündigen. Zusätzlich mag auch Aggressivität oder der Wunsch nach einem übergeordneten Ziel angedeutet werden. Siehe *Fliegen, Schießen, Waffen.*

Rasen: Siehe *Acker, Blumen/Blüten, Heu, Unkraut, Wiese.*

Rathaus: Die öffentliche Meinung, das Gesetz, der benötigte Rat sowie Sympathie und Antipathie seinen Mitmenschen gegenüber werden durch das *R.* angedeutet. Die Gefühlsbeteiligung, unter der das *R.* im Traum gesehen wird, ist wichtig für die Auslegung. Siehe *Gebäude, Haus, Politik, Regierung.*

Ratte: Zersetzung, unaufhaltsamer Zerfall, Begierde, Zerstörungstrieb, schlechtes Gewissen und die hartnäckige, verborgene Krankheit, wenn sie jemanden bedroht oder sich an ihm festbeißt.

Räuber: Ernst zu nehmende Warnung vor akuten Krankheiten. Neuentdeckte, überraschende, auch uneingestandene eigene oder fremde Eigenschaften oder ein bevorstehendes oder bereits geschehenes negatives Ereignis. *R.* können daher echte Warnung vor Verlusten sein. Siehe *Bandit, Einbrecher, Einbruch, Zigeuner.*

Raubtier: Kaltblütigkeit, Raffinesse, Primitivität, Brutalität, Kampf-, Streit- und Angriffslust, auch sexueller Art; oft Warnung. Siehe *Tiere.*

Rauch: Dem Feuer kommt die Bedeutung der Kraft und Erneuerung zu. Wenn der *R.* dem Träumenden in positiver Erinnerung bleibt, so kann er eine geistige Botschaft, das Freisetzen spiritueller Kräfte oder das Verbrennen von Krankheitsschlacken ankünden. Schwarzer, dichter und unangenehm riechender *R.* teilt Ihnen Krankheit, Probleme, Verstrickungen und eine undurchsichtige Lebenssituation mit. Siehe *Farben, Feuer, Nebel.*

Rauchen: Lebensfreude, Genuß, geistige Beweglichkeit, aber auch Ersatz für Hinwendung, Liebe, Sex; weiterhin Unselbständigkeit und Belästigung. Siehe *Pfeife, Spinne, Zigarre, Zigarette.*

Raum: Siehe *Haus, Zimmer.*

Raumschiff: Siehe *Fliegen.*

Raupe: Unentwickelte eigene oder fremde Charaktereigenschaften, verborgene Ziele, Erdgebundenheit, spirituelle Blindheit; die langsame geistige Verbesserung; sexuelle Schwierigkeiten oder auch Schuldgefühle. Siehe *Farben, Schlange, Schmetterling, Wurm.*

Rauschgift: Siehe *Haschisch, Opium.*

Rechts: Dynamik, Tatkraft, das Yang (= Willenskräfte, klares Tagesbewußtsein und vollbewußte Eigenschaften, aktive, überwiegend männliche Seite; Ehre, Erfolg). Das Jüngste Gericht in der Bibel läßt die Auserkorenen auf der rechten, die verdammten Seelen auf der linken Seite Gottes erscheinen. Siehe *Links*.

Rechtsanwalt: Siehe *Advokat, Gericht, Geschworenenbank, Richter*.

Rede (Vortrag): Immer, wo sie auftaucht, kann es sich um eine Warnung vor Täuschung oder Angabe handeln. Auch kündet sie u. U. die »Nichtigkeit« des Wortes an, dem Taten folgen sollten. Wenn jemand dem Träumenden eine Rede hält, so sollte man neben dem Inhalt auf eine Repräsentation des Charakters und besonderer Eigenschaften des Vortragenden aufmerksam gemacht werden. Eigene Traumreden können eine Vorübung für die Tagesrealität sein, z. B. seine originellen Ideen gegen Unterdrückung durchzusetzen. Evtl. fühlt sich der Vortragende unverstanden oder unsicher. Siehe *Gottesdienst, Messe*.

Regen: Er hat die Gleichnisbedeutung von göttlicher Gnade und/oder Fruchtbarkeit in körperlichen, seelischen und spirituellen Bereichen und weist auf das Freisetzen von Gefühlen und Verstandeskräften hin. Während der ruhige *R.* die harmonische, erholsame, emotionelle Lage anzeigt, signalisiert ein Wolkenbruch oder Gewitter heftige Emotionen oder stürmische Ideen. Siehe *Himmel, Quelle, Wasser, Wetter*.

Regenbogen: Da jede seiner sieben Farben eine bestimmte, typische Energieart anzeigt, ist er ein Zeichen für alle Formen der uns vom Himmel zufließenden Energien. Auch als Zeichen der Versöhnung unter verfeindeten Parteien und Gottes mit den Menschen ist er zu betrachten, denn er erscheint immer noch (unsichtbar) um die Osterzeit jährlich am Himmel.

Regenmantel: Isolation und Vereinsamung, aber auch Schutz gegen Gefühlsangriffe der Außenwelt werden durch ihn symbolisiert, da an ihm Ärger und Aufregungen abprallen wie Tropfen an einer Regenhaut. Siehe *Farben, Regen*.

Regierung: Oft zeigt die Traumregierung eigene hilfreiche Elemente an, die das harmonische Funktionieren der verschiedenen Teile in der menschlichen Organisation ermöglichen. Selbstverständlich melden sich auch politische Anschauungen oder aktuelle Diskussionen aus der Tagesrealität. Siehe *Parlament, Politik.*

Reh: Die Schnelligkeit des geistigen Fortschrittes; eigene oder fremde Zurückgezogenheit, Schutzbedürftigkeit, Harmlosigkeit, Ängstlichkeit; spirituelle Wachsamkeit, vertrauensvolle Sanftmütigkeit und Gottvertrauen. Auch kann der Traum eine Warnung vor diesen erwähnten Eigenschaften oder vor einem Angriff auf sie darstellen. Bei häufiger Traumwiederholung von *R.* besteht ein Hang zu Illusionen, evtl. Realitätsverlust. Siehe *Tier, Wald, Wiese.*

Reifeprüfung: Das eigene höhere Selbst überprüft die irdische Persönlichkeit. Die Examen auf dem individuellen Lebensweg können sich auch durch diesen Traum ankündigen. Siehe *Examen.*

Reinigung: Sie ist die passive oder aktive Befreiung von Verunreinigungen körperlicher oder seelisch-geistiger Art. Auch der Wandlungsprozeß einer spirituellen Erneuerung rückt durch diesen Traum möglicherweise ins Tagesbewußtsein. Siehe *Waschen, Wasser.*

Reis: Er steht stellvertretend für physische, psychische und geistige Qualitäten wie Nahrung, Reichtum, Erfolg und Zuversicht. Gesunder *R.* zeigt positive Wesenszüge an, während fauler, verdörrter oder ungenießbarer die negativen andeutet. Siehe *Getreide.*

Reise: Als Sinnbild für den individuellen Lebensweg, für neue Erfahrungen, für den Wandel, für das Ablegen von Konventionen und für die Suche nach dem spirituellen Ziel hat die *R.* im Traum besondere Gültigkeit. Oft ähnelt sie dem Durchforschen eines Labyrinthes oder der Suche nach dem Goldschatz der Weisheit. Siehe *Abreise, Auto, Bahnhof, Eisenbahn, Flugzeug, Labyrinth, Mitreisende, Schaffner, Schiff.*

Reisende: Siehe *Mitreisende, Reise Schaffner.*

Reisepaß: Siehe *Ausweis, Paß.*

Reisigbündel: Durch dieses wird das Lastentragen von Bürden materieller oder immaterieller Art signalisiert. Auch die zerstörenden und erneuernden Kräfte des Feuers werden angesprochen. Siehe *Baum, Feuer, Holz, Joch, Last.*

Reißverschluß: Mit ihm werden Verbundenheit, Gemeinschaft, passende Kontakte, Einheit oder Zwietracht zwischen zwei verschiedenen Subjekten oder Menschen angekündigt. Der Zustand des *R.* zeigt die Art der Verbundenheit an, wenn er z. B. fehlerfrei funktioniert, dann herrschen Übereinstimmung und Frieden. Siehe *Kleben, Nähen.*

Reiten/Reiter: Das Reittier ist von Wichtigkeit. Der *R.* auf dem Pferd zügelt unbewußte Triebkräfte, Sexualität oder symbolisiert das Getragensein von einer bestimmten Geisteshaltung. Die sympathische oder helle Farbe des Reittiers zeigt überwiegend positive Kräfte an; die unsympathische, meist dunkle, ist Ausdruck für Negatives. *R.* auf einem Kamel deutet auf Reiselust, auf einem Ziegenbock auf primitive, brutale, männliche Triebkraft und *R.* auf einem Elefanten Überlegenheit, Übersicht und Wissensbegierde. Siehe *Elefant, Esel, Maultier, Pferd.*

Reklame: Sie kann Warnung vor *R.* oder ein Hinweis auf etwas Wichtiges sein. Durch sie wird oft ein Prozeß der Bewußtmachung, Konzentration und Aufmerksamkeitsentfaltung angeregt. Auch neue eigene oder fremde Ideen finden durch die *R.* Ausdruck. Siehe *Fernsehen, Inserat, Radio, Zeitung.*

Rennbahn: Sie hat die Gleichnisbedeutung von Konkurrenzkampf, Auseinandersetzungen, Durchhaltevermögen, Beweis des Selbstwertgefühles, von Fairplay (= ehrlicher und gerechter Spieltechnik), und Angst vor Blamage. Siehe *Arena, Eislauf, Sport, Stapellauf.*

Rennen: Die Art des *R.* ist Ausdruck für den inneren Zustand. Bewegt sich eine Person leicht, unbesorgt und unternehmungslustig vorwärts, dann kündet der Traum ebendiese Eigenschaften durch sie an. Siehe *Arena, Eislauf, Gehen, Rennbahn, Sport, Stapellauf.*

Rentier: Als angreifendes *R.* versinnbildlicht es die männlich-sexuelle Triebnatur (Schaufeln). Weiterhin zeigt ein friedliches *R.* den Herdentrieb des Menschen, Ausdauer und Genügsamkeit. Siehe *Geweih.*

Reptil: Siehe *Krokodil, Schlange.*

Restaurant: Ausweichen aus häuslicher Beengung, Wunsch, aus der Isolation in gesellschaftliches Leben hinauszutreten, Zerstreuung, Schlemmerei, Freundschaft. Der spezielle Charakter des *R.* ist wichtig, ob es sich z. B. um ein gemütliches Café oder um ein zweideutiges Tanzlokal handelt. Siehe *Alkohol, Café, Kellner/Kellnerin, Hotel, Musik, Tanz, Tanzlokal, Wirtshaus.*

Revolution: Traumaufruf zu Ordnung und Verhaltensänderungen. Hinweis auf Umbruch der Persönlichkeit, evtl. politische Revolte. Siehe *Fahne.*

Rezept: Verbesserungsvorschläge für die eigene Gesundheit; das *R.* kann zu Veränderungen des Charakters oder eines individuellen Gebietes aufrufen; auch Warnung vor Vergiftung. Siehe *Apotheke, Arzt, Kräuter, Medizin.*

Rheumatismus: Hier kann eine organische Erkrankung oder Ankündigung von *R.* in der Tageswirklichkeit vorliegen. Auch ein Hinweis kann gegeben sein auf Kälteschäden, Bewegungsmangel, Frustrationen, Enttäuschungen und Aggressionen. Letztere können sich gegen die eigene Person oder auch fremde Menschen richten. Siehe *Arzt, Krankheit, Medizin, Nieren, Rezept.*

Rhinozeros: Brutale Durchsetzungskraft, seelische Dickhäutigkeit, Angriffslust, übersteigertes Selbstwertgefühl, primitive Sexualität.

Richter: Der Traum ruft zur Überprüfung eigener Motive oder des spirituellen Weges auf. Auch kann auf Gewissensforschung (Schuldgefühle?) hingewiesen werden. In der Realität stellten sich vielleicht Fragen nach der Gerechtigkeit. Siehe *Führer, geistiger; Gericht, Gerichtsvollzieher, Geschworenenbank*.

Riechen: Welche Gefühle oder Erinnerungen verknüpft der Träumende mit dem Geruch, den er empfunden hat? Der Traum weist durch den charakteristischen, sympathischen oder unsympathischen Geruch auf entsprechende Emotionen oder Eigenschaften hin, z. B. bedeutet Rosenduft etwas Erfreuliches, Übereinstimmung, Harmonie. Siehe *Geruch*.

Riese: Wenn der Traum den Träumenden selbst als *R.* darstellt, ist das ein urtümliches Symbol für wachsende Energie, Potenz, Überheblichkeit und Überlegenheitsgefühle. Ein Träumender, der dem *R.* ausgeliefert ist, zeigt tiefverankerte Gefühle der Hilflosigkeit, Angst und Minderwertigkeitskomplexe gegenüber realen, äußeren, existenzbedrohenden Kräften oder gegenüber eigenen, übermächtigen Trieben.

Ring: Erinnerung an Bindung und Verantwortung oder Warnung davor; bestimmte Gefühle für den Träger des anderen *R.* Ein verlorener *R.* kann Verlust oder Trennung von einer bestimmten Person oder einem verflossenen Ideal signalisieren. Außerdem taucht der *R.* auf, wenn es um spirituelle Treue und Verbindung zur übergeordneten geistigen Macht geht. Schließlich ist er ein Sinnbild für ewige, nie endende Weltenzyklen. Siehe *Edelstein, Halskette, Kreis, Perlenkette, Schmuck*.

Ritter: Wunsch nach Aktivität, Romantik und aufregenden Erlebnissen. Der goldene *R.* steht stellvertretend für den bewußten, aufopfernden Kampf für das Ideal, den spirituellen Bereich. Siehe *Burg, Helm, Pferd, Rüstung, Schild.*

Ritual: Warnung vor Konformität und eingefahrenen Sitten, unbewußte Suche nach verborgener Symbolik, Enthüllung innerer Geheimnisse. Siehe *Altar, Magie, Priester, Zauberer.*

Röhre: Durch eine *R.* kriechen oder in einer solchen gefangen sein kann Herz-, Lungen- und Schilddrüsenkrankheiten andeuten oder vor diesen warnen. Eine unbewußte Erinnerung an das eigene Geburtstrauma kann angezeigt werden. Auch Angst vor bestimmten Situationen in der Realität, Schwierigkeiten in der Persönlichkeitsentfaltung und Minderwertigkeitsgefühle stellen sich durch die *R.* dar. Siehe *Atem, Atemnot.*

Röntgen/Röntgenbild/Röntgenstrahlen: Das *R.* versucht, vor eigener oder fremder Krankheit oder dem Offenbarwerden versteckter Charakterzüge zu warnen oder auf eine – in der Realität benötigte – scharfe Beobachtungs- oder Denkgabe hinzuweisen. Auch kann auf Unsichtbares, das uns durchdringt, durch diesen Traum aufmerksam gemacht werden. Er mag ein Aufruf an die Persönlichkeit sein, eigene spirituelle Einstellungen genauestens zu durchleuchten. Siehe *Radioaktivität.*

Rose: Liebe zwischen Menschen und zum übernatürlichen Bereich. Je nach Farbe ist die Bedeutung unterschiedlich. Die *weiße R.* weist auf Märtyrertum, Aufblühen der Spiritualität und Empfang göttlicher Gnade hin. Die *reingelbe R.* hat geistige, wegweisende Bedeutung. Die *rosa R.* zeigt allumfassende Sympathie und Mitgefühl an. Die *rote R.* symbolisiert starke Emotionen, Liebe und positive Gefühle. *Hellblaue R.* signalisieren Freundschaft, Freude und Treue, diese sind wirklich im Unsichtbaren zu sehen. Die *goldene R.* ist ein überzeitliches Sinnbild für Vollkommenheit, göttliche Gnade und Opfer. *Schwarze* oder *verwelkte R.* drücken Enttäuschung, Trennung, Feindschaft und Zerstörung aus. Ihr Zustand, ob als Knospe oder blühend, kann in Männerträumen Hinweise auf sexuelle Erlebnisse geben. Die sieben Rosenblätter haben die Gleichnisbedeutung der siebenfachen kosmischen Energie, der sieben Planeten und Metalle. Siehe auch *Blumen/Blüten, Gral, Lotus, Sonne, Zahlen* (wegen der Anzahl der Blütenblätter).

Rosenkranz: Aufruf an den Träumenden zur Verinnerlichung und religiösen Betrachtung. Siehe *Gebet, Gebetsschnur, Rose.*

Rost: Aufruf zur Pflege, Ordnung und Aufmerksamkeit; Hinweis auf Unwichtigkeit, Flüchtigkeit und Vergänglichkeit der Materie.

Rot: Siehe *Farben.*

Rücken: Siehe *Wirbelsäule.*

Rucksack: Erholung in der Natur, Reise- und Abenteuerlust; der Sammeltrieb; verschiedene eigene Belastungen und Bürden, wie Arbeitslast und auch Laster. Siehe *Abenteuer, Joch, Last.*

Ruder: Forschungs-, Abenteuerdrang, Absicht, Motiv, Selbständigkeit; reibungsloses Vorwärtskommen auf dem Lebensweg; Hinweis auf das männliche Sexualorgan. Siehe auch *Boot, Floß, Schiff, Segel, Steuerruder, Wrack.*

Rundfunk: Siehe *Radio.*

Ruß: Materieller oder immaterieller Schmutz; das Versteck; die Maske und Verkleidung. Siehe *Maske.*

Rußland: Härte der Existenz; Weite und Einsamkeit; Unterdrückung und Leiden; tiefe, verborgene Religiosität; Verantwortungslosigkeit, Schlamperei, Geheimnistuerei, emotionelle Unberechenbarkeit. Die zutreffende Deutung ist von der inneren Einstellung des Träumenden abhängig.

Rüstung (des Ritters): Die *R.* zeigt generell Angriffslust, Durchsetzungskraft, Aufmerksamkeit und Konzentration an.

Der Harnisch kann Verteidigungsaktion gegen Angriffe der Persönlichkeit im Realen, gegen böse Einflüsse auf dem geistigen Pfad oder Kampf für Ideale signalisieren. Der Schild weist u. a. auf Pflichtgefühl, Schutz und Abwehr, der Helm auf die Kampfmotive und auf Demut. Siehe *Helm, Ritter, Waffen.*

S

Saat: Die physische, psychische und geistige Empfänglichkeit und Befruchtung sowie das Wachstum des Individuums sind an den verschiedenen Stadien der Saatentwicklung sichtbar. Auch gibt der Traum von der *S.* Hinweise auf Vorsichtsmaßnahmen, Umsicht und Planung, mit denen z. B. neue Ideen Eingang in die Realität finden. Siehe *Acker, Bauer/Bauernhof, Feld, Samenkorn, Unkraut, Wiese.*

Sackgasse: *S.* bedeutet, in reale Lebensenge oder Ausweglosigkeit geraten zu sein. Auch eine schlecht beherrschbare, zwingende Triebnatur wird durch einen solchen Traum angedeutet. Siehe *Labyrinth.*

Safari: Abenteuer und Reiselust; die Jagd auf Tiere (= Triebe); Beobachtung eigener oder fremder Instinkte. Siehe das jeweilige Tier, *Abenteuer, Afrika, Reise.*

Säge: Kraft, Brutalität, Streitsucht, Zerstörung; Zerlegung von Elementen. Siehe *Holz* und sonstige Materialien, die zersägt werden.

Salat: Verlangen nach natürlicher, unverfälschter Energie und Regeneration; Naturverbundenheit. Siehe *Acker, Essen, Gemüse, Mahlzeit, Nahrung, Wiese.*

Salbung: Aufnehmen geistiger Energien und Wissen. Die Weihe. Siehe *Öl/Ölbaum.*

Salz: Positiv gesehen ist es ein überzeitliches Symbol für Lebenswürze und -kraft, Haltbarkeit; Besinnung auf Vereinfachung und auf Lebenswichtiges; das geistreiche Wort und Gedankenkonzentrat. Als Bestandteil des Meeres verhält es sich wie der einzelne zur Gesamtheit. Seine Transparenz dient der Spiritualität, der Vergeistigung durch die Materie. Die desinfizierenden Eigenschaften des *S.* klären und reinigen unser Inneres. *S.* und Brot stehen stellvertretend für Gastfreundschaft, Zusammengehörigkeit und glückliche Vereinigung. Die Freundschaft, als Besinnung auf das Wesentliche, wird hier angesprochen.»Zur Salzsäule erstarren« (Bibel) taucht immer da auf, wo eine unbewegliche, materielle und konventionelle Einstellung herrscht. Sie verwehrt jeder spirituellen Erneuerung den Zutritt. Siehe *Mahlzeit, Meer, Nahrung.*

Samenkorn: Latente, noch zu entfaltende Charaktereigenschaften und Spiritualität; gespeichertem Wissen wird zum Durchbruch verholfen und zu realen Auswirkungen; Hinweis auf den kontinuierlichen Zyklus zwischen Entstehen und Vergehen. Siehe *Saat.*

Sanatorium: Siehe *Krankenhaus.*

Sand: Unzuverlässigkeit, die unsichere Angelegenheit, die Flüchtigkeit der Erscheinungen; das endlose Leben. Weiterhin ist der einzelne (wie ein Sandkorn) im gesamtgöttlichen Plan enthalten. Treibsand vermittelt uns Angst vor dem Begrabenwerden, vor Unglück und vor der Konkurrenz. Ein Sandsturm kann Erfolglosigkeit, Vernichtung und Kapitulation anzeigen. Siehe *Meer, Sturm, Wetter.*

Sanduhr: Sie kündet die Diktatur der Zeit, das verrinnende Leben, den Zwang und die Warnung an, die uns gegebene Zeit nicht zu vergeuden. Der Wechsel und die Vielfalt der Erfahrungen werden ins Bewußtsein gerückt. Die Sanduhr ist ein überzeitliches Sinnbild für Geschehnisse, die zyklisch ablaufen. Siehe *Uhr.*

Sarg: Ablegen alter Ansichten, Eigenschaften und Konventionen. Siehe *Begräbnis, Grab, Leiche, Leichenwagen, Tod;* Kapitel XI.

Satan: Siehe *Teufel.*

Satellit: Übersicht, Überwachung eigener und fremder Angelegenheiten; Beobachtung aus dem Verborgenen oder von Verborgenem; Kontakt zur eigenen Geistigkeit, zu anderen und zu spirituellen Mächten; Verbindung zwischen Materie und Geist. Siehe *Fliegen, Hubschrauber, Rakete, Stern, Zeppelin.*

Sattel: Da ein *S.* dem Pferd aufgezwungen wird, zeigt er Einschränkungen, Forderungen und Verhaltenskorrekturen an. Auch kann der Traum etwas über das Tragen physischer, seelischer oder geistiger Lasten aussagen. Siehe *Elefant, Esel, Kamel, Maultier, Pferd.*

Saturn: Hemmende und gefühlskalte Einflüsse und solches Verhalten. Siehe *Planet, Stern.*

Satyr: Unbewußte, triebhafte Kraft. Er sieht einem dunklen Pferd ähnlich. Siehe *Kentaur, Pferd.*

Sauerstoff: Lebensenergie, Wachstumsträger, die benötigte Triebkraft.

Saugen: Wunsch nach Passivität, nach Geborgenheit (d. h. nach dem Wunsch, an der Mutterbrust zu liegen), Probleme der Infantilität, der Verantwortung, der Selbständigkeit. Auch Optimismus und Unternehmungslust teilen sich durch den Traum mit. Siehe *Alkohol, Baby, Kind.*

Säugling: Siehe *Baby, Embryo, Kind.*

Säule: Die grade, unbeschädigte *S.* hat die Gleichnisbedeutung von Fundament, Stütze, Verläßlichkeit, der Verbindung zwischen Materie und Spiritualität. Bei einer zerfallenden *S.* ist das Gegenteil der Fall. Eine schöne, geschmückte *S.* zeigt oft Erfolg an. Steht ein Traumgegenstand auf einer kurzen *S.*, so wird dessen Wichtigkeit betont, seine Möglichkeit den »Weg in den Himmel« zu öffnen. Siehe *Baum, Denkmal, Obelisk, Statue, Totem.*

Säure: Zerstörende Energien; seelische Eigenschaften mit zersetzender Tendenz, wie z. B. negative, nichtaufbauende Kritik; Warnung vor Bindung an ein Objekt oder einen Menschen. Siehe *Gift.*

Saxophon: Kontaktfreudigkeit, Kreativität, Selbstäußerung; auch viel Lärm um nichts. Siehe *Musik.*

Schachbrett: Hinweis auf Aufmerksamkeit, Konzentration und Vorsicht; Sinnbild für den Wechsel des Irdischen; das Spiel des Lebens; für die hellen und dunklen Kräfte; für Leben und Vergehen; für den harmonischen Rhythmus/Zyklus.

Schachtel: Siehe *Kästchen, Paket.*

Schädel: Siehe *Totenschädel.*

Schaf/Schafherde: Das natürliche, einfache Leben, Gutmütigkeit, Belehrbarkeit, Abhängigkeit, Unselbständigkeit, der Herdentrieb, die orthodoxe Auffassung. Siehe *Hirte, Lamm* (bzw. *Führer, geistiger).*

Schaffner: Hinweis auf Verantwortung, Pflichten, Selbstüberprüfung und Kontrolle. Siehe *Bahnhof, Eisenbahn, Fahrgast, Mitreisende, Reise, U-Bahn.*

Schakal: Siehe *Anubis* oder *Hund, Hyäne.*

Schale: Siehe *Gral, Kelch, Totenschädel.*

Schallplatte: Siehe *Plattenspieler.*

Schatten: Die Illusion, Täuschung; Warnung vor undurchsichtigen Situationen, Mitmenschen oder eigenen Antrieben in der Tageswirklichkeit; unvorhergesehene Schwierigkeiten; Hinweis, Licht in dunkle, vergessene Geschehnisse oder Ereignisse zu bringen. Weiterhin kann der Traum zukünftige Ereignisse andeuten, die ihren *Sch.* vorauswerfen. Schließlich mag dieses Symbol für ein Leben ohne Anerkennung (im *Sch.* eines anderen z. B.) oder für ein Schattendasein stehen. Sie finden in Kapitel IV (Abschnitt: »Doppelgänger und andere Phänomene der Astral- oder Traumwelt«) den Doppelgänger oder *Sch.* (unsere unsichtbare und meist unbewußte Triebnatur, die wir aus vergangenen Leben mitbringen) genauer beschrieben. Siehe *Doppelgänger, Frau, Jungfrau, Mann.*

Schattenbild/Schattenspiele: Illusionen und Bilder der Welt; Betrug; Emotionen und Absichten, die im verborgenen liegen; unechte Gefühle. Traumhinweis, nach bleibenden spirituellen Werten zu suchen. Siehe *Fernsehen, Film, Maske.*

Schatz: Unbekannte Chancen und Begabungen des Träumenden; die Wahrheit und Weisheit; Symbol für das Opfer, welches irdisches Leben ermöglicht. Siehe *Gold.*

Schaukel: Bewegung, Rhythmus, Gleichmaß; das Auf und Ab der Ereignisse; Sexualität. Siehe *Meer, Wellen.*

Schauspiel: Siehe *Marionette, Maske, Theater.*

Schauspieler: Bewunderung für einen *Sch.* in der Realität; Wunsch, *Sch.* zu sein; Warnung vor Selbsttäuschung und Stolz; Minderwertigkeitsgefühl. Gleichnisbedeutung für weltliche Persönlichkeit, hinter der das göttliche, ewige, höhere Selbst beobachtend steht. Siehe *Marionette, Maske.*

Scheck: Ein Versprechen sollte in der Realität überprüft werden; die Kontrolle; die Garantie. Siehe *Bank, Geld, Zinsen.*

Scheideweg: Siehe *Wegkreuzung.*

Scheinwerfer: Wenn der Träumende ihn selbst betätigt, dient er als Enthüllung einer verborgenen Angelegenheit oder versteckter Wesenszüge oder Motive in der Realität. Außer dem Durchleuchten eines undurchsichtigen Bewußtseinsinhaltes kann er Konzentration andeuten. Steht der Träumende jedoch selbst im Scheinwerferlicht, dann wird er »durchleuchtet«. Siehe *Licht, Mikroskop.*

Scheidung: Angst, eine Partnerschaft zu verlieren, den Beruf oder Konventionen ändern zu müssen oder neue Lebensumstände vorzufinden. Auch das Vorausahnen dieser Situationen kann im Traum auftauchen. Weiterhin kann die *Sch.* im Traum als Hinweis auf Änderung der eigenen Persönlichkeit verstanden werden. Siehe *Ehe, Gattin.*

Schere: Die Trennung; Angriffslust; Entscheidung; auch Sexualität des Mannes. Siehe *Scheidung, Schneiden.*

Scheune: Eine gefüllte *Sch.* versinnbildlicht Reichtum und Erfolg, eine leere zeigt das Gegenteil an. Siehe *Ernte, Getreide.*

Schicksalsgöttinnen: Wenn – meistens drei – weißgekleidete weibliche Gestalten im Traum oder in der Astralwelt erscheinen, dann kündigen sie einen Schicksalwechsel an. Im alten Griechenland wurden sie als Moiren, bei den Römern als Parzen bezeichnet.

Schielen: Schwierigkeiten des geistigen Erkennens und der Verständigung. Siehe *Auge.*

Schießen: Gefühlsexplosion, Angriffslust; aggressive, nur triebkonzentrierte Sexualität. Siehe *Jagd, Krieg, Waffen.*

Schiff: Gefäß für den materiellen Körper und/oder Emotions- und Denkkörper mit deren seelisch-geistigen Bewußtseinsinhalten. Lebensfahrzeug, mit dem wir die Lebensreise antreten; Übergang, Hoffnung und Suche nach Veränderung und Verbesserung in der Tagessituation; Strategie und Methode zum Lösen von Lebenskonflikten und Problemen; Erforschung des eigenen Unbewußten (= Meer, Wasser); die unvergängliche Persönlichkeit, die nicht von unerkannten oder verdrängten Gefühlsinhalten (Wasser) behelligt wird. Das Erleiden eines Schiffbruches im Traum zeigt oft eine schwere Konfliktsituation in der Realität an, die zum Nervenzusammenbruch führen kann. Einen Schiffbruch überleben heißt, nach schwierigen Situationen mit den Lebensproblemen fertig werden oder nicht das Vertrauen in die eigene und übergeordnete höhere Spiritualität verlieren. Siehe *Anker, Boot, Meer, Segel, Steuerrad, Steuerruder, Wasser, Wrack.*

Schild: Pflicht, Abschirmung, Schutzsuche oder Verteidigung für sich selbst oder andere. Siehe *Ritter, Rüstung.*

Schilddrüse: Spielt sich im Traum etwas mit der *Sch.* ab, dann sollten mehr Ruhepausen in den täglichen Streß eingebaut werden, denn Druck löst Nervosität oder Angst aus. Auch tendieren Schilddrüsengestörte dazu, die Arbeit ihrer Mitmenschen an sich zu reißen. Siehe *Arzt, Krankheit, Medizin.*

Schildkröte: Der Panzer kann, ähnlich dem »dicken Fell«, als seelische Abwehr- oder Schutzfunktion dienen, auch Verschlossenheit und Tendenzen zur Isolation drückt er aus. Da die *Sch.* im Wasser – dem Element des Unbewußten und Unklaren – und auf dem Land – dem Bewußten, Sichtbaren – lebt, deutet sie uns halbbewußte Probleme an. Auch zeigt sie träges, dahinfließendes, aber zähes Leben, Geduld, Ausdauer und Bedächtigkeit an. Weiterhin kann sie halbbewußte, langwierige seelische und geistige Probleme andeuten. Siehe *Fische, Wasser.*

Schilf/Schilfrohr: Hinweis auf Biegsamkeit, Flexibilität und Unzuverlässigkeit, aber auch auf Beugen und Ehrfurcht vor der göttlichen Führung. Siehe *Wasser, Wetter.*

Schimmel: Siehe *Pferd.*

Schimmel (Pilz): Dieser zeigt ungesunde Emotionen, zersetzende Gedanken, fehlerhafte Ansichten und Lebenseinstellungen an oder auch Angst vor solchen. Siehe *Hefe, Kuchen, Pilz.*

Schirm: Angst, Unsicherheit und Besorgnis können eine solchen Traum hervorrufen. Beim Anblick eines geöffneten *Sch.* – dessen Charakter durch die jeweilige Farbe näher zu bestimmen ist – übt der Träumende eine Schutzfunktion aus, oder sie wird ihm gewährt. Siehe *Farbe, Hut, Kleider, Mantel, Sonnenschirm.*

Schlacht: In einer *Sch.* spielen sich oft eigene innere Kämpfe, auch solche gegen Mitmenschen in der Realität ab. Verwundungen im Traumkampf sind als psychische Verletzungen zu verstehen. Siehe *Krieg.*

Schlafen: Sieht der Träumende sich im Traum selbst schlafen, dann ist er sich im Wachbewußtsein eines wichtigen Problemes nicht bewußt. Auch werden oft die wahren Antriebe und Motive (in der Realität) übersehen.

Schlaftabletten: Eine Person, die diese nimmt, versucht sich künstliche Ruhe zu verschaffen und Konflikten auszuweichen. Siehe *Medizin, Narkose.*

Schlafzimmer: Ruhebedürfnis, Erotik, Sexualität, Eheprobleme. Siehe *Bett, Haus.*

Schlamm: Wenn der Träumende selbst im *Sch.* geht, dann liegen meist schwerwiegende Tagesprobleme vor. Eine konfliktbeladene Lebenssituation, die die Entwicklung reiner, positiver Motive und Interessen hemmt, kann sich so anzeigen. Der Traum warnt u. U. vor zweideutiger Gesellschaft oder unmoralischer eigener oder fremder Verhaltensweise. Trockener *Sch.* kann Ton bedeuten, daher drücken sich Formbarkeit, Instinktwandlung und ungeklärte, unbewußte Gefühls- und Gedankeninhalte oft durch einen solchen Traum aus. Siehe *Lava, Moor, Morast.*

Schlange: Sie ist ein Entwicklungs- und Bewußtseinsprinzip und die Evolutionskraft, die aus unbewußten, ungeklärten Tiefen sich aufwärts in lichtvolle, geistige Höhen bewegt. In ihr zeigt sich die individuelle, aus eigener Anstrengung eingeleitete Bewußtseinsforschung. Dieses Bewußtsein breitet sich vom unteren Teil der Wirbelsäule nach oben, zum Kopf hin, aus (Kundalini). Das spirituelle Bewußtsein, das sich als *Sonne, Adler* und *Pelikan* zeigt, bewegt sich von oben nach unten. Auch signalisiert die Schlange geheime Kräfte, die Heilungs- und Lebenskraft. Ihre Symbolik reicht vom Pol des Bösen, der Zerstörung, Kaltblütigkeit und gefühllosen Natur bis zum göttlichen Prinzip. Daher ist genau auf die Farbe, ihre

Körperhaltung und Betätigung zu achten. Eine sich häutende *Sch.* zeigt stets geistige Verjüngung an. Hier wird ihre Gleichnisbedeutung im einzelnen aufgeführt: Die *schwarze Sch.* – auch mit goldener Krone – dient dem Sieg des Bösen und ist Ausdruck für egozentrische und mitunter abartige auch schwarzmagische Tendenzen. Die *graue Sch.* taucht dort auf, wo es um Urinstinkte, unbewußte, ungeklärte, psychische Kräfte und Sexualität geht. Sie hat weder gute noch böse Bedeutung. Eine *dunkelbraune Sch.* steht stellvertretend für die chronische, schwerwiegende Krankheit und für Haß, gepaart mit Neid. Die *schmutzigbraune, graue, dunkelgrüne, giftgrüne* und *beige-gelbliche Sch.* offenbart niedere Instinkte, wie Neid, Eifersucht, Betrug, Lügen und krankhafte Neugierde. Die *grasgrüne Sch.* ist ein urtümliches Symbol für Regenerationskräfte und Wachstum, wie bei einer Pflanze. Die *blaue Sch.* gibt Hinweise auf Intuition. Die *rote Sch.* tritt dann auf den Plan, wenn es um Triebhaftigkeit und Sexualität ohne Gefühlsbeteiligung geht. Eine *orangefarbene Sch.* versinnbildlicht Energie, Sexualität und Stolz. Die *reingelbe Sch.* verweist auf Denken und Geistigkeit. Die *goldene Sch.*, meist kobraähnlich, ist Ausdruck für Weisheit, neue geistige Erkenntnisse und den Zugang zu spirituellen Ebenen. In ihr erkennt man die Kundalini. Eine *weiße Sch.* ist ein überzeitliches Sinnbild für das geklärte, entwickelte Bewußtsein, das höhere Selbst, die weiße Magie und die Auferstehung. Das Kreissymbol (siehe *Kreis*) der sich in den Schwanz beißenden *Sch.* zeigt Unendlichkeit und universelle Schöpfungskräfte an. Die *schneeweiße Sch.* mit goldener Krone ist Symbol des geheimen, der Menschheit dienenden Wissens (besonders über Heilung). Eine *reinweiße Sch.* mit einem leuchtenden Edelstein oder einem Diadem auf dem Kopf zeigt sich auch bei starken Bemühungen um Bewußtseinserweiterung. Traumschlangen, die den Körper umwinden, haben nachweisbar Wirbelschäden und Lähmungen in der Realität nach sich gezogen. Siehe *Krokodil, Kundalini, Teufel.*

Schleier: Er ist Sinnbild für das Geheimnis, das Verborgene, die Verinnerlichung, die Bescheidenheit; die Keuschheit des Brautschleiers; die Isolation oder Trennung des Trauerschleiers. Ver- und Enthüllen eines Gegenstandes oder einer Person ist ein Symbol für die Erkenntnismöglichkeiten und -stufen. Der *Sch.* kann auch ein Sinnbild für das Himmelsgewölbe sein. Die Bedeutung des *Sch.* wird stark von der jeweiligen Farbe bestimmt. Siehe *Farbe, Kleidung.*

Schleim: Ausscheidung physischer und psychischer Gifte; Heilvorgang; Phlegma, Faulheit.

Schleuder: Aggressivität und Brutalität.

Schlinge: Gefahr oder Angst vor seelischen Belastungen, Freiheitsberaubung, Einschränkung persönlicher Rechte, auswegloser Krankheit, dem Tod. Siehe *Fessel.*

Schlingpflanze: Unbewußte oder auch in der Realität bekannte Hemmungen und Einengungen, besonders auf seelischem Gebiet. Auch können durch sie phantasievolle »Auswüchse« angedeutet werden, die den Blick für das reale Leben trüben. Siehe *Tang, Wasser.*

Schlittschuhlaufen: Rasche Gefühls- und Gedankenabläufe; Anstreben von Perfektion, Sicherheit und Wendigkeit. Siehe *Arena, Eislauf, Rennen, Sport.*

Schloß (einer Tür): Die neue Möglichkeit; das Verborgene, das Geheimnis; auch Bewußtseinerweiterung. Oft versinnbildlicht es eine Schwierigkeit in der Realität, die sich durch eine neue Idee lösen läßt. Siehe *Schlüssel, Tor, Tür.*

Schloß (Burg): Wunsch nach Erlebnissen, Abenteuern, Schutz, Isolation, nach Luxus; Hinweis auf Stolz und Einbildung. Ein weißes, prächtiges *Sch.* kann geistige Ziele und eine Belohnung darstellen, die durch Kämpfe errungen wurde. Ein zerfallenes und düsteres *Sch.* steht stellvertretend für Enttäuschung auf dem geistigen Weg und Verlust der Zielvorstellung. Siehe *Burg, Festung, Helm, Pferd, Ritter, Rüstung.*

Schlüssel: Evtl. Warnung vor Verrat oder Aufdeckung verborgener, meist negativer Eigenschaften. Häufig zeigt der *Sch.* Verantwortung, Macht, Vollmacht, spirituelle Verpflichtung, ein Geheimnis und das Er- oder Verschließen neuer, meist geistiger Wahrheiten an. Siehe *Schloß (Tür), Tor, Tür.*

Schlüsselblume: Der Himmel schließt sich durch geistige Übungen, wie z. B. Meditation, auf. – Kann auch Hinweis auf ein benötigtes Herzmedikament sein. Siehe *Blumen/Blüten, Gebet, Meditation.*

Schmelztiegel: Ein Umwandlungsprozeß von Emotionen oder Gedanken wird angeraten oder steht bevor. Siehe *Backofen, Küche, Laboratorium, Ofen, Topf.*

Schmerz: Der spezielle, körperliche *Sch.* im Traum deutet auf eine seelische Ursache. Siehe unter Organe (wie z. B. *Herz, Niere*n), *Krankheit.*

Schmetterling: Kurzlebigkeit, Flatterhaftigkeit, spirituelle Wandelbarkeit; Auferstehung, das Überleben und die Unsterblichkeit. Farbe und Traumumstände sind wichtig. Siehe *Farben.*

Schmied: Er hat die Gleichnisbedeutung für starke physische Kräfte, für den Reinigungs- und Umgestaltungsprozeß körperlicher oder spiritueller Energien; Kreativität, Schwung. Auch kann er einen Appell an die Willenskräfte des Träumenden darstellen oder vor Krankheiten des Körpers und der Seele warnen. Siehe *Amboß, Feuer, Hammer, Herd.*

Schminken: Siehe *Marionette, Maske, Schauspieler, Theater.*

Schmuck: Wohlstand, Beschäftigung mit unwichtigen Dingen; Wunsch nach Beachtung; gebende und nehmende Liebe; Auserlesensein; geistige Kostbarkeiten. Siehe *Brosche, Diamant, Edelstein, Halskette, Kristall, Perle, Perlenkette, Quarz, Smaragd.*

Schmutz: Moralisch minderwertige Absichten und Taten. Siehe *Lava, Morast, Schlamm.*

Schnecke: Hinweis auf Bedachtsamkeit und Vorsicht; Sinnbild für Sensibilität, Zurückgezogenheit, Gefräßigkeit, Feuchtigkeit, Fruchtbarkeit, Regenerationskräfte. Siehe *Schneckenhaus.*

Schneckenhaus: Schutzsuche, Zurückziehen in das Haus; kann das höhere Selbst bedeuten, das Ruhe und Isolierung braucht, um sich in der Einsamkeit entwickeln zu können; die Schöpfungsspirale.
Siehe *Schnecke.*

Schnee: Verborgene und erkaltete Gefühle, Emotionen und Gedanken, die auf den Träumenden wie ein Kälteschock wirken, Einsamkeit, Verlassenheit; Sauberkeit. Das Laufen durch *Sch.* kann nach Traumforschungen ein Zeichen für Krampfadern, Thrombosen oder Embolie in der Realität sein. Siehe *Eis, Gletscher, Lawine.*

Schneiden: Warnung vor Operation, Konflikten oder Trennung; jemandem eine Verletzung wünschen oder ihn absichtlich verwunden wollen oder solches selbst erleiden. Siehe *Gewalt, Messer.*

Schneider: Siehe *Kleid.*

Schnitzen: Vergangenes, das sich tief in Gedächtnis und Seele eingegraben hat; versteckte Worte und Inhalte aus dem eigenen Charakter herausarbeiten; durch Anstrengung zu Ergebnissen und Erfolg kommen. Siehe *Statue.*

Schokolade: Warnung vor ungesunder Lebensweise, vor der Sucht, vor Zahnzerfall, vor Verpflichtungen oder Bestechung; das Geschenk, das Besondere, die Verwöhnung. Siehe *Konditor/Konditorei, Süßigkeiten.*

Schotte/Schottland: Warnung vor oder Hinweis auf Sparsamkeit, Genügsamkeit, Bedächtigkeit. Fremde Sitten und Gebräuche.

Schrank: Ordnungsliebe, Vorratshaltung, das Versteck. Siehe *Haus, Möbel.*

Schranke: Warnung vor Hindernissen auf dem Lebensweg oder im seelischen und geistigen Bereich; Gefahr, Geheimnis, das Verbotene. Siehe *Zollamt.*

Schraube: Sicherung und Absicherung. Je nachdem, ob sie locker oder fest sitzt, gibt die *Sch.* Hinweise auf Kontakte zu anderen, auch ist sie Ausdruck für den Geschlechtsverkehr.

Schrecken: Siehe unter dem Symbol, vor dem der Träumende erschrickt. Oft benutzt unser höheres Selbst einen solchen Traum, um mehr Bewußtsein zu fördern.

Schrei: Warnung, auch bezüglich einer vergangenen oder kommenden Situation in der Tagesrealität; Angriffslust; Ausdruck von Lebensfülle und Vitalität.

Schreiben: Warnung vor den Folgen eines Schriftstückes. Wenn der Träumende selbst schreibt, sucht er klare Gedanken, neue Erkenntnisse. Auch dient *Sch.* der Bewußtseinserweiterung, und höhere geistige Kräfte können sich durch diese ausdrücken. Schwierigkeiten, die beim *Sch.* auftreten, sind entsprechend zu werten. Siehe *Dokument, Schriftstück.*

Schreiner: Schöpferisches, kreatives Tun; Beherrschung der Emotionen durch Verstandeskräfte. Der *Sch.* ist Ausdruck für Intellekt und Wissen, welche die Seele (sie entspricht einem Haus) erbauen oder umgestalten. Siehe *Haus, Möbel.*

Schriftstück: Eine sympathische oder unsympathische Nachricht in der Tageswirklichkeit; für die Folgen einer Tat Rechenschaft ablegen; Betonung der Wichtigkeit eines Erlebnisses in der Realität. Siehe *Dokument, Papier.*

Schrumpfen: Verlust an Selbstwertgefühl, Wichtigkeit oder Energie.

Schuh: Positive Eigenschaften, wie Verläßlichkeit, Sicherheit und ein fester Standpunkt, drücken sich durch passende, feste und bequeme *Sch.* aus. Obige Qualitäten im Negativen zeigen sich durch unpassende und unbrauchbare *Sch.* Zwei *Sch.* erscheinen im Traum, wenn es um Partnerschaft oder Ehe geht. Verliert man beide und steht barfuß da, während man mit dem Partner spazierengeht, dann teilt der Traum nur ein kurzes Glück mit. Goldene, passende *Sch.* signalisieren geistigen Schutz und spirituelle Ideen oder Ideale. Siehe *Barfußgehen, Fuß, Fußboden.*

Schulden: Die Saat, die wir in der Vergangenheit ausgesät hatten, schafft gegenwärtige Probleme. Auch kann der Traum darauf hindeuten, daß man sich anderen gegenüber nicht gerecht verhält. Weiterhin steht zur Diskussion, daß eigentliche Lebensaufgaben nicht erfüllt werden. Siehe *Bank, Geld, Scheck, Zinsen.*

Schule: Sie steht stellvertretend für die Lebensschule, in der die Lektionen des Schicksals gelernt werden. Auch sollten individuelle Erfahrungen auf dem Wege der Entwicklung gesammelt, aus diesen gelernt oder solche beherzigt werden. Auch kann der Traum Hinweis auf eine benötigte geistige *Sch.* sein. Siehe *Lehrer, Professor.*

Schulter: Sich durch- oder einsetzen für eine besondere Angelegenheit in der Realität; andere Personen stützen.

Schuß: Aggressivität gegen sich selbst oder andere. Siehe *Angriffslust, Gewalt, Pistole, Töten, Waffen.*

Schütze: Die Art des *Sch.* und das Traumgefühl sind hier wichtig. Durch Meditation oder Konzentration stößt der Träumende zum geistigen Ziel vor. Siehe *Pfeil, Gewehr.*

Schwäche: Ein Versagen der Beine zeigt eine konfliktbeladene Lebenssituation an oder eine, der wir hilflos gegenüberstehen. Auch ein niederer Blutdruck kann Träume von *Sch.* hervorrufen und mahnt zu Diätumstellung und Sport. Siehe *Krankheit.*

Schwan: Der weiße *Sch.* ist Sinnbild der reinen Lichtkräfte, des klaren Denkens und der Vorausschau zukünftiger Ereignisse. Er verkündet den geistigen Aufstieg durch Entsagung und Überwindung der sichtbaren Welt.

Schwangerschaft: Bei Frauen kann der Traum eine solche in der Realität ankündigen. Weiterhin ist sie Sinnbild für eine neue Idee, Möglichkeit oder eine Begabung, die sich in Unsichtbaren formt und Gestalt annimmt. Siehe *Baby, Embryo, Kind.*

Schwanz: Instinkt, auch sexueller Instinkt.

Schwarz: Siehe *Farben.*

Schweben: Siehe *Fliegen, Flugzeug.*

Schweigen: Innere Ruhe, Wunschlosigkeit, verborgene An- und Absichten.

Schwein: Fruchtbarkeit, Unsauberkeit, Freßsucht, Dummheit, Arroganz, Gemeinheit, Laster. Das *Sch.* ist Ausdruck für die weibliche, der Eber für die männliche Sexualität. Siehe *Eber.*

Schwelle: Wende, Wechsel, neues Leben und Bewußtsein. Siehe *Tor, Tür.*

Schwert: Spiritueller Wille, Unterscheidungskraft, Verteidigung, Befreiung, Gefahr, Tapferkeit, Kampf zwischen Licht und Finsternis (auch gegen die eigene Untugend und geistige Gleichgültigkeit), Energie, Aktivität, Gerechtigkeit, Wahrheit, Macht, Schutz. Wenn sich das *Sch.* in der Scheide befindet, dann ist ruhiges Nachdenken oder Besinnung erforderlich. Ein zweischneidiges, jedoch stumpfes *Sch.* kämpft für transzendente Ziele. Siehe *Blitz, Gericht, Kreuz, Ritter, Rüstung, Schild.*

Schwertlilie: Regenerationskräfte; irdische und spirituelle Ziele, die der Erneuerung dienen. Siehe *Blumen/Blüten, Lilie, Lotus, Rose.*

Schwester: Die eigene, leibliche *Sch.*, die im Traumbild bei einer weiblichen Person erscheint, stellt oft die Träumende selbst dar. Bei männlichen Träumern drückt sie deren eigene Emotionen und Ideale aus. Selbstverständlich können auch das Verhältnis zur leiblichen *Sch.* und deren verborgene Charakterzüge durch Träumen enthüllt werden.

Schwimmen: Wasser ist Ausdruck für unseren emotionellen Bereich, das Meer für unser Unbewußtes; Strömungen und Flüsse zeigen das Fließen seelischer Kräfte und Gefühle. Wenn der Träumende in angenehm temperiertem, sauberem, klarem und ruhigem Wasser schwimmt, verfügt er über Selbstvertrauen, Sicherheit, religiöse Zuversicht und Freude. Schmutziges, trübes und stark bewegtes Wasser verkörpert Konflikte und Sorgen. Unsicherheit, Angst und Probleme beim *Sch.* deuten auf solche in der realen täglichen Gefühlssituation. Der angstfreie Schwimmer, der Wasser und Umgebung als angenehm empfindet, beherrscht seine Stimmungen, Instinkte, Wunschnatur und sexuellen Triebe. Siehe *Fluß, Meer, See, Strömung, Tauchen, Wasser, Wetter.*

Schwindel: Mangel an seelischem Gleichgewicht und geistiger Balance. Siehe *Arzt, Krankheit, Medizin.*

Schwitzen: Oft liegen reale, körperliche Ursachen vor. Aber auch intensive Gefühle und heftige Angst können *Sch.* hervorrufen.

Schwören: Durch einen Schwur im Traum will sich der Träumende Ehrlichkeit, Unschuld und Sicherheit beweisen. In der Realität bezweifelt er diese Eigenschaften bei sich selbst. Siehe *Eid, Gericht, Geschworenenbank, Richter.*

Sechs: Siehe *Zahlen.*

See: Siehe *Meer, Schwimmen, Strömung, Tauchen, Teich, Wasser.*

Seehund: Er kann sich auf reale *S.* beziehen. Der graubraune *S.* verkörpert den leicht negativ gefärbten, unbewußten Gefühls- oder Gedankenkomplex. Er hat die Tendenz, von Zeit zu Zeit aus dem Unbewußten (= dem Meer) im bewußten Denken (= in der Luft oder auf dem Land) aufzutauchen. Siehe *Schildkröte.*

Seerose: Siehe *Blumen/Blüten, Lilie, Lotus.*

Segel: Siehe *Boot, Meer, Schiff, See.*

Seide: Möglichkeiten der Gestaltung; Reichtum, Luxus. Siehe *Farben.*

Seife: Die innere, seelische Reinigung; Abseifen von Schuld.

Seifenblase: Hinweis auf Illusion, Täuschung, Vergänglichkeit, die Flüchtigkeit des Irdischen und des Lebens. Siehe *Farben.*

Seil: Zuverlässigkeit, Stärke, Verbindung, Vereinigung. Ein angenehm oder unangenehm wirkendes *S.* verrät die Art der Bindung. Siehe *Band, Schlinge, Strick.*

Sekretärin: Sie ist Ausdruck für die eigenen Wesenszüge der Exaktheit, des unermüdlichen Fleißes, der Organisation, des Geschäftsinteresses und sonstiger Büropflichten, wie stereotypes Handeln. Manchmal steht sie auch für die Mutter, Frau oder Partnerin in Männerträumen. Siehe *Büro, Frau, Jungfrau, Mann.*

Sekt: Feier, Gesellschaft, geschäftlicher und weltlicher Erfolg, Luxus, Betäubung. Siehe *Abstinenz, Alkohol, Trunkenheit, Wein.*

Selbst, höheres: Es zeigt sich im Traum als weiße oder leuchtende Gestalt, als goldene Schlange, Kreis, Sonne, Licht, Stern/Sterne, strahlender Kristall, Gold, Kleinod, Schatz, die alle tags oder nachts leuchten (mystische Realität). In seinen Ausdrucksformen offenbart sich das *S.* dreifach, als Macht, Liebe/Weisheit und abstraktes Denken. Siehe *Führer, geistiger; Kreis, Kundalini, Mandala* , Kapitel VI.

Sense: Als Werkzeug wird sie ein Sinnbild für Kraft und Aktivität. Sie läßt sich auch zur Wegbahnung für unsichtbare, geistige Motive einsetzen. Weiterhin kann sich Angriffslust und Rücksichtslosigkeit durch sie ausdrücken. Siehe *Bauer/Bauernhof, Skelett, Wiese.*

Seuche: Verunreinigung nicht nur im körperlichen Sinn, sondern auch im seelischen und geistigen Bereich wird hier angesprochen. Siehe *Arzt, Krankheit, Medizin, Lepra.*

Sexualität: Allgemein taucht sie im Traum dort auf, wo es um Kreativität und schöpferische Ideen und Werke geht. Die sexuelle Vereinigung im Traum ist Ausdruck für die seelische Übereinstimmung, Verbundenheit und Ideengleichheit mit der betreffenden Person. Natürlich kann der Traum von der *S.* auch sexuelle Wünsche, Angst vor sexuellem Versagen oder vor der Vereinigung anzeigen. Siehe *Beischlaf, Genitalien.*

Sezieren: Eigenes oder fremdes gefühlskaltes, rein wissenschaftliches Denken und Handeln. Weiterhin kann *S.* das Analysieren des eigenen Charakters anzeigen. Siehe *Arzt, Chirurg, Laboratorium.*

Sichel: Siehe *Gericht, Getreide, Sense, Wiese.*

Sieb: Auswählen, Absondern, die ausgleichende Gerechtigkeit.

Sieben: Siehe *Zahlen.*

Siegel: Zeichen für individuelles Recht und Gesetz. Siehe *Ausweis, Dokument, Urkunde.*

Siegerkranz: Siehe *Diadem, Krone, Lorbeer.*

Silber: Siehe *Gold, Goldmünzen, Metalle.*

Singen: Sympathischer Gesang dient als Ausdruck für Harmonieempfinden mit der Gemeinschaft, der Umwelt und dem Himmel. Wohlklingendes *S.* im Chor hat ähnliche Bedeutung und weist außerdem auf Festlichkeit, Gemeinschaftssinn und Interessengleichheit hin. Der als unangenehm empfundene Gesang hat entsprechend negative Bedeutung. Siehe *Chor, Dirigent, Musik, Orchester.*

Singvogel: Siehe *Musik, Singen, Vogel.*

Sintflut: Unbeherrschbare Emotionen, starke Gefühlsausbrüche wie auch Nervenzusammenbruch. Siehe *Meer, Überschwemmung.*

Sirenen: Weibliche Dämonen aus der griechischen Mythologie mit Vogelleib und oft mit Fischschwanz. Im Traum zeigen sie Selbstbestrafung und -zerstörung, Unfreiheit und Einschränkung.

Skarabäus: Der Mistkäfer aus der ägyptischen Mythologie durchbricht aus eigener Kraft seine kugelförmige Erd- und Dungumhüllung. Er verkörpert den geistigen Aufstieg und die Auferstehung durch eigene Anstrengung. Siehe *Insekten.*

Skelett: Ein *schwarzes. S.* deutet auf Überwindung einer tödlichen Krankheit hin. Das *weiße S.* kündet Wandlung, echte Lebensgefahr oder Tod an. Bei dem weißen, in ein Mönchsgewand gehüllten *S.* ereignet sich der Tod während der Bewußtlosigkeit oder im Schlaf. Das *S.* existiert mit oder ohne Sense. Letztere ist ein Symbol für die Lebensernte oder Schicksalsschuld. Siehe *Anubis, Hund.*

Sklave: Hinweis, daß man sich aus eigenen oder fremden Abhängigkeiten befreien sollte.

Skorpion: Eigene oder fremde giftige Worte und ein solches Benehmen; Gefahr; Neid; Suchtverhalten. Siehe *Spinne, Teufel.*

Smaragd: Regeneration, das immer neu Erschaffene, die ewige Wiederkehr. Siehe *Brosche, Edelstein; Farben: Grün; Halskette, Schmuck.*

Socken: Die materiellen Charakteristika des Trägers. Siehe *Füße, Kleidung, Schuhe.*

Sohn: Realistische Probleme mit einem solchen; die eigene Entwicklung männlich-intellektueller Eigenschaften; das kreative Werk im realen Bereich; der neue spirituelle Bewußtseinsprozeß. Siehe *Kind.*

Soldat: Die Auslegung wird weitgehend bestimmt von den Idealen, die der Träumer seinem Volk entgegenbringt, und von individuellen Antrieben der Männlichkeit. In Frauenträumen – aber auch für Männer – kann der *S.* Charaktereigenschaften versinnbildlichen, die gerade in der Tagesrealität benötigt werden, wie z. B. Disziplin, Kampf für ein Ideal, Mut, Kameradschaft und Opferbereitschaft. Siehe *General, Helm, Krieg, Schuß, Uniform, Waffen (Gewehr, Granate, Kanone, Pistole, Rakete).*

Soldatenhelm: Siehe *Helm.*

Sommer: Energie, Aktivität, Reife, Höhepunkt des Lebens.

Sonne: Lebensenergie, Vitalität, Glück und Heil, Gerechtigkeit, Zentrum des Lebens und allen Seins, Sieg, Wahrheit, Wachheit, klares Überschauen des Lebensweges oder der Entwicklung, Geist, Bewußtsein, Auferstehung, Einweihung und die kontinuierliche göttliche Gegenwart im Menschen. Siehe *Feuer, Licht, Kreis, Rad; Selbst, höheres.*

Sonnenblume: Die auf das geistige Licht fixierte Konzentration.

Sonnenfinsternis: Wie die Mondfinsternis warnt sie vor einschneidenden Erlebnissen und Unglück. Siehe *Dunkelheit, Nacht, Sonne.*

Sonnengeflecht: Der Solarplexus ist das Zentrum für Energien und Emotionen.

Sonnenschirm: Schutz, Erhebung, Würdezeichen. Siehe *Regenschirm.*

Sonntag: Erholung, Freude, Friede; religiöse und philosophische Inhalte. Siehe *Tageszeiten.*

Souterrain: Vergessene Ereignisse, Erinnerungen, unbewußte Gefühle und Absichten; Verbindung zu jenseitigen Bereichen, im vorwiegend negativen Sinn. Siehe *Höhle, Katakomben, Keller.*

Spalte: Schutz oder Gefahr. Siehe *Abgrund, Absturz.*

Spargel: Männliches Sexualsymbol, auch sexuelle Frustration. Siehe *Gemüse.*

Sparkasse: Vorrat an seelischer Kraft, Standessymbol. Einbrecher in der *S.* verursachen psychische Verluste. Das Ansparen großer Geldsummen ist eine Warnung an den Träumenden, seine Anlagen und Begabungen zu entfalten. Siehe *Banküberfall, Geld, Scheck, Zinsen.*

Spaten: Unter der Oberfläche des Bewußtseins nach neuen Erkenntnissen graben. Auch sexuelle Bedeutung ist möglich. Siehe *Dolch, Messer.*

Speer: Eigene oder fremde Angriffslust, aggressive Sexualität, Unfreundlichkeit; Wichtigkeit oder Hervorheben eines Gegenstandes oder einer Sache; zielgerichtete Energie bzw. materielle oder spirituelle Kriegführung; Kampf im Geistigen, Konzentration. Geistige Impulse drücken sich im Traum und Unsichtbaren durch einen Lichtpfeil oder -blitz aus, der meist seitlich in den Bauchbereich eindringt. Aus dieser geistigen Zündung kann wesentliche Bewußtseinserweiterung entstehen. Siehe *Bogen, Lanze, Pfeil und Bogen.*

Speichel: Sinnbild für Kraft, Magie und Schutz bei alten Völkern; Gefühle, Motive. Siehe *Magie, Zauberer.*

Speicher: Siehe *Haus.*

Speise: Siehe *Apfel, Erdbeeren, Essen, Fleisch, Gemüse, Getreide, Kartoffeln, Mahlzeit, Nahrung, Obst, Salat, Süßigkeiten, Wurst.*

Speisekammer: Siehe *Haus, Kochen, Küche.*

Spektrum: Gelegenheiten, Auswahl, Angebot, Skala der Gefühls- und Verstandeskräfte.

Sperma: Konzentrierte Energie, Potenz, Männlichkeit.

Sphinx: Wenn das altägyptische Symbol – ein liegender Löwenkörper mit Herrscherkopf – die Macht verkörpern soll, die zu grausamen Zwecken eingesetzt wird, dann ist die *S.* dunkel und trägt unsympathische Zeichen. Als strahlend helle oder goldene *S.* ist sie Ausdruck für gottähnliche Eigenschaften und Prinzipien, für das geheimnisvolle, rätselhafte Dasein und die Entwicklung der allumfassenden Persönlichkeit. Auch kann sie den Bewußtwerdungsprozeß (*S.*-Kopf) des weltlichen Menschen (Tierkörper der *S.*) zur überweltlichen Wesenheit bedeuten. Siehe *Löwe.*

Spiegel: Eitelkeit, Erkenntnissuche. Der klare, saubere *S.* zeigt die Reinheit des Denkens und der bewußten Seelenkräfte. Ein nebeliger oder verschmutzter versinnbildlicht negative, dunkle Eigenschaften, die nicht in das klare Tagesbewußtsein eindringen. Er ist ein überzeitliches Symbol für die Selbstbeobachtung und -analyse. Die bewußten Lichtkräfte befinden sich vor der Spiegelfläche; die ganz individuellen, unsichtbaren, unbewußten, uns meist unbekannten Triebe und Antriebe verbergen sich hinter ihr. Oft verkörpert der *S.* die Suche nach dem Inneren, nach der einzigartigen Individualität, den wahren Motiven oder Zielen. Weiterhin kann der Betrachter vor einem Spiegelbild zu der Erkenntnis kommen, daß dieses eine Illusion ist und vom höheren Selbst beobachtet werden kann. Siehe *Meer, Teich, Wasser.*

Spiel: Kindheitserinnerungen; Wunsch nach Sorglosigkeit, nach Kontakten und Gesellschaft, Erholung, Aufruf zur sinnvollen Freizeitgestaltung; auch Kampf gegen Gesetze und Mitmenschen. Siehe *Kind, Junge, Mädchen.*

Spielkarten: Traumumstände und Zweck des Spieles sind ausschlaggebend für die Deutung. Siehe *Gasthaus, Spiel.*

Spielzeug: Gewohnheiten und Ansichten aus der Kindheit, die im Erwachsenendasein beibehalten werden; Wunsch, zur Kindheit zurückzukehren; Angst vor Verantwortung. Siehe *Kind, Spiel.*

Spindel: Nostalgie, Beschaulichkeit, irdische Aktivität. Die Regelmäßigkeit der Bewegung zeigt den Lauf des Schicksals und die Wiedergeburten an.

Spinne: Verführung, Begierde, die Energie zerstört und das Nervensystem vergiftet; Abhängigkeit und Unfreiheit des Handelns. Die *weiße S.* ist Ausdruck für Besessenheit von feingeistigen Ideen und Wahn. Die *rote S.* deutet auf sexuelle Manie. Wo immer die *graue S.* auftaucht, geht es um die Sucht nach Süßigkeiten. Die *schwarze S.* erscheint bei der Alkoholsucht in vielfältigen Arten im Unsichtbaren. Eine *S.* mit grünen (meist giftgrünen) Augen weist auf die Unausrottbarkeit der Sucht hin. In der modernen Psychologie signalisiert die *S.* Mutterkonflikte. Eine traurige Tatsache ist, daß die Mutter ihre Kinder durch Fehl- oder Mangelernährung für Süchte aller Art stimuliert. Wenn ein Süchtiger stirbt, folgen seine *S.* ihm in die jenseitigen Welten und stacheln seine Süchte im körperlosen Zustand an. Siehe *Skorpion.*

Spion: Übersteigerte Vorstellungskräfte, Aufschneiden, Wunsch nach Erlebnissen. Auch kann der Traum vom *S.* auf eigene oder fremde Eigenschaften der Lüge, Hinterlist, des Verrates und eines Verbrechens hinweisen. Siehe *Geier, Zigeuner.*

Spirale: Energie, Dynamik, Entwicklung, Sinnbild des Lebens, der ewigen Wiederkehr und der geistigen Evolution. Die *S.* ist u. a. sichtbar in Spiralnebeln der Milchstraße und der DNS. Siehe *Labyrinth, Kreis, Schneckenhaus, Sonne, Swastika.*

Spiritismus: Phantasie, Neugierde; Warnung vor Leichtgläubigkeit und Betrug. Siehe *Hypnose, Trance.*

Spital: Siehe *Krankenhaus.*

Splitter: Eigene oder von anderen ausgelöste seelische Verletzung; unangenehme und irritierende Gefühle und Gedanken. Siehe *Nadel.*

Sport: Je nach Trauminhalt und individueller Erfahrung wird auf positive oder negative Motive der Sportausübung hingewiesen, wie Gesundheitsbewußtsein, Mut, Ehrgeiz und Ausdauer. Auch drückt *S.* im Traum den Lebenskampf und Konkurrenzdenken aus. Siehe *Arena, Eislauf, Kampf, Rennbahn, Rennen, Stapellauf, Yoga.*

Sportplatz: Siehe *Arena, Kampf, Rennbahn, Rennen, Sport.*

Sprengstoff: Siehe *Dynamit.*

Spreu: Vergängliches, Unwichtiges.

Sprichwort: Siehe *Gedicht, Schriftstück.*

Spritze: Neue Ideen, Impulse, Sinnbild für den Phallus. Siehe *Pistole.*

Stab: Macht, Magie, die menschliche Wirbelsäule (als Weg der Kundalini), die dynamische, auch männlich-sexuelle Kraft, Libido; Hilfe, mentale Energie; eine Absicht oder ein Wille, die für ein höheres Ziel eingesetzt werden; Gleichnisbedeutung für Herrschaft, Gericht, okkulte Geheimnisse, Schranke, Trennung, Verteidigung, Entscheidung. Siehe *Krummstab, Kundalini, Stange, Stock, Wünschelrute, Zauberer, Zweig.*

Stacheldraht: Zwang, Isolation, Schutz, Willkür; Frustration und seelische Schwierigkeiten aller Art. Siehe *Gefängnis, Gitter, Grube, Mauer, Zaun.*

Stadt: Sie steht stellvertretend für einen Sammelplatz der Interessen des Träumenden, für seine Absichten und Suche nach Kontakten und Erlebnissen. Sind Stadtmauer und die *St.* selbst chaotisch aufgebaut, dann befindet sich die reale seelische Umwelt des Träumenden in einem Wirrwarr. Eine harmonische Bauweise mit schönen Stadtmauern läßt eine friedliche und ausgeglichene Umgebung des Träumenden vermuten. Auch kann sich die Sehnsucht des Träumenden nach dem »himmlischen Jerusalem« in einem Traum von der weißen lichten *St.* mit quadratischem Grundriß und zwölf Toren ausdrücken. Siehe *Dorf, Haus, Leute, Menschenmenge.*

Stall: Siehe *Haus* und entsprechende Tiere, die in den *St.* gehören.

Standesamt: Warnung vor übereilten Entschlüssen; Probleme mit dem Partner. Siehe *Ehe, Gatte, Gattin, Hochzeit.*

Stange: Siehe *Stab, Stock, Zweig.*

Stapellauf: Zielbewußtsein, Begeisterung, Unternehmungs- und Abenteuerlust, Ausdauer. Siehe *Arena, Eislauf, Rennbahn, Rennen, Sport.*

Starrheit: Unflexibilität und dogmatisches Verhalten in der Realität.

Statue: Verlust an Emotionen, innerer Beweglichkeit und Teilnahme. Siehe *Denkmal, Obelisk, Säule, Totem.*

Staub: Sinnbild für die Nichtigkeit der Materie; phantasieloses trockenes Denken; Gefühle und Gedanken, die vorüberziehen. Siehe *Sand.*

Stehlen: Siehe *Einbrecher, Einbruch, Plünderung.*

Steigen: Aufwärtssteigen (auch ein hindernisreiches) verkündet die erfolgreiche innere Entwicklung. Abwärtssteigen oder -gleiten ist besonders negativ zu werten, wenn der Träumende dabei Unsicherheit oder Angst empfindet. Siehe *Berg, Gebirge, Klettern.*

Stein: Traumhinweis auf körperliche oder psychische Verwundungen; seelische Kälte, Gefühls- und Teilnahmslosigkeit; geballte Energie. Seine Festigkeit und Härte kann aber auch auf die göttliche Kraft hinweisen. Die Beständigkeit und Unvergänglichkeit des *St.* verkündet das ewige, himmlische Gericht. Ein roher unbehauener (oft quadratischer) Steinblock kann menschliche Unvollkommenheit, ein behauener (oder Bau-) *St.* kann Harmonie mit einer menschlichen oder religiösen Gemeinschaft (zum Aufbau eines geistigen, übergeordneten Gebäudes) versinnbildlichen. Weiterhin sind Steinbrocken (oder schwere Gegenstände), die auf die Brust fallen, ein zuverlässiger Hinweis auf bevorstehende Krankheiten (Herzinfarkt oder schwere Herzleiden). Traumsteine, die auf den Kopf fallen, zeigen zuverlässig einen Schlaganfall an. Siehe *Altar, Fels, Versteinerung, Werkzeug.*

Steppe: Langweile, Gleichförmigkeit, Einsamkeit, Interesselosigkeit, Kummer und Sorgen. Siehe *Wüste.*

Sterben: Siehe *Begräbnis, Hund, Leiche, Leichenwagen, Sarg, Tod,* Kapitel XI.

Sterilisieren: Abscheu und Angst vor Ansteckungsgefahr, vor

Bakterien und Viren; Reinigungsaktion innerer Wesenszüge. Siehe *Laboratorium.*

Stern: Das klare, geistige Bewußtsein, das die dunklen, unbekannten Gedanken durchleuchtet; religiöse Zuversicht; erwachte Spiritualität; wegweisende Weisheit, Allmacht und Harmonie der höheren Sphären. Siehe *Abendstern, Funke, Komet, Lampe, Laterne, Licht.*

Steuerrad: Selbständigkeit, Verantwortung, Führung, Wille. Siehe *Auto, Taxi.*

Steuerruder: Es ist Ausdruck für eine bestimmte Absicht oder ein Motiv für Gedanken und Taten. Siehe *Boot, Meer, Schiff, See, Steuerrad.*

Stier: Kraft, Energie, Angriffslust, die männliche Zeugungskraft. Der *weiße St.* stellt die sublimierte Sexualität dar, der *graue St.* die egoistische Triebbefriedigung und der *braune* oder *schwarze St.* eine mit Primitivität und Brutalität vergesellschaftete Sexualität. Bei der Opferung eines Traumtieres wird der Trieb durch Willen und Geist beherrscht. Der *goldene, geflügelte St.* symbolisiert spirituelle Fruchtbarkeit, Ausdauer und Stärke und das heilige, geweihte Opfer.

Stigma: Intensive mystische Verbindung zur Transzendenz; Aufforderung, das Opfer zu erbringen, was aus der jeweiligen individuellen Lebenssituation hervorgeht. Siehe *Perlenkette, Ring.*

Stimme: Ausdruck für Harmonie, Disharmonie, das eigene Gewissen, die *St.* des geistigen Führers oder das »Wort Gottes«, die Sphärenmusik oder/und farbiges Licht (Regenbogen) und dadurch kosmische Energie. Siehe *Musik, Regenbogen, Wort.*

Stinken: Unannehmlichkeiten; negative Empfindungen und eine reale, bereits überflüssig gewordene Situation. Siehe *Exkremente.*

Stock: Tyrannei, angriffslustige Sexualität. Siehe *Krücke, Stab, Zweig.*

Stopfen: Genauigkeit und Sparsamkeit. Die Stelle und der Gegenstand, an denen geflickt wird, zeigen die zu verbessernden Charakterzüge und Gedanken an. Siehe *Kleid, Nähen.*

Storch: Er steht im Sumpf (= das ungeklärte, undifferenzierte, überwiegend materialistische Bewußtsein oder die entsprechende Erfahrung). Er fliegt hoch am Himmel (= der Geist, das geklärte Bewußtsein). Daher versinnbildlicht er diese verschiedenen Seiten der menschlichen Wesenheit. Die himmlischen, spirituellen Eigenschaften der Seele zeigen sich durch das weiße Gefieder, die dunklen karmischen Taten (Tun aus früheren Existenzen) durch die schwarzen Flügelstreifen an. Da der *St.* als Zugvogel regelmäßig zurückkommt, ist er auch ein Sinnbild für die Wiederkehr, die Wiederverkörperung und Auferstehung. Vor der Empfängnis eines spirituell hochentwickelten Kindes erscheint ein unsichtbarer riesengroßer *St.* am Himmel. Siehe *Vogel.*

Stoßen: Willenskraft; Aktivität; der neue Gedanke, auf den man stößt. Man sehe den Gegenstand nach, mit dem gestoßen wird.

Stottern: Unsicherheit, Verlegenheit, Verdacht auf Unehrlichkeit, Mangel an Überzeugung. Siehe *Stumm.*

Sträfling: Der Träumende oder eine andere Person beabsichtigen oder zeigen in der Tagesrealität ungesetzliche Absichten, unsoziales Denken und verhaltene, Schuldgefühle, Angst vor Strafen und Verdrängen bestimmter Wünsche aus dem Bewußtsein. Siehe *Gefangen, Gefängnis, Grube, Kerker.*

Straße: Sie entspricht dem Schicksalsweg, Möglichkeiten, Chancen, Verirrungen. Richtung und Entscheidungen werden durch Kreuzungen angezeigt. Die *St.* kann mit einem Auto, Fahrrad oder Schiff befahren werden. Wichtig sind weiterhin das Traumwetter und die Beschaffenheit (z. B. glatt, hindernisreich, trocken) und Breite des Lebensweges. Sie zeigen den unsichtbaren, inneren Zustand und die psychische Umgebung an, in der sich der Träumende befindet. Siehe *Auto, Autobahn, Fahrrad, Kreuzung, Pfad, Sackgasse, Schiff, Weg, Wetter.*

Straßenbahn: Siehe *Autobus, Bahnhof, Eisenbahn, Mitreisende, Reise, Schaffner.*

Strauch: Ein wild und wirr aussehender *St.* dient der Mitteilung von seelischer Zügel- und Schrankenlosigkeit. Der harmonisch aussehende *St.* zeigt inneres Gleichgewicht an. Siehe *Baum, Hecke.*

Strauß: Siehe *Blumen/Blüten.*

Strauß (Vogel): Absichtliches Übersehen und Vergessenwollen. Siehe *Vogel.*

Streichinstrument: Siehe *Geige.*

Streit: Innere Konflikte und Diskussionen, entgegengesetzte Interessen. Siehe *Angriffslust, Krieg, Schlacht, Waffen.*

Strick: Stärke; gemeinsame, zielgerichtete Interessen; Festigkeit, Zusammengehörigkeit und Durchhaltevermögen des Gruppengeistes; ausweglose Krankheit, wenn der *St.* um den Hals des Leidenden liegt. Auch die Fessel des Körpers oder der Materie kann der *St.* andeuten. Siehe *Fessel, Kette.*

Stricken: Siehe *Stopfen.*

Strom: Siehe *Fluß, Meer, Strömung, Wasser.*

Strömung: Mitreißende oder hemmende Geschehnisse; Zeitströmungen, die uns innerlich bewegen und/oder äußerlich berühren. Siehe *Fluß.*

Stuhl: Eigene Stellung und Einstellung, Standard. Siehe *Möbel.*

Stumm: Unvermögen, Gefühle und Gedanken klar zu formulieren; selbstverständliche Mitteilungen, die ohne Worte verstanden werden. Siehe *Stottern.*

Stümpfe: Wenn der Träumende sich auf Beinstümpfen vorwärtsbewegt, dann ist sein geistiger Weg voller Hindernisse. Siehe *Amputation, Krücke, Stütze.*

Sturm: Geballte, aufgestaute Emotionen brechen los. Siehe *Gewalt, Tornado, Wetter.*

Stütze: Materielle Werte; Stimulantien (Bohnenkaffee, Zigaretten, Alkohol); Freundschaften oder Hilfen aus der Gemeinschaft; religiöse Worte oder Taten. Siehe *Krücke.*

Süchtig: Motive und Handlungen werden nicht vom klaren Verstand diktiert; gewisse Eigenschaften (wie z. B. Faulheit) behindern die süchtige Person im Traum; Abhängigkeit von einer Sache oder Person. Siehe *Krücke, Spinne, Stütze.*

Süden: Erholung, Umtrieb, Abenteuerlust, starke Emotionen, Licht.

Sumpf: Siehe *Lava, Morast, Schlamm.*

Suppe: Die Art der *S.* ist ausschlaggebend für die Deutung. Eine Wassersuppe ist Ausdruck für eine schwierige, beengende Situation. Sie *S.* steht stellvertretend für die Stärkung von Körper, Seele und Geist. Auch ein Resultat, das von bestimmten Motiven abhängig ist, zeigt sich durch die *S.* an. Siehe *Essen, Mahlzeit.*

Süßigkeiten: Je nach Traumsituation wird hiermit eine Aussage über Belohnung, Freude, Verschwendung usw. gemacht. Durch *S.* kann sich auch eine Liebesangelegenheit ausdrücken. Siehe *Honig, Kuchen, Praline, Schokolade, Zucker.*

Swastika: Dieses Hakenkreuz versinnbildlicht ursprünglich Leben und Bewußtsein. Das vierspeichige Radkreuz weist auf die 4 Jahreszeiten, den Lebenslauf und die sichtbare und geistige Sonne hin. Siehe *Kreuz, Spirale; Zahlen: Vier.*

T

Tablette: Siehe *Apotheke, Arzt, Krankheit, Kräuter, Medizin.*

Tag: Im Vergleich zur Nacht ist der *T.* das Sinnbild für klares, auch erleuchtetes Denken, Handeln, sichtbares und unsichtbares spirituelles Licht. Der *T.* zeigt Sachverhalte so realistisch, wie sie wirklich sind. Siehe *Dämmerung, Morgendämmerung/Morgenröte, Sonne, Tageszeiten.*

Tagebuch: Sammeln, Korrektur, Kontrolle und Übersicht von emotionellen und gedanklichen Inhalten.

Tageszeiten: Sie sind den vier Jahreszeiten vergleichbar. Der Morgen (= Frühling) gibt Hinweise auf den Neubeginn und die Kreativität. Der Mittag (= Sommer) signalisiert die volle Aktivität. Am Nachmittag (= Herbst) finden Reife und Ernte statt. Der Abend (= Winter) ist charakterisiert durch Ruhe, Erholung und Vergehen.

Tadsch Mahal: Auch ähnliche weiße Bauwerke sind Ausdruck für Harmonie, Schönheit, Vollendung und kosmische Weisheiten und Gesetze.

Tal: Im Gegensatz zum Berg zeigt es materielle Inhalte und weltliche Aktivität an. Es deutet auf die Erde hin. Das *T.* ist das Reich der Erfahrungssuche, der unbewußten Seeleninhalte und des geistigen Weges. Die von den Bergen abwärts fließenden Quellwässer entsprechen den reinen seelischen und geistigen Inhalten, die im *T.* vor dem spirituellen Aufstieg verarbeitet werden. Dem trüben und unfreundlichen *T.* kommt die Bedeutung der Frustration und Langweile zu. Ein eis- und schneebedecktes *T.* ist Ausdruck der Einsamkeit und einer seelisch kalten und harten Umgebung. In einem grünen und blühenden *T.* finden Wohlergehen und erfülltes Leben statt. Siehe *Abgrund, Höhle.*

Talisman: Glaube, Aberglaube oder Überzeugung einer Schutzfunktion; Suche nach Glück und Erfolg; Abhängigkeit von eigenen Ängsten. Siehe *Amulett, Hexe, Magie, Zauberer.*

Tang: Emotionelle Verwicklungen und unbewußte Gedankenformen.

Tanz: Wunsch nach Geselligkeit, Buntheit und Wechsel des Lebens, Spontaneität, Ritual, Beschwörung, Harmonie. Er kann auch als Lebenstanz und Ausdruck kosmischer Gegebenheiten gewertet werden. Siehe *Alkohol, Café, Musik, Tanzlokal.*

Tanzlokal: Fröhliches, unkompliziertes Zusammensein ohne tiefe Sinngebung, auch Warnung vor Oberflächlichkeit und Zeitvergeudung. Siehe *Alkohol, Café, Hotel, Musik, Restaurant, Tanz, Wirtshaus.*

Tao: Urkraft, Geist, höchstes Wesen; das nicht in Erscheinung tretende Sein. *T.* (chinesisch: Weg) ist ein Ausdruck und ein philosophisches Prinzip aus der mystisch-buddhistischen Religion.

Tapete: Versteck oder Tarnung, denn hinter ihr kann Wahres verborgen bleiben. Siehe *Maske.*

Tapezieren: Wunsch nach Veränderung. Siehe *Tapete.*

Tasche: In einem Kleidungsstück zeigt sie Fassungsvermögen, Aufnahmebereitschaft, Besitz, Reserve und Vorrat an Energien und Talenten an. Auch das Gedächtnis kann sich auf diese Weise versinnbildlichen. Siehe *Beutel, Gefäß, Koffer, Rucksack.*

Taschenlampe: Siehe *Scheinwerfer.*

Tau: Fruchtbarkeit; das Bedeutungslose und Vorübergehende; Umwandlung; Regeneration des Lebens. Siehe *Regen.*

Taub: Hinweis auf das Sich-nach-innen-Kehren. Den Nichtigkeiten der Welt sollte nicht zuviel Gehör geschenkt werden. Oder ein Hinweis darauf, daß man sich taub stellt gegen Kritik des eigenen Gewissens.

Taube: Eine helle *T.* verkündet weltlichen und geistigen Frieden, die strahlend weiße spirituelle Botschaften und transzendente Eingebungen. Die weibliche *T.* betont gefühlsmäßiges Interesse und Annäherung an die Transzendenz, die männliche den intellektuellen Weg. Dagegen zeigen dunkle *T.* Schwierigkeiten, Feindschaften und pessimistische Weltanschauung an. Siehe *Vogel.*

Taubheit: Siehe *Hören, Taub.*

Tauchen: Eintauchen in einen bekannten oder unbekannten psychischen Bereich; die Flucht oder das Versteck. Siehe *Fluß, Meer, Wasser.*

Taufe: Abwaschen und Reinigung alter Seeleninhalte, neue geistige Erkenntnisse; spirituelle Wandlung, Tod, Wiederkehr und Einweihung. Siehe *Initiation, Meer, Wasser.*

Taxi: Das Steuerrad versinnbildlicht die Selbstkontrolle über den Lebensweg. Wenn der Träumende sich vom *T.*-Chauffeur fahren läßt, dann ruft der Traum also zu mehr Aktivität, Eigenverantwortlichkeit und Selbstbewußtsein des Fahrgastes auf. Siehe *Auto, Autobahn, Autobus, Lastwagen, Mercedes, Steuerrad, Straße, Wagen.*

Tee: Entspannung, freundschaftliches Beisammensein, anregender geistiger Austausch, Verhaltensänderung. Siehe *Café, Freund.*

Teer: Unbewußtes, Ungeklärtes, verhüllte Wahrheit. Bei dem Versuch, durch den Teer hindurchzustoßen, gelangt man zu unbekannten Geheimnissen. Siehe *Dreck, Lava, Morast, Schlamm.*

Teich: Ruhiges und reines Wasser verkündet Seelenruhe und Harmonie des eigenen Inneren und der sozialen Umwelt. Der trübe *T.* zeigt unreine Gefühle an. Siehe *Farben, Meer, See, Wasser, Wetter.*

Teig: Unentwickelte und undifferenzierte Eigenschaften und Ideen; neue Möglichkeiten; reine positive oder unreine, negative Kräfte. Siehe *Bäcker, Backofen, Brotlaib, Hefe, Kuchen.*

Telefon: Das gut funktionierende versinnbildlicht den Kontakt mit unserem Innern, unserer Intuition oder auch anderen Menschen. Wenn der Träumende sich weigert, den Telefonhörer abzunehmen, dann wünscht er keinen Kontakt, keine Aufklärung oder kein inneres Wachstum.

Telegramm: Wichtige, eilige, oft überraschende Botschaften an das Tagesbewußtsein des Träumenden oder anderer. Siehe *Brief, Post, Postbote, Trommel.*

Telepathie: Durch geträumte *T.* können sich echte telepathische Mitteilungen oder Kontakte erschließen. Meist handelt es sich um plötzliche Erkenntnisse seiner selbst oder anderer. Verborgene Eigenschaften oder Motive werden entschlüsselt.

Teller: Gleichnishaft für Verpflichtungen und Aufgaben. Ein voller *T.* kündet die Auseinandersetzung mit vielen Problemen an. Siehe *Gefäß, Geschirr, Mahlzeit.*

Tempel: Hinweis auf religiöse Andacht, Abgeschiedenheit und Verinnerlichung; das Wissen um die göttliche Ordnung und spirituelle Führung; Symbol für den Kosmos, die Menschheit und den materiellen Körper. Siehe *Gebet, Gottesdienst, Kirche, Meditation, Pfarrer.*

Teppich: Gemütlichkeit, Schönheit, Imagination, Luxus. Da die Fäden scheinbar ungeordnet verlaufen, ist er ein Symbol für das Schicksal und die Pläne der Schöpfung. Der »Webmeister« kennt seinen Plan, seine Muster und Farben. Siehe *Farben, Weben.*

Testament: Möglicher Hinweis auf ein einschneidendes Erlebnis, einen neuen Lebensabschnitt oder den Tod des Träumenden oder anderer. Auch die Hoffnung auf eine Erbschaft kann sich in einem Traum vom *T.* ausdrücken. Weiterhin Wunsch nach Ordnung oder Warnung vor Unordnung, Mangel an Planung und Vorausschau. Schließlich kann das *T.* die Lebensernte versinnbildlichen. Siehe *Schriftstück, Urkunde.*

Teufel: Beobachten lassen sich in der Astral- oder Traumwelt alle Sorten und viele Farbvariationen großer und kleiner Teufel, die eine Hierarchie – wie auch bei den Engeln – formen. *T.* wohnen im Erdinnern und finden Zugang durch immer dieselben Einstiegslöcher. Sie betreten die Häuser durch die Tür oder ganz bestimmte, bevorzugte Stellen, meist geopathische Zonen (z. B. Wasseradern). Alleiniges Interesse und Aufgaben der *T.* bestehen darin, den Menschen gründlich für ihr Reich zu gewinnen. Sie dienen damit indirekt dem spirituellen Entwicklungsplan, denn sie zeigen die Schattenseiten des Daseins und lassen uns wichtige und nötige Erfahrungen und Erkenntnisse sammeln. Mit überraschendem Erfindungsgeist konzentrieren sie sich vor allem auf »gute« Menschen. Bei den »bösen« Zeitgenossen müssen sie sich nicht anstrengen, denn entweder sitzen sie bereits in diesen oder hängen hinter ihnen in einem feinstofflichen Sack. Gleichgültige oder unentschiedene Menschen beobachten sie nur aus der Ferne.Typisch für den *grauen T.* ist, daß er schon Stunden vor Ausbruch eines Streits im Unsichtbaren auf den Plan treten kann. Er versinnbildlicht auch unsere Gefangenschaft in der Materie. *Graue T.* mit schwerer Bepackung (Rucksack) erscheinen z. B. in allen Häusern eines Staates, wenn die entsprechende Regierung höhere Steuern plant. Hier kündet er die ermüdenden Pflichten und Plagen der Existenz, die Diktatur der Materie an. Der *schwarze T.* erscheint auf der Szene, wenn es um krasse Selbstsucht, Süchte, das wirklich Böse oder um eine kaum zu beherrschende Triebnatur geht. Der *rote T.*, meist ein sehr starker *T.*, ist Ausdruck für brutale Sexualität und Aggression. *Braune T.* dienen in erster Linie chronischen, meist hoffnungslosen Krankheiten. Am häufigsten sind jedoch die *weißen T.*, die in der alten tibetischen und persischen Kunst of dargestellt wurden. Wo sie auftauchen, versinnbildlichen sie den verfeinerten, spirituellen Egoismus, Selbstbetrug, falsche Ideologien, irreführende religiöse Lehren, Vorurteile, Selbstüberschätzung; das Unvermögen, die wahren Ursachen zu durchschauen, und die »Segnungen« der kalten Wissenschaft, ohne natürliche, lebensnahe, religiös-philosophische Grundlage (z. B. Vivisektion). Der *weiße T.* versucht den göttlichen Plan und alles, was seiner Verwirklichung in der Materie entgegenkommt, durch raffinierte Taktiken zu vereiteln. Er verfolgt seine Opfer kilometerweit. Bei »Verlusten« kann er in Tränen ausbrechen. Wenn ein »normaler« *T.* keinen Erfolg hat, erscheinen immer größere und einflußreichere. Wie auch häufig in der Menschenwelt, ist der Chef der *T.* wohlgenährt. Wichtige *T.* fallen durch dicke Bäuche, Übergröße und unzählige Orden, mit denen sie sich gerne schmücken, auf. *T.* können sich in der Astralwelt im Sekundenbruchteil in eine ihnen verwandte Gestalt verändern. Im Traum kann sich der *T.* in allen Formen, Größen und Farben, aber auch als *Schlange* oder *Drache* zeigen. Siehe deshalb auch dort.

Theater: Es stellt innere verborgene sowie äußere Lebensdramen dar oder enthüllt die Welt als Theaterstück, als Farce.

Thermometer: Das Hoch und Tief der Emotionen.

Thermosflasche: Verschlossene und gleichmäßig »temperierte« Gefühle, Gedanken und Absichten, die über längere Zeit bewahrt werden. Hierbei kann es sich um heiße oder eiskalte Emotionen handeln. Siehe *Eis, Hitze.*

Thron: Autorität, Angabe, Größenwahn oder das Hervorheben einer wichtigen Angelegenheit. Siehe *König, Königin, Königssohn, Königstochter.*

Thyrsosstab: Der Stab der Bacchantinnen, oft mit Weinreben, Efeu oder Pinienzweigen umwunden. Ausdruck für universelle Regenerationskräfte und Fruchtbarkeit. Siehe *Stab.*

Tiefe: Unbewußte, dunkle Triebkräfte und die »böse« Materie, die im Gegensatz zur lichten Höhe steht. Siehe *Abgrund, Loch.*

Tierarzt: Heilung für unbewußte Seeleninhalte und Instinkte. Wenn der Träumende selbst ein Haustier hält, sind selbstverständlich viele Deutungsmöglichkeiten gegeben. Siehe *Arzt, Augenarzt, Chirurg; Führer, geistiger; Medizin, Psychiater, Tiere.*

Tiere: Jedes Traumtier oder jeder Tierdämon symbolisiert einen bestimmten, häufig nicht bewußten Trieb, wie z. B. Machttrieb oder Sexualtrieb. Der Träumende hat seine Triebnatur akzeptiert und sinnvoll in die Realität eingeordnet, wenn das *T.* ihn nicht beunruhigt. Angreifende *T.* deuten auf Verdrängung, Verneinung und negative Einstellung zur Triebnatur oder zum Leiblichen hin. Da Triebe nicht immer mit dem Verstand beherrschbar sind, irritieren sie und flößen Furcht ein. Genaueres erklärt sich aus der Traumsituation. Siehe *Dompteur, Drache, Hund, Katze, Zirkus, Zoo, usw.*

Liste der in diesem Traumsymbollexikon beschriebenen Tiere:

Aal, Adler, Affe, Alligator, Ameise, Auster, Bär, Biber, Biene, Blutegel, Bock, Brieftaube, Büffel, Chamäleon, Dachs, Delphin, Drache, Eber, Eichhörnchen, Eidechse, Einhorn, Elch, Elster, Ente, Esel, Eule, Falke, Fisch, Fledermaus, Fliege, Frosch, Fuchs, Gans, Geier, Gemse, Giraffe, Gorilla, Greif, Hahn, Hai, Hase, Haustier, Heuschrecke, Hirsch, Horus, Huhn, Hund, Hyäne, Ibis, Igel, Insekten, Jagdhund, Käfer, Kalb, Kamel, Kaninchen, Kater, Katze, Kaulquappe, Kentaur, Kobra, Kondor, Krabbe, Krähe, Krake, Kranich, Krebs, Krokodil, Kröte, Küchenschabe, Kuckuck, Kuh, Küken, Lamm, Larve, Laus, Leopard, Lerche, Leviathan, Libelle, Löwe, Luchs, Marder, Marienkäfer, Maultier, Maus, Minotaurus, Moskito, Motte, Möwe, Muschel, Nachtigall, Nagetier, Nashorn, Nilpferd, Ochse, Panther, Papagei, Pelikan, Pfau, Pferd, Phoenix, Pinguin, Polyp,

Qualle, Rabe, Ratte, Raubtier, Raupe, Reh, Rentier, Rhinozeros, Schaf/Schafherde, Schakal, Schildkröte, Schimmel, Schlange, Schnecke, Schwan, Schwein, Seehund, Singvogel, Sphinx, Spinne, Tier, Storch, Strauß, Taube, Tiger, Tintenfisch, Wal, Wanze, Waschbär, Wespe, Widder, Wild, Wildschwein, Wolf, Wurm, Zentaur, Ziege.

Tierkreis/Tierkreiszeichen: Traumhinweis, Anlagen und Charakter astrologisch genau zu erforschen, oder auch Warnung vor zu starker Fixierung an die Sterndeutung. Auch zeigen die 12 *T.* die Zyklen der Entwicklung, der vielfältigen, bunten, inneren Möglichkeiten und auch 12 wichtige Qualitäten für die geistige Entwicklung an. Siehe *Apostel, Astrologe/Astrologie; Führer, geistiger; Orakel.*

Tiger: Unbewußte Triebkräfte der brutalen Kraft und Gewalt; aggressive Sexualität; der Überfall; die innere Ruhelosigkeit, das Getriebensein im Gegensatz zur Ruhe im Spirituellen. In Kirchen und Kathedralen laufen unsichtbare *T.* umher, die die Unruhe und Gewissensbisse mancher »Gläubigen« symbolisieren.

Tinte: Verständigung, Mitteilsamkeit, Kontaktsuche; Wissen und Gelehrsamkeit; unbewußte Gefühle oder Gedanken; Negativität, die schwer auslöschbar ist. Siehe *Brief, Schriftstück.*

Tintenfisch: Siehe *Krake.*

Tisch: Gleichnishaft für Gemeinsamkeit, Zusammengehörigkeit; Arbeit; Unternehmungen, Handhabung von Schwierigkeiten. Siehe *Altar, Möbel, Schreiner.*

Tischler: Siehe *Schreiner.*

Tochter: Nostalgische Sehnsucht nach der verlorenen Kindheit; realistische Probleme mit eigener *T.*; die eigene Entwicklung weiblicher Eigenschaften, wie Fürsorge, Häuslichkeit und Mütterlichkeit; eine besondere Idee oder ein Werk; neuer geistiger Bewußtseinsprozeß. Siehe *Kind,* vergleiche *Sohn.*

Tod: Träume vom *T.* bedeuten selten wirkliches Sterben, meist zeigen sie eine einschneidende Veränderung oder Erneuerung im Charakter des Träumenden an. Der Traumtod beinhaltet das Vergehen oder Sterben eines überreifen, überalterten Gegenstandes, einer Form oder eines Lebensabschnittes und die Totalität vorheriger Erfahrungen. Auch intensive Wünsche, ganz bestimmte Eigenschaften oder eine unangenehme Lebenslage absterben zu lassen, können einen Traum vom *T.* herbeiführen. Auch kann sich durch den Traum vom *T.* ein Aufruf mitteilen, die Zeit während des Lebens besser zu nützen. Das Fliehen vor dem Traumtod kann immer dort auftauchen, wo sich der Träumende nicht ändern will. Selbstverständlich kann sich auch die Sehnsucht nach einem verstorbenen Menschen oder nach Ruhe und Harmonie durch den Traum ausdrücken. Siehe *Begräbnis, Hund, Leiche, Leichenwagen, Sarg, Töten* und Kapitel XI.

Toilette: Sie kündet den Versuch an, psychische und geistige Schwierigkeiten und Konflikte zur Ausscheidung zu bringen, auch Hinweis auf intimes Geschehen (z. B. Sexualität). Siehe *Exkremente.*

Tomate: Ähnlich dem Apfel ist sie ein Fruchtbarkeitssymbol.

Tonerde: Formgebende Kraft; Charakterbildung durch Umstände und Ereignisse; die Materie.

Topf: Im *T.* wie auch im Ofen geschieht die Verwandlung der Probleme und Vorkommnisse. Auch kann die weibliche Sexualität angesprochen sein. Siehe *Gefäß, Geschirr, Küche, Ofen.*

Töpfer: Lebensformung; die Kraft der Gestaltung von äußeren Einwirkungen.

Tor: Ein geschlossenes *T.* kündet die Grenze oder das Geheimnis an, das sich dahinter verbergen könnte. Ein offenes *T.* zeigt eine unbekannte Erfahrung oder einschneidende Lebensveränderung oder neue spirituelle Erkenntnisse an. Siehe *Schloß (Tür), Schlüssel, Tür.*

Tornado: Wildwogende Triebkräfte, Angriffslust. Siehe *Sturm, Wind.*

Torpedo: Angriffslust; geballte Energie; unterdrückter Wunsch, andere zu beschädigen. Siehe *Krieg, Gewalt, Unterseeboot, Waffen.*

Totem: Geheimnis der Abstammung; Ahnenverehrung; Hervorheben der Unvergänglichkeit. Siehe *Denkmal, Obelisk, Säule, Statue.*

Töten: Das Abtöten von Gefühlen, Ansichten und Gedanken, die im Traum durch gewisse Personen symbolisiert werden, kann durch diesen Traum mitgeteilt werden. Siehe auch Kapitel XI, *Erhängen, Ermorden, Erschießen, Erstechen, Erwürgen, Hinrichtung, Tod.*

Totenreich: Hinweis auf oder Warnung vor unmoralischem Verhalten, das folgenreich sein kann. Der individuelle Zustand der »Höllenqualen« im Jenseits entsteht aus dem Kampf unserer egoistischen Triebnatur mit dem universalen oder göttlichen Gesetz, das ausschließlich der Entwicklung dient. Siehe *Anubis, Hund, Skelett.*

Totenschädel: Er kann aktuelles Sterben andeuten, aber auch die Vergänglichkeit des Irdischen. Auch zeigt sich durch ihn geistiges Überleben, die Transformation und das Himmels- oder Sternengewölbe. Ein umgekehrter *T.* hat ähnliche Bedeutung wie der heilige Gral (= kelchähnliches Symbol für den Empfang spiritueller Wahrheiten). Siehe *Gral, Kelch.*

Trance: Hinweis, seine Lebensführung und -angelegenheiten bewußter zu handhaben; Gefahr der falschen Information; innere Verbindung zu bisher unbekannten und unzugänglichen Bewußtseinsebenen. Siehe *Hexe, Hypnose, Zauberer.*

Tränen: Mitleid, Trauer oder ähnliche Empfindungen, Entlastung.

Trank: Siehe *Abstinenz/Abstinenzler, Alkohol, Getränk, Trinken, Trunkenheit.*

Trapez: Ansichten oder Vorhaben sind nicht real gegründet. Siehe *Brücke, Dompteur, Fliegen, Zirkus.*

Traube: Siehe *Weintraube.*

Trauerkleid: Es spiegelt unbewußte Eigenschaften und Ansichten und das Benehmen der Person wider. Siehe *Farben.*

Träumen: Stellt der Aufgewachte fest, daß er selbst im Traum geträumt hat, dann ist dies ein Hinweis auf Konzentrationsmangel oder Verlust an klarem Tagesbewußtsein. Ein solcher Traum wirft außerdem die Frage nach der wahren Realität auf.

Treibstoff: Physische und psychische Kraft. Die Gefahr einer Explosion durch *T.* enthüllt eine starke Angriffslust. Siehe *Benzin, Gewalt, Rakete, Torpedo.*

Trennung: Siehe *Abschied, Bahnhof.*

Treppe: Wenn eine Traumperson eine *T.* in heller, lichter Umgebung hinaufsteigt, hat dieser Gang die Bedeutung einer Suche nach klarem Bewußtsein und versinnbildlicht den geistigen Entwicklungsweg. Das Absteigen auf einer dunklen *T.* weist auf die Suche nach der geheimen Offenbarung und nach verborgenem Wissen hin. Je dunkler die *T.* ist, desto gefährlicher kann dieses Wissen sein. Siehe *Haus, Leiter, Steigen.*

Trinken: Siehe *Abstinenz/Abstinenzler, Trunkenheit.*

Trommel: Sie ruft zur Aufmerksamkeit gegenüber der Traumsituation auf oder betont deren Wichtigkeit.
Auch Traumhinweis auf eilige Botschaft. Siehe *Telegramm.*

Trompete: Feuer, Sieg, Enthusiasmus. Siehe *Musik.*

Trunkenheit: Traumwarnung, bestimmte Tagesprobleme zu nüchtern oder auch zu wenig kritisch zu sehen, vor Konfliktsituation auszuweichen, die Herrschaft über sich selbst zu verlieren. Siehe *Abstinenz/Abstinenzler, Alkohol, Bier, Sekt, Wein.*

Tunnel: Echte Warnung vor Atemwegs- oder Herz-Kreislauferkrankungen; Rückerinnerung an eigenes Geburtstrauma; der Anfang innerer geheimnisvoller Erfahrungen. Siehe *Gefängnis, Höhle.*

Tür: Wechsel oder Veränderung von einem inneren Zustand in einen anderen; eine neue Aufgabe, Verantwortung, Gelegenheit; die Schranke in uns, zwischen uns und dem Nächsten und/oder der spirituellen Macht. Auch der Zugang zur jenseitigen Welt kann sich durch die *T.* oder das Tor auftun. Die *T.*, die sich öffnet, zeigt den Zugang zur Veränderung oder Zukunft an. Eine *T.*, die sich schließt, bewahrt ihr Geheimnis und kann auf Unreife und Stagnation in der Entwicklung hindeuten. Eine verschlossene *T.* kann ein zuverlässiger Hinweis auf eine Depression sein. Siehe *Schloß (Tür), Schlüssel, Tor.*

Turm: Die Betrachtung oder das Besteigen eines *T.* kündet die Suche nach Aufklärung, Bewußtseinserweiterung, Übersicht und Weitblick an. Das Herabsteigen besagt das Gegenteil. Der *T.* kann auch auf Einsamkeit, Isolierung und Abgetrenntheit hinweisen. Weiterhin kann der *T.* den Turmbau zu Babel – das Sinnbild des Stolzes und des Hochmutes – symbolisieren. Siehe *Berg, Gebirge, Höhe, Hügel.*

U

U-Bahn: Nicht vollbewußte Absichten und Ziele. Siehe *Autobus, Bahnhof, Eisenbahn, Fahrgast, Mitreisende, Reise, Schaffner, Straße.*

Überfall: Siehe *Dieb, Gewalt, Mörder, Plünderung.*

Überschwemmung: Da Wasser die Kraft des Unbewußten

symbolisiert, bedeutet *U.*, daß unbekannte Gefühle das klare Denken des Träumenden überfluten. Die Überschaubarkeit seiner Probleme im praktischen Leben ist eingeschränkt. Auch der innere geistige Kampf, der spirituelle Gewißheit sucht, kann durch diesen Traum symbolisiert werden. Siehe *Fluß, Meer, Schwimmen, Strömung, Tauchen, Wasser.*

U-Boot: Siehe *Unterseeboot.*

Ufer: Grenze zwischen dem Unbewußten (= dem Wasser) und dem Bewußtsein (= dem Land). Der Traum stellt dar, was von beiden überwiegt. Ein befestigtes *U.* oder eine Mauer, die am *U.* entlangführt, geben Hinweis auf fixierte Gedanken, Unflexibilität und evtl. Dogmatismus. Ein *U.*, das durch dunklen Schlamm charakterisiert ist, läßt negative, »versumpfte« Eigenschaften und Absichten vermuten. Angeschwemmtes Strandgut (= nichtbewußte Motive oder Wünsche) bedarf der realen Klärung. Siehe *Fluß, Schwimmen, See, Strömung, Tauchen, Überschwemmung, Wasser.*

Uhr: Sie erinnert an die Zeitverschwendung des Träumenden und ruft zum Überdenken und zur eventuellen Verbesserungen des Lebensweges auf. Oft künden sich auch wichtige Entscheidungen durch die *U.* an. Siehe *Verspätung.*

Umarmung: Gemeinsame harmonische Gefühle und Gedanken; Friede und Eintracht. Siehe *Kuß.*

Umzug: Einschneidende Veränderung des inneren und äußeren Menschen und seines sozialen oder beruflichen Umfeldes. Auch Traumaufruf zur geistigen Neuorientierung. Siehe *Haus, Neubau.*

Unbekannte/Unbekannter: Siehe *Doppelgänger, Frau, Fremde/Fremder, Mann.*

Unbekleidet: Siehe *Nacktheit, Entblößt.*

Unfall: Nachwirkungen oder Schock eines in der Wirklichkeit erlebten *U.*, Ankündigung eines *U.* in der Realität; Hinweis auf stagnierende, innere Entwicklung, Todesfurcht oder

-wünsche. Da der Träumende durch einen wirklichen *U.* verhindert würde, etwas Bestimmtes zu tun, könnte dieser Traum eine unbewußte Verzögerungstaktik oder eine Selbstbestrafungstendenz enthüllen. Jedoch kann ein *U.*, bei dem schwere Gegenstände (wie z. B. Steinbrocken) auf die Brust fallen, mit oder ohne Verwundungen, zuverlässig eine beginnende Herz-Kreislauferkrankung anzeigen. Siehe *Prophezeiung.*

Ungeheuer: Siehe *Drache, Monstrum, Krokodil, Schlange.*

Uniform: Wunsch nach Beachtung, sich in der Realität Respekt verschaffen wollen, Linientreue; Einschränkung der eigenen Kreativität; das allgemeingültige Recht oder die vorherrschende Meinung. Siehe *General, Helm, Kleid, Soldat.*

Universität: Kann Bezug zu einer realen *U.* haben; Sinnbild für die Lebensschule, die uns Aufgaben stellt. Siehe *Lehrer, Schule.*

Unkraut: Überflüssige und unnütze Emotionen werden hier angedeutet, wenn der Träumende ein stark verstandesbetonter Mensch ist. Siehe *Gras, Heu, Wiese*. Andererseits kann der Traum die Wichtigkeit des Gefühlsbereiches betonen. Auch ist er ein Hinweis auf übertriebene Ordnungsliebe und Sauberkeit oder ruft zu diesen Eigenschaften auf. Siehe *Garten.*

Unnormal: Nicht vollausgebildete Charakterzüge können sich durch äußere Unnormalitäten an Menschen und Tier zeigen. Siehe *Zwerg.*

Unterrock: Verborgene Gefühle, oft sexueller Natur. Siehe *Kleidung.*

Unterseeboot: Phantasie und Abenteuerlust; nichtbewußte, geballte Aggressionen; irrationales Verhalten. Siehe *Meer, Schiff.*

Untertauchen: Änderung der Persönlichkeit; Gesinnungswandel. Die Wasserbeschaffenheit weist auf den individuellen

Zustand des Unbewußten hin. Siehe *Ertrinken, Taufe, Wasser.*

Uranus: Angst vor der Gewißheit eines plötzlichen Wechsels im Lebenslauf oder vor Schicksalsschlägen. Siehe *Planet, Stern, Tierkreis/Tierkreiszeichen.*

Urin: Verminderung oder Befreiung von Frustrationen und Belastungen aller Art; sexuelle Empfindungen. Siehe *Dung, Exkremente.*

Urkunde: Siehe *Dokumente, Papier, Schriftstück.*

Urzeitmensch: Urwüchsigkeit, Körperkräfte, primitive Bewußtseinsschicht der Persönlichkeit des Träumenden oder anderer. Siehe *Eingeborener.*

Urwald: Erlebnisdrang und Abenteuerlust. Wildwuchernde Pflanzen und ein undurchdringlicher Wald verraten eine starke Triebnatur. Das Eindämmen des Dickichts oder das Schlagen eines Pfades zeigen Bemühen um Beherrschung der über das Ziel hinausschießenden inneren, unbewußten Natur an. Es deutet auf kontrollierende und ordnende Gefühls- und Gedankenkräfte. Siehe *Dämmerung, Farben, Tiere, Wald.*

V

Vagabund: Traumhinweis auf eigene oder fremde Eigenschaften eines *V.*, wie Unordnung, Nachlässigkeit, asoziales Verhalten, Süchte, die vom Tagesbewußtsein verdrängt werden. Siehe *Bandit, Bettler, Zigeuner.*

Vagina: Fruchtbarkeit, Sexualität, typisch Weibliches (wie Einfühlungsvermögen, Kontaktstreben), Formung neuer Ideen. Siehe *Genitalien.*

Vampir: Er kann Gefühle und unbewußte Absichten anzeigen, welche die eigene Entschlußkraft blockieren. Der echte *V.* (= ein eigenständiges astrales Wesen verschiedenster Formen und Größen) kann nur real angreifen, wenn eigene oder fremde Energien durch karmische Umstände (= durch die Schicksalsschuld) geschwächt wurden.

Vase: Siehe *Gral, Kelch.*

Vater: In Träumen tritt er generell als helfende Persönlichkeit, in Männerträumen auch als Konkurrent auf. Oft kann das Verhältnis zum eigenen *V.*, zu einer väterlichen Autoritätsperson oder einer spirituellen Wesenheit dargestellt sein. Auch versinnbildlicht der *V.* verschiedene Wesenszüge des Träumenden selbst, die durch die Beziehung zu ihm entstandenen sind. Dort, wo der *V.* auftaucht, geht es häufig um die Tradition, deren charakteristische Inhalte und auch Probleme. Möglicherweise teilt der Traum eigene typisch väterliche Eigenschaften wie Autoritätsansprüche, Beschützerfunktion und Verantwortungsbewußtsein mit. Siehe *Aufsichtsperson, Chef, Direktor; Führer, geistiger; König, Sonne.*

Vegetarier: Traumhinweis, vegetarisch zu leben, sei es aus moralischen oder gesundheitlichen Gründen. In vielen Fällen deutet der Traum auch auf anzustrebende Toleranz, Bekämpfung des Zerstörungstriebes oder auf eine ganzheitlich fundierte Lebenseinstellung mit geistigen Zielen hin.

Venus: Schönheit, Sympathie, Harmonie, Erotik, Liebe. Siehe *Astrologe/Astrologie, Planet, Stern, Tierkreis/Tierkreiszeichen.*

Verband: Er zeigt Heilung, Verletzung, Unfall oder Sterben an. Ein Kopfverband kann nach Traumforschungen eine Warnung vor Geisteskrankheit, wie Schizophrenie, bedeuten.

Verbrecher: Er macht auf einen bevorstehenden Verlust an individuellen Qualitäten, Begabungen oder menschlichen Kontakten aufmerksam. Das Traumbewußtsein kann weiterhin auf typische eigene oder fremde Eigenschaften eines *V.* hinweisen, wobei es sich auch um dessen Gewissensbisse oder Schuldgefühle handeln kann. Siehe *Einbruch, Mord, Räuber.*

Verbrennung: Seelische oder geistige Verletzung, auch Reinigung, Umgestaltung und Abwerfen niederer Impulse. Die *V.* im Traum ist manchmal Ausdruck für starke Emotionen, die eine Verletzung der Psyche verursachen. Siehe *Ekzem, Feuer, Haut, Verbrühen.*

Verbrühen: Aggressionen, Kritik, Verbrennung.

Verfall: Hinweis auf überalterte Formen und Vergänglichkeit. Siehe *Zerstörung.*

Verfolgung: Verdrängte Ängste aus der Tagesrealität (vor Überfall, Vergewaltigung, Strafe, Entdeckung, Aggressionen anderer, Einengung; eigenen, verdrängten Antrieben). Intensive und langgehegte Furcht kann einen Doppelgänger erschaffen, der den Urheber ängstigen und verfolgen kann. Auch Gefühle der Unterlegenheit, Schuld und des Versagens können eine *V.* -traum auslösen. Siehe *Dieb, Doppelgänger, Einbruch, Flucht* und den Verfolger (z. B. *Mann, Schlange, Tiger*).

Vergewaltigung: Aufruf zu Disziplin, Ordnung und auch Vorsicht in der Tagesrealität. Eventueller Hinweis auf uneingestandene heimliche Wünsche, in der Tagesrealität vergewaltigt zu werden. Siehe *Gewalt, Überfall, Verteidigung.*

Vergolden: Siehe *Farben: Gold, Maske.*

Vergrößerungsglas: Siehe *Brille, Linse, Mikroskop.*

Verhaften: Eigene charakterliche Schwierigkeiten, Schuldgefühle sowie Vorurteile inhaftieren den Träumenden und blockieren seine Entwicklungsmöglichkeiten. Siehe *Gefängnis, Polizei, Richter.*

Verkäufer: Siehe *Kaufmann.*

Verkleiden: Siehe *Clown, Kleidung, Marionette, Maske.*

Verkleinerung: Sieht sich der Träumende selbst kleiner, als er in der Tagesrealität ist, dann leidet er z. B. unter Schuld- oder Minderwertigkeitsgefühlen. Fällt ihm eine andere – meist bekannte – Person als viel kleiner auf, dann hat diese für ihn in der Realität an Ansehen oder Wichtigkeit verloren. Der Traum kann u. U. dazu aufrufen, sich um den Betroffenen zu kümmern. Siehe *Riese, Zwerg.*

Verlassen: Siehe *Abschied, Bahnhof.*

Verletzung: *Seelische V.* verweisen u. a. auf einen Mangel an Selbstvertrauen, übermäßige Sensibilität oder Stolz. Generell entsprechen auch *körperliche V.* den seelischen Verwundungen des Träumenden. Die *blutende V.* ist Ausdruck für Energieverminderung. Bei zahlreichen Traumuntersuchungen wurde entdeckt, daß der Traum von einer körperlichen Wunde oft ein frühes Anzeichen für *Krebs* oder Tumore ist. Sie entstanden später im selben Organ, in dem zuvor im Traum die Wunde aufgetaucht war. Brustverwundungen im Traum durch schwere Gegenstände zeigen oft Herz-Kreislauferkrankungen an. Siehe *Angriffslust, Blut, Dolch, Messer, Streit, Verbrennung, Wunde.*

Verlobung: Siehe *Ehe, Hochzeit.*

Verpackung: Siehe *Maske, Paket.*

Verschwinden: Hiermit kann sich die Erinnerung an Vergangenes, ein Wunsch nach Vergessen oder auch die Einwirkung spiritueller Kräfte auf die Materie ankünden.

Verspätung: Mahnung, nötige, reale Arbeiten/Probleme nicht aufzuschieben, oder auch Hinweis, eine Angelegenheit gründlicher zu überdenken und hinauszuzögern. Entscheidungsschwäche. Auch Andeutung, daß belastende Lebensumstände und Verhältnisse oft den gewünschten Wechsel in der Tagessituation verhindern. Dadurch können nötige Veränderungen oder auch Chancen nicht wahrgenommen werden. Siehe *Uhr.*

Versteinerung: Warnung vor seelischer Starre, Konventionen, Dogmatismus. Siehe *Fels, Stein.*

Verstopfung: Sie kann schwerfällig machen und die Beweglichkeit einschränken. Auch ruft die *V.* im Traum zu Mäßigkeit im Essen und Veränderung im emotionellen Verhalten auf. Sie kann Ausdruck für Kontrolldenken, Behaltenwollen, für Sparsamkeit und Geiz sein. Siehe *Darm, Medizin*.

Verstorbene/Verstorbener: Erinnerung an eine geschätzte und geliebte Person sowie ein Hinweis auf die eigene Vergänglichkeit. Auch können *V.* durch Träume seelischen Beistand erbitten. Sollte der Träumende oder ihm bekannte Personen als *V.* im Traum jünger erscheinen, dann ist der Traum als eventuelle Todesbotschaft für den Betroffenen zu werten. Er stirbt jung oder regeneriert sich in den jenseitigen Welten, in denen die allermeisten Menschen sowieso jünger aussehen.

Versuchung: Eigene tiefverankerte Motive, deren Auswirkungen wir in der Tageswirklichkeit auszuweichen versuchen oder die uns zum Handeln antreiben.

Verteidigung: Sie ist häufig gegen eigene Angriffe aus dem Unbewußten, wie z. B. durch Triebe, Süchte und Schuldgefühle, zu verstehen. Siehe *Gewalt, Krieg, Soldat, Vergewaltigung* und sonstige angezeigte Symbole.

Vertrag: Der Traum versucht, eigene innere Spannungen und bisher unvereinbarte Charaktereigenschaften zu harmonisieren. Siehe *Ehe, Regierung*.

Verwandte/Verwandter: Jede Traumfigur kann bestimmte Charakterzüge des Träumenden und seine eigene Meinung symbolisieren. Wenn das beiderseitige Verhältnis im Traum gut ist, so deutet dies auf angenommene oder sympathische Eigenschaften hin. Falls beiderseits Ablehnung oder Reserviertheit bestehen, liegen Schwierigkeiten und widerstreitende Meinungen in der Seelentiefe des Träumenden vor. In diesem Sinn kann auch das Kennenlernen von neuen, bisher wenig bekannten Verwandten gedeutet werden. Selbstverständlich kann sich auch die innere Haltung zu *V.* in der Realität ausdrücken. Vergleiche *Frau, Mann, Nachbarn*.

Vier/Vierzig: Siehe *Zahlen*.

Viereck: Erfahrungen im Stofflichen, auf der Erde und dem Lebensweg; die vier Jahreszeiten oder die vier Grundelemente (Erde, Feuer, Wasser, Luft). Siehe *Garten, Zahlen: Vier*.

Violett: Siehe *Farben*.

Violine: Ihre Deutung hängt von der Art der Musik, den sonstigen Traumumständen und der Einstellung des Träumenden zu seinem Gefühlsbereich ab. Siehe *Geige, Musik*.

Vivisektion: Reale Verbindung zum Thema oder den Praktiken der *V.* Auch können eigene oder fremde Charakterzüge der gefühlskalten, wissenschaftlich-intellektuellen Einstellung aufgedeckt werden. Oft handelt es sich um das Abtöten eigener oder fremder natürlicher Instinkte. Da gesunde, lebende Traumtiere unsere Triebe, Instinktnatur und physische Energien repräsentieren, deuten verstümmelte auf Abstinenz und Selbstkasteiung. Siehe *Laboratorium* und das angezeigte *Tier*.

Vogel: Er versinnbildlicht die Seele, geistiges Sein, das menschliche/kosmische Selbst und spirituelle Absichten und ist auch ein Vermittler zwischen dem materiellen Bereich (= Erde) und der Transzendenz (= Himmel). Der *V.* ist Ausdruck für den Zutritt zu Erkenntnis- und Bewußtseinsstufen, auch zur Vorausschau. Ein *heller V.*, wie Pelikan, Taube, Storch, Schwan usw., zeigt klare Bewußtseinszustände an. Ein *dunkler V.*, wie Rabe, Krähe und Dohle, symbolisiert die Verbindung zur ursprünglichen, lichtfernen Tiefe des Wissens und der Weisheit. Der *Tauchvogel* versenkt sich ins Unbewußte (= Wasser), um verborgene Ideen und geheime Inhalte ans Tageslicht zu bringen. Körpergroße, schnepfenähnliche *Wasservögel* sind manchmal Ausdruck für die Geistesverwirrung durch illusionäre Vorstellungen. Wenn der Träumende gegen *V.* ankämpfen muß oder diese ihn in den Kopf hacken, dann ist die geistige Gesundheit gefährdet.

Siehe auch einzelne Vögel, z. B. *Adler, Brieftaube, Elster, Ente, Eule, Falke, Gans, Geier, Greif, Hahn, Horus, Huhn, Ibis, Kondor, Krähe, Kranich, Kuckuck, Küken, Lerche, Möwe, Nachtigall, Papagei, Pelikan, Pfau, Phoenix, Pinguin, Rabe, Schwan, Singvogel, Storch, Strauß, Taube.*

Vogelscheuche: Vorgetäuschte Gegenstände oder Absichten, die nicht der Realität entsprechen; eine Angelegenheit ohne Leben, Gefühl, Verstand oder Wert. Siehe *Marionette, Maske.*

Vorahnung: Siehe *Prophezeiung, Unfall.*

Vorhang: Objekte, die hinter einem *V.* verborgen sind, bestimmen die Traumauslegung. Er stellt ein Versteck, eine Illusion, Trennung oder Abtrennung dar. Siehe *Maske, Tor, Tür.*

Vorrat: Aufgehobene Kräfte und Talente. Siehe *Bank, Geld, Keller, Küche.*

Vortrag: Siehe *Rede.*

Vorwand: Der *V.* oder die Ausrede versuchen dem Träumenden eigene und fremde Illusionen oder Vorurteile klarzumachen. Siehe *Rede.*

Vulkan: Beim aktiven *V.* drückt sich möglicherweise ein großes Potential an dynamischen Energien des Träumenden aus, die in die richtige Bahn gelenkt werden sollten. Auch plötzliche Gefühlsausbrüche und das Freiwerden unterdrückter Emotionen oder Triebe zeigt sich durch das Symbol des *V.* an. Der erkaltete *V.* versinnbildlicht ruhende Aggressionen oder deren Nutzlosigkeit. Siehe *Erdbeben, Eruption, Gewalt, Lava.*

W

Waage: Ausgleich, Gerechtigkeit, Gericht, Endgericht, Ernte, eventuell Warnung vor Unfall. Sie kann auch Ausdruck sein für das eigene Gewissen, welches Fakten gegeneinander abwägt.

Wachen: Siehe *Wächter.*

Wachs: Schmiegsamkeit, Diplomatie, Unzuverlässigkeit und andere »wachsweiche« Eigenschaften. Weiterhin kündigen sich formgebende Eigenschaften der Materie, der Ereignisse und der Vorstellungen durch das *W.* an. Siehe *Kerze.*

Wächter: Er versinnbildlicht unsere eigene wachende Funktion über unsere Rede, Gefühle und Gedanken. Auch eine tiefe Angst vor Verlusten aller Art (z. B. geistigen Schätzen) wird durch ihn verkündet. Die moralischen Wertvorstellungen der Familie, des Freundeskreises und der Gesellschaft wachen über dem Individuum. Schließlich hat der *W.* die Gleichnisbedeutung für den unsichtbaren Hüter, den Schutzgeist oder -engel. Siehe *Führer, geistiger.*

Waffen: Warnung vor Operation und Unfall. *W.* treten auf, wenn es um Verletzungen, zerstörerische Triebkräfte, Angriffe, primitive männliche Sexualität und Verteidigung geht. Siehe *Gewalt, Krieg, Soldat, Verteidigung, Vergewaltigung*, und die einzelnen Waffen (z. B. *Gewehr, Torpedo*).

Wagen: Er dient der Bewußtmachung der gelenkten und gezügelten Lebenskraft, Triebenergie und auch Selbständigkeit. Siehe *Auto, Autobus, Lastwagen, Mercedes, Pferd, Rad, Steuerrad, Taxi.*

Waise: Traumbilder von einem verwaisten Kind rufen zum Verständnis, zur Verantwortung und Hilfsbereitschaft auf. Sie zeigen Einsamkeit und weitere körperliche und seelische Nöte an oder sind Ausdruck für die Angst des Träumenden vor denselben.

Wal: Fische repräsentieren u. a. den aktuellen und individuellen Seeleninhalt und -zustand des Träumenden. Im *W.* wird ihre Bedeutung als Symbol für geistige Regeneration besonders betont. Auch die Isolation der Abgeschiedenheit, die zu neuen Erkenntnissen, zur Verwandlung und Auferstehung führen kann, ist Teil des *W.*-Gleichnisses. So verbrachte

Jonas einige Zeit im Bauch eines *W.* Siehe *Fisch, Meer, Wasser.*

Wald: Als Ausdruck des Schatzes des Unbewußten ruft er mit seiner Fülle an Tieren (= die natürlichen Instinkte, Ahnungen und Triebe), Naturgeistern (siehe Ende des Kapitels V) und seiner geheimnisvollen Einsamkeit zur Selbstbesinnung auf. Der lichte, angenehme *W.* ist Ausdruck für die positive, bunte Vielfalt der inneren Erfahrungen. Im düsteren, unheimlichen *W.* bleiben innnere Probleme ungeklärt. Herumirren im *W.* zeigt Ratlosigkeit gegenüber der eigenen Triebnatur an. Steht der Träumende am Waldrand, aus dem sich Tiere herauswagen, dann schlage er das entsprechende Tier nach. Evtl. zeigen sich dort auch Wunschgestalten. Siehe *Tiere, Urwald, Wild.*

Wallgraben: Emotionelle Verteidigung, Abwehrhandlung. Siehe *Graben, Mauer.*

Wand: Innere Blockaden, eine beengende seelische Situation oder handfeste Hindernisse in der Realität werden durch die *W.* ausgedrückt. Aber sie hat auch schützende Funktion. Siehe *Fassade, Haus, Mauer, Neubau.*

Wanderer: Siehe *Pilger.*

Wandtafel: Ein Gegenstand oder Traumthema wird in seiner Wichtigkeit unterstrichen. Zusätzlich vermittelt die *W.* Neuigkeiten und Wissenswertes. Siehe *Schriftstück, Urkunde.*

Wanze: Siehe *Küchenschabe.*

Warenhaus: Siehe *Kaufhaus.*

Wärme: Siehe *Hitze.*

Waschbär: Geschicklichkeit, Erfindungsgabe, Sinn für Humor.

Wäsche: Siehe *Farben, Kleidung, Reinigung, Waschen.*

Waschen: Damit versucht der Träumende innere Belastungen, konventionelle Gefühls- und Denkmuster, Selbstvorwürfe und Schuldgefühle abzuspülen. Auch die spirituelle Säuberung kann der Traum andeuten. Siehe *Reinigung, Taufe.*

Wasser: Der Zustand des Emotionskörpers, die undifferenzierte, chaotische Natur des Unbewußten; Ursprung des Lebens und der Schöpfung; die Energie der Lebensströme; Fruchtbarkeit, die physische, psychische und spirituelle Regeneration; die Vielfalt der Stimmungen, Wünsche und Gefühle; die Verwandlung und Veränderlichkeit der Lebenslage; die Reinigung. Undurchsichtiges, dunkles und tiefes *W.* deutet das ungeklärte, nicht durchschaubare Unbewußte an. Klares und sauberes *W.* gibt Hinweise auf Transparenz der Gefühle und Gedanken. Wenn der Träumende in diesem *W.* steht oder darin eintaucht, dann kann sich hierdurch eine spirituelle Erneuerung oder Taufe ankündigen. Wenn eine Traumsituation eintritt, in der der Träumende eine Person anderen Geschlechtes aus dem *W.* holt, so kann das auf nichtbewußte männliche oder weibliche Charaktereigenschaften aufmerksam machen, die ins Bewußtsein gehoben werden sollten und der Entwicklung dienen. Wenn der Träumende durch kaltes *W.* geht, ist dies oft ein zuverlässiger Hinweis auf beginnende Krampfadern, Embolie oder Thrombose. Siehe *Meer, Quelle, Taufe, Überschwemmung.*

Wasserfall: Ein einzelner Wassertropfen zeigt die Zugehörigkeit und das Verhältnis des einzelnen zum Ganzen. Da jeweils andere Tropfen die gleiche Formation, den gleichen Strom bilden, wird hier die Vergänglichkeit des Irdischen und einer einzelnen Reinkarnation (= Wiedergeburt) deutlich. Siehe *Felsen.*

Wasserrohrbruch: Bisher beherrschtes Unbewußtes oder Gefühle sind unkontrollierbar und damit zu einer Gefahrenquelle geworden.

Weben: Es ist Ausdruck des verwobenen einzelnen und globalen Schicksals. Siehe *Farben, Teppich.*

Weg: Die Straße des Schicksals. Siehe *Straße.*

Wegkreuzung: Lebenswichtige Entscheidung in der Tagesrealität.

Weidenbaum: Elastizität, Biegsamkeit, Zähigkeit. Der *W.* steht am Wasser, dem Unbewußten und den irrationalen Seeleninhalten. Durch das Bilden seiner vielen neuen Zweige ist er ein Gleichnis für körperliche und seelische Regenerationskräfte. Auch dient er als Aufenthaltsort geheimnisvoller Wesen. Siehe *Baum.*

Weihnachtsbaum: Die Lichter des *W.* rufen die Entwicklung, den geistigen Aufstieg ins Gedächtnis. Glanz und Herrlichkeit des unsichtbaren menschlichen Lichtes und der Chakren (Energiewirbel, die den Stand der Evolution bestimmen, siehe den Anfang von Kapitel III und IV) werden durch ihn angekündigt. Siehe *Baum.*

Weihrauch: Das gelbe Harz ist ein Konzentrat geistiger Erkenntnisse und reinigender Gedanken. Der Rauch weist den Gebeten den Weg nach oben, die wie dieser den Himmel erreichen sollen. Siehe *Altar, Gebet, Kirche, Orgel, Pfarrer.*

Wein: Gesellschaft, Feier, frohe Stunden, Reichtum; Energie, körperliche, seelische und spirituelle Regenerationskräfte; Wandlung und Veredelung besonders der Emotionen des Astralkörpers und der Erkenntnisse aus dem Denkkörper; das göttliche Elixier; innere, tiefe Verbindung zur Transzendenz, das Wissen um die Spiritualität. Siehe *Abstinenz/Abstinenzler, Alkohol, Kelch, Trunkenheit, Weinstock.*

Weinen: Durch *W.* im Traum erleichtern sich Tagesgefühle der Schuld, Reue und Trauer.

Weinstock: Sinnbild für Wohlstand und ein Land der überfließenden Fülle; die physische, psychische und geistige Erneuerung, spirituelles Wtum. Siehe *Wein.*

Weiß: Siehe *Farben.*

Weizen: Das Weizenfeld zeigt die Ernte des Lebens, das Lebenswerk; geistiger Extrakt aus irdischen Erfahrungen; Absterben des Alten und Wiedergeburt im spirituell Neuen. Siehe *Ähre, Getreide.*

Wellen: Unbewußte Triebkräfte überschwemmen das Bewußtsein; das Getriebensein. Siehe *Fluten, Meer, Strömung, Wasser.*

Werkzeug: Fleiß, Ansehen, Energie, Aggressivität, Durchhaltekraft, Durchsetzungsvermögen; Erarbeitung oder Fertigstellen eines Planes, eines geistigen Gefüges. Die genaue Deutung hängt von der Art des Werkzeuges und den Traumumständen ab. Siehe *Axt, Hammer, Stein.*

Wespe: Reizbarkeit, Gehässigkeit, Rachegefühle; bösartige und aggressive Attacken; plötzliche Anfälle von Naschsucht, Unberechenbarkeit. Siehe *Bienen, Insekten.*

Wespennest: Entstehung und Zusammenballung aggressiver und böser Kräfte.

Wetter: Es signalisiert die aktuelle Stimmungslage, das seelische Befinden, die Hochs und Tiefs des Träumenden sowie in Zukunftsträumen sein individuelles Schicksal und dasjenige seines Volkes. Diese werden von »oben« bestimmt. Sonnenschein läßt frohe, harmonische Stimmung aufkommen, in der man voller Energie und Kreativität ist. Dunkle Regenwolken und herannahendes Gewitter zeigen eine depressive oder aggressive Seelensituation und drohendes Unheil an. Siehe die einzelnen Wetterarten: *Regen, Schnee, Sonne, Sturm, Tornado.*

Wettlauf: Siehe *Arena, Eislauf, Rennbahn, Rennen, Sport, Stapellauf.*

Widder: Schöpferische Energie, Dynamik, Hartnäckigkeit, Manneskraft. Siehe *Tierkreis/Tierkreiszeichen.*

Wiedergeburt: Sie verweist auf die Flüchtigkeit der Erscheinungen, auf Vergehen und Neuentstehen sowie auf sich wiederholende Gelegenheiten und Chancen.

Wiege: Schutz und Geborgenheit der Kindheit oder Sehnsucht danach. Siehe *Baby, Kind.*

Wiese: Sie ist ein Symbol für die in einer Person gerade vorherrschende oder gewünschte Stimmung, deren sich diese oft nicht klar bewußt ist. Weiterhin wird die seelische Situation, die innere Szene im Familien- und Freundeskreis mit allen Freuden und Sorgen durch die *W.* angedeutet. Siehe *Acker, Blumen, Farben, Feld, Garten, Heu.*

Wild: Tiere stehen stellvertretend für Naturkräfte und die Instinkte des Träumenden. Das *W.* spiegelt generell ungezähmte Emotionen wieder, und jedes dieser Tiere weist auf ganz typische Eigenschaften hin. Siehe *Eber, Hase, Reh, Tiere.*

Wilder: Siehe *Eingeborener.*

Wildern: Siehe *Dieb, Einbrecher.*

Wildnis: Chaotischer, spiritueller Raum oder seelisch-geistiger Zustand. Siehe *Wüste.*

Wildschwein: Siehe *Eber, Schwein.*

Wind: Wechsel, Unzuverlässigkeit, Vergänglichkeit, der Zufall (da er in alle Richtungen weht). Ein schwacher *W.* oder Hauch spiegelt die subtile Botschaft von oben wider. Im Sturm toben wildwogende innere Triebkräfte, welche den Träumenden auffordern, sich in bestimmten Handlungen und/oder Situationen zu mäßigen. Windstille zeigt erhöhte Empfänglichkeit für spirituelle Wahrheiten oder einen Umbruch, ein neues Geschehen an. Siehe *Sturm, Tornado, Wetter, Wolken.*

Windeln: Hilflosigkeit, Unfertigkeit, Abhängigkeit, Einengung. Siehe *Baby.*

Winter: Im Gegensatz zum Sommer ist er Ausdruck für Inaktivität, Einsamkeit, die Ruhe, Energiemangel und ein nach innen gerichtetes Bewußtsein. Siehe *Eis, Schnee, Sommer.*

Wirbelsäulenbeschwerden: Hinweis auf ein aktuelles Leiden. Aufruf an den Träumenden, daß er Sorgen, Streß und seelische Lasten nicht alleine tragen soll. Normalerweise wird ihm nur soviel aufgebürdet, wie er wirklich ertragen kann. Eventuell ein Hinweis, die eigene Lebensführung, -planung und -ordnung zu überdenken und zusätzliche, unnötige Probleme abzustellen. Siehe *Apotheke, Arzt, Chirurg, Krankheit, Medizin.*

Wirtshaus: Der Traum spricht das eigene Interesse am *W.*, an Freude an Zerstreuung, Unterhaltung und gutem Essen an. Auch kündet das *W.* einen Austausch an Neuigkeiten und unter Umständen einen Wechsel in der Lebenssituation des Gastes an. Siehe *Alkohol, Café, Musik, Restaurant, Tanz, Tanzlokal.*

Wissenschaftler: Typische Eigenschaften eines solchen, die der Träumende im Wachbewußtsein diesem verleiht. Er verkörpert nüchterne, intellektuelle Ansichten und eine solche Lebenseinstellung. Er strebt nach Selbsterkenntnis und versucht, sich Umgebung und Leben zu erklären und Beweise zu finden. Je nach Art des *W.* und Trauminhalts kann hier auch auf den geistigen Führer hingedeutet werden. Siehe *Führer, geistiger; Laboratorium.*

Witwe: Der Traum von der *W.* kann eine echte Warnung vor dem Tod des Partners sein. Auch Wunsch nach Ruhe und Selbständigkeit spiegelt sich hier wider. Zusätzlich sind Isolation und Trauer weitere Deutungen für dieses Sinnbild. Siehe *Prophezeiung, Unfall.*

Wolf: Zähigkeit, Habgier, Wamkeit, Geiz, die Heuchelei, Hinterlist, der angriffslustige Feind. Er erscheint in den unsichtbaren Welten häufig in Rudeln in eisiger, kalter astraler Winterlandschaft als Symbol des Wirtschaftskrieges. Siehe *Anubis, Hund.*

Wolken: Sie zeigen entweder an, wie der Träumende aufgelegt ist, oder versuchen himmlische Kräfte darzustellen. Die *W.* in freundlichem, sonnigem Wetter stehen stellvertretend für gute Laune und Problemlosigkeit. Sturm- oder Gewitterwolken symbolisieren depressive oder aggressive Emotionen der eigenen oder einer anderen Person. Im spirituellen Sinn zeigen helle und durchleuchtete *W.* die Beobachtung durch die geistige Welt, schwarze oder schwefelgelbe *W.* das Verhüllen der geistigen Wahrheiten, spirituelle Dunkelheit, Unheil, eine Katastrophe oder das strafende, himmlische Gericht an. Siehe *Sturm, Tornado, Wetter, Wind.*

Wolle: Schutz, Erwärmung, Weichheit, Schönheit, Zweckmäßigkeit.

Wort: Betont der Traum ein wichtiges *W.*, so hat dieses eine Gleichnisbedeutung, über die nachgedacht werden sollte. Auch die Stimme aus dem eigenen Innern oder aus spirituellen Sphären kann sich ankündigen. Siehe *Rede, Stimme.*

Wrack: Innerer, oft auch äußerer Zusammenbruch; Unfähigkeit, Leben und Welt zu meistern. Siehe *Schiff, Steuerruder, Strömung, Wasser.*

Wunde: Siehe *Verbrennung, Verletzung.*

Wünschelrute: Vertrauen in geheime Kräfte oder Warnung vor Leichtgläubigkeit, Führung durch die Intuition.

Würfel: Symmetrie der Kräfte; Chance, Zufall, Spiel, Glück, Verlust. Siehe *Quadrat, Wirtshaus, Zahlen: Vier.*

Wurm: Siehe *Schlange.*

Wurst: Materielles Konzentrat; männliches Sexualorgan. Siehe *Essen, Fleisch, Mahlzeit, Nahrung.*

Wurzel: Traumhinweis, in einer bestimmten Angelegenheit die Ursache zu suchen. Die *W.* kann auch eine bevorstehende Geburt in der Wirklichkeit, die Erhaltung des Familienstammbaumes verkünden. Weiterhin steht sie für die geistige *W.*, die spirituelle Entstehung. Siehe *Baum.*

Wüste: Die Traumwüste kann als karge, unansehnliche Landschaft Verschiedenes anzeigen: 1. Zweifel, Angst, 2. Verirrung, Ausgesetztsein, 3. Monotonie und Unergiebigkeit der seelischen und geistigen Entwicklung, 4. Isolation, den unfruchtbaren, spirituellen Raum, Stagnation, 5. den Ort der seelischen oder geistigen Vereinsamung, 6. äußere und innere Leere, 7. Verlorensein, 8. Zerfall, Auflösung, Flüchtigkeit der Erscheinungen, 9. Behütetsein, 10. die religiöse Suche, spirituelle Erneuerung, 11. den Verzicht, 12. die Tiersymbolik (siehe betreffendes Tier). Die Fata Morgana, die Luftspiegelung in der *W.*, taucht dort auf, wo es um Illusionen und Spielereien des Intellekts und um unrealistische Spekulationen geht. Sie kann auch ein Hinweis sein, die weltliche Schönheit zu durchschauen und sich bleibenden Werten zuzuwenden. Siehe *Fata Morgana, Steppe.*

Y

Yacht: Siehe *Boot, Meer, Reise, Schiff, Steuerrad, Strömung.*

Yang: Himmel, Wärme, Sonne, Helligkeit, das aktive Prinzip, die warmen Farben wie Rot, Orange und Gelb. Siehe *Rechts.*

Yin: Erde, Küste, Mond, Dunkelheit, Passivität, die kalten Farben wie Blau. *Y.* und Yang ergänzen und bedingen sich und bilden alle anderen Schöpfungskräfte. Siehe *Links.*

Yoga: Gedankenbeherrschung und der Versuch, die niederen Bestrebungen und verschiedenen Persönlichkeiten des Menschen unter die Herrschaft des höheren Selbst zu stellen. Siehe *Sport, Yogi.*

Yogi: Suche, Sehnsucht und Verlangen nach Bewußtseinserweiterung oder die Verehrung eines *Y.* lassen den Traum entstehen. Siehe *Selbst, höheres; Sport.*

Z

Zahlen: Sie weisen auf individuell-menschliche und kosmische Gesetze und lassen eine Vielfalt an Deutungsmöglichkeiten zu:

Null: Geheimnisvoller, leerer Raum; Chaos; Unerschaffenes; Ganzheit und Gesamtheit des Universums. Siehe *Kreis.*

Eins: Unteilbarkeit, Ursprung, Sonne, Individualismus, Kreativität, Pioniergeist. Siehe *Sonne.*

Zwei: Dualismus, Kontrast, Licht/Dunkelheit, Gut/Böse, Sympathie/Antipathie, Yin/Yang, Tagesbewußtsein/Traumbewußtsein.

Drei: Harmonie und Vereinigung der Gegensätze, die zu einem neuen, dritten Zustand führen; die göttliche Trinität; das Symbol für Glaube, Hoffnung und Liebe; Schöpferkraft, Erfindergabe. Siehe *Dreieck.*

Vier: Würfel, die vier Elemente, Temperamente, Jahreszeiten und Himmelsrichtungen; die Veränderung und Erfahrung auf der Erde, die Standhaftigkeit. In der Bibel wird häufig die Zahl *Vierzig* erwähnt, welche die Ausdauer, Entsagung, Selbstbesinnung und das Dasein in dem Gefängnis der Materie anzeigt. Beispielsweise wartete Moses vierzig Tage auf dem Berg Sinai, um die Gesetzestafeln zu erhalten; die Wanderung der Israeliten durch die Wüste dauerte vierzig Jahre, und Jesus fastete vierzig Tage lang in der Wüste. Siehe *Viereck.*

Fünf: Die fünf Finger/Zehen; die fünf Wundmale Christi, welche für die fünf Sinne (Sehen, Hören, Riechen, Schmekken, Tasten) des Menschen stehen; der fünfstrahlige Stern (= Pentagramm). Siehe *Pentagramm.*

Sechs: Sie stellt sich in der Kristallform der Schneeflocken, dem Bienenwabenmuster und dem sechsspeichigen Sonnenrad dar. Siehe *Rad.*

Sieben: Vollendete Totalität und Originalität; die sieben Ursprungsenergien bzw. die sieben Engel vor dem Thron Gottes (die auch die sieben Gedanken Gottes darstellen), durch welche die sieben Regenbogenfarben vibrieren. Diese veranlassen die sieben Töne der Tonleiter, die das eine weiße Schöpfungslicht (ein schattenloses Licht) bilden. Sie formen die sieben menschlichen Chakren (Energiewirbel, siehe den Anfang von Kapitel III und IV). Die sieben Entwicklungswege wurden am Ende von Kapitel IX beschrieben.

Sollte es noch eine Regeneration unseres Planeten Erde geben, dann vermutlich im Zusammenhang mit den Farbfrequenzen der Zahl 777 (der alten Schöpfung) bzw. der Zahl 888 (der neuen Schöpfung) und der erweiterten Sphärophon-Forschung.

Acht: Die Lemniskate – Symbol für die Unendlichkeit; diese Zahl zeigt das Gesetz, die Gerechtigkeit des Karmas (Schicksals) an und deutet auf Tod und Wiedergeburt hin. Ein Schachbrett, welches das Spiel des Lebens, sein Licht und seine Finsternis versinnbildlicht, verfügt über acht mal acht Felder. Siehe *Schachbrett.*

Neun: Sie ist die Zahl der Trennung, des Erlösungsweges, der Unabhängigkeit, des Kampfes und der Zerstörung. Die Bibel erwähnt als Zahl des Menschen die 666, deren Quersumme 18 und weiterhin 9 (1+8) ergibt.

Zehn: Anfang zu einem neuen Lebens- und Entwicklungsabschnitt, in welchem noch unbekannte Gesetze herrschen; die zehn Gebote Gottes. Die Zehn repräsentiert die Aktivität der zehn Finger, das Absolute, das Totalitäts- und Ordnungsprinzip.

Elf: Sie stellt die höhere Oktave der Zwei dar – welche die Gegensätze anzeigt – und verleiht die Qualität, die Schattenseiten der Persönlichkeit erfolgreich zu bekämpfen.

Zwölf: Sie versinnbildlicht die Vollendung einer Stufe; die abgeschlossene Entwicklungsphase und kosmische Ordnung; der vollständige Zyklus, die zwölf Tages- und Nachtstunden, zwölf Monate und deren Tierkreiszeichen, zwölf Gehirnnerven, zwölf Tore der himmlischen Stadt, zwölf Arbeiten des Herkules und die zwölf Apostel. Der zwölfjährige Jesus mußte sich im Tempel, in der Öffentlichkeit – der materiellen Realität – mit den Konventionen und der Selbstsucht auseinandersetzen.

Zahn: Der Traum kann auf den nötigen Zahnarztbesuch hinweisen oder auf Angst vor demselben. Ein kranker *Z.* im Traum warnt u. U. vor anderen tiefgreifenden Gesundheits-, Sexualstörungen und vor Vitalitätsverlust. Er bedeutet vielleicht auch, daß man auf seine eigenen Worte mehr achten und insgesamt mehr Bedachtsamkeit und Überlegung walten lassen wollte. Auch kann der *Z.* intime Beziehungen symbolisieren. Weiterhin ist er ein eventueller Hinweis auf mangelnde Durchsetzungskraft im Wachzustand oder auch gegenteilig auf zu starke Angriffslust. Siehe *Angriffslust, Arzt, Chirurg, Messer.*

Zauberer: Eigene oder fremde Wesenszüge, die man einem Zauberer zugestehen würde, wie Schnelligkeit, Geschick, Organisationstalent, Originalität und Erfindungsgabe. Weiterhin kann sich die Veränderung, die Zauberkräfte auf unser inneres Leben auszuüben vermögen, hier andeuten. Siehe *Amulett, Magie, Pentagramm.*

Zaun: Er ist Ausdruck für die Schranke, Grenze oder das dahinterliegende Geheimnis in der Realität, aber auch für Schutz. Siehe *Mauer, Tor, Tür.*

Zehn: Siehe unter *Zahlen.*

Zeichnen: Siehe *Malen.*

Zeitung: Sie dient zur Betonung einer Angelegenheit und kann auf eine Neuigkeit aufmerksam machen. Sie versinnbildlicht auch das klare Tagesbewußtsein im Vergleich zum Unbewußten. Siehe *Anzeige, Journalist.*

Zelt: Phantasie und Abenteuerlust, das Leben in der Natur; Unbeständigkeit und Unzuverlässigkeit von Gefühlen. Siehe *Abenteurer, Haus.*

Zentaur: Siehe *Kentaur.*

Zeppelin: Bedrohung oder Störung der seelischen und geistigen Harmonie durch unrealistische Vorstellungen, Einbildungen oder sexuelle Wünsche. Siehe *Fliegen, Hubschrauber, Satellit.*

Zepter: Verantwortung, Macht. Angst vor, Wunsch nach oder Gelegenheit zu Herrschaft. Auch die Kontrolle über eigene negative Eigenschaften kann sich durch diesen Traum andeuten. Siehe *Stab, Zweig.*

Zeremonie: Darstellung und Betonung verborgener innerer Inhalte und Wertvorstellungen. Für die Traumauslegung ist wichtig, das genaue Motiv für die Durchführung der Z. zu finden. Siehe *Abendmahl, Kirche, Magie, Rede, Pfarrer, Zauberer.*

Zerlumpt: Eigene oder fremde Charakterzüge der Faulheit, Nachlässigkeit und der Gleichgültigkeit. Auch das Fehlen präziser weltanschaulicher oder religiöser Vorstellungen oder Kenntnisse kann durch diese Art der Kleidung angezeigt werden. Siehe *Bettler, Kleidung, Lumpen, Zigeuner.*

Zerstörung: Aufruf an den Träumenden, Ordnung und Disziplin zu wahren. Auch Angst vor dem Verlust unserer materiellen und seelisch-geistigen Werte, vor dem Zerstören unserer Weltanschauung kann sich in dem Traum ausdrücken. Siehe *Abhauen, Gewalt, Krieg, Verfall, Waffen.*

Ziege: Starrheit, Angriffslust, Fruchtbarkeit; sexuelle Ziele, durch Intrige oder Diplomatie getarnt.

Ziehharmonika: Ausdruck für Gesellschaft, Gemütlichkeit, Entspannung. Siehe *Musik.*

Zielscheibe: Wünsche; Ehrgeiz; Selbstvervollkommnung. Siehe *Pfeil und Bogen.*

Zigarette: Sie ist Ausdruck für Streßbelastung, Genußsucht, Gefühle der Minderwertigkeit und Wertlosigkeit, den Imitationstrieb, für sexuelle Frustrationen, für die Sucht, für Angabe, Oppositionsgehabe und Protestaktion. Siehe *Rauchen, Spinne, Zigarre.*

Zigarre: Betonung der Männlichkeit und Selbständigkeit. Siehe *Zigarette.*

Zigeuner: Eigene oder fremde zigeunerhafte Charaktereigenschaften oder versteckte Wünsche nach diesen, wie Freiheitsdrang, Vagabundentum, Gesetzlosigkeit und Interesse an okkulten Geheimnissen. Siehe *Räuber, Zerlumpt.*

Zimmer: Art und Zweck des *Z.* sind ausschlaggebend für die Deutung. Ein verborgener, dunkler, isolierter Raum, wie eine Höhle, ein Grab oder die Gebärmutter, vermittelt gewisse Erkenntnisse und geistige Erfahrungen. Sie machen die Entwicklung überhaupt erst möglich. Siehe unter *Haus* die einzelnen Räume.

Zimmermann: Siehe *Schreiner.*

Zinsen: Dort, wo sie auftauchen, geht es oft um Ansprüche und Forderungen an uns selbst und unsere Umgebung. Auch die Früchte unserer Taten können sich durch die *Z.* andeuten. Wir zahlen unsere bewußten oder unbewußten Schicksalsschulden zurück. Siehe *Bank, Geld.*

Zirkel: Im Unsichtbaren ist ein großer *Z.* bei Menschen zu beobachten, die sich mit wissenschaftlicher Planung des Raumes, wie in Architektur und Geometrie, befassen. Daher scheint der *Z.* die abzirkelnden, abmessenden Gedankenkräfte anzuzeigen. Da der Kreis des Himmelsgewölbes im Vergleich zum irdischen, materiellen, festumgrenzten Bereich steht, kann der Traum vom *Z.* auch die Bewältigung der

Materie durch den kreativen Geist symbolisieren. Siehe *Kreis.*

Zirkus: Die Tiere spiegeln unsere Instinkte und Triebe wider, die gezähmt oder beherrscht werden sollten. Siehe *Dompteur, Karussell, Tiere, Trapez, Zoo.*

Zischen: Die sich regende Schlangenkraft oder das Aufsteigen der Kundalini. Siehe *Schlange.*

Zitrone: Durch sie kann sich eine Sehnsucht des Träumenden nach südlicher Ferne und Erholung ausdrücken. Auch gibt sie gesundheitliche Hinweise z. B. auf eine Vitamin-C-Mangel. Gefühle des Verdrusses und der Frustration können sich durch diese saure Frucht versinnbildlichen. Siehe *Frucht.*

Zölibat: Aufruf zur Beherrschung der Triebnatur oder/und zum Bewußtmachen und Besinnen auf spirituelle Werte und Ziele. Siehe *Eremit, Mönch.*

Zollamt: Eine Behinderung in der Tagesrealität und Lebenssituation verkörpert sich durch das *Z.* und ruft zum Überdenken, zur Kontrolle und Veränderung auf. Siehe *Schranke.*

Zombie: Siehe *Marionette.*

Zoo: Die Tiere (unsere Instinkt- und Triebnatur) sind zahm geworden. Sie werden gefangengehalten und dadurch ruhiggestellt. Siehe *Tier, Zirkus.*

Zopf: Veraltete oder überholte Ansichten und Überzeugungen, die in eine ganz bestimmte Richtung weisen. Siehe *Coiffeur, Farben, Haare, Mähne.*

Zucker: Hinweis auf angenehme Eigenschaften der eigenen Person oder anderer. Das Bedürfnis, sich das Leben zu versüßen, kann hier versinnbildlicht sein. Außerdem ist der *Z.* eine Warnung vor gesundheitlichen Schäden der Zähne, des Stoffwechsels, der Knochen und der Nerven. Siehe *Süßigkeiten.*

Zug: Siehe *Bahngleise, Bahnhof, Eisenbahn, Mitreisende, Reise.*

Zunge: Sie stellt einen Ausdruck für Kontakt und Kommunikation, für verborgene Emotionen und Gedanken, wie Sympathie und Antipathie, dar.

Zuschließen: Es ist Ausdruck für Sichverschließen gegenüber Neuigkeiten, neuen Erfahrungen oder auch Gefahren. Auch die Angst vor Sexualität stellt sich durch diesen Traum dar.

Zwei: Siehe unter *Zahlen.*

Zweig: Ein grünender *Z.* ist ein Symbol für den Neubeginn, ein verdörrter für die Hoffnungslosigkeit. Siehe *Baum, Stab.*

Zwerg: Der Träumende, der sich selbst als *Z.* sieht, leidet wahrscheinlich unter Minderwertigkeitsgefühlen oder ist durch Schuldkomplexe und auch unbewußte, unentwickelte Begabungen beeinträchtigt. Wenn diese Deutungen nicht zutreffend sind, steht der *Z.* stellvertretend für die Kreativität, für Verwandlung der Energien und Formen zur Schönheit von Naturgebilden. *Z.* helfen z. B. bei der Entstehung von Edelsteinen und Blumen. Siehe *Naturgeister* und »Heutige Naturgeister« am Ende vonKapitel V.

Zwiebel: Speise- und Blumenzwiebeln verkünden geballte Energien, welche die Möglichkeit zur Entfaltung oder Entwicklung in sich schließen. Die *Z.* kann auch im Traum eine Angelegenheit darstellen, über die wir unbewußt Tränen vergießen. Siehe *Gemüse.*

Zwillinge: Sie verweisen auf die Qualität der Seele oder gegensätzliche menschliche Bestrebungen.

Zwölf: Siehe unter *Zahlen.*

Zyste: Sie kann auf dringenden medizinischen Rat hinweisen. Aber auch die Ansammlung negativer Gefühle und Gedanken, die sich nicht dem harmonischen inneren Wurm des Bewußtseins fügen, versinnbildlicht sich in einer *Z.* Siehe *Apotheke, Arzt, Krankheit, Medizin.*

Adressen und Bezugsquellen

Seminare
Institut für metaphysische Forschungen Grasse-Riss; Naturheilpraxis, Schnitzergasse 2, D-88422 Dürnau.
Prospekte für persönliche Auradiagnose und über weiterführende Seminare zu den in diesem Buch behandelten Themen können mit adressiertem, frankiertem Briefrückumschlag bei der Autorin angefordert werden.

Naturtextilien
Hess-Naturtextilien, Hessenring 82, D-61348 Bad Homburg. Tel. 06172-121444.

Ton-Farbgerät
Sphärophon/Septimophon für verschiedene Raumgrößen:
Kabö-Gerätebau, Zentrum für Rutengänger und Radiästhesie-Ausbildung, D-77740 Bad Peterstal-Griesbach, Tel. 07806-8073.

Literaturverzeichnis

Adler, A.: Der Sinn des Lebens. Fischer, 1993
Aeppli, E.: Der Traum und seine Deutung. Knaur, 1992

Bertelsen, J.: Traumarbeit und Meditation. Kösel, 1988
Besant, A.: Die Lehre des Wachstums. Hirthammer, 1981
Bonin, W.F.: Das Buch der Träume. Ullstein, 1984
Boss, M.: Der Traum und seine Auslegung. Kindler, 1955
Büttner, C.: Zauber, Magie und Rituale. Kösel, 1985

Camara, H.: In Deine Hände, Herr! Neue Stadt GmbH, 1991
Cerminara, G.: Erregende Zeugnisse von Karma und Wiedergeburt. Knaur, 1992
Crisp, T.: Träume sind mehr als Träume. Bastei Lübbe, 1978

Delaney, G.: Living your dreams. Harper & Row, 1988
Doucet, F.W.: Traum und Traumdeutung. Heyne, 1973
– So deuten Sie Ihre Träume richtig. Kremayr & Scherian, 1978

Ebert, K.D.: Die Alpha-Entspannungsmethode. Econ, 1987
Epstein, G.: Wachtraumtherapie. Klett-Cotta, 1985
Erickson, M.H. / Rossi, E.L.: Hypnotherapie. Pfeiffer, 1989

Faraday, A.: Deine Träume – Schlüssel zur Selbsterkenntnis. Fischer, 1991
– Die positive Kraft der Träume. Knaur, 1984
Feyler, G.: Lebenskompaß Traum. Bauer, 1991
Fink, G. und U.: Traumdeutung. Falken, 1992
Fischle, W. und H.: Den Seinen gibt's der Herr im Traum. Herder, 1986

Freud, S.: Die Traumdeutung. Gesammelte Werke, Bd. 2/3. Fischer, 1987
Fromm, E.: Märchen, Mythen, Träume. Deutsche Verlagsanstalt, 1980

Garfield, P.: Kreativ Träumen. Knaur, 1986
Grasse, E.: Chakren- und Auradiagnose. Knaur, 1993
Guirdham, A.: Cathars and Reincarnation. Theosophical Pub. House, 1978
– The Psychic Dimensions of Mental Health. Theosophical Pub. House, 1976
Gurdjieff, G.J.: Begegnungen mit bemerkenswerten Menschen. Aurum, 1988

Hark, H.: Der Traum als Gottes vergessene Sprache. Walter, 1989
Harnisch, G.: Vertrau Dich Deinen Träumen an. Herder, 1986
– Das Große Traum-Lexikon. Herder, 1990
Heim: Notizen über den Tod durch Absturz. Aus: Jahrbuch des Schweizer Alpenclubs 27, S. 327ff.
Huxley, A.: Die Pforten der Wahrnehmung. Piper, 1991

Jaffé, A.: Erinnerungen, Träume und Gedanken von C.G. Jung. Walter, 1971

Kasatkin, V. N.: Teorija snovidenij. (Die Theorie der Träume). 3. Auflage. Medicina, 1983
Kemper, W.: Der Traum und seine Be-Deutung. Rowohlt, 1955
Kleitman, N.: Sleep and Wakefulness. Univers. of Chicago Press, 1967
Koestler, A.: Die Armut der Psychologie. Fischer, 1989
– Die Wurzeln des Zufalls. Suhrkamp, 1972
Kopping, R.: Träume und ihre Deutung. Bechtermünz, 1992

Kornerup, A. / Wanscher, J.H.: Taschenlexikon der Farben. Muster Schmidt, 1981
Kurth, H.: Lexikon der Traumsymbole. Ariston, 1991

LaBerge, S.: Hellwach im Traum. Junfermann, 1987
Leadbeater, C.W.: Der sichtbare und der unsichtbare Mensch. Bauer, 1991
Leadbeater, C.W. / Besant, A.: Gedankenformen. Bauer, 1987
Leibold, G.: Erfolgsgeheimnis Selbsthypnose. Humboldt, 1990
Leuner, H.: Lehrbuch des Katathymen Bilderlebens. Huber, 1989
Lindemann: Überleben im Streß. Heyne, 1989
Lurker, M.: Wörterbuch biblischer Bilder und Symbole. Kröner, 1990

MacKenzie, N.: Dreams and Dreaming. Aldus Book Ltd., 1965
Masters, R. / Houston, J.: Phantasie-Reisen. Goldmann, 1989
Meier, C.A.: Die Bedeutung des Traumes. Walter, 1972
Murphy, J.: ASW – Ihre außersinnliche Kraft. Heyne, 1989
Mohr, G.H.: Lexikon der Symbole. E. Diederichs, 1971
Moody, R.A.: Leben nach dem Tod. Rowohlt, 1989

Oesterreicher-Mollwo, M.: Herder-Lexikon der Symbole. Herder, 1990
Ortega y Gasset, J.: Gesammelte Werke. DVA, 1978

Perls, F.S.: Gestalt Therapy Verbatim. Bantam Books, 1959
Pössinger, G.: Kleines Lexikon der Traumdeutung. Delphin, 1989

Riedel, I.: Farben in Religion, Gesellschaft, Kunst und Psychotherapie. Kreuz, 1983
– Formen. Kreuz, 1985

Ring, K.: Den Tod erfahren, das Leben gewinnen. Bastei-Lübbe, 1988
Rom, P.: Traumdeutung und Selbsterziehung. Rex Verlag, 1981

Schneidmann, S. / Cave, J. / Boyle, R.A.: Traum und Traumdeutung. Time-Life, 1990
Schnelting, K.: Hilfe, ich träume! Goldmann, 1991
Selawry, A.: Metall-Funktionstypen in Psychologie und Medizin. Haug, 1985
Senger, G.: Was Frauen denken. Ariston, 1991
Shrout, R.N.: Selbsthypnose. Heyne, 1990
Silesius, A.: Cherubinischer Wandersmann. Manesse, 1989
Steiner, R.: Theosophie. Rudolf Steiner Verlag, 1987

Thomas, K.: Träume selbst verstehen. Thieme, 1989
– Praxis des Autogenen Trainings – Selbsthypnose nach I.H. Schultz. Trias, Thieme, 1989

Wolf, H.: Jesus als Psychotherapeut. Radius, 1990

Zink, J.: Mehr als drei Wünsche. Kreuz, 1983